晚清名臣

>>>

高级知识分子们如何执掌军权

冯精志◎著

二十一世纪出版社
21st Century Publishing House
全国百佳出版社

图书在版编目（CIP）数据

晚清名臣：高级知识分子们如何执掌军权 / 冯精志著. -- 南昌：二十一世纪出版社, 2014.8

ISBN 978-7-5391-9208-6

Ⅰ.①晚… Ⅱ.①冯… Ⅲ.①政治人物 – 人物研究 – 中国 – 清后期 Ⅳ.①K827=52

中国版本图书馆CIP数据核字(2013)第264783号

晚清名臣： 高级知识分子们如何执掌军权　　　　冯精志／著

策　　划	张　明
责任编辑	敖登格日乐
出版发行	二十一世纪出版社
	（江西省南昌市子安路75号　　330009）
	www.21cccc.com　　cc21@163.net
出 版 人	张秋林
经　　销	新华书店
印　　刷	天津兴湘印务有限公司
版　　次	2019年4月第1版第2次印刷
开　　本	720mm×1000mm　1/16
印　　张	23.5
字　　数	409千
书　　号	ISBN 978-7-5391-9208-6
定　　价	39.80元

赣版权登字—04—2014—431

如发现印装质量问题，请寄本社图书发行公司调换 0791-86524997

剑走偏锋的翰林

清朝那阵子，中央机关很少，日常行政机构为吏、户、礼、兵、刑、工六部，还有都察院、理藩院等，挤在天安门正南。天安门东南有条东交民巷，里面聚集诸国公使馆，夹着个朝廷直属机构，即翰林院。此处原为明代鸿胪寺旧址，明正统七年（公元 1442 年）建翰林院。清初将翰林院并入内三院。康熙年间又在明翰林院旧址重建，定为正三品衙门。新中国建立后，公安部占了东交民巷的部分地皮，翰林院遗址在公安部院里，只是原址连块残砖碎瓦也没能留下。

说到翰林院，就不能不说科举制度。科举制度始于隋朝，核心是通过层层考试选拔官员，以制度保障社会成员的规范化垂直流动。翰林院就是科举制度层层筛选出来的高级知识分子们扎堆儿的地方，自雍正后成为重要储才机关，相当于时下的"三梯队"。"三梯队"不能总是闲着看书，有时帮助朝廷干些事。例如入值南书房，给皇上解疑；有时起草重要文件，相当于朝廷的大秘书班子。

科举制度不失为相对公正的选材制度，打破了用人的血缘和地缘局限，确立了文化本位标准，对统治者的好处是获得知识翘楚的智力支持，提高了统治效能，多少消弭了民间孕育的躁动。遗憾的是，统治者与知识界的关系一直向法统日隆而道统日损方向发展，君臣关系从汉唐坐而论道，经宋代立而听命，发展为明清跪而请旨。清代约有六千人入翰林，这样的高层次知识群体，社会影响之大不言而喻，但尊卑关系绝对僵硬，民主精华被不断荡涤。科举制度给士人以诱人天梯，定期制造些幸运个体，引导士子皓首穷经，又对一切不稳定文化因素予以围剿，终于使知识界形成万马齐喑，上下失语的可悲局面。

　　湖南古属南蛮，在湖南名士章炳麟看来，隋朝之前，湖南称得上人才的只有耒阳蔡伦一人，即改造造纸术的那位东汉太监。而在公元800年至850年的50年间，长沙一带赴京赶考的举人中，没有一个进士及第，以至京城讥长沙一带是"天荒解"，让长沙士人很没面子。唐宣宗大中四年（850），长沙人刘蜕进士及第，被称为"破天荒"，官府奖励"破天荒钱"70万贯。南宋以后，以岳麓书院为基地的湖湘学派崛起，但"天荒解"并没有很大转变。

　　湘籍官员的先天不足是家乡口音重，不大修饰，官衣遮不住乡土气，显得皮囊粗糙不堪。而在清晚期，科举中细筛出一批湖南人尖子，他们不同于传统士大夫，不斯文，不考究，不细腻，更不懂过精致的日子。在湘人固有底色的映衬下，显现出粗粗拉拉的大气，特立独行的个性和纵横捭阖的气派。

　　本书说的晚清名臣是曾国藩、胡林翼、李鸿章、左宗棠，除了李鸿章，都是湘籍；除了左宗棠，都以进士之身入翰林院。曾国藩在率湘军镇压太平天国过程中，因为粮饷与何桂珍、陈启迈、沈葆桢三位地方大员闹得不可开交，直至对簿朝廷。并非巧合，这三位也都出自翰林院，与曾国藩入翰林院是前后脚。

　　科举不能给予士人太多东西，历练的仅是文笔和才思，而翰林院工作历练的是宏观把握及复杂局面出现后的相应对策。中央考虑问题时，高屋建瓴，渗透了浓重文化背景。翰林们在翰林院耳熏目染，想事方法逐渐老道，别看此前的工作与军事不搭界，到他们具体带兵时，吃透两头，往往取得成功。

　　翰林是文人，文人干军事工作是左道旁门，指挥作战绝非所长。而曾国藩等却在镇压"长毛"中发挥了意想不到的才干，在血与火中展露锋芒，可谓剑走偏锋，跨行业取得成功。这是怎么回事？如果推求作战条件的话，湘军人数少于太平军，后勤保障弱于太平军，结果却战胜了太平军。个中原委，只能推求到文化上。两种文化间不会打仗，而具有传统文化素质的湘军却战胜了文化苍白的太平军。清代重视学历，翰林代表了最高学历，而太平军首领洪秀全是老童生，仅是最低学历。翰林们之所以战胜洪秀全们，答案也许是复杂的，也许是简单的。简单答案是，曾国藩代表的是历经锤炼的文化，湘军的胜利，是传统文化的胜利。

目 录

晚清名臣——高级知识分子们如何执掌军权

第一章

走出农耕之家，进入科举之途

洞庭湖是中国第二大淡水湖，南纳湘、资、沅、澧四水汇入，北由城陵矶注入长江，号称"八百里洞庭"。洞庭湖以南，是谓湖南。

洞庭湖南岸有座岳阳楼，相传始为三国时吴国将领鲁肃训练水师的阅兵台。阅兵渐渐有了地标意义。在历史上，洞庭湖以北是荆楚，连接着成熟的中原文化，洞庭湖以南则为荒蛮之地。岳阳楼正处于分界线上。或者说，古老的岳阳楼是教化内和教化外的一道分水岭。

湖南第一茬原住民当是"三苗"，凶悍好斗，游走林莽，用高亢的嗓门震山喊岳。混沌未开时期过去后，洞庭湖以南，秦属长沙郡和黔中郡，唐朝广德年间设湖南观察使，为什么湖南要设"观察"官员？因为这里是"瘴疠卑湿之地"，人文教化远逊于中原，所以设专职人员考察。

唐朝诗人杜甫在岳阳楼留下一首诗，头四句是"昔闻洞庭水，今上岳阳楼。吴楚东南坼，乾坤日夜浮"。杜甫是诗圣，极讲究用字，坼字何意？是地的分界。就是说，在唐朝人眼里，洞庭湖是早先吴国和楚国的东南边界，中原文化哺育的吴越文化和楚文化到了洞庭湖，就到了边缘。至于洞庭湖以南是什么样的，只有天知道。

北宋末年，中原战乱，大批士人南下，为洞庭湖以南人文发展带来契机。成吉思汗的坚甲铁骑涤荡中原，把历史拽进元代，漠北游牧民族未脱腥膻，治理国家糙得要命，笼而统之置了个很大的湖广省。入明，没有改变湖广省框架。

入清不能瞎凑合了，把湖广省划成几块，却像随意切蛋糕，扔给广东一块，甩给贵州一块，把湖北划出，剩下的是湖南。曲里拐弯的省境线，像编织了个大箩筐，里面的人脾气秉性都差不多，跟周边省份的人不大一样，犟头巴脑的，或许是"教化外"遗风。

老早以前，以华夏正裔自诩的中原百姓称湖南原住民为"南蛮子"。"蛮"字的字型不好看，下面是"虫"，与蚁兽混为一谈。而湘人并不以"蛮"为耻，湖南有个方言词为"霸蛮"，是从湘军传下来的。湘军口号是"吃得苦，霸得蛮，舍得死"。至今湘人依旧欣赏"霸蛮"，这个字眼儿包含着不羁的人性。蕴含着自我、自信与自尊，是在激励湘人建立昂扬的个人气质。

除了古老承传，湘人秉性与气候条件相关。湖南三面环山，一面临湖，夏天南风阻于五岭，冬天北来的寒潮没有高山阻碍，冬寒夏炎。很热的日子与很冷的日子都很长，而在短暂的春季和同样短暂的秋季，要和霉雨与湿潮抗争。尽管有明山秀水，湘人却是在恶劣气候条件下生息繁衍，延续香火的，由此不能不霸蛮，不能不坚韧，不能不靠着骨子里积淀的血性挺下去。

早年间，湖南衡阳有个姓曾的人家，清初分为数支，其中的一支迁往湘乡，1808年（嘉庆十三年），这支由曾竟希领着迁至湘乡县城南的偏僻山村白杨坪。这个地方现属湖南省娄底市双峰县荷叶镇管辖。

1811年（嘉庆十六年）11月26日，曾竟希的孙子曾麟书喜得贵子。那时除了农舍传出几声新生儿的啼哭，不会引起旁人注意。这孩子乳名宽一，大点儿后名子城。后来，曾子城改名为曾国藩。

曾国藩落生在什么成分的家庭？毛泽东的出生地与曾国藩家不远，毛泽东在与斯诺谈话说："我家有十五亩田地，成了中农。"后来毛家又买七亩地，"就有富农地位了"。人均五亩算富农，曾国藩出生时家中有一百多亩地，人均十几亩地，无疑算地主，只是前面可以加个"小"字。在普遍贫困化的晚清，小地主也是凑合过日子，吃糙米饭，偶尔吃半个咸鸭蛋，仅此而已。

由于教化晚，湖南受惠于科举制度的人口比例相当低，逐渐形成稳妥观念：人生在世，唯耕与读。边种田边读书，进可谋取功名，退不至饿冻妻儿父母。耕读文化是湖湘文化的安定因素。曾国藩的祖父曾玉屏说自己"早岁失学，壮而引为耻"，从他这辈走上"转型"道路，豁出钱延聘名师，栽培后代。

曾玉屏的三个儿子都不得意。二子曾鼎尊刚成年便去世了，三子曾骥云一辈子是童生，长子曾麟书兀兀穷年，攻读不懈，应童子试十六次，落第十六次。每次落第，曾玉屏都不客气，放开嗓门臭骂，甚至用绳子捆起来，一通臭揍。

谢天谢地，曾麟书第十七次应考，总算中了秀才，而那年已四十三岁。

后来，曾国藩领兵镇压太平天国，太平天国天王洪秀全是老童生，参加四次县考，连个秀才都没考上，比曾麟书还差着一等。有史家揶揄说，曾国藩的老子和战场上的对手，在科场上堪称"一对宝"。

曾麟书走科举之途没戏，繁育后代倒大吉大顺。曾国藩兄弟姐妹九人，上有一姐，下有三妹四弟，最小的满妹早夭。兄弟五人中，曾国藩居长，二弟曾国潢比曾国藩小九岁；三弟曾国华比曾国藩小十一岁；四弟曾国荃比曾国藩小十三岁；五弟曾国葆比曾国藩小十七岁。

曾国藩七岁那年在私塾读书，对佶屈聱牙的八股文章表现出足够耐心。1826年（道光六年），他十六岁，应长沙府童子试，名列第七。

1831年（道光十一年），曾国藩入湘乡涟滨书院。时下高考有全国统一的复习大纲，书院没这东西，却有求道不求仕的风骨，有自由辩难的学风，有友以辅仁的气场，有"风声雨声读书声、家事国事天下事"的入世情怀。

在涟滨书院学习不到一年，曾国藩到衡阳，入衡州府学学习，并在衡阳撞上了自己的另一半。另一半是谁？说起来像个老掉牙的故事，

衡州府学有个叫欧阳凝祉的训导，别看只是正八品微末小官，但有仨俩糟钱儿，是百里方圆是数得着的学问家。他有个待字闺中的女儿。清代少女十五六岁出嫁很普遍，而欧阳氏已十九岁，属"大龄女青年"，免不了有人家攀援。而老欧阳只相信自己相中的，边教学生，边在学生里给女儿寻摸郎君。不知怎么着，曾国藩对上了他的眼，遂延聘媒婆赴曾家。对儿女婚事，曾麟书说了不算数，老爷子说了才算数。曾玉屏听了对方的条件，满口答应，转天让曾麟书将子城的生辰八字及聘礼送到衡州，惟恐老欧阳反复。

曾国藩有幅老照片传世，前额宽，皱纹明显，扫把眉下是三角眼，口阔唇薄，长胡须。湖南名作家唐浩明在书中说，曾国藩的"双眸中射出两道锐利、阴冷的光芒"。这种说法令人联想到了动物。无论是鸡鸭鹅，眼睛都傻乎乎的；猫狗的眼睛都是灵动的；牛马猪羊，眼睛是温存的。唯有冷血动物，例如蛇，眼睛是榛色的，目光是冷冷的。由此，曾国藩的长相与蟒蛇联系起来。

蟒蛇不蟒蛇的，不用去管，只是曾国藩患有严重皮肤病，当地称这种病为"蛇皮身子"，皮癣就像蛇蜕皮，隔几天就掉皮屑，骚痒无比，不得不抓挠，而且抓挠起来就不分场合地点。曾国藩发迹后，与皇上应对时也忍不住要抓挠。别的臣属应对时这样乱抓乱挠，皇上早烦了，而皇上知道他的暗疾，听之任之。

自古，从议婚到完婚有六礼。这套议程只有豪门才一招一式地来，在民间

因陋就简,曾家不是豪门,也不是小门小户,不一招一式照搬,也得中规中矩。六礼看着周全,其实少了一样,就是婚前体检。今人结婚前要体检,性病不能结婚,慢性病不能结婚,有性功能障碍也不能结婚,艾滋病就甭提了。拿今天医学标准看,即便患皮肤病也能结婚。但这毛病相当膈应人。

"蛇皮身子"属暗疾,穿上衣服别人看不见,痒了自己抓挠两把,碍不到别人。但是,结了婚咋办?脱光衣服上床,这样子还不得把新媳妇吓死。要命的是,带着一身皮屑、一身脓水和一身抓挠痕迹……怎么和新媳妇交媾?人家是否愿意碰你的身子,严重的皮肤病传染给人家怎么办?

1833年(道光十三年)春季的一天,曾家张灯结彩。平时日子紧巴,但在大喜的日子里舍得破费,摆了几桌席。亲朋好友来了不少,吃啊喝啊说呀掀盖头呀新郎新娘入洞房呀,高潮部分是伢子们闹洞房。闹腾到很晚,客人散尽。

被文人千百描述的洞房花烛夜,对年轻学子是一道难以迈过去的坎儿。清代年轻男子比今天的小伙子保守,清代女儿们比今日女青年持重,在青涩年华,把贞操视为瑰宝。可以去想:那时欧阳氏摘下簪子,除去头饰,柔声说:"想做什么就来吧。"曾国藩鼓足勇气,行周公之礼不能不脱衣服。他脱光衣服,明晃晃的红烛下,她被夫君斑斑驳驳的蛇皮身子吓得晕了过去。

还可以接着去设想:清晨起来,欧阳氏发现,不仅自己身上全是皮屑,褥子上也留下血痕。她挣扎起来,到大堂和太公太婆、公公婆婆、叔公叔婆见礼,饭后回到房间,独自一人发呆。曾家人一看新媳妇的样子,心里都明白。整整一天,新媳妇闭门不出,连午饭也没吃。曾家人心中有愧,抬不起头来。

曾国藩在堂房读书到夜半,才畏畏缩缩回屋,却见新娘坐在灯下坐着想心事。他笨嘴笨舌地说了句:"委屈你了。"

欧阳氏起身给他斟了杯茶,细声细语地说:"我想了一天,想明白了,这是命。我不抗命,我认命。蛇皮身子不是你的错,何况也不碍什么,我再不嫌弃就是了。无论怎样,我都能受得。但是,你要一心读书,给我挣个诰命回来。"

别看欧阳氏柔声细语的,提出的要求却相当高。什么叫"诰命"?是有封号的贵妇。皇上封赠男人时,给该男人的老婆相应封号,是旧时女人能享受到的最高荣誉,也是大多数女人不敢想的事。欧阳氏的一席话,让曾国藩把心重新放进了肚子里,但妻子的温存就像根小鞭子,抽打着他惶惑的心。

秀才距给妻子挣诰命的目标远之又远。欧阳氏想不到的是,十几年后,夫君当真把三品诰命挣了回来。曾国藩那年三十五岁,欧阳氏三十三岁。据学者作家汪衍振说,三十三岁而得三品诰命的,欧阳氏在全湖南女子中是第一个。

曾国藩拼了。夜雨昏灯，他蓬头垢面，发辫不整，乱草般的发丝旁逸斜出，边翻书边书写。滴滴答答的雨水从屋檐上淋漓而下，渐渐化作一道水帘，打到青石阶上一片湿滑。雨的声音掩盖了欧阳氏不经意间的轻叹。

夏天在时晴时雨的潮湿里无声地滑过，接着的是秋季，再接着的是冬季。冬季过去了，当又一个早春来临时，1833 年（道光十三年），曾国藩参加县试和府试，中了秀才。秀才只是初级目标，却几乎耗尽他的青春。他参考秀才考了十七次，他考的次数是老爹的零头，七次。考中时已二十三岁。

科考可笼统地划分为秀才、举人、进士三大台阶。考中秀才，意味着撬开了乡试这道门，乡试中举才是读书人出人头地的孔道。乡试三年一次，每逢子、卯、午、酉年八月初九举行，那时是初秋，称"秋闱"。乡试之年称大比之年，乡试的考场在省城贡院，共三场。每隔三日举行一场。

中式者称举人，举人即有当官资格，即便没有实缺不能到任，也有俸禄，在家等空缺，允许到裁缝铺做身官衣，穿着显摆，等到了实缺就走马赴任。赶得好，最高可补县令，多数授予各州府县衙门的小官小吏。

1834 年（道光十四年）春，曾国藩去长沙进岳麓书院。书院很难说是应付科考的补习班。学子听讲，为的是在境界上有所收益。他在岳麓书院学习数月，当秋在长沙参加乡试。发榜之日，他为湖南乡试第三十六名举人。

举人录取通知书叫"喜帖"。报子把喜帖送上门，很难想象，寂寂无闻的白杨坪会出现何等景象。可以猜测，那日是一派欢腾。曾玉屏老人迸发狂喜，欧阳氏喜极而泣，平日里不吭不哈的曾麟书，如释重负地吐出一口长气。

至于新科举人的反应，不妨按照曾国藩后来的表现反推。他接到喜帖后，不会一蹦老高，拍着屁股喊叫，而是在家人前面安之若素，没事似地打发了报子。

不妨接着往下推：当夜，曾国藩上床后，欧阳氏有些陌生地看他。她很难想象，自家男人转眼间就是官家人了。曾国藩没有注意到妻子，他盯着黑黢黢的屋顶，怔怔想着什么，而后腾地翻身，什么话也没有，压着妻子就交媾。他一点温存都没有，只是呼哧大喘地耸动。欧阳氏开始懵懂，而后明白了，这是男人在宣泄，而后尽全力配合。完事了，他从女人身上滚落下来，缩在被窝里，一动不动，嘴唇不由咬紧了，任凭泪水流过面颊，而后卟哒卟哒地滴落在枕头上。

在接到喜帖的次日早晨，他洗漱完毕，若有所思地吃罢早饭。到了这个火候，全家人都知道新科举子要宣布重要决定了。他缓缓环顾着众人，说："这两三个月内，我得日夜苦读，冬季出发，去京师，赶明年春闱。"

按老规矩，举人要到京师应礼部主持的会试。会试因在春季，称"春闱"。

会试考中的称进士，是最高学历。这还不是主要的，主要的是进士可以当官，而且不是从基层做起，搞好了，平头百姓一把就进入国家中枢。

去京师参加会试，要撇家舍业地奔波半年左右，没有十足把握，不会贸然走出这步。一般中举后没日没夜复习功课，参加各种提高班，学数年，自认为差不多了才去京师。曾国藩刚中举，就要参加几个月后的会试，有点不合群。家里人不说什么，几个弟弟离大哥远远的，让他安静读书。

曾国藩中举时是秋天，过一段日子就是凄迷的深秋，树叶和菜叶蒙上一层灰白色的霜。再过一段日子就是初冬，再过一段日子就是严冬。严冬腊月，曾国藩离家了。他是曾家五百年间出的唯一举人，也是湘乡荷叶镇的第一个举人，上路那天村子里不会平静，估计半村人会出门给他送行。

村人不明白会试是啥，只听说过殿试。乖乖，殿试的那个殿，就是金銮宝殿呀！一宽伢子此行去京师，进紫禁城，在金銮宝殿答卷子，那可是和当今圣上脸对脸呀。带着全家的殷殷期望及全村人的重托，曾国藩上路了。

第二章

从庶吉士起步，有两名恩师

1835 年（道光十五年）初，曾国藩一路奔波，到了北京。初来乍到，京师可以转的地方很多，而他只盯准一个地方，那就是贡院。

贡院四周高墙，四角有瞭望楼，进去号舍数千间，均为低矮矮木房。号舍内有上下两块木板，上面当桌子，下面当凳子，晚上两块一拼当床，考生在里面答卷、食宿，三顿饭由营勇送，晚上发蜡烛。至今贡院没留下什么，只剩下建国门附近的两个地名，分别是贡院胡同、贡院东街。

贡院是全国举子的心仪之地。考试每逢丑、辰、未、戌年的二月初九举行。每隔三日举行一场。第一场试四书义三道及经义四道，第二场试论一道，判五道及诏、诰、表各一道，第三场试时务策五道。

贡院号房没有房门，朝南一面敞开，样子像牛棚，直直溜溜，密密匝匝的几大排。初春的北京冷嗖嗖的。应考举子穿棉袍，脚上清一色棉窝子。这种棉鞋几十年前还能看到，样子笨拙，圆咕隆冬，但管事儿。脚上暖和了，手暖不了，天冷的攥不住笔，往手上哈口气写几个字。天晚未完卷者，给烛三支。完卷后，取下不合格式者，再用纸遮盖考生姓名及座位编号，称"糊名"。原以墨笔作答的试卷称"墨卷"，以朱笔重抄一遍而变为"朱卷"，再呈上。

明朝以降，科举出现南重北轻之势，状元、榜眼、探花，南人占百分之九十，主要是江浙人，其次是广东人，湖南中试很少。曾国藩第一次参加会试，落第了。但他年方二十五岁，不十分沮丧，且有气吞云梦，划平君山之豪情。

落第后，他没有离开京师，留京寓长沙会馆，继续苦读。

明朝永乐年后，北京是科举会试中心。考生多南方人，方便落脚处是南城，多搭棚居住，棚子多了形成街道，所以南城街道不像内城横平竖直，不少街道是斜的。许多举人会试落第后不走，找个便宜地方住下来，日夜苦读，准备参加下轮会试。在南城读书的举子多为穷人，撇家舍业搏一把，在京师卖旧货度日，因此围绕着他们形成了旧货小市，都是卖估衣、旧桌椅板凳的。有的读书人耐不住长夜寂寞，胡乱凑合个京师女子，有些还生儿育女。两三轮科考没戏，经济上难以为继，撇下临时老婆和孩子回家。那些女子哪有能力带孩子生活，一般将孩子偷偷撇在背旮旯里，等别人拾走。南城不乏缺爹没娘的孩子。为养活这类婴儿，南城设有育婴堂。由于穷苦人太多，赈济穷人的粥棚也设在南城。

1836年（道光十六年）春，道光皇帝逢旬寿辰。皇上过整生日，也要给士子些好处，按照惯例，举行恩科会试。曾国藩留寓京师，就是等这次恩科会试。他早早在吏部挂号，到日子自然参加了，结果再次不第。

落第后，曾国藩返家，到长沙后与刘蓉、郭嵩焘相会。刘蓉生于1816年（嘉庆二十一年），家在湘乡茶园镇儒阶冲村。他的老爷子挺有钱，曾国藩赴京赶考的食宿差旅费就是刘家援助的。他后来出道了，一度担任曾国藩的幕僚，后官至四川布政使和陕西巡抚。郭嵩焘生于1818年（嘉庆二十三年），湘阴人，后来成为大清首任驻英国公使。三人模仿《三国演义》中刘关张桃园结义，结为拜把子兄弟。曾国藩年龄最大是老大，刘蓉是老二，老三是郭嵩焘。

经济学中有马太效应，如果不从体制和税收加以制约，钱多的会越来越多，钱少的会越来越少。该理论用于官场有异曲同工之妙。清朝官场拉帮结派，派系内相互提携，造成某派系势力越来越大，其他派系则日渐萎缩。

湘人很少出大官，土的掉渣的家乡话谁也听不懂，拉不成帮也结不成派，容易被排斥。湘籍官员进京城，如果再不抱团，就越来越难混了。湘籍学子意识到了这方面问题，但凡打算进京博取功名的，注意交结本乡本土朋友，功利性明显。朋友有朝一日上去了，能拉老乡一把。没有有史料显示这几天曾国藩是如何跟他俩交往的，但挺投缘。曾国藩在长沙呆了两个月，才回到湘乡家里。

但凡从京师回来的人，一般都要吹乎吹乎见闻。曾国藩把两次会试不第的事向殷殷期待的村人如实道来，村人大失所望。原来一宽伢子没能进紫禁城，没有进金銮宝殿，更没有见到皇上。曾国藩无言以对，只有闭门谢客。

他在家乡读了两年书，1838年（道光十八年）再次离家，赴京参加会试。算起来，这是他第三次参加会试，还是老一套，他对程序不陌生，从容应对。

会试之前，参加会试的举子都要押题，他也不例外。还好，考题跟他押的差不多。他心里有底了，下笔如有神，唰唰唰地把三场应付下来。

发榜那天，曾国藩去看榜。他榜上有名，第三十八名。清后期规定会试考生五百人，录一百五十人。这表明他取得了贡士资格。田径赛场有预赛，通过预赛淘汰大部分选手，剩下的参加决赛。会试是考取进士的预赛，或者说是热身，贡士意味着通过了预赛，取得了参加殿试的入场券。殿试才是决赛。

贡士参加殿试之前，要领取一身里外三新的大红衣服，这叫贡士服，然后穿贡士服进紫禁城参加殿试。贡士的高矮胖瘦各不同，缝制贡士服却不是量体裁衣，为了每人都穿着差不离，相当于时下的"均码"，为宽大袍子式，谁穿了都不出大格。后来西方大学的博士服式样，可能受了中国贡士服的启发。

领取贡士服，肯定是个欢快场面。凡领贡士服的，都是刚知道自己榜上有名的贡士，心情自然愉悦。问题不在件衣服，贡士服是街面上买不到的，是紫禁城尚衣监给贡士们单做的，衣服的每道褶子都带着浩荡皇恩。

殿试的日子，天还没亮，贡士们集中到西安门外。验明身份后，由军士领到紫禁城西华门外。天光大亮，数百贡士统一着贡士服，在规定时辰，军士把贡士领进紫禁城，直到保和殿，依次坐好，由军士发放笔墨纸砚，殿试开始。

明清紫禁城三大殿，依次是太和、中和和保和，保和殿在最北，平面呈方形，每年除夕和元宵节，皇帝在此宴请王公贵戚和文武大臣。乾隆后期起，殿试在保和殿举行。从保和殿面积来看，二百名贡士站立都挤，更别说每人支张桌子答卷了。估计殿试时，许多桌子支在殿外露台。

殿试是天子亲临的考试。话虽这么说，其实皇帝本人并不到场，委派官员代试。殿试后，中取贡士定一、二、三甲。一甲有三名，分别是状元、榜眼、探花，称赐进士及第；二甲有多名，赐进士出身；三甲亦有多名，赐同进士出身。

保和殿是贡士心仪向往既久的地方。而在这时，谁也顾不上打量陈设了，匆匆就位应考。殿试简单，贡士们根据皇上出的题目，每人作一首七律，外加一篇八股文，一个上午完事，贡士列队由军士带出紫禁城。

阅卷这活儿十来天就完了，而后"传胪"，也就是唱名。曾国藩再次随着贡士们进入紫禁城，跪在保和殿露台上。这是科举途中最紧张的一刻，每个贡士心里都忐忑不安，此前的一切努力，成败取决于这一刻。

名字念下来，曾国藩第四十二名。比会试倒退四名。他心里唰地一凉到底。这个名次中不了进士。回到会馆，他倒在床上，两眼呆呆看着顶棚。会馆的其他客人凑过来问话，只有一个问题：名次如何。他蔫头巴脑的从床上坐起来，两手撑着床沿，耷拉着脑袋瓜，闷了一阵子，而后据实回答。

会馆住客顿时大呼小叫，殿试中名列三甲赐同进士，对草莽是多大的造化，回家等着任命吧，说话就能当主事或县令了。曾国藩两眼发直，苦笑了一下。

封建时代的读书人，读书是为了金榜题名。乡下举子通过一次考试，一把抄上个公务员。对大多数举人来说，同进士就相当知足了，以后或到六部当主事，或者下基层当县太爷。但曾国藩的的心很大。叫野心也好，叫雄心也好，他给自己定的目标是进士。为什么非得当进士？因为只有进士可以进翰林院。

有野史说，曾国藩之所以没有离开京师，是湖南同乡劳崇光给他帮了忙。其实那时劳崇光不过在翰林院担任编修，是个小不拉子，除了说几句勉励的话，不可能提供实质性帮助。曾国藩之所以没有走，是由于参加了随后举行的朝考。

为了筛选人才，清廷动了大脑筋。朝廷心里明镜似地，殿试成绩不一定反映出应考者的真实水平，有撞大运成分，因此为殿试中没有充分发挥应有水平的人另外安排了朝考。这种安排很仁慈，相当于殿试之后的再摸底，同进士在殿试中名次靠后，如果在朝考中名次相当靠前，仍然有进入翰林院的可能。

朝考与殿试在同一地点。曾国藩参加朝考超常发挥，成绩出奇的好，列为一等第三名。令人惊异的是，试卷进呈御览后，他的名次又往前蹦了蹦，提为一等第二名，改庶吉士，入翰林院庶常馆深造。

曾国藩的早期发迹与穆彰阿切切相关。穆彰阿与道光皇帝同庚，生于1782年（乾隆四十七年）。父广泰历官监察御史、太常寺卿，皆系文职，后来阴差阳错成了武职，为正二品右翼总兵。广泰追求时尚，想保留同级别文官职衔，向嘉庆皇帝申请兼兵部侍郎衔。皇帝认为他欲望过奢，夺职。老广泰本打算弄个"文武双全"，结果闹了个大窝脖，不但没拿到文职，连武职也丢了，一时传为笑谈。

穆彰阿没有受到老头子晦气影响，十九岁中举，二十二岁加入城西文社。文社清一色八旗子弟，多高干子弟，最大亮点是做大官的多。清代五品以上算高官，文社二十人中担任高级领导职务的七人。美国常青藤学校专门招收豪门或贵族后裔，美国常青藤学校培养出的高官，按照学生比例，比城西文社低得多。

清室视骑射为执政的武力保证，鼓励旗人谙练弓马，不重视舞文弄墨。科举是安抚汉人的，旗人不屑与汉人争名额。作为相应政策，清室是在财政上优待旗人，保证有田有差。大部分旗人生计无忧，生出惰性，懒得读书，连骑射也不上心，追求口腹声色之娱。服饰玩好，引领风潮的几乎全是旗人。好的一面是传承文明，不好的一面，反映了旗人的不思进取、渐趋堕落。因此清朝科举，旗人远不是汉人对手，历次会试中，中进士的很少。

科举中少年高中者不罕见。但穆彰阿这样的，二十四岁中进士的绝不会多。他不同于常人之处是，不是来自寒门小户，是正二品满大臣的儿子。在总计两万六千八百四十九名的清代进士样本库中，像他这种情况，估计独一份。

旗人很少有中进士的，而老广泰的儿子混上了进士，给满洲贵胄们大长其脸，要另眼相看。很快上面又给了穆彰阿一个露脸机会，任命为浙江乡试副考官。那年他年方二十九岁，不到而立之年，即有了决定他人前途的权力。

清季规定，考官赶赴乡试地点途中不许携带家眷，不许游山玩水，不许会见亲友，不许多带随从，称"四不"。穆彰阿的玩儿心大，犯了"四不"中的一条，途径苏州时游览了虎丘、邓尉、沧浪亭，也许是心虚，对外说是"略探"，表示走马观花，没有耽误时间，上面也没有追究。

京师重要机构设两个第一把手，满大臣和汉大臣。道光间，内阁满首揆穆彰阿，汉首揆是江苏吴县状元潘世恩。潘世恩已在垂暮之年，军国大事为穆彰阿所主。近年穆彰阿被搬上电视剧，饰演穆彰阿的是影视圈中小有名气的王洛勇，胡须修饰齐整，双目炯炯有神，倒也符合历史真实。

穆彰阿热衷当科考CEO，《清史稿》评点他的考官生涯谓："自嘉庆以来，典乡试三，典会试五，凡覆试、殿试、朝考、教习庶吉士散馆考差、大考翰詹，无岁不与衡文之役。国史、玉牒、实录诸馆，皆为总裁。"他任考官的五次会试中，上榜的都算门生，约一千一百余人认他为座师，号"穆党"。传统语境中，"党"字有拉帮结伙之意。如果真是这么回事，断不轻饶。既然道光皇帝没当回事，可见"穆党"不过是功名得过穆彰阿帮助的人投桃报李而已。

曾国藩参加会试和朝考时，恰在穆彰阿刚当国茬口。曾国藩并非完人，只要打算向上爬，除了巴结穆彰阿，没有他途。而他的确打算向上爬，所以必然巴结穆彰阿。但穆彰阿在道光朝顶天立地，曾国藩不过是普通考生，他俩怎能搅到一口锅里？穆彰阿是1838年（道光十八年）会试总裁。顺着这个背景捋下去，估计是曾国藩的卷子对上了穆彰阿的胃口。本书设计的大致过程如下：

宰相有"置君尧舜上，再使风俗淳"之责。官场风气不正，首席军机大臣穆彰阿首当其咎，言官时有微词。为此，道光皇帝召见了穆彰阿，两人虽然为君臣关系，但是同为满洲旗人，同庚，般大般小，相对随意一些。

应对得差不多了，皇上温和地说："爱卿，朕问你个事，从皇考那里就重用你，朕亦如此。卿在位多年，何以无大功大名？"

皇上的问话拐了个弯，意思是可以揣摩的。你老穆对朝政大包大揽，朕不怪罪你，但你得给朕干个样来。你要是建了大功立了大业，包揽朝政，不但

无过，反倒有功。而时下的状况是，你大权独揽，却没有建立大功大名，反而弄得群臣不满，说三说四，朕就得考虑是不是充分放权给你了。"

穆彰阿面红耳赤，吞吐了一会儿，才说："我皇英明，风调雨顺，国泰民安，内外无战事战乱，微臣何尝有建立勋业的时机？微臣窃以为，微臣是为大清披肝沥胆，尽心尽责的，算得上良吏。万请皇上不要听信他人谗言。"

"放肆！有朝臣对你不满，与朕应对时顺便说了说，未必就能以'谗言'论之。"皇上一拂手，"想想朕说的话。去吧。"

穆彰阿回府之后，当夜难以安寝。几天后，朝考阅卷大臣把几份较好的朝考试卷呈上，请中堂大人确定最后排名。穆彰阿看了看头三名的试卷，阅卷大臣认为当排在第一和第二的试卷果然不错，排名第三的当属曾国藩。

穆中堂拿过曾国藩的卷子，看了头几行，眼睛不觉一亮。开篇为："君者不能遍知天下事，则不能不委任贤大夫；大夫之贤否，又不能感知，则不能不信诸左右。然而大夫之所誉，或未必遂为尽臣，左右之所毁，或未必即非良吏。"他的巴掌往案面上一拍，这番话正说到他心坎里。

次日，穆彰阿去乾清宫，把前三名试卷呈于皇上。

皇上大略看了看，问："你意如何？"

穆彰阿说："阅卷大臣排的头三名，微臣以为可以改动。头三名的说理与文风差不多，当以见解排序。曾国藩的试卷开宗明义，说的是天下太平，没有战乱，臣子没有建立功名机会，贤与不贤，圣上无从判明，只有听信别的臣子怎么说。但别的臣子未必尽忠，所以，'左右之所毁，或未必即非良吏'。"

皇上偏头想了想，不由微微一笑，"嗯，这话说的是不错，你挑出这段话摆在朕的面前，是不是在兜着圈子说朕前几日错怪你了？嗯？"

穆彰阿低下头来，却也没有矢口否认。

皇上说："就依你所说，把这个湘乡人往前挪一位。"

发榜之日，曾国藩为朝考一等第二名。

张榜当晚，曾国藩依例登门拜谢穆中堂。有记述曾国藩的书说，他来到穆府后，"步履稳健，举止端庄，甚合穆彰阿之意"。其实，小门生去见泰斗，倒不必摆什么端庄的谱，当紧张得一塌糊涂，腿肚子一个劲哆嗦才是。

寒暄既毕，穆彰阿说："我看了你的卷，不过中人之资。自古成大业者，不是靠天赋，主要是靠勤奋。入翰林院后好自为之，争先奋进，争作栋梁之材。"

曾国藩即便再笨嘴拙舌，这种时候也得说："中堂大人的这番话如醍醐灌顶，门生永远铭记您的教诲，报答您对门生的知遇之恩。"

如果是通都大邑的阔少说这几句话，表演成分多，实在东西少。穆彰阿阅世甚深，听出来了，曾国藩的话发自内心。说出来便会终生不渝。

穆彰阿微笑着说："我想问件事，你尽管按自己的想法谈。"

曾国藩诚惶诚恐，"门生见闻浅陋，不知中堂大人问何事。"

穆彰阿说："你在朝考试卷中有一句'左右之所毁，或未必即非良吏'。这句想必是有感而发，具体指的是什么事？"

曾国藩一听问的是这事，不再战战兢兢，而是露出了本色："自康熙年间，英夷向我朝倾销鸦片，吞我白银，雍正爷、乾隆爷、嘉庆爷都曾颁布禁烟谕旨，屡禁不止，反愈演愈烈。近年英夷愈发嚣张，陈兵海疆，企图武力胁迫我朝弛禁。我朝如何应对，确应审慎，不可闪失。中堂大人受朝廷重托，以怀柔之策处之。门生在家时曾听到有人非难；来到京师，听到举子中有讲闲话的。这班人貌为爱国，其实不明事理，不过是清谈误国之辈，对于中堂大人谋国苦心全然不知。一个四代朝廷都未能解决的大难题，如今落到了中堂大人的肩上，中堂大人虽然被谤毁，而门生以为，我朝真正的良吏是中堂大人，所以写了那两句话。"

曾国藩是在掏心窝子，却误打误撞地说到穆彰阿心里。老穆难以向人倾诉的话，却让一个来自湖南乡下的学子娓娓道来。他贴慰之极，就像蜷缩在主人怀抱里，被轻柔抚摩的大猫咪，要多舒服有多舒服。

曾国藩通过朝考，就可以考庶吉士了。什么叫庶吉士？有人说庶吉士相当于中国社会科学院的博士研究生，比喻不准。中国古代选官，每每将选出人才放在特定的位置培养，再择优任用，叫"储才"。庶吉士名称源自《书经·立政》篇中"庶常吉士"。从进士中选庶吉士，是"储才"的第一等办法。

明洪武初于六科设庶吉士，让新进士历练办事能力。永乐间从新科进士中经考试选年轻才俊进文渊阁读书，由国家发放补贴悉心培养，有关衙门都得尽心尽责，其中司礼监供给笔墨纸张；光禄寺预备早晚膳食；礼部供给蜡烛灯油及月俸；工部在东华门附近找所宽敞房子以供住宿。皇帝时常到文渊阁亲自出题考试，查看学业进度。五天休沐一天，放假出宫，派太监及锦衣卫官员随行照料。

在资深翰林指导下，庶吉士经过两三年学习，期满后经散馆之试，按成绩授职。优者留翰林院，次者出为中央及地方官，一般不低于县令。庶吉士虽晚三年授官，只要不犯过错，日后必有重用。这个账都算得出来，许多进士乐于此道。

曾国藩准备庶吉士考试时，适逢鸦片战争最火爆的那几个月。

1840年（道光二十年）初，英军攻打虎门要塞，鸦片战争爆发。那时曾国藩从湖南探家（在家乡呆了近一年）回到京师，投入庶吉士考试准备。奕山在广州郊区冒险突袭英军时，曾国藩通过庶吉士散馆考试，列二等十九名，授翰林院检讨。也许是准备庶吉士考试太累，他刚上班就病倒了。妻子那时还没有迁京师，在身边伺候他的是吴廷栋和欧阳兆熊。欧阳兆熊是湘潭人，比曾国藩大四岁，家资饶富，为人仗义。曾国藩卧床两个月，病愈后到翰林院应卯。

翰林院是什么样的？看来仅是不大的几层四合院。《北京名胜古迹辞典》记载，"清翰院有登瀛门内堂五楹，堂西为读讲厅，东为编检厅。左廊围门内为状元厅（乾隆三十八年后改为功臣馆）；右廊围门内有二祠，朝南为昌黎祠，朝北为土谷祠。堂之后为穿堂，左为待诏厅，右为典簿厅。再后为后堂，该堂朝南，中有宝座，特为皇帝临寺而设。后堂东西屋为藏书库。院内偏东有一井亭，据说为明代学士刘定之所浚，故名为刘井。西有一柯亭，为明代学士柯潜所建。自刘井而东为清秘堂（旧为东斋房，乾隆九年重修复地赐额"集贤清秘"，故易名），堂前是瀛洲亭，亭下方有凤凰池。池南有宝善堂，堂后为陈乐轩。自柯亭而西为先师祠，祠为南西斋房（旧为皇清文颖馆、功臣馆），又南为原心亭"。

曾国藩刚坐到翰林院椅子上，头脑整个对大环境还在懵懂着，就听到一个消息：林则徐被革职了。对于这种事，他的第一反应是皇上会拿穆彰阿怎么样。不管怎么说，林则徐与他不沾边，而穆彰阿是他的老首长。

史家通常认为，鸦片战争前，朝廷里就出现了严禁派和弛禁派，林则徐是前者的首领，而穆彰阿是后者的首领，两派的角斗一直延续下去，到了战争期间，形成了主战派和主和派。平心而论，史家的这种划分过于表面化。

实际上，从禁烟运动开始，林则徐和穆彰阿就没有哪个是主张"弛禁"的，而是动作不相上下，老穆甚至比老林还要生猛，跳得比老林还高，要求加大对烟贩子的惩罚力度，用高压手段禁绝国内烟贩子。他的推论直截了当：烟贩子没有了，英国烟贩子就没有了下家，自然就不再继续往中国输送鸦片了。这样一来，中英的矛盾就化解了，仗就打不起来了。

穆彰阿企图通过关闭鸦片市场而回避战争，无异于痴人说梦。消息很快就传了出去，引起了街谈巷议。大部分议论说老穆怕打仗，处处给林则徐掣肘，撺掇皇上罢免林则徐。话说得重些的还有，老穆和琦善早就串通了从广州往京师捣腾鸦片，自己捞足了，自然不愿意禁烟，掉过头来帮着英夷作贱大清。这些话当然是坊间胡琢磨的，但不仅子民这么说，有的官员也这么说。

鸦片战争爆发后，对于清军在前沿的一系列败绩，身在翰林院的曾国藩不会听不到。对战争，喜好纵论天下事的青年才俊肯定会血脉喷张地抒发己见。但是曾国藩挂着"穆党"的"党籍"，不能胡说八道，得处处看中堂大人的脸色。

史家说，在鸦片战争中，穆彰阿是投降派代表。这话有待商榷。穆彰阿没有主张投降，只是觉得林则徐的动作过于孟浪，捅了大娄子。战争打响了，他开始就对前景不看好，每逢前方失利的战报传来，就说："如何？盖谓不出所料也。"在鸦片战争史料中，这是唯一记录在案的穆彰阿的原话。

没多久，大清在鸦片战争中战败，败得一塌糊涂。败军之将自然直不起腰杆来，一泻千里的骂声向穆彰阿涌来。穆彰阿倒也想得开，自己就是去那挨骂的角儿。朝野找后账，自己就是那个破痰盂，浓痰都往里面啐。

曾国藩是穆彰阿的门生。穆彰阿被挤在夹缝里，门生也在彷徨。对林则徐的态度是检验"穆党"成员的试金石。没有曾国藩同情林则徐的史料，后人无须为他拔高。他倒表达过一层意思：时下的风气自古相承，始于宋朝。北宋，金兵围困汴梁，张邦昌和李邦彦主张割地求和，被太学生伏阙上书，指此二人为"社稷之贼"。金人灭北宋，继而蒙古灭南宋。南宋出了著名奸臣秦桧，杀害忠良的岳飞。结果是，北宋亡于金朝，南宋亡于元朝。自从南宋之后，每逢朝廷面临外敌，群臣皆以李邦彦、张邦昌、秦桧为鉴，谁也不愿担历史恶名，都愿意像岳飞、文天祥、李纲、宗泽、韩世忠那样青史留名，结果不分青红皂白的主战。自从南宋末年以来，朝堂中就有一种诋毁和局的风气，外敌临头，有的臣子根本不判明敌我强弱，一味喊打，以主战而博爱国之名。今之英夷，船坚炮利，非历来夷狄可比。门生以为，中堂大人判明大势，赞同和抚之策，并没有错。而激昂者不过是受南宋以来风习所染。他们固然精神可嘉，但慷慨陈辞救不了国家，不过是扬汤止沸。在这样的心境下，皇上很容易被主战者感染。这次和英夷打仗，其实是被群臣枷上了，不得不如此，稀里糊涂把国家带入战争，结果满盘皆输。

这个想法不是后来产生的，而是当时的看法，只是那时他刚刚就职，人微言轻，后来成为举足轻重的人物了，才得以说出来。

宋朝以来，皇帝就被文人士大夫"劫持"。皇帝生于深宫，长于妇人之手。由于有当朝名儒做老师，思维与草莽读书人不同，想的更多的是历史，大臣想到的更多的是现实。现实与历史经验的冲突使得他们常在朝堂上吵架。大臣们瞧不起皇帝，认为他不过仗着祖宗荫德坐上了宝座，并无本事；皇帝也瞧不起奴才，认为他们纯是为混个一官半职，赚张粮票养一家子，并没有治国才学。皇帝顺从臣子，只是用他们替自己办事；臣子尊崇皇帝，只尊崇心目中的纲常道德。碰上懦弱无能的皇帝，往往能臣辈出；而碰到雄才大略之主，大臣就灰头土脸。自古虽然有"民贵君轻"之说，其实，民从来贵不起来，贵者唯君与士而已。不管是庸主还是雄主，一旦国家有事，最后还得靠帝国"良心"们出来担当。

清代没有推行普通话，曾国藩说的是一口北方人不大容易听懂的湘潭话。但不管怎么说，他攀援上了穆彰阿，从此一步一个脚印地上来了。

在北京的头两年，曾国藩厌于社交时间太多，每天都要"四出征逐"，走东家串西家，酒食宴饮，穷侃雄炎，下棋听戏。虽然他给自己订了自修课程表，但执行得并不好，认真读书时间太少，有时间读书心也静不下来。

曾国藩拜了个老师，即唐鉴。唐鉴（1778—1861）字镜海，湖南善化人。嘉庆进士，改翰林院庶吉士，后历任检讨等官，1840年（道光二十年）为太常寺卿。唐鉴服膺程朱之学，是当时义理学派的巨擘之一，蜚声京门。唐鉴多年任地方官，深知民生疾苦，关心民瘼，留意经济，学问渊博，着有《畿辅水利》。

在京师官场上，湘人属弱势群体。曾国藩打算从镜海先生那儿学治学之方和检身之要。这两样在书本里学不到，纯是高人心得，只要从高人那里讨教到，把自己打造出来，人前人后有个样子，就有助于升迁。

唐鉴说：大部分读书人读书归读书，实践归实践，忘记了古代圣贤所说，须将所学身体力行。如研易，如果算卦是为谋生，卦就不灵。相反，清心寡欲研易，演卦反倒有奇效。因此要'躬自实践，笃实诚敬'，这是修养之道，也是为官之道。那么，怎样才能"笃实诚敬呢？要以《朱子全书》为宗。身体力行，检摄在外，持守于内。君子可贵在慎独。慎独就是谨慎地对待自己独处，在没人看见时，仍然按照圣贤教诲行事说话，是修身最高境界。简便方法也是最麻烦的方法是每天坚持日记。日记不是流水账，通过日记反思言行，对修身作检讨。每日自朝至寝，一言一行，坐作饮食，皆有札记。夜晚与妻妾亲热销魂，亦记于日记中。

从1842年（道光二十二年）深秋立志之日起，曾国藩开始"日课"，每天从起床到睡觉，自我监督。他以"学圣人"标准要求自己，每天写日记，检索自己一天的言行，发现其中哪点不符合圣人要求，就要记下来，深刻反省。这个方法不是他的发明，而是理学家们常用的修身之方。

曾国藩的心胸并不豁达，睚眦之仇必报，常与人争强好胜。理学讲究清心寡欲，而他曾经羡慕妻妾成群的同僚。一次赴宴见到其他同僚的美妾，不禁心猿意马，回家后听见卧病在床的妻子呻吟不已，便烦躁不已。夜深人静之时，他开始反省，往事如烟，桩桩掠过心头，他严厉责骂自己"耻心丧尽"。在中国传统思想中，色是生活中特别的底色。中国人普遍认为沉溺于色是斫伐根本。一天中午，曾国藩"人欲横炽，不复能制"，于是和妻子上床交媾。已婚男人都知道，白天与妻子性交一次没什么，不一定非得夜里来。曾国藩那年三十二岁，即便身体屡弱，也有劲头，他却在日记中骂自己"真禽兽矣"。

中国历代读书人只消读几卷圣人书，就把"修身、齐家、治国、平天下"挂在嘴上、放在心头，而大多数人满怀豪情如烟飘逝。修身，说到底就是用传统道德规范和圣人言论约束自己的言行，使之符合社会广泛认同的道德境界。这很难，在纷纭复杂的社会中，谁没有乱七八糟的想法，他的修身目标与现实状况往往有差距。他以临深履薄的谨慎批斗自己，克除弊病，向着"内圣外王"的目标努力。

修身，把人"修"得规矩了，好事纷至沓来。1844年（道光二十四年）8月，三十四岁的曾国藩充翰林院教习庶吉士。人要不走运，喝口凉水都塞牙；要是走鸿运，挡都挡不住。仅仅三个月后，曾国藩提升为文渊阁直阁事。文渊阁是储存《四库全书》的，直阁事是第一把手。他才三十六岁，就担任了皇家图书馆的馆长。1845年（道光二十五年）10月升翰林院侍讲学士。1846年（道光二十六年）1月，充文渊阁直阁事。1847年（道光二十七年）7月，升授内阁学士、兼礼部侍郎衔。11月，钦派武会试正总裁，殿试读卷大臣。他的晋升可以概括为"十年七迁"，也就是在十年间，由七品官提升为二品官。

清制四品以下官乘四抬蓝呢轿，三品以上官乘八抬绿呢轿。并非硬性规定，官员可量力而行。曾国藩升为二品后，仍然使用四抬轿。是不是收入有限养不起轿夫？官邸轿夫是披甲人，有佐领定期发饷银俸米，不用坐轿的爷开工资。轿夫三班倒，八个人抬轿子，就得有十六个人坐马车跟随，招人显眼。京师地面比不得别处，天子脚下得绝对安静。别说曾国藩这样的二品官，就是王爷出行也很少用八抬大轿，有的王爷觉得四抬轿都扎眼，骑马出行。

升官，当然令人高兴，曾国藩却不敢高兴，反而战战兢兢。对这个人，确实不能拿常人眼光度量。由于长年坚持"修身"，他不是官越大越嚣张，而是官越大越揪心。他说过自己有"三畏"：畏天命、畏人言、畏君父。他还认为，官有"四败"：昏惰任下者败，傲狠妄为者败，贪鄙无忌者败，反复多诈者败。他把"四败"写在案头上，每天提醒自己。宦海险恶。他不是假怕，是真怕。怕到不敢显示自己的品级。清朝官员穿什么朝服戴什么顶子胸前胸后是什么图案的补子，与品级相配套。而他则有意识降一格穿戴，可见惶惶不安的程度。

曾国藩修身一生，能不身心俱疲？爱好被自己逼着戒除，生活又会有多少乐趣？他的日记、家书早就做好了刊印准备，这样的东西还能称为日记和家书么？鲁迅批评过《板桥家书》："我所不喜欢的是他题了'家书'两个字。那么，为什么刻了出来给许多人看的呢？不免有些装腔。"今天看到的曾国藩日记、家书经过精心增删，某些方面并没有真实反映事物的本来面目，所以对曾国藩"平生文墨公牍私函无一欺饰"的评价，就有值得商榷之处了。

第三章

从"老万"到"耶火华"

　　自从清室定鼎，反清复明的口号就回响不绝。明遗民抱蛮夷猾华之痛，慨然思光复之，秘密结社，坚持时间最长、影响最大的是天地会。

　　天地会创立时间有几种说法，一种说法是创立于 1674 年（康熙十三年），拜天为父，拜地为母，会员同为兄弟姐妹，故称。天地会对内称洪门，隐含明初洪武年号，成员多为农民或破产农民、水陆交通的运输工人及没有固定职业的流浪者。一种说法是天地会创于福建厦门旗杆角五祖庙，又称三点会、三合会，支派有小刀会、红钱会、哥老会，与罗汉党、庙帮、塘桥帮等联络广泛。由于组织涣散，难有大作为，但江湖豪侠传播之，故老遗臣弘扬之，流风未沫，潜势日增，内延川鄂，外达南洋，借以发难者，盖不乏人。

　　江西天地会首领胡秉耀被俘后，在狱中作诗如下：

> 能解春秋有几人？漫将刘备作黄中。
> 读书怕见东林传，为有儒生入贰臣。
> 南渡词臣说彦章，笔锋能抑亦能扬，
> 为怜未解金人祸，草制徒工杀李纲。
> 几多豪杰辅元胡，富贵人生不可无，
> 论古且看明代史，因何文庙贬姚枢？

读书万卷桑维翰，五代雄才有几人？

惟向胡儿轻屈节，何如邺邑铁将军。

胡秉耀的事无考，但诗中引经据典都到位。即便不是个文人，也有糙人的独特风采。民族气节，忠义气节，大丈夫气节，跃然纸上。

天地会闹腾了二百年，没闹出大名堂，却有个暗语不胫而走，这就是"老万"。早期，天地会骨干的一处重要聚会处叫万山堂，为遮人耳目，天地会中人彼此以"老万"相称，相当后世说的"同志"，意思是自己人。天地会中人照面，往胸前一翘大拇指，轻声吐出"老万"二字，往下的话就好说了。

在清廷巡捕凶悍的追捕中，"老万"们越来越萎缩，反清复明的事业也越来越萎靡，于是，洪秀全、冯云山领导的拜上帝会应运而生。

洪秀全于1813年（嘉庆十八年）生在广东花县芙蓉嶂福源水村，距广州很近，相当于广州郊区。他是客家人，原名火秀。父兄耕田，他立志走仕途。因家贫，他十六岁辍学，助父兄耕田；十八岁为村塾，十九岁到广州参加科考，落第；二十五岁又去广州科考，在那儿认识传教士梁发。梁发给了他本《劝世良言》。那时他心气高，不想洗礼做教徒，要通过科举当大学士封疆大吏。榜发，再次落第。这个打击非同小可，他昏厥在地。同乡送回家后，在床上躺了四十天，第四十一天早上醒了，说他在病中见到了上帝，上帝让他将改名秀全。

耶和华是犹太教神名的基督教读法，犹太教禁止呼神名，一般称"主"。基督教将犹太教的《圣经》作为《旧约全书》继承下来，读"yehovah"，早期在中国翻译为"耶火华"。洪火秀名中的"火"字与耶火华撞车，因此只保留"秀"字。全字的上头是人，下头是王，合在一起是人中王。

改名后，洪秀全去广州应试，落第。1840年（道光二十年）鸦片战争在广州爆发。《南京条约》签订后第二年，洪秀全再度参加科考，仍落第。这是他第四次名落孙山，气得脸发白唇发紫，一把火烧掉家藏的四书五经。

没考中秀才的人很多，曾国藩的父亲十六次未考上，洪秀全为什么那么大火气？考生员须经过县考和院考。罗尔纲考证，洪秀全每次县考都过关，院考则回回落榜，第一反应是被人顶替，所以咬牙切齿的恨！这次，他发毒誓："不考清朝试，不穿清朝服，将来自己要开科取士。"这话后来让他兑现了。

洪秀全参加了四次科考，连秀才也没考取，不幸成为"知识界中的无产者"。历朝历代，这部分人最容易成为不安定因素。洪秀全胸中淤塞着不平之气，认为"满洲狗官"欺负他。是不是这样呢？他的诗文被收入太平天国史料，以特殊方式"传世"，读者可以从下面这首诗中看到，他那两把刷子究竟怎么样。

> 皇天上帝朕亲爹，哪个麻妖认得他，
>
> 天父定然天子识，各人跑路莫跑差。
>
> 堂堂天母朕亲妈，天子定然认得他，
>
> 劝谕尔们信我讲，云中雪莫惹来加。
>
> 耶稣救主朕胞兄，万权在握实煌荣，
>
> 当前三十三天上，几多磨过雪云中。
>
> 年载多长都丢空，何时今日要而从，
>
> 看尔众人都行错，天劳万样妄无功。

从洪秀全的"诗作"看，没文化，无论立意还是文字水平，都不能算科举制度埋没的人才，考官屡次把他拿下来是对的，他达不到秀才水平。从就业角度而言，他可以报考某曲艺团编快板书，看样子也难，因为他没有幽默感。

如今雕塑家按英俊魁梧套路为洪秀全造型。其实清军谍报人员对其人的体貌特征有记载："耳大、口大、眼大、头大、身大"，就是那种阔嘴大眼大脑瓜的胖大个，大脸盘衬着俩大耳朵，厚嘴唇上是大鼻头，往上是无神大眼。读者不妨想想 NBA 的著名中锋"大鲨鱼"，把奥尼尔成比例缩小则个。

洪秀全"罢考"后，在广州礼拜堂读过几个月《旧约》和《新约》，略知基督教教仪和教规。这时他已不信孔孟，打算信基督教，但被美国浸理会传教士罗孝全拒之门外。罗孝全是美国密苏里州人。他后来说，洪秀全举止可疑，总絮叨自己在病中所见到的异像和夜里的异梦，所以没有给他洗礼。

至于洪秀全为什么会有皈依基督教的动作，不是由于科考失利而寻求精神寄托，而是另有所求。他要在反清这件事上换一个与"老万"不同的路数。

瑞典传教士韩文山与罗孝全在广州与洪秀全接触过，回国后出了本书，记录亲耳听到洪秀全说的话："天地会、三合会的宗旨在于反清复明。这个宗旨在康熙年间应该说是不错的。但是，从那时至今，二百年过去了，我们今天可以说反清，而不宜说复明，恢复一个已消亡了二百年前的王朝没有意义。恢复汉族江山，自当开创新朝，如果仍然以恢复明朝为号召，如何能够鼓动人心？况且天地会、三合会拜魔鬼邪神，以及发三十六誓，刀加其颈，迫人交出钱财，更是不足为道。"洪秀全和冯云山之所以创建拜上帝会，本意是要抛弃天地会、三合会的老套说教，为反清找个正宗偶像。国内没有太合适的，在广州发现了西方传教士带进来的"耶火华"，于是借用了西方现成的上帝说法。

罗孝全和韩文山是虔诚的基督教信徒，天真地认为洪秀全有崇高目的，在为"宗教自由"而斗争。后来，当太平天国运动席卷南方后，这二位都号召西方国家不要帮助清廷镇压拜上帝会，否则他们将"甚为痛惜"。

1844 年（道光二十四年），洪秀全和冯云山创立拜上帝教。冯云山也是客家人，原籍广东龙川县石灰窑村，出生在广东花县禾落地村殷实家庭。父亲冯绍衔，早故，是洪秀全的表亲和同学。他自幼诵读经史，屡试不第，当了一名农村蒙馆塾师。洪秀全说话办事有些忽悠，冯云山则是个脚踏实地的人。

1847 年（道光二十七年）8 月，洪秀全、冯云山到广西紫荆山"传教布道"。为什么到犄角旮旯里"传教布道"，由于那里壮瑶杂处，久为逋逃渊薮。但是，对没有走出过大山的山民讲什么"耶火华"，不大容易说清楚，通俗的做法是砸孔夫子泥塑，还砸多神教参拜的大小泥塑。

1845 年（道光二十五年）冬，洪秀全、冯云山领着一帮拜上帝会的人砸了象州甘王庙。江湖上讲究行不更名，坐不改姓。事后，洪秀全在庙墙上题壁"七律"一首，而且留下了自家姓名。诗照录如下：

> 题诗草檄斥甘妖，该灭该诛嘴不饶。
> 打死母亲干国法，欺瞒上帝犯天条。
> 迷缠男妇当雷劈，害累人民定火烧。
> 作速潜水归地狱，腥身哪得挂龙袍。

到处砸人家的庙堂，总要拿出稍许说得过去的说辞。洪秀全一般用《水浒传》中的故事搪塞，似乎也在"替天行道"，只不过他所说的"天"是自创的，与水泊梁山一百单八将所说的"天"不是一码事。淳朴的山民无暇顾及此"天"与彼"天"的区别，他们砸了就砸了。有《水浒传》故事作依托，洪秀全自比宋江，冯云山顺理成章成了水泊梁山的正军师吴用。后来吴用不够显摆了，洪秀全将冯云山住的草房称为"南阳草庐"，隐喻冯云山为当世诸葛亮。

洪秀全和冯云山意识到，动员有田产的农民比较困难。于是深入矿山，联络矿工、烧炭工和客家佃农，动员他们入拜上帝会。这些人当算无产阶级。有必要提及，洪秀全、冯云山领导的拜上帝会与客家人有着千丝万缕的联系。内里的原因究竟是什么，我不清楚，只是查资料时偶然发现的。

客家人是北宋后从中原南下的，是汉族在世界上分布范围最广阔、影响最

深远的民系。来自黄河流域的家庭数千里迁徙，到南方成为"客家"。广东、福建、广西、台湾都有客家人分布，以广东人数最多（据近年统计，达两千五百多万人，占广东本地族群三分之一）。客家人祖先在中原，最终形成于岭南。血液里似乎流淌着"南下基因"，即便向南到了广东，即亚洲大陆版块南端，仍然停不住脚，就出海向南，到了南洋，成为华侨的滥觞。

为说明这点，不妨简单看看洪秀全、冯云山在广西发展的拜上帝会骨干的根系。说出来或许有人纳闷儿，他们居然都是客家人。

杨秀清，祖籍广东嘉应州，客家人。雍正年先祖迁广西，居桂平紫荆镇平隘新村。父母双亡，伯父杨庆善收留，十二岁在平隘山上烧炭糊口。史料中这样概括："容貌消瘦，躯干猥琐，面色青白，目不识丁"。一只眼失明或严重弱视。他带着烧炭工投奔拜上帝会。太平天国成事后，杨秀清带来的那帮烧炭工称"平隘山勋旧"，用现在话来说，就是创建太平天国的平隘山老同志。

萧朝贵居于桂平鹏隘山下古棚村，也是客家人。他自幼随养父长大，家境贫苦，到紫荆山山区靠种菜、耕山、烧炭艰难度日。他"狼躯猿臂，多力善搏"，后来娶了洪秀全的妹妹洪宣娇为妻。

石达开生于1831年（道光十一年），广西贵县北山里那邦村，客家人，父亲石昌辉从广东和平县迁至广西。《石达开供词》中说："自幼读书未成，耕种为业"。李秀成在《自述》中仅说石达开"家富"，富到什么程度，没说。有两妹一姊，没有兄弟。幼年丧父，八九岁独撑门户，务农经商之余，习武修文不辍，十三岁时处事已有成人风范，侠义好施，年未弱冠被尊称"石相公"。"躯干停匀，面白皙，少亦读书应试，喜以谋略自见，结纳遍于远近"。在拜上帝会领导班子一干闹哄哄的强人中，这位书生气十足的人属于另类。

罗尔纲根据《韦氏族谱》及后裔至今操客家话，认定韦昌辉为客家人。1981年，李毓麟、王湛恩根据新发现的韦氏《宗支部》和《传经堂族谱》，补充证明金田韦氏是由广东广州府发脉至广西平南，分支迁至桂平县金田，属"客籍来人，非土著壮人。"韦昌辉"面瘦黑，身长鹤立，性奸刻，机诈百出"，有钱，捐了个监生。他为拜上帝会捐了大笔钱和粮食，确立特殊地位。太平天国起义初期，清廷对拜上帝会孤陋寡闻，本于《贼情汇纂》的说法：韦昌辉家是客户，族微力弱，受官僚士绅欺压。"冯云山自途逸回，住其家，诱使入会。""洪秀全倡乱，所过富室一空，掘地数尺。昌辉惧，献银数万入伙，封为北王。"

洪秀全与冯云山是广东客家人，在广西聚拢的骨干清一色客家人。客家人在两广称"来人"，两广土著称"土人"。由于方方面面原因，"来人"与"土人"矛盾很大，常发生械斗，千百年来就这么打打杀杀过来了。

按照萧一山在《清代通史》中的说法，紫荆山是"来人"的聚集地点。洪秀全、冯云山和杨秀清、萧朝贵、韦昌辉、石达开六个人结为异姓兄弟，发展会众。六兄弟对着天父天兄起誓，日后成功，六人坐江山，都称王。

那是一段自由奔放、无拘无束的日子，葱郁的深山里，明月清风，六位异姓兄弟抒发着对未来的憧憬。除了坐江山称王外，老大洪秀全另有想法。他对屡屡落第耿耿于怀，提起来就火冒三丈，因此提出一个具体奋斗目标：打下江山后，每年于各人生日那天开科取士，在天下读书人面前出一口怨气！

现在要给纠集起来的会众以精神食粮，说明为什么要纠集客家人在合适地点"团营"。早年梁发给洪秀全的那本《劝世良言》，洪秀全还留着，他加以发挥，拜上帝教的理论底座是"三位一体"。这个"理论"是洪秀全杜撰的，天父为老大，耶稣基督排行老二，他行三，僭称天弟。在这个不伦不类的架构中，天弟得听命于天父。天父远在天际，其旨意传达于天弟，得有个传播媒介。就像广播电台发出的电波，得通过收音机接收，才能被听众听到。那么，谁来充任这个"收音机"？这副重任无意中落到了杨秀清的身上。

1847年（道光二十七年）12月，紫荆山石人村的团练头子王作新纠集打手，抓了冯云山，令保正押送桂平县，在押送途中，被拜上帝会卢六等夺回。王作新恼羞成怒，到县衙控告冯云山，罪名是"迷惑乡民，结盟聚会"，"不从清朝法律"，"践踏社稷神明"，要求"严拿正办，俾神明泄愤，士民安居"。桂平县知县怕引火烧身，不敢究理。王作新不肯罢休，次年元月逮捕了冯云山、卢六二人，以"阳为拜会，阴图谋叛"罪名，经大湟江巡检司送桂平县狱。

冯云山被团练抓走，而洪秀全在广东。会众心里发毛，杨秀清倒想出个损招，假装昏迷，不省人事，"苏醒"后呜呜噜噜说了番话，依据拜上帝教假设，这番话代表了天父旨意。杨秀清用降童巫术稳住众心，从此成为天父代言人，每当需要就假装昏迷，随后嘟囔点什么，洪秀全就得惶惶然遵命。按理说，把戏不能多用，而杨秀清动辄用"天父附体"调度洪秀全，洪秀全不便戳穿，只得假戏真做，从而亦步亦趋。这为后来的内讧打下了伏笔。

杨秀清与洪秀全不同，从骨子里就不相信什么天父天兄，也不相信洪秀全是什么天父"次子"，自己是天父"四子"等无稽之谈。他参加拜上帝会，信仰天父上帝，只不过利用这些说法而已。

要办事，得有人；办大事，得有很多人。人多了，要有相应组织工作；而维系组织，就要有信仰。至于信仰是真理还是谬误，暂时可以不管，只要信就行。

杨秀清拜上帝，不过如此。他也知道，诸王中，除了冯云山，萧朝贵、韦昌辉、石达开和自己差不多，都明白神道设教的作用。不过不点破，表面上显得虔诚，以至于天父对他的宠爱，似乎超过天王。他几次装扮成天父下凡的附身，居然使洪秀全完全听喝。每每想到这里，估计他都会冷笑起来。

大势相当有利。鸦片战争失败后，鸦片源源输入造成大量白银外流，银贵钱贱。清廷为支付巨额战争赔款和赎城费，弥补由于鸦片大量输入而造成的财政亏空，横征暴敛，增加税收一至三倍以上，无数人倾家荡产，流离失所。民声鼎沸、怨声载道，对清朝统治的愤懑与日俱增，这就是造反者的契机呀！

清廷把自己架到火盆上。这时得有人点把火，而且得在清朝统治最薄弱的地方点火。偏远的广西是个理想地点。这把火是怎么点起来的？可以肯定地说，当初洪秀全和冯云山没有明确举义时间表，而是被形势推着往前走的，形势是拜上帝会会众与官府的准军事组织团练的摩擦越来越大。

太平天国运动失败后，李秀成被俘，在囚室中回顾起事过程。《自述》冷静客观，而说到起事时，文字中迸发出了感情色彩："农夫之家、苦寒之家，积多结成聚众，拜上帝人与拜上帝人一伙，团练与团练一伙，各争自气，各逞自强。"

但凡写过点东西的人，大体上都能领悟出，在什么情绪驱使下能够写出什么样的话。后人会感到，忠王在写这几句话时，思绪猛地堕回当初，会泪流满面，感情无以自抑，望望窗外黑沉沉的天空，回味着揭竿而起的那个瞬间，再看看眼下的处境，甚至会以头颅撞击囚室的墙面！

1850年（道光三十年）正月道光皇帝驾崩。这件事如同飙升到空际的一颗信号弹，天地会众人认为"清尽明复"的日子到了，摩拳擦掌，纷纷起事。但是，拜上帝会会众们并没有这么做，而是发动会众"团营"。

《太平天国起义记》中说：当夏洪秀全派人回广东花县接眷属，"秀全之母、妻、儿女、兄长及妻室至亲之族人均携眷到桂，与秀全同居一处"。这是个大动作，全家老幼迁徙，很难说是为发动起义。因为起义是犯上作乱，没人会带着一大家子去做危及政府的事，要那样的话，等于一大家子自投罗网。

当年10月，拜上帝会会众前往金田村团营。团营就是扎堆儿。什么人扎堆儿？客家人扎堆儿。石达开变卖全部家产，带领数千人前往金田村，路上遇到数千名客家人，汇聚起来，抵达金田村。他们为什么会去金田村？因为韦昌辉是金田村地主，有接待能力。很难说他们去金田村"团营"，是准备起义。种种迹象表明，他们变卖全部家产去金田村，而且全部是客家人，拉家带口，更像是按照拜上帝教的说法，去开荒过日子，建立自己的精神家园。

这种事在欧洲也有，而且在拜上帝会"团营"前夕发生过。空想社会主义又称乌托邦社会主义，是产生于资本主义生产状况和阶级状况尚未成熟时期的社会主义学说。空想社会主义者虔诚地相信，不久的将来可以建立理想的意识形态社会，并为之不懈奋斗。这种学说盛行于十九世纪初的西欧，以圣西门、傅立叶和欧文为代表。1824年，欧文在美国印第安纳州买下一千二百一十四公顷土地，开始新移民区实验，一伙人变卖家产后前往，也就是"团营"，打算建立空想社会主义家园。但实验以失败告终，欧文也因此而破产。

贫瘠的广西绝非美国印第安纳州。客家人在金田村"团营"，惊动了当地团练，团练来犯，双方三五句话不和就会动手。只要动了手，广东天地会的那帮子"老万"自然会掺乎进来，趁机裹乱，他们被官军追杀的东躲西藏，听说拜上帝会在广西势力日众，纷纷投奔，途中遭堵截，冲突范围越来越大。既已见仗，洪秀全和冯云山一合计，索性一不做二不休，起义得了。

金田起义是在韦昌辉家里举行的。韦昌辉毁家纾难，"倾其家产，助洪逆传教"。《武宣县志》载："三十年八月，于韦源玠家竖旗举事。"《象州乱略记》载："上帝会匪洪秀全、冯云山、杨秀清以左道惑众，聚党于平南蓬化里金田村韦政家。"起义初期，韦昌辉是头儿，"金田倡乱，率贼出队，贼中事无巨细，悉出其令。"那时广西探子不知道洪秀全、冯云山，只知道挑头闹事的是金田村地主韦昌辉，连咸丰皇帝都以为，韦昌辉是"贼首"。在起义阶段，韦昌辉负责后勤，保障供给。材料记载太平军每克一城，各王带兵驻扎城外，韦昌辉入城安民，在衙门堂上署事，处理财政、行政事务。

金田村起义的这天是十二月初十。即公元1851年1月11日。依照阴历，依然属于道光三十年；而依照阳历，则已进入咸丰元年。

第四章

蓑衣渡：团练也是能打的

　　1850年（道光三十年）正月丙午，道光皇帝病情加重，宣召近臣进宫，总管太监从"正大光明"匾额后取下个锦盒，而后宣读锦盒中的诏书："封皇六子奕䜣为亲王，皇四子奕詝立为皇太子。"中午道光皇帝驾崩。二十岁的爱新觉罗·奕詝登基成为清朝第七位皇帝，也是最后一位通过秘密立储即位的皇帝。

　　咸丰皇帝即位后，郑亲王乌尔恭阿第六子肃顺崛起。他在道光朝担任散秩大臣、内务府奉宸苑卿、銮仪使等，这时升侍郎。这人横了吧唧的，却明白个事理。咸丰前，清廷歧视汉人，不委汉人军权。他却将郭嵩焘、邓辅纶及王闿运、高心夔等延揽门下，见识自然就高出了贵胄子弟一头，按他的话说："满人都是混蛋，懂得什么？汉人得罪不得，厉害着呢，偷着就把你给操了。"

　　随着肃顺行情看涨，穆彰阿行情看落，混迹官场的哪个不是琉璃耗子，不知不觉中，穆彰阿跟前的人把尾股挪了过去，靠上了宗室大树。

　　咸丰皇帝想召回林则徐，穆彰阿却说"柔弱病躯，不堪录用"。这件事成为点燃导火索的火星子，肃顺策动宗室活动，哪个官员看不出眉眼高低，朝堂上对穆彰阿的不利呼声愈来愈高，随即就出现了第一本参劾穆彰阿的奏折。咸丰皇帝等的就是这一出，奏疏一入，立刻发下交部议裁处。穆彰阿的势力拟罚俸处分。皇上指斥各部官员因循私恩，命发回重议。这下子，皇帝的心思昭然若揭，没人再敢说话。皇上火上浇油，说穆彰阿"柔佞窃位，倾排异己，沮格戎机，罔恤国是"，即行褫职。一时间朝中"穆党"人人自危，那些一味巴结穆彰阿的人慌起神来，四处奔走钻营，只求不要牵连到自己。

肃顺顺势代替皇帝拟旨，斥责穆彰阿："身任大学士，受累朝知遇之恩，保位贪荣，妨贤病国。小忠小信，阴柔以售其奸。伪学伪才，揣摸以逢主意。从前夷务之兴，倾排异己，深堪痛恨。如达洪阿，姚莹之尽忠尽力，有碍于己，必欲陷之。耆英之无耻丧良，同恶相济，尽力全之。固宠窃权，不可枚举。其心阴险，实不可问。第念三朝旧臣，从宽革职，永不录用。"

此诏一下，本来是高层的人事变更，京师却爆竹声不绝于耳。

《清史稿》中对穆彰阿的评价不好，如擅权、任用亲信、排斥异己等。但是这个人不贪，向同僚或属下索要过东西，多是字画等文玩。后人称，他"在位二十年，亦爱才，亦不大贪，惟性巧佞，以欺罔蒙蔽为务"。两年后，穆彰阿捐了一笔军饷，用于镇压太平军，授五品顶戴，又三年死去。穆彰阿死后，恶奴将家里值钱的东西盗空，连夫人的衣服都抢走了，说变卖顶工钱。过去买官的人纷纷上门讨债，说事情没办成，得退银子。穆彰阿在世时大手大脚，哪有什么存银，房屋财产都顶了欠账，娘儿几个流落到了京郊香山一带。

穆彰阿迅速垮台，曾国藩是什么心情，没有文字资料。他从小京官爬到侍郎，发掘他的穆彰阿功不可没。1851年（咸丰元年），他给欧阳兆熊写的信中称，准备称病归乡，与子携游于万山丛中。似乎穆彰阿垮台，他有强烈危机感，先放出个信号弹，给哥们儿打个招呼，说自己将解甲归田。

"穆党"传得沸沸扬扬，好像说话就要整垮一批人。但穆彰阿垮台后，没有株连到别人，可见咸丰皇帝只是厌恶穆彰阿本人，并没有把"穆党"当回事。其实，"穆党"中人可分为两大类：一类直接接受穆彰阿的指令，对政敌下过黑手；另一类只是曾受到穆彰阿援引，查无劣迹。

咸丰皇帝为彰显新气象，下诏求言，让评议朝政得失。曾国藩认为机会来了，面对内忧外患的局面，研磨挥毫，琢磨着写份奏折。在仕多年，他如履薄冰、如临深渊，不敢有一字一句开罪皇上。而这次他要说点什么。

奏折如何立论行文，有不可为外人道的经验，是古代官场生存智慧的体现。曹丕说"文章乃经国之大业"。绝大多数文章攀不上"经国大业"高度，惟奏折或可近之。奏折是大臣与皇帝沟通的重要渠道，也是臣下与皇帝联络感情的主要纽带，皇帝可以从奏折中看出大员与朝廷是否贴心。臣子因一纸奏折成名或身败的事例甚多。谁都爱听好话，统治者亦不例外。曾国藩奏折中反映出此人不世故，不是油头滑脑的臣子。他的奏折中，有的话相当直白，一点也不给当朝面子。但除了个别奏折，皇上对他那些直不楞腾的陈述并没有过多计较。

即便有的话是在放大炮，皇上也没有生气。当然，咸丰皇帝不像雍正皇帝，不是天天趴在案头看奏折的人，有的奏折根本就不知道。本章挑出曾国藩的几份奏折，不仅看他在考虑什么，也看看他上奏折的立意，这往往体现出人品。

曾国藩兼任过兵部左侍郎，了解大清武装力量情况。1851年（咸丰元年）3月9日，他上《议汰兵疏》，提到天下两大患，"一曰国用不足，一曰兵伍不精"。两大患对下层老百姓造成极大负担，必须适当松绑。

"国用不足"，政府必定增加赋税，"欲于岁人常额之外，别求生财之道，则搜括一分，民受一分之害"。"兵伍不精"带来严重后果，军队情况各省不一，漳州泉州凶悍士兵，以大规模械斗为常事；贵州、四川等地冗杂的军队，以勾结强盗土匪为事业，吸鸦片、聚众开赌场，游手好闲，惹事生非；有事就雇用无赖之徒冒充，见到敌人望风逃溃，敌人走了就杀害百姓邀功请赏。他还一针见血地指出，从康熙朝开始，国家增兵过多，但是军队战斗力却急剧下降。这不仅使得国库空虚。自康熙皇帝以后，武官就有立空名吃粮饷的陋习。到乾隆皇帝武官吃空的粮饷有另外添设了养廉、公费、奖赏和抚恤作为正项另行开销。乙巳年之后，陕西、河南又连续两年大旱东南六省又遭水患。总计每年歉收都在千万之上；在内支出国库银钱几百万救灾，财政困绌。

《议汰兵疏》中提出的解决措施。概括起来就是"汰兵五万"。各朝建立初军队少，国家却强盛。后来军队越多，力量越弱；粮饷越多，国家越穷。北宋兵员保持在一百二十五万人，南渡后增到一百六十万人，战斗力却下降。明朝养兵一百三十万，明军实力越来越弱。鸦片战争赔款二千一百万；癸卯年户部银库监守自盗，亏失九百万；全国税务欠缴几近五千万；连年水旱灾害，造成歉收、赈贷费用接近两千万，中央财政岌岌可危，要进入破产清盘程序。民生凋敝至极，不可能再刮油水，所以开源增赋之策不可行，唯一的办法只有裁兵减饷。裁兵固然是为补贴国用，本质原因还在于兵不可用，绿营兵之窳败，"无事则游手恣睢，有事则雇无赖之人代充，见贼则望风奔溃，贼去则杀民以邀功。"

裁减原则有：一、可以不动精干军营而裁减低劣军营；二、可以不动边防和要塞军队而多裁减内地军队；三、可以将营防设施太破旧的军队合并；四、可将太分散的军队合并。"汰兵"的措施要平稳推行，靠兵部官员精心审定，各省提督、巡抚认真考察，不能鲁莽行事。通过"汰兵"，对非重点地区的兵员出缺后不补等，用不多久五万军队就可裁减完毕。通过裁撤不合格军队，能节省大量的费用，这些军费则"另行封存，专备救荒之款，永塞开捐之路"。

曾国藩之所以建议裁军，是对清军能力过于失望。但这奏本上的不是时候，太平军刚在广西金田村起义不久，清军在广西兵力严重不足，被起义的客家人冲得稀里哗啦。曾侍郎偏在这种时候提出"汰兵五万"，什么意思？满大臣如果上纲上线的话，曾侍郎是不是想断送大清！

好在那时朝廷不把广西客家人起义当回事。皇上批了"知道了"三字。曾国藩担任过内阁学士，经验告诉他，他的建议从此石沉大海。没过多久，长毛越闹越大了。这时曾国藩回想起前不久上的《议汰兵疏》，肠子都得悔青了。但经制兵不能打仗，作战能力极其低下，这个看法他始终没有动摇。不仅如此，随后发生的事情证实了他的看法，即大清王朝的经制兵的确不行。

太平军在金田村发动起义时，前后起事的还有十几股，首领分别是花猪箭、卷嘴狗、大鲤鱼、大头羊等。听这些土的掉渣的名字，就不像是能成气候的。这些义军都是"老万"系列的，而洪秀全、冯云山眼里不夹"老万"，打出了上帝"耶火华"旗号，沾上点洋味，好像高出"老万"一头。

广西的民变此起彼伏，地方官府捉襟见肘。两广经制兵七八万人，分散部署在一百四十二个营地，就像羊粪蛋，稀稀拉拉的，与其说驻军，不如说是警卫队。由于兵员太少，须靠团练补充。国家对团练没有财政补贴，团练只能靠当地富绅出些钱，买些刀枪棍棒，发点口粮，凑合事。广西落后偏远，在鬼不犯蛋的地方，一旦有个风吹草动，团练相互守望，保自身要紧，谁也不动。

清廷接到报警后，派钦差大臣去广西坐镇，却不顺。原云贵总督林则徐为钦差大臣，驰赴广西。林则徐由福建兼程开进，到潮州病逝。咸丰皇帝任命的几位钦差大臣，不是这事就是那事，再度诏命原两江总督李星沅为钦差大臣。

李星沅饬镇远总兵周凤岐负责作战，周凤岐令副将伊克坦布进剿金田村。伊克坦布率部向金田开进时，萧朝贵率五百人迎战。他率领的拜上帝会会众是没有经过训练的农民和矿工，对方则是清军将领统辖的正规军。但绿营兵真的是不可雕的朽木，一触即溃。

洪秀全初战告捷，形势并没有缓解。李星沅是湖南湘阴人，带来两千名镇箪兵，强悍善战。广西巡抚周天爵和广西提督向荣带领一万人，会同以前派出的各路清军四千多人，将洪秀全的起义军包围在大黄江。

李星沅当过两江总督，周天爵是巡抚，督抚平级，只得奏请朝廷委派一位统帅来广西指挥。大学士赛尚阿接到诏命，代替李星沅出任钦差大臣。

赛尚阿还没到任，洪秀全率领义军突破薄弱包围，直逼象州。朝廷在广西能用的军队抽空了，希望湖南派兵出境广西。湖南巡抚是五十八岁的广东人骆秉章，不想把有限兵力投入邻省战场，上奏说，湖南防兵只有四千多人，不能

再抽调兵力出境。提督余万清在朝廷催促下，领兵驻扎在湖南与广西交界处堵截。

7月初，钦差大臣赛尚阿到达桂林，稍加检点，便感到兵力不足。绿营兵都是酒囊饭袋，要对付蒸蒸日上的太平军，需要大量补充有生力量。赛尚阿同时发现，他真正缺的不是兵，而是悍将，没有悍将，兵力再多也是徒然。

洪秀全率领起义队伍与清军作战的最初几个月，湘军还没有诞生。日后将要驰骋疆场、叱咤风云的湘军统军人物，这时各自处在自己那个狭窄的环境中，还没有一个人找到自己的定位，只是静静地谛听着命运的召唤。

曾国藩已过不惑之年，积极响应朝廷号召，参与议论朝政，提出革除弊端办法，却被一棍打回。他并不认为广西局势有多严重，以为官兵一到，立马就能弹压。这时就是打死他，他也不可能相信日后将由他送洪秀全去见"耶火华"。

后来那些青史留名的湘军人物，在太平军起义之际，都无所作为，只有江忠源例外。这个七品芝麻官在家丁忧，命运神差鬼使地把他召唤出来。

江忠源生于1812年（嘉庆十七年），湖南新宁杨溪村人，父教书为业，生四子，依次为忠源、忠浚、忠济、忠淑。江忠源少年好饮酒好赌博，中秀才后仍不受礼法束缚。牛人在年轻时都有个性。《新宁县志》说他"长身鹤立，手垂至膝，与人不立崖岸而行以义断，见定守坚，无游移两可，自少受庭训，好读经世书，不屑章句，为文善持议论，务以理胜，无所依傍，自成一家言"。

新宁地处桂湘交界，汉瑶杂居，民风尚武。江忠源自幼习得一身功夫，开八十担硬弓百发百中。1837年（道光十七年），他通过乡试中举，到京师求学。在京城认识了郭嵩焘。郭嵩焘是曾国藩的拜把子兄弟，这时正在京师学习，准备参加会试。正是这位热心人把江忠源引荐给曾国藩。

曾国藩时在翰林院任检讨，不再"北漂"了。相比之下，郭嵩焘和江忠源还在"漂"。江忠源到京师拜谒曾国藩，曾国藩对门房说："这人是个无赖，给几句好话打发走。"曾国藩门房是直性子，把话原原本本说了。江忠源道："没想到，曾国藩居然不愿意让人改正错误。"曾国藩令门房引入。江忠源侃侃而谈天下事。天下承平日久，江忠源却说天下不久将有大乱，士人当早做战乱之备。他声震屋宇，手指壁画，衣袖竟将茶杯拂倒，犹谈笑自如。

都说曾国藩会相面，其实他压根儿也没有学过《麻衣相法》什么的，即便相面，也是属于野路子的，而且很可能是自创的。在京湘人的一次小型集会上，他与江忠源再次见面，说："此君瞻视非常，他日当以勋劳节烈闻于天下"。这话听着不吉利，让人浑身起鸡皮疙瘩。什么叫"勋劳节烈"呀？就是死得很悲壮，而且轰动一时。曾国藩说了也就说了，后来却不幸兑现了。

江忠源豪侠仗义。《三国演义》里的关公千里走单骑，江忠源也有过千里走单骑，不只一次。新化籍举人邹柳溪病逝于北京，江忠源护送灵柩由京返湘；湘乡籍举人邓铁松患肺病死在河北献县，江忠源料理后事，护送灵柩回老家。关老爷千里走单骑，多少抱着兄长将来若是做了天子不会忘记自己好处的念头，而江忠源送灵柩没有丝毫好处，也不希图遗眷回报，纯粹是个义气。两次义举，江忠源在京搏得为朋友两肋插刀的名声。两次义举，曾国藩都参加了，是写挽联，因此有"包送灵柩江岷樵，代写挽联曾涤生"之美谈。

1845 年（道光二十五年），江忠源离京。读书只是生命中的过场，他骨子里喜欢武事，办团练，以"民兵连长"的身份保境安民。1847 年（道光二十七年），雷再浩率蓝正樽余部与广西三合会发动起义。天地会纷纷拈香拜会，预备响应。江忠源率子弟兵百人，一战杀死雷再浩。湖南巡抚骆秉章是穆彰阿的门生，与曾国藩同属"穆党"，两人联合保举，江忠源本来就有个举人出身，因战功加七品候补衔，赴浙江，到吴文榕治下任秀水代理知县。

江忠源任秀水知县时，逢天灾，饥民遍地，政府拨的赈灾物资不敷用。他要求富人捐纳赈灾。凡捐纳银粮，他书"乐施好善"匾额，送到家中悬挂；象征性打发几个小钱的，书"为富不仁"四字挂于家正门，每日派手下查看，不得私自摘取。有钱人家纷纷出钱。他旬日间就征集大量物资，赈济灾民。

"下马草文章，上马击狂胡"。在赈济灾民时，江忠源率领团练围剿闹事的土匪，"擒大盗十数，邑大治。巡抚吴文榕待以国士"。据《水窗春呓》，嘉兴县令赈灾不力，反而鱼肉乡里，百姓蜂拥围攻衙门，呵斥县令说："尔何不能效江青天活我，方从而鱼肉之？"群情激奋，捣毁了县衙，隆锡堂太守亲往弹压而不能止。江忠源只有出动了，而他一到嘉兴，百姓则自动散去。

广西洪杨起事的紫荆山，同江忠源所在的新宁仅一界之隔。江忠源本丁父忧在籍，在新宁募五百兵士，号楚勇。他选兵不注重武艺，以"胆气为上，质朴次之，技艺又次之"。钦差大臣赛尚阿督师广西，江忠源带着五百名楚勇来了。塞尚阿手边太缺人手了，顺手奏报朝廷给江忠源知府衔，相当于眼下的地市级干部。江忠源奉赛中堂之命，越过桂湘地界朝紫荆山开进，隶副都统乌兰泰辖制。

1851 年（咸丰元年）秋，洪秀全率部克广西永安（今蒙山），这是金田起义后占领的第一座城池，而且是州府治所。在永安，洪秀全宣布立国，国号太平天国，起义部队称太平军。他自立为天王，妻子赖氏为皇后，儿子贵福为幼王，封杨秀清东王，萧朝贵西王，冯云山南王，韦昌辉北王，石达开翼王。

赛尚阿从桂林移驾阳朔，用鲍起豹任湖南提督，防堵太平军蹿湖南。敦促

广西提督向荣火速赶赴永安，完成永安围城。怎么围？向荣信奉兵书说的"围师缺隅"，坚持留水窦一路，逼迫太平军从城内蹿出，在城外歼灭。赛尚阿也不愿意围城攻坚，官兵架着云梯爬城，伤亡极大，遂采纳了向荣意见。

江忠源率楚勇筑营于永安城外。石达开打算一口吃掉楚勇。江忠源坚壁不出，等到太平军逼近壕外时突然反击，枪炮先发，刀矛继接。这种战法与绿营官兵离太平军很远就乱放枪炮，等到太平军接近时便竞相弃械逃跑形成鲜明对照。

在这个四面环山的弹丸之地里，清军居然集聚了十万重兵。而太平军只有不到一万人，占据永安城外东平、莫家村、水窦各处，掘壕壁垒，与永安城互为犄角。江忠源建议先拔掉城外的据点，切断供济，然后高壁深壕，将孤城团团围困。蕞尔小城，没有供应、弹尽粮绝，便不战而溃。

太平军将主力集中在水窦，龙眼潭和靠近城垣的莫家村、长寿圩，兵力最多的是水窦，人数近万。如此厚集兵力，是因为水窦当面是清军乌兰泰部，有重炮装备。在永安攻防战中，太平军缺乏火药和炮子，不但很少开炮助战，即使开炮也只能发射石子、铜钱等。清军对城外堡垒的逐一攻克，防守越来越艰难。

1852年（咸丰二年）2月，太平军粮草殆尽，洪秀全在一间破破烂烂的茅草屋里颁《永安破围诏》，乘雨夜溃围。第二天凌晨，遭到向荣、乌兰泰两支主力轮番冲击，损失数千人，成为太平军历史上的第一次惨败。清军损失也不小，向荣遭伏击受伤，乌兰泰追到桂林南门，被击伤，退至阳朔死。

永安突围后的太平军像出了笼的老虎，一路呼啸，向省城桂林打去。向荣收拾乌兰泰余部，在桂林死守。江忠源闻警，拿出全部家产，又招募上千人，江忠源四兄弟及其同族的江忠义、江忠信、江忠珀率的楚勇，以江忠义精捷营最为善战，在桂林外围与太平军作战三次，三战三捷。

洪秀全本不打算在广西久留，顿兵坚城划不来，干脆绕过桂林，向全州打去。太平军攻破全州，无意中搞到几百艘船，沿湘江水陆并进，目标是长沙。

赛尚阿束手无策，江忠源却不慌乱。他是土生土长的湖南人，熟悉湘江，那是湘人的母亲河。江忠源知道，全州的下游有个地方江面窄，两岸树木茂盛，可以躲藏伏兵。太平军船队必然经过那里。那地方叫蓑衣渡。

蓑衣渡是湘江渡口，在全州城东北，陆路才十里，水路十二里。过蓑衣渡五十里，即可经黄沙河水路进湖南。太平军如果能够闯过蓑衣渡，就会立刻进入湖南境内，前方的长沙依傍着湘江，如果没有狙击的话，湘江水会把太平军船队一直送到长沙的核心地带。那样的话，长沙就悬了。

清军与太平军血战年余，损兵折将，湘桂边的清军久战疲弱，胆战心寒。

江忠源索性甩开清军，凡能搞到的炮统统拉到江边，隐藏在蓑衣渡西岸树丛里。由于兵力少，无法顾及东岸。楚勇伐下树捆成大木筏，飘在江面上。江家兄弟大致有个判断，太平军固然在地面善战，在江面上未必是行家。

太平军船队从全州过来，接近蓑衣渡时被木筏堵住，只得停船清障。冯云山觉得木堰塞江，断定有诈，但顺流而下的船队不可能逆水退回。就在这时，西岸伏兵炮响。冯云山下令不顾一切冲过去。楚勇哪会给太平军机会。双方在蓑衣渡打了两天，冯云山被炮击中，负重伤，抬到东岸抢救，伤重而亡。

太平天国诸王中，冯云山是唯一的政治家，坚忍多谋。遇到难题了，大家都没有主意时，他的一两句话算最后拍板。但是他没有走出广西就战死了。洪秀全在痛哭中，信念甚至一度发生了动摇："看样子，上苍不打算让我夺取天下，否则的话，怎么会让良辅走得如此之早？"实际上，从后来的效果看，冯云山的死，使得太平天国在政治上处于幼稚水平而无改进，宗教建设、地方政权建设和外交策略等方面，均处于蛮干而不知策略的低级形态。

在蓑衣渡，太平军精锐部队数千人被歼，辎重粮草全部丧失。江忠源在西岸酣战二日，清军竟无一人增援，东岸空无一人，太平军残部得以从东岸撤退。

左宗棠、郭嵩焘后来在《江忠烈公行状》一文中说："公令所部于全州下游蓑衣渡伐木作堰，连营西岸力扼之。贼觉来斗，以悍贼护船，更番蝶进，鏖战两昼夜，贼渠冯云山中炮死，悍贼毙者数千，辎重尽丧。公急请统领联营东岸，断贼旁窜，统领犹豫未决，贼果弃船由东岸走道州。"

后世名声大噪的湘军是什么时候起步的？一般认为，从江忠源成立楚勇就算开始了，蓑衣渡是湘军雏形的成名之战。实际上，楚勇是团练，江忠源此前或此后没有统辖过比两三千人更多的部队。那时湘军尚在虚无缥缈中。咸丰皇帝容许团练存在，未必允许与清军并重且战斗力超过清军的汉人军队存在。蓑衣渡一战另开新局，让朝廷切实看到了，湘人拉起的武装可用。后来，曾国藩把蓑衣渡战例从政治角度放大了，力图说明另一层意思，那就是南蛮子和两广的逆匪不会搅到一口锅里，共同对付大清，从而为后来的湘军打开了绿灯。

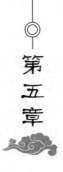

第五章

"今亮"参加了长沙保卫战

太平军冲出广西后，兵锋直指湖南，这就牵扯出晚清另一位名臣左宗棠。

左宗棠，字季高，1812年（嘉庆十七年）11月10日生于湖南湘阴柳庄耕读世家。家里没有出过举人，出了七代秀才。左宗棠的曾祖逢圣公以县学生员老死，祖父左人锦是国子监生，教书为业。父亲左观澜是县学廪生（每月有膏火银的秀才）。家有田几十亩，可收租谷四十八石，三代十几口人无法靠几十石租谷过活。左观澜长年在外奔波，教书谋生，束脩贴补家用。左宗棠有诗回忆幼年困苦生活："十数年来一鲜民，孤雏肠断是黄昏。研田终岁营儿哺，糠屑经时当夕飧。五鼎纵能隆墓祭，只鸡终不逮亲存。乾坤忧痛何时毕，忍属儿孙咬菜根。"

1832年（道光十二年），左宗棠与湘潭周诒端结婚，因家贫入赘周家。这个家族仅女诗人就有十三位，形成湘潭历史上第二个女诗人群。如今提到左宗棠故居，除出生地柳庄，也指湘潭县排头乡紫山居村桂在堂。左宗棠心比天高，在桂在堂西屋辟书斋，撰联曰："身无半亩，心忧天下；读破万卷，神交古人。"

左宗棠早年就读岳麓书院和长沙城南书院、湖南巡抚吴荣光在长沙设立的湘水校经堂。1832年（道光十二年）参加长沙举行的乡试，因"搜遗"中第。"搜遗"指科举时主考官在发榜前复阅落选的考卷，发现优异者临时补取。他成为举人也很悬乎。此后六年，三次赴京参加会试，均不及第。多年后，因军功补授进士。但在圈内人看来，朝廷赏的进士凭的不是真本事，未必作数。

左宗棠自幼读书一目十行，颇有眼光的母亲说，俩哥哥将来能教书，他却有万里封侯的希望。左宗棠崇拜诸葛亮，与朋友通信动辄署"今亮"。每写完一篇文章，都要先惊诧一番：我怎么写得这么好啊！难道是我写的吗？成年后，他更恃才傲物，"喜为壮语惊众"。最喜欢听过头吹捧，把他比作神仙圣人也不刺耳。

现实却不给面子。左宗棠三次会试名落孙山，发誓再不应考。在传统时代，像他这样不中进士又不肯走捐官门路的人，基本宣告与官场绝缘，腹中再多韬略诗书，也没啥用处。入赘妻子家中，对男人来说极为尴尬。他寄希望科名发达，摆脱屈辱身份，不料天不遂人愿，倒插门多年，"口多大言"伴着赘婿身份、性格极度自卑与极度自尊混杂，对高中科甲之人，下意识中有莫名敌意。

曾国藩是左宗棠的反衬，二人差一岁，同为湖南人，都出自小地主家庭，因科举不同而命运迥异。曾国藩中举中进士点翰林，十年七迁，两人一是朝中侍郎，一是白衣举人，身份悬殊。左宗棠自认为比曾国藩高明百倍，却进身无门，只好当师爷过权力瘾。曾国藩才智平平，仅因为科名运气好，直通九重。所以左宗棠看曾国藩，有莫名反感，千方百计放大曾国藩的缺点，验证上天的不公。

左宗棠学习不按常规套路出牌，专心研究经世致用之学。一是研究地理学。每日"左图右书，以日以夜，拟先作皇舆一图，计程画方，方以百里，别之以色，色以五物，纵横九尺，稍有头绪；俟其有成，分图各省，又析为府，各为之说。再由明而元，而宋，上至《禹贡》九州。"二是钻研农学。他强调农事是世间事物中最雅、最可恃之事，认为"农家为人生第一要务，而古代颇少传书，思有所述，以诏农辅。"撰成《朴存阁农书》。此外，他对盐政、漕务、兵防、河工、水利等，也十分关心。鸦片战争发生，他又钻研战守机宜、攻防策略、敌情敌势、海战海屯、器械船炮、调兵布阵等。

左宗棠没有发达前，在醴陵渌江书院主讲了十七年。渌江书院位于株洲醴陵市，左宗棠要求学生每天作学习笔记，晚上将书院"头门下钥"，逐一查阅学生笔记内容，对疏懒废学或作虚弄假两次以上者，扣除膏火，奖励勤学苦读的学生。后来，他在军帐中运帷佐治也多有渌江书院弟子，如广东提督、统带水师张拔萃，闽浙提督余明发，山西步兵统带林传榜，三品衔分省补用道张云级等。国共知名人士如李立三、程潜、陈明仁、左权等都曾经在这里求学。

后人提起左宗棠，总要说到他没有发达之前就曾与两位名声遐迩的大人物彻夜长谈。这两位大人物是陶澍和林则徐。这种事放到今天，就像两位副总理级人物关注一位民办中学校长，他们随便说句话，民办中学校长的处境就会改观。但事后，左宗棠该干啥还干啥，没有变化。这是怎么回事？再者，两位副总理级人物为什么先后注意到左宗棠？原来枢纽是胡林翼。

左宗棠与胡林翼同岁，而家庭环境大不相同。胡家在益阳县泉交河胡家湾，靠近资江；左家在湘阴县东乡左家，靠近湘江。左宗棠说："我生于湘，公产于资。岁在壬申，夏日、冬时。詹事、文学，读书岳麓。两家生子，举酒相欢。"詹事即胡林翼之父胡达源，官至詹事府少詹事。文学指左宗棠之父左观澜，以教书为生。左、胡二人出生之年，左观澜、胡达源同在岳麓书院读书。

胡林翼的祖父以上都有诗文著作传世，他的父亲兄弟四人，均通过科举进入官场，"联翩腾达"。家境富饶，"有田数百亩"。"以力田起家，子妇内外，下逮工作恒数十百人。"雇工如此之多，当是大地主之家。

1833 年（道光十三年）正月，胡林翼偕夫人自江宁入京，次月左宗棠到北京应试。二人"一见定交，相得甚欢。每风雨连床，彻夜谈古今大政，论列得失，原始要终，若预知海内将乱者，辄相与欷歔太息，引为深忧。"左宗棠曾回忆说："我甫弱冠，获举于乡。见公（指胡林翼）京师，犹踬文场。纵言阔步，气豪万夫。我歌公号，公步我趋。"两个满腹经纶的同龄人，一见如故，意气相投，论学评政，以天下为己任，开始了长达三十年的友好交往。

胡林翼是两江总督陶澍的女婿。陶澍这个人，或许今天的读者听着耳生，而在道光年间，他是湖南的旗帜。《中国历代名人辞典》中，鸦片战争后道光时期名人有二百零八人，湖南占十八人，或多或少都受到陶澍帮助。

湖南很少出大官，而陶澍是个例外。他生于 1779 年（乾隆四十四年），湖南安化县小淹镇人。嘉庆七年进士，改翰林院庶吉士，散官，授职编修；后迁御史、给事中。调福建按察使、安徽布政使、安徽巡抚。在职间清库款、禁流摊、购米、劝捐赈长江水灾灾民。1825 年（道光五年），因洪泽湖决口，漕运阻浅，特调任江苏巡抚，亲至上海主持漕粮海运，雇沙船一千五百艘，运苏、松、常、镇、太五府州漕粮一百六十余万石至天津，为清代大规模海运漕粮之始。1830 年（道光十年）升两江总督，兼管两淮盐政。任期内，力图整顿淮盐积弊，裁省浮费，严核库款，缉禁私盐，淮盐得以行销。又于淮北试行票盐，后推及淮南。勇于任事、为朝野所重用。他是清廷掌管东南半壁之重臣。魏源称赞他的两句话广为传播，这就是"为翰林能诗，为御使能言"。

左宗棠怎样认识陶澍的？一种说法是：1837 年（道光十七年）春，陶澍回乡省亲。途经醴陵，见到县公馆的一副对联："春殿语从容，廿载家山印心石在；大江流日夜，八州子弟翘首公归。"上联说的是道光皇帝接见陶澍，倾听陶澍对国事施政的看法；下联表达了湖南全省士子对陶澍的敬渴和欢迎之情。陶澍当即提出要见作者。就这样，左宗棠来了，二人素昧平生，彻夜长谈。

这种说法有问题。其实，陶澍的女婿胡林翼是左宗棠好友，陶澍是听了胡林翼对左宗棠的赞许之词，有心结识这位农村教育工作者，因而路过左宗棠家乡时见了见他。次年，左宗棠去金陵谒见陶澍。陶澍对左宗棠的到来格外热诚。左宗棠有一幼女与自己儿子陶桄年龄相当时，欣然与左宗棠结为儿女亲家。

陶澍对史志、舆地等实学有研究，主持过志书、族谱修撰，其《蜀輶日记》是有价值的舆地学著作，探讨了六省水利、漕河、财政、盐务、治安、兵防等方面问题。左宗棠和陶澍一样重视实学，得到夫人周诒端襄助，一边读书，一边研究地理、农学，旁及水利、田赋、荒政、盐政，并在夫人协助下，绘出全国各省地图。有人评价说：他后来在军事上的成功，很大程度上依靠精熟地理。

1839年（道光十九年）6月，陶澍病逝在两江总督任上，次年左宗棠赴安化小淹陶澍府第，教未来女婿陶桄八年书。陶桄十六岁时，又携他到长沙深造。陶桄，因父死于任，蒙特恩赏主事，以道员分发四川补用，东征军饷，赏二品顶戴。原配左宗棠长女左孝瑜著有《慈云阁小石屋诗钞》行世。1974年由于修水塘缺石料，石牛石马石羊石麒麟石兔征用，如今除了一对麒麟、两对石兔守卫着水塘的泄水处，在当年修建的水塘坝，部分石雕残骸或许还在呻吟。

林则徐如何知道左宗棠呢？原来那时胡林翼任贵州安顺知府，是林则徐的部下，他推荐左宗棠："湘阴左君有异才，品学为湘中士类第一。"林则徐让胡林翼写信给左宗棠，请他到云贵总督幕府任职。左宗棠有出仕之意，想去。无奈，当时长兄不在，他要为侄子世延操办结婚事宜，不能前往。左宗棠写信表示婉辞"西望滇池，孤怀怅结"。1849年（道光二十九年）10月，云贵总督林则徐因夫人去世，哀痛欲绝，身体日益衰弱，奏请开缺回乡调治，经道光皇帝批准，带着夫人棺柩离开昆明，次年1月3日到达长沙。湖南文武百官争相前来拜访。而此时林则徐却想起神交已久，从未谋面的左宗棠，他派人请来相见。

左宗棠立即赶到长沙，林则徐吩咐将船移到偏僻处停泊。船舱中，林则徐与左宗棠凭几而坐，啜著畅谈。他们从当年禁烟抗英，谈到官场腐败，外患日急；从治理黄河，谈到民生凋困；从《海国图志》谈到西方技术，共同的忧国忧民之情，使他们感到相见恨晚。他们认为官员向下级、百姓索讨是最大弊政；他们感慨地称贺长龄是"大人君子"，堪为士大夫楷模；他们也谈到了滇中战乱，林则徐表示已将祸首绳之以法。两人彻夜长谈，江风吹浪，与船窗人语互相响答。临别之际，林则徐赠送给左宗棠一副对联：此地有崇山峻岭，茂林修竹；是能读三坟五典，八索九丘。字里行间，透露出林则徐对左宗棠的殷切期望之意。

次日晨，林则徐与左宗棠话别，风帆启起，官船顺流北去。十个月后，他

担任钦差大臣，在赴广西平定内乱途中病逝。左宗棠在长沙得到消息，深感悲痛，在吊唁中写道："在黄南坡寓所，忽闻宫保尚书捐馆之耗，且骇且痛，相对失声。忆去年此日谒公舟中，何图三百余日便成千古，人之云亡，此憾何及。"他作挽联凭吊虽一面之交，却有知遇之恩的林则徐，这副对联后来刻在福州西湖林文忠公祠堂："附公者不皆君子，间公者必定小人，忧国如家，二百余年遗直在；庙堂倚之为长城，草野望之着时雨，出师未捷，八千里路大星颓。"

贺氏兄弟是长沙人，出名的"翰林兄弟"。不妨打个比方，就像哥儿俩前后脚当选为中国科学院院士。贺长龄是嘉庆进士，选庶吉士，授编修，迁赞善，为官勤于职守，有惠政，导民开沟洫，兴水利。在贵州，他主张查禁私种罂粟和吸食鸦片，整饬吏治，练营伍，储粮备荒，恤孤抚幼，劝课桑棉，教以纺织，创建书院义塾，兴修府志。他主修的《遵义府志》被梁启超推为"天下府志第一"。贺熙龄也是嘉庆进士，入翰林院，选庶吉士，授编修，后任御史、学政。在御史任内，请缉滨湖盗贼，查禁私坑，端士习，惩诬告，严究讼师胥役作奸；陈盐务河工积弊，条上苗疆九事等，皆奉旨可行。以自疾乞归后，主讲长沙城南书院八载，并倡立湘水校经堂。晚年筑室东城，布衣蔬食，居名"菜根香"。

张佩纶是李鸿章的女婿、张爱玲的祖父。在他眼中，近代中国能称人才的只有九人，湖南就有六人。陶澍为首，其后五人为魏源、贺长龄、曾国藩、左宗棠、胡林翼，而深受陶澍提携的贺长龄、贺熙龄兄弟也是影响深远的人物。

贺熙龄是左宗棠在城南书院读书时的老师，对这位弟子，贺氏称其"卓然能自立，叩其学则确然有所得"。1830年（道光十年），贺长龄丁忧回湘，见到农村青年左宗棠，为他的才气所惊，"以国士相待"，与他盘旋多日，谈诗论文，还亲自在书架前爬上爬下，挑选藏书借给他看。国士有多种解释，一般指国中才能出众的人。《史记》："诸将易得耳，至如信（指韩信）者，国士无双。"

左宗棠参加过三次会试，每次排名都在孙山以外。道光十八年，他和湘潭举人欧阳兆熊结伴同行、赴京赶考途中，舟过洞庭，二人下船参拜湖神庙。第二天，他给老婆写信称：舟过洞庭碰到一群悍匪，一干人众失魂夺魄，眼看就要舟覆人亡。千钧一发之时，自己挺身而出，虽无羽扇纶巾，却也谈笑却之，很有诸葛孔明先生当日的风采。欧阳兆熊恰在边上，不禁大惑：二人同舟数日，一路上风平浪静，哪里来的悍匪？但又不敢贸然置疑，故先向左家仆人打听。仆人一听，嘴角撇了撇，说：哪有什么悍匪！不过是我家相公发梦癫罢了。昨天晚上，相公睡在通铺，旁人不慎扯动了他的被子，相公梦中惊醒，连声大呼捉贼，不但吵醒了船上的客人，连同泊的几条船也被惊动。大家举火执仗，忙乎了半夜，可是一根贼毛都没摸到。

不信？你仔细听听，直到今天，相公的声线还有些嘶哑呢。

欧阳兆雄听罢，极为羞愧：自己睡得太死了，这么大的动静竟然没知觉。愧极故生恼：左宗棠连自己老婆都骗，太不像话了！恼羞交并，则成怒，遂当面质询左宗棠："你给老婆写家书也弄虚作假，大言不惭，太过分了吧！"左公面对质询，绝无挖地洞或者尿遁的龌龊想法，他正色道："这算什么！我问你：楚霸王巨鹿之战、汉光武帝昆阳大捷，都号称历史上以少胜多的经典战役，难道全是真的？我看不过是司马迁、班固这些文人会写文章、会吹牛皮而已。推而广之，天下大事小事，不也都是这个道理？我今天在家书里写了以少胜多、谈笑退敌，百年以后，大家不也就当作《史记》、《汉书》，信以为真了么？那个时候，怎么还会有你这种不解风情的人？"言毕，二人大笑而散。

在悠悠岁月里，左宗棠在逐渐积蓄着自己，在等待着地方政府启用自己的时候。终于，官方开始注意他了。不是因为别的，而是战争降临了。

1852年（咸丰二年）6月，太平军从广西全州突围北上，一路杀进湖南，以破竹之势，连克道州、永明、江华、嘉禾、佳阳、郴州等州县。太平军攻占湖南郴州后，西王萧朝贵得悉长沙城卑防疏，建议率领"轻兵数千，倍道袭之，垂手可得"。洪秀全、杨秀清同意萧朝贵率偏师奔袭长沙，他们留驻郴州，牵制清军主力，萧朝贵抵达距长沙十余里的石马铺。湖南巡抚骆秉章手中只有四千多兵员，城防由帮办军务罗统典负责。罗统典大概不知道该怎么动员农民保护家园，下令全城的举人、秀才、贡生出动，各在民间招募几十人，日夜巡逻垛口。长沙亟需应对战争的人才。胡林翼向骆秉章推荐左宗棠，有些急切。他将左宗棠比作林则徐，"左公高隐，尚不知雄才大略，是文忠公一流人物。"战争中抓住个人才不容易，左宗棠就这样出山了。后来左宗棠回顾这一段时说："制军于军谋一切，专委之我；又各州县公事票启，皆我一手批答。"

《南亭笔记》记载："左文襄初以举人居骆文忠公幕府，事无大小，专决不顾。文忠日与诸姬宴饮为乐。文襄尝面嘲之曰：公犹愧偏，无物以牵之。何能动邪？文忠干笑而已。"骆秉章把一切交给左宗棠，自己只是饮酒作乐。左宗棠当面嘲笑骆秉章，你不过是个木偶，我怎么牵，你怎么动。如此露骨的嘲讽，骆秉章也只有干笑而已。这则佚事从情理上来讲绝无可能，左宗棠再骄横也断不至此。不过，作为描摹骆左关系的一幅漫画，却十分生动传神。

骆秉章如此放手，左宗棠也就不客气，把自己当成真巡抚，将全省官员当成下属，对大员也不假颜色。虽然在他的治下，湖南"自刑名、钱谷、征兵、练勇与夫厘金、捐输，无不布置井井，洞中机要"，但他的作风却得罪了许多官员。在湖北居官的李香雪就写信告诉胡林翼："湘中人来，颇怨左公。"左氏自己也感到"所处之地介于不绅不幕之间，踪迹太幻，遂为世所指目"。

司马里是一条狭窄弯曲的小巷，位于长沙市开福区，西起蔡锷北路，北至三公里。清同治《长沙县志》载：司马桥，旧名丝茅桥，后雅化为司马桥，原为北门护城河上的一座桥，此巷在司马桥东侧，左宗棠曾住在这里。

萧朝贵手下的兵力不过数千人，不可能对长沙形成合围，但又要摆出攻占长沙的架势，他的手下主要是在长沙南门活动，筑垒于妙高峰鳌山庙。

张亮基火速从宁乡赶往长沙，接替骆秉章。此时长沙仅有的数千绿营兵，没有战斗力可言。从各地赶来增援的兵士各自为政，或不听调度，或无事生非。江忠源赶到长沙，张亮基在危急中看到江忠源楚勇却是另一番气象，不仅秩序井然，而且号令严整，不禁大为感慨，以为是到了当年的"细柳营"。

据《清史稿》，太平天国曾水源率军占领天心阁，江忠源望见"天心阁地势高，贼栅其上，惊曰：贼据此，长沙危矣！"江忠源率楚军死士强攻曾水源大营，楚勇阵亡二十余人。江忠源一心要争夺天心阁高地，逼近曾水源扎下营垒，两军大营相距不过数十米，"共汲一井，击柝相闻"。江忠源控制蔡公墓至天心阁一线，逐步向外推进。曾水源的防区逐渐被压制，变成了背水临城、身处绝地，长沙清军仅南面迎敌。局势对太平军大大不利。

8月20日，萧朝贵在长沙南门外被清军炮火击中，当晚身亡。这事可不小，萧朝贵不仅是洪秀全的妹夫，而且是太平军中最能打仗的将领。愤怒的太平军大部先后赶到，杨秀清、韦昌辉、石达开等都到达长沙城外。

江忠源、张国梁、骆秉章不遑多让，双方你来我往，使出浑身解数，连番大战。江忠源的腰斩战术被杨秀清的螃蟹阵克制所破，和春来援，腰斩战术继续，又击破螃蟹阵。太平天国战争中的相关名词如"螃蟹阵"等，今人很难确解，反正是战术动作。杨秀清惯用的螃蟹阵：兵分三大队，中队只配置少量兵力，虚张声势，重兵布置在两翼，形如螃蟹。每个螃蟹阵中，前队以藤制盾牌抵挡炮子，后队藏在盾牌后放炮，两旁以小枪兵围拢护卫。因太平军使用螃蟹阵，主要战斗力都在两翼，清军如果撞在枪口上，容易被两翼的太平军轻易击溃，

攻城的办法，早先是攻方架云梯爬云梯，守方砍杀顺云梯上来的人。这种方法伤亡太大。后来改进了，攻方挖地道，在城墙下面充填火药，而后把一段城墙炸塌，攻方再从缺口涌进去。江忠源派出楚勇死士破坏太平军可能作为施工掩护的民房，偷袭太平军土营士兵，阻挠工程进度。太平军掘进地道，神不知鬼不觉地到了城墙下，充填炸药。9月下旬，南城魁星楼被炸，城墙炸塌开几丈

宽的口子，太平军蜂拥而入，被长沙军民冒死打退，守军用木头和石头塞住缺口。金鸡桥一段的城墙也被炸出几丈宽，又被堵住。

江中源和广西总兵和春赶在洪秀全赶到之前占领了城东北的高地，压制太平军对东门、北门的进攻，使太平军处于不利之地，而杨秀清首先瞄准的就是他们。很快八千太平军冲向了江中源的大营。江忠源早有准备，利用高处营地，只守不攻，打消耗战。和春猛然间从侧翼冲杀，将太平军拦截为两段。向荣也适时地赶来凑热闹，率一千清军，出城增援，三面合围。太平军大败。

杨秀清指挥有度，士兵拼命，而且预留林凤祥一队人马接应，混战一番，各自回营。老相识向荣更绝，力排众议，冒着把城墙炸裂的危险，把五千斤大炮置于城楼，炮轰太平军，使得杨秀清把大营后撤十里。

即然无法在清兵布防的东北面取得突破，杨秀清西渡湘江，开辟战场，顺便为以后突围留下生路。石达开率军强渡湘江成功，控制西岸大片土地；时值秋收，获得了大批粮草，源源不断送往东岸军营，粮草充足，准备长期围城。

一旦湖南不保，向荣难逃追究。他决定亡羊补牢，率三千清兵奔四面环水的要地水鹭洲，意在截断东西两岸太平军联络。太平军埋伏于洲上的树林之中，用散兵示弱诱敌，主力却绕到清军身后突袭，向荣只身逃脱，三千人马全军覆没。此后河西清军士气低落，不敢妄动，未有大的攻势。河西成了石达开的天下。

2010年，湖南图书馆副研究馆员沈小丁整理文献，意外发现清军绘制的抵抗太平军攻长沙地图。当时长沙有七座城门，湘江没有桥。从白马庙起，由北向南，清军挖掘壕坑，绵延十余里。壕坑外侧扎有十九座兵营。弧形走向的"兵勇壕坑"对太平军形成向心包围态势。河西，从岳麓山至坪塘，沿湘江岸堤岸有八个"贼营"，从溁湾镇至坪塘清军扎有十个兵营，对背水扎营的太平军形成包围。从图中可以看出，太平军挖掘了两条通向城墙的地道，东侧为"土城贼匪开挖地龙攻城"，靠湘江一侧还有"土城内挖地龙攻城"。两条"地龙"之间是清军"和大人营"。"和大人"就是和春，他的营盘扎在南门外，这里是两军拼杀的主战场。除橘子洲外，图中标示牛头洲和北面蚁子洲。湘江上游河段，地图称"上大河"，蚁子洲下游的"下大河"有渡口，渡口西岸是"大路往常德府"。猴子石湘江段，太平天国军造有浮桥。但太平军攻长沙三月不克，最后只得撤围。

长沙保卫战期间，左宗棠做了什么军事工作，或参与了什么重大机要，史料中找不到。毕竟，他只是巡抚幕府工作人员，手头承揽的事情再多，从事的也是文职工作和行政工作。但是，不管怎么说，他处在"秘书长"位置上经历了一场战役。对打仗是怎么回事，这位自比"诸葛亮"的人，应该是知道了。

第六章

考官奔丧，守制期间奉命出山

京官穷，是清朝朝野的共识。清代俸禄体系中，七品京官年俸四十五两，算下来，一个月不到四两银子。雍正皇帝曾考虑对京官实行双俸，因驾崩而未实现。从乾隆元年起，乾隆皇帝执行皇考遗愿，京员例支双俸，而七品官的双俸不过为九十两。此外"每正俸银一两兼支米一斛"，还有四十五斛（二十二点五石）"禄米"，这就是他们的全部收入来源。以一石粮食值一两五钱四分银子计算，数项相加，一年不过一百二十四两六钱五分。

张之洞在《请加翰林科道津贴片》中为七品京官算了笔账："即十分刻苦，日须一金。岁有三百余金，始能勉强自给。"一个省吃俭用的七品京官每天花一两银子，一年得花销三百多两银子，每年欠二百多两债务。账是怎么算的？小京官为什么每天花一两银子？张之洞折限于"翰林科道"。翰林是通过会试刚出道的小官儿，为日后升迁，到处请吃请喝送礼拉关系，那点薪水的确不够花。

清代官制和今天有很大不同。大清无公款消费，连官服都要自己购置。今天官员住房、用车均不花钱，吃喝、旅行、出国甚至按摩有公款，是晚清官员们无法梦想的境界。帝国官员需要体面住房，体面服装，而且生活中与同僚们应酬极多，经常需要请客随礼，这笔花用也十分巨大。

身为翰林，曾国藩的生活质量如何，一年的支出又需要多少呢？有关专家从衣食住行几项来观察曾国藩的支出情况。《湘乡曾国藩文献》中存有辛丑年（道光二十一年）完整账簿，以1841年（道光二十一年）为观察重点。

清人笔记中，有翰林曾做诗描述生活："先裁车马后裁人，裁到师门二两银。惟有两餐裁不得，一回典当一伤神。"曾国藩在京期间的主要支出项目为房租。朝廷命官自然不能蜗居斗室。京官们虽然穷，却多租大宅，讲求宽敞气派。

曾国藩最初在南横街千佛庵赁屋四间，全年三十二两白银。不久搬到绳匠胡同，十八间，每月房租京钱二十千文。二十千文约合十三两三钱三分白银。如此算来，则一年房租就要一百六十两银子，用去全部薪水还不够。

那时曾国藩的老婆孩子还没有接到京师，一个人住十八间房干什么？旧时房子不按开间计算，一道过梁算一间，大房间有三四个过梁，也就算三四间。京官钱不少，但京官也得悠着点儿，否则，拉开那么大的排场，钱的确不够花。

在曾国藩当年账簿中，载每月付房租十千文，搬家装修用三十五千文。如果按每月房租十千文计算，1841年（道光二十一年）房租和搬家装修费用花白银七十五两三钱三分。此后曾国藩又多次更换住房，越换越大越体面，所费自然越多。比如几年后他升为翰林院侍讲，因为家中添丁进口，仆妇也增多，"共二十口吃饭"，又搬到前门内碾儿胡同，房屋二十八间，月租三十千文。

另一项重大花费是社交应酬。京官几乎是日日聚宴。清人张宸的《平圃遗稿》说，京官聚宴习以为常，"若不赴席、不宴客，即不列于人数"。也就是说，别人请客你不能不去，别人请客你也不能不回请，否则你就不是圈子里的人。

翰林经常出入宫廷，衣服必须体面、鲜亮。曾国藩固然节俭，但是在官派威仪上却不含糊。1849年（道光二十九年），曾国藩给弟弟的信中说："仕宦十余年，现在京寓所有惟书籍、衣服二者。衣服则当差者必不可少，书籍则我生平嗜好在此，是以二物略多。将来我罢官归家，我夫妻所有之衣服，则与五兄弟拈阄均分。"其实，入都为官后，曾国藩的个人财物中最值钱者就是衣服了，不仅绫罗绸缎应有尽有，而且尽是些珍贵动物皮毛衣服。

清季官员交通费压力沉重，坐车坐轿为数甚巨。何刚德在《春明梦录》中说，高级大臣一年坐轿就要费银八百两。初入官场的曾国藩买不起轿子，但有些场合不能徒步参加。他日常用车分两种情况，一种是从车行雇车，定期结算；另一种是临时雇车，当时或者积累几次后结算，数额从二十五文到八百多文不等。

这是初入北京之际。他在1844年（道光二十四年）升为翰林院侍讲后，自养车马。升至侍郎后，已拥有三辆车，一匹马，二头骡子。三头牲口加在一起共值银一百六十两。当时北京大员养车，一年开销至少百两。

赠送，是京官沙漠般枯竭的财政生活中不多的清泉。谈起晚清官场腐败，不少人熟悉"冰敬"、"炭敬"等名目。清代京官与外官的收入有天壤之别，

因为京官只有死工资，而外官在地方上有大量灰色收入。外官需建立中央关系网，每次进京，都要给京官们送点礼，名为"冰敬"（孝敬夏天买冰消暑的钱）、"炭敬"（冬天烧炭的取暖费）、"别敬"（离别京城时的分手礼）。遇到年节，还要送"年敬"、"节敬"。这类馈赠，少则数十两，多则数百两，在官场中混，还没有听说谁会拒绝这类收入，而且笔"冰敬"、"炭敬"等名目，是以地方政府的名义发放的。即使清贫的京官，逢年过节，也要给座师等人送上节敬门包。事实上，几乎所有的京官都对这类馈赠如饥似渴，因为它们常可为京官雪中送炭。

曾国藩晋升快，名位渐渐显贵起来，门庭也热闹了。湖南同乡在京为官及在京举人，遇有疾病、困窘无法解决时，常会想到找曾国藩帮忙，曾国藩在钱财方面尽力资助，办事则竭力经营筹划。1846年（道光二十六年），湖南籍京官奏事，开始由曾国藩领衔具折，他成为湘籍京官的核心人物。

薄俸制造成两方面后果：传统社会没建立起约束各级权力的有效机制，薄俸制的荒悖如同"渴马守水，恶犬护肉"，官员整体腐化成为不可避免的趋势；薄俸制也培养了独特的清官文化，导致明清两代官员两极化发展。由于贪风遍地，为数极少的清官们如同明灯，高悬在昏黑一片之下，成了王朝点缀。

很难说曾国藩是"明灯"。凡是该拿的钱或政策上打擦边球的钱，他照拿不误。也可以说，如果没有那么多应酬饭局，没有那么多车马费，不住那么大房子，他的日子不会如此紧。数年内，他从正七品升到正二品，当有大量钱用于应酬，所以日子过得相当紧张，也可以说，这是"十年七迁"的必然结果。

清季低薪制为国家节省了财政开支，而惩罚了奉公守法的清廉之员，方便了贪墨之徒。俸薄如此，"不取之百姓，势必饥寒"。国家不得不对官员们灰色收入睁只眼闭只眼，由此使得官员贪污舞弊成为半公开的必然。而曾国藩却没有干偷鸡摸狗的勾当，因为他已经发誓"学做圣人"。

京官生活不是毫无希望。清代政治体制为翰林们提供了一个摆脱贫困的管道，这就是"得差"，即被派到外地办理公务。在出差过程中，往往会发一笔小小的横财。这是京官生涯的最重要财政补给站。

"学差"就是外放学政，这个职务类似现在的省教育厅厅长，主管一省教育事务，三年一任，养廉银有二三千两，还有大量外快，可以收取"棚规"。学政时，要到各县视察，按当时的规矩，学子们都要上门拜谒，以表示本地学子对学政远道而来的欢迎、慰问和敬意，这被称为"棚规"。学政每次进考棚监考可以获得几百到上千两银子，有的还编印教学参考书卖给省内学生赚钱。

翰林容易得到的差使是乡试主考。乡试主考官由朝廷派出，可先从户部领取路费。乾隆三年规定各省路费标准：云南八百两，贵州七百两，四川、广东、广西、福建、湖南六百两。正如同混乱的薪酬制一样，差旅费也是一笔糊涂账。所谓预支，事后所余并不需缴还。而考官出行，例由沿途驿站付给夫马，不必自己出银，故此一项，可以省出一笔银子。

成为乡试主考，不仅经济上能发一笔财，而且可成为一批举人的座师，收获丰厚的潜在人脉。窘迫的曾国藩期盼这等好事能降临自己头上。1843年（道光二十三年），大考翰詹后，朝廷举行"考差"，选派去各省主持乡试的官员。翰林院侍讲曾国藩为准备考差，预先服补药，结果脱颖而出，获得四川乡试正考官的派遣。他大喜过望，立刻给家人朋友写信报喜，然后领银子、借银子、买衣服、做衣服、到兵部领勘合、交割手中杂事，而后出京西行。

他行至河北保定时中暑，不能进食，抱病前行。闰七月，病了一个多月的曾国藩行至西安之时，已是"惨淡过潼关，沉昏度清瀍"。时为陕西巡抚的李星沅让他住在官府中，百般照料，数日后，病情才渐渐好转。随后方启行入川。

曾国藩是怎样在四川主持乡试的，没有资料。而按照习惯套路是，考官抵达成都，下了轿子，立即过来几个人，用封条将正考官、副考官的轿门封住，除进餐如厕等必须事件，不得启封。这是乡试的老规矩，做给人看的，以示正副考官没有与当地人接触，没有递条塞银等事件发生。

省府接待既毕，还有乘马游街与百姓见面等节目，接着官员一起进入贡院，即"入闱"。自此直至发榜之日，吃住都在闱中，不许与外界有任何接触。闱中分两个区，一是"内帘"，一是"外帘"。以监临为首的官员住"外帘"，负责监考；以正考官为首的官员住"内帘"，负责出题、刻卷、阅卷与评分。从"入闱"到发榜。正副考官被关禁闭一个月出头。发榜之日，乡试工作算结束。

乡试结束时，地方官场要送给主考官员辛苦费。这笔钱多由省督抚或学政转交，往往高达数千两，会使穷翰林一夜暴富。此外还有中举者的贽敬等。何况作为省正考官，这次任务所获收入曾国藩记有帐目。专家归纳了他在四川省城的收入状况，大部分银两是地方官赠送的，小部分为私人赠送，共计四千七百五十一两。这仅是四川一地所收，西安、保定等地也不可能一无所获。加上节省的途费，曾国藩此行收入当在六千两左右。

从四川回来后，曾国藩的经济状况有所改善，在京中所欠债务全部还清，大大松了口气。据账目册记载，他在这年的年底还银共一千四百零六两；另外，他寄回家中六百两银子，用于还家中所欠，同时又拿出四百两赠送族戚。

任四川主考既毕，是曾国藩步入仕途后首次往家里大额寄钱，大解家中燃

眉之急。曾家人终于大大地沾了曾国藩一回光。因为此时，为维持乡绅生活的体面，曾家已债台高筑，从往来家书推测，家中欠债总额已经高达八百至一千两。虽然寄回六百两供家中还债，曾家的债务其实还是没有还清。曾国藩坚持把另外的四百两用来周济自己的同族和亲戚。二舅在贫病交加中去世令他疚心不已。他生怕自己不施援手，会有更多的亲戚在贫穷中去世。

四川乡试发的这笔财，用今天的财政标准衡量是灰色的，而在当时却是合法的。事实上，科举考试中都有一些没有加载国家明文的"合法支出"。晚清时各省学政每次监考，可以得到数额不等的"棚规"，来源是考生所凑的用来贿赂考官的"份子"。这种"棚规"后来演变成定例，居然得到国家承认。

太平军向湖南掩杀，消息飞传京城，在京湘人忐忑不安，害怕战火烧到湖南，家人遭屠戮。曾国藩概莫能外。他家庭观念重，妻儿都接到北京，年迈的父母亲和弟弟、姐妹以及家人都在家乡。他想回家看看，却苦于没机会。

1852年（咸丰二年）6月，曾国藩捞到一个机会，派往江西任乡试主考官。他接到任命后，就势提出，乡试结束后从江西回乡探亲，获准。

清代对各省主考人选、离京、在途、至省、入闱、阅卷诸事有严格规定。6月中旬，咸丰皇帝钦定曾国藩为江西省乡试正考官，任命下达数天后礼部酌定出京日期，必须在期限内离京，然后按照兵部制订的线路图前往。

曾国藩带副考官去江西，照例通过京杭大运河，乘官船南下，经直隶、山东和江苏，日行若干里，所到之处皆哀鸿遍野、饿殍盈路，满目疮痍。曾国藩没有想到，国势竟坏到如此不堪的地步。

早在唐宋时，横穿太湖县中部、东连潜山、西接宿松的一条驿道，是南北交通的重要干线。太湖县小池驿是这条驿道上一个重要驿站，以驿站为中心，形成了小集镇。旧《太湖县志》载："小池驿在县东北，距城四十里，明嘉靖九年知县翁溥重修。东北至潜山县青口驿六十七里，西至宿松县枫香驿六十里。马号一进三重，有神堂，有差号住房，左右为饲马棚厂，共屋三十七间。原设增协共马九十匹，马夫七十二名。"由此可知当时驿站规模较大。

曾国藩来到了小池驿。这个地方是他由文转武的起点。这话怎么讲？

1852年（咸丰二年）7月25日，曾国藩抵达小池驿。当夜县衙来人，告知噩耗，其母去世，曾麟书找不到他，让人通知沿途县衙："礼部右侍郎曾国藩赴江西担任乡试正考官，其母亲去世，如从江西返家路过贵县，即刻告闻。"

屈指算来，曾国藩已离家十四年，本打算办完江西差事后回家看望老母。万没有想到，与老母已成永别。第二天早上，他起床后不着官服，披麻带孝，一边向朝廷请假，一边改道由水路火速赶往湘乡老家。清代信息交流远远不如当前，没有供大众阅读的报纸，各种消息不停地在人群中流传。行至武昌，他从湖北巡抚常大淳处得知长沙被太平军围困，无法通过。他心急如焚，从岳州改行旱路，经黄梅渡江，然后逆流西行，路上几乎走了一个月，才到湘乡老家。

一个人只有一个故居，就像只有一个童年。故居这个词好像不是随意用的，似乎历史名人才配得上有故居，如果说哪位平头百姓故居如何，该平头百姓可能会挺不好意思，说，咱哪儿配有"故居"呀，那儿不过是个早先的窝。曾国藩发达后，不仅有故居，而且冒出来了三个。

曾国藩发迹后，老房子扩展成大院子，情理之中。但是，他既然走到了那步天地，故宅就早已淡出视野，与生活关系不大了。读者需要在意的只是白杨坪那座一进两横的老屋，他在那里出生，那里成长，在那里成婚生儿育女，又从那里走入京师。那儿才是他真正的故居。

曾国藩出生的农家瓦舍，原是一进两横普通民房，经三次修建，成四周高墙的富丽庄院，名"白玉堂"。门前有古树，虬龙般的紫藤盘旋其上。曾国藩升官后，人们传言他是蟒蛇投胎，大紫藤就是蟒龙化身，他遍身有癣，就是龙鳞。

曾国藩的祖父曾星冈除建筑白杨坪一处外，还在附近下腰里有一处田宅。他父亲和叔父分家时，分在下腰里，这里成了曾国藩的第二故居。原是普通农舍，后扩建一横四间瓦屋，取名"黄金堂"，以与叔父家的"白玉堂"相对应。

据地方志者考证，曾国藩母病逝后，回籍在这里为母开堂作吊，仅中午一餐，有客二百四十多席，分三次才开完。兄弟五人感到不体面，急于广置田宇。战胜太平军后，曾家大兴土木。先是曾国荃建"大夫第"，并置富坨庄园一座，接着是曾国藩在富坨营造"毅勇侯第"，也就是富厚堂。

富厚堂由曾国荃、曾国潢主持修建。曾国藩已于同治三年赏加太子太保衔，赐封一等侯爵，弟仿侯府规制，历经数年，将富坨全盘改建为规模宏伟而结构紧凑的"侯府"。全宅占地四万余平方米，建筑面积一万余平方米。土木结构，具有明清回廊式建筑风格。房子坐西朝东，前面是田野，涓水悠悠环绕；背依半月形的小山，中植竹木，周围环绕高大的围墙，人行通衢横贯东西。进入东西两宅门，是一个用花岗岩铺成的半月形台坪，坪边插着大清龙凤旗、湘军帅旗、万人伞等。台坪外是一张半月形莲塘，夏日荷花相映，有如泮宫。台坪正中是前进大门，门上还悬挂着曾纪泽书"毅勇侯第"朱地金字直匾。

曾府被悲哀笼罩着。曾麟书年过六旬，妻子撒手而去，偌大个家业，今后谁来掌管呢？他无时无刻不在巴望着大儿子回来。大主意得他拿。曾国藩披麻戴孝地赶回来了，扑倒在母亲灵柩前嚎啕大哭，不在话下。

丧事办完，一家子得以坐下来。曾麟书有九个子女，都已分家在外，难得凑齐。这时，一个不少的都在场。全家人想听大哥的打算。

曾国藩的打算简单，朝廷以孝治天下，要求为官者移孝作忠。明清时期，官员的父母死了，须离职回家守孝三年，称为"丁忧"，不回去尽孝，称为"夺情"。但是，对国家特殊时期离不开的人，皇帝会下诏，要求大臣先国后家，减少守制的时间。老母远去，京官回乡守制压倒朝廷公务。丁忧三年，在家乡呆三年。过些日子把妻儿从京师接回来，守着家过日子。三年后朝廷召回。就是不召也没什么。宦海险恶。"补天倘无术，不如且荷锄"，他那时似乎已萌生退意。

前不久湖南"闹长毛"，有人从长沙那边见到了，广西人的辫子都剪了，扎着红头巾。不要说曾麟书，曾家的哥儿几个都担心。长毛要是把长沙打下来，接着就会打到湘乡县，今后的日子可怎么过呀？

曾国藩倒认为，长毛从广西起事以来，攻城略地，所向披靡，但拿下城池不守，比如打下全州就扔了，连广西省城桂林都绕过去。按这个样子，长毛就是拿下长沙，也不会固守，会继续向北走，即便拿下武昌，也还会向北走。他们似乎打算一路北上，进军河南，占领汴梁，与朝廷对峙。湘乡这种穷地方，不在长毛眼里，他们打不到这里来，湘乡人照样过自己的日子。

曾国藩暂时把母亲安厝在居室后山，打算安心住三年。而在1853年（咸丰三年）1月12日，曾国藩收到咸丰皇帝寄谕，要求他协同湖南巡抚办理团练。他前思后想，决定给湖南巡抚张亮基写封信，推脱此事。信写好还没发出，一个惊人消息传来，武昌失守，不久前见过面的湖北巡抚常大淳被杀。

此前，在中华帝国史上，还没有一个朝代以这样的方式力挽庙堂于既倒。在更多时候，民间力量往往选择站在朝廷的对立面，加速朝代毁灭。但这次，部分民间力量却站在朝廷一边，尤其知识分子，几乎一边倒地站在道统一边，像圩堤抵御洪水一样抵御着外来宗教对本土文化的侵蚀。太平天国在民间知识层的顿然失势，让这个政权一下子头重脚轻，不可避免地遭遇到失败的命运。

太平军围攻长沙时，云南巡抚张亮基授调湖南巡抚，从昆明赶赴长沙，组织抗拒太平军。左宗棠作张亮基的幕僚，推荐曾国藩协助镇压太平军。张亮基上奏要求皇帝下旨，令曾国藩出山，还给曾国藩写信，请求他相助。

丁忧在家的曾国藩接到清廷让其帮办湖南团练的谕旨。作为科举制度的受益者、清廷器重的政府官员，镇压太平天国运动，恢复封建道德伦理秩序，是他的职责与义务所在。然而，作为一介书生，要他马上转换身份带领一群以农为业的普通乡民，与清廷正规军都难以对付的太平军拼搏，其结果只要稍稍想想，就会让人心惊胆战。于是，曾国藩写了一份奏疏准备请辞谕旨。

没想到，奏疏正待发出之时，好友郭嵩焘受湖南巡抚张亮基委托，从省城长沙匆匆赶赴曾家。郭嵩焘与曾国藩是至交，虽然几年不见了，书信却从来未中断。郭嵩焘来到曾家，在曾国藩弟兄陪同下祭奠曾母，之后当着曾家诸兄弟面剖陈利害，敦请曾国藩出山。郭嵩焘告诉曾国藩兄弟，自唐鉴推举曾国藩之后，皇帝征询了奕䜣、肃顺的意见。二人都竭力保举，说他是报国忠臣，如今洪杨造反，非得这样的人物出山不可。力劝曾国藩出山："今不乘时而出，拘于古礼，何益于君父？且墨绖从戎，古之制也。"曾国藩"本有澄清天下之志"，郭嵩焘的一番话也对他触动很大，但奏疏已拟，碍于面子，一时难以改变主意。郭嵩焘见他犹豫不决，又搬动其父曾麟书出面劝说。如此一来，曾国潘心头的所有疑虑涣然冰释——既可保全桑梓，又属遵循父命，可谓忠孝两全也。

郭嵩焘说，长毛崇拜天帝，而以儒教为敌，所到之处毁学宫、砸孔位、杀儒士，文人学士无不切齿恨之。连乡村愚民、走卒贩夫也不容其毁关庙、焚庙宇。我辈出以卫道争民心，正可以应天命，顺人心，灭洪、杨而振国威，正可一展鸿图，乃天赐大好时机，不可错过。现在国家正在用人之计，皇帝下令回籍官员就地举办团练，已有多人在居丧时期出山办团练。如若认为尚有不便，可由他出面请曾国藩的父亲曾麟书出来催促，可上应皇命，下应父命，名正言顺。

曾麟书此时是湘乡县挂名团总，郭嵩焘陈说让曾国藩应命出山后，表示赞同，面谕儿子移孝作忠，为朝廷效力。但士人对丧亲守制十分重视，曾国藩不敢贸然从事。一年前他还写信给江忠源，认为"虽军旅墨绖，自古所有，然国朝惟以施之武弁，而文员则皆听其尽制，无夺情之召"，劝他不要丧中受命。但是，江忠源没有听他的劝告，率五百楚勇前往广西参加对太平军作战。

丁忧时对抗谕旨为理所当然。完全有这种可能，他打算上奏，恳请在籍终制折，尽人子之孝，庐墓三年，暂不受命。实际上，这种想法是当时主流。据统计，咸丰皇帝令兴办团练的在籍政府官员上百人，拒绝夺情的官员占绝大多数，只有三人夺情，戴孝参与帮办团练，可见敢于任事者少之又少。

对曾国藩来说，回乡练勇，是对个人的挑战和超越。以科举入仕的他虽一度在京城风光，但往下的前程已属既定：一是如京城蝇营狗苟的官僚一样，亦步亦趋，像一头转磨的驴子一样在中央六部慢腾腾转上一圈，像那些穷酸的翰林阁老，一辈子皓首穷经，终老于灰蒙蒙的故纸堆中。他虽然酷爱读书，但对于那种僵死的生活方式并不热衷，他追求的是经世致用，更愿意去做治世能臣。

按说他本布衣，自入京以来皇恩深重，皇上要臣下临危受命，怎能辞而不受？几年来，除户部，他遍兼五部侍郎，爱读《孙子兵法》和戚继光的《练兵实纪》。现长毛作乱，危及两湖，拯国难，纾君忧，正当其时。这就是"墨绖从戎"。"墨"即是黑色；"绖"是指古代丧服中围在头上和腰间的散麻绳；从戎就是从军。

1853年（咸丰三年）1月21日，曾国藩安排了家中事，四个弟弟都要随哥哥离家参战，曾国藩只带曾国葆一人离家，叮嘱曾国荃、曾国华先在家守孝，等待时机。于是，再祭母灵，求母亲谅他难尽孝道。

兵凶战危，自古文人多在笔墨间表示向往军事。唐代边塞诗人，忧愁多病之身的李贺，写下"黑云压城城欲摧，甲光向日金麟开"这样充满杀伐之气的文字；能诗善画的王维，表达对"纵死犹闻侠骨香"的战争生活的向往。唐宋以来，文人出身而在军事领域成功的不多见，北宋范仲淹、明朝王阳明算特例。在义理考据之学中消磨壮志与才情的清朝士人，更是男儿血性渐凋落。

曾国藩既然决定出山，给江忠源写了封信，信中有这样几句："大局糜烂至此，不欲复执守制不出之初心，能尽一份力必须拼命效此一分，成败利钝，付之不问。""拼命"二字引人注意。不像今天有的人，动不动就嚷嚷"我和你拼了！"张嘴就要拼命的人，往往是在比划身段，而曾国藩说的"拼命"是当真的。他既然决定出山了，就做好不计成败得失、不顾安危祸福、抛却身家性命的准备。曾国藩打算怎样"拼命"呢？他未经战阵，他的拼命可不是赤膊上阵，而是朝廷大吏所说的拼法。他对整个局势有所思考，考虑的有相当的深度。

1月25日，曾国藩从家乡动身前往长沙，多年后，当曾国藩回忆起人生时，会感叹命运不可捉摸。作为钟情于学问和操守的书生，突如其来地陷入戎马生活，明显带有宿命意味。他自嘲说当年从军主要是"赌口气"。实际情况确是如此，熟读《论语》的他当然懂得《论语》那句著名的话："夫道失求诸野。"

在曾国藩看来，国家危难之时挺身而出，是责任。他却天生执拗刚强认死理。数千年的道德和文化，代表着"天理"。现在太平天国随意否定这种道德，就是要与"天理"挑战，代表着"魔"与"妖"。在这个关键时刻，朝廷示弱，作为中国文化的一分子，这时再不挺身而出，又待何时？

曾国藩途经湘乡县城时，接到湖南巡抚张亮基征调湘乡练勇一千名赴省城的扎令。正好这一千练勇由他带走，湘乡的罗泽南、刘蓉、王鑫也随曾国藩而去。这些人便是曾国藩初办团练的班底。

第七章

湘军的创始人究竟是谁

1853 年（咸丰三年）1 月 30 日，曾国藩率一千湘乡练勇赶至长沙巡抚衙门，张亮基带领省署诸班官员迎接曾国藩到来。

张亮基是江苏铜山人，比曾国藩年长两岁，出身举人，初为内阁中书，因治理黄河有功迁侍读，咸丰初任云南巡抚，任内奏劾向荣虚报战功，引起军机处注意。在湖南形势最吃紧时，命他紧急前往长沙，援助骆秉章。

张亮基没有画像或照片传世，估摸着是温文尔雅之士，工作能力不强，但脚踏实地，做事让人放心，惜才爱才，作风民主，能够团结一班人心情愉快地完成上级交给的任务。曾国藩和张亮基在京师时应该认识，但不会熟，那时前者在六部当侍郎，后者在内阁打杂，也就是上下班时的熟脸儿，不会有深交。

曾国藩来到长沙时，张亮基身为湖南巡抚，抓全面工作。曾国藩这时的头衔称"钦命帮办团防查匪事务前任礼部右侍郎"。在籍，身份不硬气，不过是抓民兵建设，仅是"帮办"身份。他们初次见面时，估计有一个问题，曾国藩是会提出来的，那就是经过长沙之战的检验，清军的战斗力究竟怎么样？

大清的常备武装是八旗和绿营。八旗又分为满八旗、蒙八旗和汉八旗，为世兵制，在十六岁以上的八旗男性子弟中挑选。康熙年间，军备废弛，萎靡不振。八旗兵丁一劳永逸，长养尊处优，三藩起事临阵磨枪亦难振军威，镇压三藩之功实属绿营兵。雍正皇帝登基后，三令五申"八旗为满洲根本"，整军治军，终于使得士气有所振兴。雍正、乾隆朝后遇有战事，若八旗兵和绿营兵不足用，

则就地取材，在各地办团练，临时招募乡勇，战事完了即解散。

绿营是为弥补八旗不足而建立的汉人部队（不是汉八旗），以绿旗为标志，以营为建制单位，故称绿营兵。八旗和绿营兵虽使命相同，而朝廷倚重不同。按朝廷的定制，八旗兵是心腹部队，大部分用以卫戍京师，掌管京师安全；绿营兵则遍布于全国各地，兵员数量要比八旗兵多几十倍。

既然绿营兵已成为清军主力，那么绿营兵到底能不能打仗？过去，曾国藩如果提出这个问题，张亮基回答不上来，他没有带过兵。现在不同了，他和骆秉章配合指挥了长沙保卫战，对于清军绿营兵究竟如何，心里有本明细账。

张亮基站起来，说："曾侍郎，我带你去看个地方。"

在职巡抚和在籍侍郎一起出了门，曾国藩不知道要带他去哪里，也不问，跟着走便是。两乘小轿穿街走巷，来到南城门魁星楼，这儿已是一片废墟，到处是残砖断瓦，烧黑了的木头和沙包七零八落，显然这里经过数度恶战。

张亮基说："长毛打长沙，地道挖到魁星楼下。魁星楼被炸，城墙开了几丈宽口子。当时守楼营兵正蹲在地上赌钱。城墙炸塌后，长毛蜂拥而入，营兵不敢上，副将邓绍良手刃数人，才冲上去把口子堵住。二十几天后，这地方又被炸开，营兵还是没人敢上，副将瞿腾龙手刃了两个贪生怕死的家伙，其余人才冲上去堵住口子。你刚才问我，绿营兵能不能打仗，我请你到魁星楼废墟看，就是要告诉你，绿营兵不能打仗。大清的江山如若托付给他们，就完啦。"

曾国藩淡然一笑，"我在京师任上接到过不少百姓告绿营的状子，还有不少骂绿营的诗。有一首《将问》，半白半文，通俗上口，所以记住了。'神州之兵死亿万，以罪以病不以战，大官之钱费无算，公半私半贼得半。奏捷难为睡后心，筹粮几得民家饭。今春自楚东下时，贼船入马江头驰，将军何时来偏迟，坐令严成入贼手。公等尚学饮醇相，白头老尽连营师。'"

张亮基笑了，"这样的诗我也见过几首，骂得更重的话也有。诗里写的一点不过分，情况差不多就是这样。你说这些不是在发牢骚吧？"

曾国藩说："当然不是。想想看，长毛来势汹汹，朝廷手上有什么？满洲八旗拱卫近畿，不能动；驻防八旗，各省三五千人，不敷使用；绿营人多，但打不了仗。这样下去，江山就要让洪杨坐了。既然让我帮办本省团练，那就练出一支与过去不一样的团练，不仅保护本乡本土，还要能打出去。"

"慢着慢着。"张亮基不由看看左右，"按你这么说，让你帮办团练，你就要练出一支比八旗兵还能打仗的团练。咱们都是从京官出来的，你我都明白，这种话要是传出去，那些满大臣怎么想？他们会想，曾侍郎想干什么？借着给朝廷平叛拉自己的山头，甚而会想，到底是洪杨造反还是你曾侍郎造反？"

曾国藩苦笑，"你我当然知道满大臣想事的路数，他们是会这样揣摩汉官。但是，我拳拳赤心，终究会让他们看明白，我练出一支新军是要做什么。"

几天后曾国藩与张亮基再次磋商，左宗棠也在场。在座三人，曾国藩是在籍侍郎，张亮基是一省之主，左宗棠不过是师爷。然而谈起话来左宗棠却成了主角儿，指手划脚，滔滔不绝，张亮基像个跟班。曾国藩插不上话，但对左宗棠颇为叹服。

左宗棠对曾国藩的印象却有点复杂。作为朝中官位最高、声誉最好的湖南籍官员，见面前，左宗棠听朋友夸赞曾国藩学问精深，品格方正，"向无大僚尊贵之习"。一见面，左宗棠没有失望，这位二品大员没有一点架子，像循循儒生，衣着简朴，一脸书生气。曾国藩言谈中表现出的强烈担当意识，更让左宗棠刮目相看。晚清官员以敷衍塞责为能。在这种黑暗污浊的大背景下，曾国藩以清新方正之姿进入左宗棠的视野，如同鲍鱼之肆中吹入一股清风。

左宗棠给朋友的信中谈到对曾国藩的第一印象："曾涤生侍郎来此帮办团防。其人正派而肯任事，但才具稍欠开展。"初次接谈，左宗棠就得出了曾氏才略平平的结论。曾国藩眼中乏精悍之气，面上无果决之容，没有一点"天才范儿"。方宗诚见到晚年的曾国藩，"宽大和平，不自矜伐，望之如一老教师耳。"英国人戈登见到曾国藩也失望："中等个子，身材肥胖，脸上皱纹密布，脸色阴沉，目光迟钝，举止行动表现出优柔寡断的样子——这与他过去的历史是不相符合的；他的穿着陈旧，衣服打皱，上面还有斑斑油迹。"

如果测智商的话，曾国藩不如左宗棠。左宗棠滔滔不绝指划天下时，他只是默默倾听，没有提出什么见解。左宗棠因此得出"才具稍欠开展"的第一印象。直到曾国藩大功告成之日，左宗棠的印象也没有转变。

这时，在曾国藩心目中，有一个想法当冒出来了，既然绿营兵靠不住，那就是好好地操练团练，用团练顶替绿营兵。

早在1851年（咸丰元年）3月就有谕旨："朕闻该省绅士商民，各处团练，同仇奋义，自必率同士勇合力歼除，断不容釜底游魂，扰我乐土。"这道谕旨表明，蓑衣渡之战一年前，朝廷就考虑办团练。清廷承平既久，文恬武嬉，洪秀全起事，势如破竹。朝廷内外先是没给当回事，后来则惊慌失措。八旗军和绿营兵不堪一击，蓑衣渡之战提醒了朝廷，这仗是籍籍无名的县太爷拉起一竿子农人打胜的，由此进一步考虑到办团练，借用民间力量来镇压太平天国。

既然如此，为什么迟迟没有动作？个中之奥，无非是麻杆打狼两头怕。太

平天国是汉人，要推翻满洲当家的朝廷。团练也是汉人，如果团练和太平天国搅到一口锅里，共同对付清军，大清就完了。这件事太大，清廷不得不慎之又慎。

清军编制中没有湘军，湘军打哪儿来的？按习惯说法，江忠源楚勇是最早的湘军。而《湘军史》说"楚军起于江忠源，其时以三百人从乌兰泰，不能成营制。后忠源官尊师众，第从先廓之，而法制不改。"湘军起步于团练，自筹粮饷，训练和作战比经制兵还正规，而楚勇不能称为正规的"兵"，只能属团练。

目前主流说法是，曾国藩是是湘军创始人。其实，曾国藩接手湘勇时，湘勇已有架构，曾国藩不过以"帮办"身份整编。也有人认为，罗泽南是湘军创始人。钱基博在《近百年湖南学风》一书说："时为之语曰：'无湘乡，不成军'。藉藉人口，而不知无泽南，无湘军。惟泽南以宋儒之学治兵，以兵卫民，皎然不欺其志。此湘军所以为天下雄，而国之人归颂焉。"这个评价很高，但"无泽南，无湘军"的说法值得商榷，罗泽南身为民办教师，没有能力拉杆子，只不过在乡间有一定号召力，领着一帮弟子加入湘乡县湘勇，也就是团练。

在曾国藩和罗泽南之前，江西籍湘乡知县朱孙贻组织了湘乡县的第一支成气候的团练，并促成这支团练队伍向地方统一武装转变。朱孙贻尽管有军事著作存世，却不大引人注意。由于江忠源、罗泽南、曾国藩的表现过于耀眼，把朱孙贻草创湘军散发的微光遮掩了。持续数年的"湘军热"中，如果说湘军创始人不是湖南人，而是江西老表，会有人不舒服，此人被有意识地"遗忘"了。

朱孙贻生年不可考。字石翘，江西樟树昌傅镇蠹湖人。《清史稿》称"入赀为刑部主事。改知县，发湖南，历署宁乡、长沙，皆有声。"入赀就是纳钱财买官。他当官前是药商，入京任刑部主事（正六品）。我过去以为卖官只卖基层官位，通过朱孙贻才知道，中央机关的主任科员一类职务，也可以花钱买到。

朱孙贻和曾国藩早就认识，不仅同为京官，而且在一个单位共事。曾国藩在刑部任侍郎，朱孙贻在刑部任主事。主事主要从事文书典籍记载，朱孙贻任过曾国藩部下。清朝，官大一级压死人。曾国藩和朱孙贻虽在同一单位，正六品和正二品差着很大档次，朱主事见了曾侍郎得毕恭毕敬，唯恐礼貌不到。况且，曾国藩是翰林院里出来的，朱孙贻是花钱买的官儿，自信心就差着很大档次。

大体在1849年（道光二十九年）冬季，朱孙贻下放基层，任湖南湘乡县知县。曾国藩仍在京城，朱孙贻是基层单位头目。这个基层干部份量不一样，是曾国藩家乡的父母官，曾国藩当然在意拉住这个关系。

1851年（咸丰元年）6月，曾国藩给弟弟写信说："朱石翘明府初政甚好，肖是我邑之福，余下次当写信与之。霞仙得县首，亦见其犹能拔取真士。"曾国藩赞扬朱孙贻当县太爷头三脚不错。霞仙是刘蓉的号，刘蓉在县试拔得头筹，成为秀才。从信的内容来看，曾国藩与朱孙贻不熟，称朱孙贻为"明府"，这个词是汉魏以来对郡守牧尹的尊称，唐朝以后多用以称县令。

十几天后，曾国藩在家信中说："朱石翘明府昨有信来，言澄弟四月底到县。此次折弁到京，石翘有信，而澄弟无信，殊不可解。兹有书复朱，家中封好送去。"这封信中流露出一定信息量，曾国藩的弟弟到县城，直接与朱孙贻联系上了。

年底，曾国藩在家书中说："朱石翘为官竟如此之好，实可佩服。至于铳沙伤其面尚勇往前进，真不愧为民父母。父亲大人竭力帮助，洵大有造福一邑。诸弟苟可出力，亦必尽心相扶。现在粤西未清，万一吾楚盗贼有乘间窃发者，得此好官粗定章程，以后吾邑各乡自为团练，虽各县盗贼四起，而吾邑自可安然无恙，如秦之桃花源，岂不安乐？须将此意告邑之正经绅士，自为守助。"

这封信说出一个情况，朱孙贻被鸟铳铁砂击伤面部。鸟铳没有弹丸，靠火药爆炸喷出铁砂，距离稍远，喷发的铁砂就没有力道了。朱孙贻在湘乡县上任时，太平军还没有进入湖南，湖南的不安定因素是纷纷攘攘的天地会，朱孙贻是从刑部历练出来的，政治嗅觉灵敏，召集刘蓉、王鑫等骨干人员，以"欲卫闾里，非团练乡兵不可"为由，建立团练武装，并且在镇压天地会起义中面部负伤。

1852年（咸丰二年），朱孙贻将掌握的县属武装分成左、中、右三营，王鑫负责左营，罗泽南负责中营，康景晖负责右营（此人为湘乡四十七都绅士），罗信南负责粮饷供应，谢邦翰负责兵械，湘军雏形由此形成，在打击匪患、防备太平军等方面起到很大作用，名声鹊起。

太平军大举北上，从广西入湖南，朱孙贻急忙练湘勇，训练过程，有关资料含混其辞地说推古人阵法，制为起伏分合。我没有查到古代兵法中的"起伏分合"为何意，大约来自《孙子兵法》中的三军之众必有分合之变等等。

太平军围攻长沙时，朱孙贻统领的湘乡县团勇队伍派上了用场。王鑫、康景晖、赵焕联分驻要隘，罗泽南、易良干防守湘乡县城。湘乡这帮湘勇没有打仗，因为太平军没有打到湘乡县，湘勇拉足了架势，却没有与太平军接火。

朱孙贻搭起湘乡团练架构后，曾国藩才出场亮相，奉命赴江西担任乡试正考官，半路上得到母亲去世消息，请假回家奔丧守孝，回到湘乡。第二年年初，奉旨协助湖南巡抚张亮基办理团练事务。这时张亮基担心太平军再打长沙，估计不出曾国藩在军事上有多大分量，看重的还是朱孙贻在湘乡县拉起的团练。

湖南其他府县也有编练乡勇的，湘乡县乡勇顺理成章称湘勇。湖南巡抚府幕僚左宗棠为张亮基起草奏折，把朱孙贻排在首位，称"署湘乡县朱孙贻勤干

廉明，民心畏慕。""畏慕"二字用得恰如其分，老百姓既怕这个官儿，又拥戴这个官儿。朱孙贻把事情做到了这个份儿上，相当可以了。

长沙经制兵严重不足，张亮基"闻湘乡团丁名，调防省城，朱孙贻令王鑫、罗泽南、罗信南、刘蓉率之往"。这么一来，以帮办身份介入团练工作的曾国藩才第一次接触这支地方武装，以它作为省内治安的重要力量。

1853年（咸丰三年）夏，江西告急，湖北按察使江忠源应江西巡抚张芾之请协防，坐困危城，向湖南求援。骆秉章檄调湘乡练勇一千二百名赴长沙，与新宁楚勇一道组成援江军。这批人由朱孙贻率领，多数是罗泽南弟子。江忠源最小的弟弟江忠淑率新宁勇一千人，从浏阳支援江西；朱孙贻率领湘乡勇一千二百人由醴陵出发，支援江西；夏廷樾、郭嵩焘、罗泽南率领一千四百名湘勇支援江西。这是湘勇第一次出境"剿贼"。新宁勇中途溃散，到达南昌的只有湘乡勇。

这时，曾国藩还没有把帮办的板凳坐热乎，支援江西的团练部队统一由朱孙贻带领。他把属下分为三个营，罗泽南领中营，易良干领前营，谢邦翰领右营，康景晖领左营，杨虎臣领后营，罗信南领亲兵营。

7月24日，湖南团练在南昌遭受挫折，罗泽南营中伏，阵亡八十一人，罗泽南手下骨干易良干、谢邦翰、罗信东、罗镇南阵亡。部队撤回后，罗泽南手下士兵反映：前锋营遭到伏击时，后随部队见死不救，才造成重大损失，后随部队便是金松龄。曾国藩在长沙没有经历任何战阵时，湘军老底子已与太平军大打出手。曾国藩由此感慨："今日兵事最堪痛哭者，莫大于'败不相救'四字，虽此军大败奔北，流血成渊，彼军袖手而旁观，哆口而微笑。"

清军在对太平军作战中，这种情况随时发生。绿营将与兵之间、将与将之间、此军与彼军之间统属性太差，编制本身就是东抽一百，西拨五十，或此兵而管以彼弁，或楚弁而辖以黔镇，"卒与卒不习，将与将不和"，造成"胜则相忌，败不相救"。相比之下，太平军之所以所向披靡，全在内部团结，誓同生死。所以，一定改变此种致命积弊，练就一支"呼吸相顾，痛痒相关，赴火同行，蹈汤同往，胜利举酒杯以让功，败则出死力以相救的誓不相弃之死党"。其实，清军的问题很多，曾国藩之所以紧紧抓住见死不救，也表明他对部队工作的生疏。

后来的事情，史料中仅有只言片语。例如，8月30日这天，在籍刑部侍郎黄赞汤设宴款待江忠源、刘长佑、罗泽南、李续宾四人。后来这四个人中有三人战死，只有刘长佑侥幸生还，后来官至直隶总督。

湘乡勇援江西，是湘军首次出省作战，罗泽南、王鑫等人是朱孙贻办团练的最初班底。在江西作战，朱孙贻不像县太爷，中弹后，裹伤再战，晋升为宝庆（今邵阳）知府。朱孙贻离开之后，湘勇才归到曾国藩麾下。

罗泽南，字仲岳，1807 年（嘉庆十二年）生，比曾国藩年长三四岁，湖南双峰县石牛乡人。姓罗，家住罗山，又称"罗罗山"。家境很差，全家节衣缩食地供他读书。他十九岁开馆讲学，教学方法不同于一般塾师，除教人识字开蒙、应试科举外，还教人静心养性，练习拳棒，这种方法招来不少学生。从开馆授业之日起，他在十年内有十一个亲人困病死去，1835 年（道光十五年）大旱，他考试回来，妻子见到他就放声大哭，一问方知，他的三个儿子都饿死了。

饱学之士不一定科举顺利，罗泽南直到三十三岁才得以补县学生，这就相当惨了。清代皇帝深知，安定一方，官府靠不住，一般读书人也缺乏号召力，既有学问又有正直人品者更具凝聚力，因此设了一张网罗人才的网，那些科考失利却在民间有广泛影响者，间或可以被捞出水面。

孝廉是选拔官吏科目之一，始于汉代，由各郡国吏民荐举，在当地树立伦理道德楷模，可授官职。但是，好经有时会被歪嘴和尚念歪了。自孝廉选官政策颁行以来，多有世家大族互相吹捧，有"举孝廉，父别居"的说法。入清，雍正皇帝将孝廉方正作为特设制科之一，直省每府州县举孝廉方正，赐六品服备用。无非是是树立精神文明标杆，利用其影响，解决官府难以解决的问题。乾隆年间，孝廉方正经吏部验看考核后，授以知县等官。在文凭高于一切的年代里，没有文凭的人，可以通过品德和学问，一把就被提拔到县处级。罗泽南的学问，在湘乡一带是拔尖的，被称为"湘乡第一教书先生"。1851 年（咸丰元年），罗泽南被举荐为湘乡的孝廉方正，脱离了白丁队伍。

曾国藩已是朝廷二品大员，很少回乡，按说没有结识罗泽南的机会。但是有个拐了八道弯的关系，他的两个弟弟一面在城南书院读书，一面附课于罗泽南。估计曾国藩是通过弟弟结识罗泽南的。

1852 年（咸丰二年）秋，太平军从广西入湖南。官府吓得筛糠时，孝廉方正就要站出来了。湘乡县令朱孙贻办团练，罗泽南带领弟子组织起一千多人的队伍，成为湘乡县团练的重要组成部分。

在太平岁月，湘人满足于耕读，有点桃花源的味道，但耕读中总是有一颗不甘寂寞的心。乱世，功名心急剧膨胀起来，蠢蠢欲动，越是兵荒马乱，博取功名的心气就越高，就忍不住走出桃花源，去做点惊世骇俗的事。耕读文化与功名精神，都贯穿着血性遗传，无论在哪种世态下，湘人的心态都是积极的。

曾国藩一到长沙，张亮基将朱孙贻率领的湘勇以及浏勇、辰勇、宝勇、沪溪勇等各地团练调集长沙，由巡抚和团练大臣统一指挥。朱孙贻到宝庆府上任

之后，罗泽南成为湘勇头面人物，并且与曾国藩见面了。

曾国藩上来得做思想工作："我弟弟是你的学生，说你素抱澄清天下之志。古人云'圣人常顺时而动，智者必因机以发。'今时机已到，长毛兴而官兵无能，上自皇上，下至士民，莫不瞩目于乡勇。"

罗泽南说："古人怎么说的就不要提了。我和你一样清楚，现你帮办团练，我只想知道，你想把这些乡勇练成什么样，练成后做什么。"

曾国藩问："仲岳兄为什么关心这些？"

罗泽南说："我提倡义旅，要把平生所学化为匡救时难的经世之功。我的人马中门生居多，读书人共患难，履险蹈危，绝无顾惜。天下无事之秋，士人率以文辞相尚，一旦有变，昔日迂腐者，奋起匡之救之，但我们的出路不是乡勇，而是湘勇；打仗不在湘乡，而是驰骋吴楚。如果答应这两条，我随你走。"

曾国藩说："过去朝廷不让汉臣碰兵权，时下长毛闹成了这个样子，皇上不得不委派办理团练大臣在各地兴办团练。我既然接手湖南团练，就打算改弦更张。过去乡勇不离家、不离农田，不食官饷，不过看家护院。而我打算练出一支离家不事耕种，粮饷取诸公家的湘勇，募勇成军。只有这样，才能与长毛一决雌雄。"

话不在多，在乎精当。罗泽南与曾国藩一拍即合。往后的岁月里，罗泽南白天鏖战疆场，夜晚则在营帐读书，身经大小二百余战，常以坚忍而胜。时人问制胜之道，他答："无他，熟读《大学》，知止而后有定，定而后能静，静而后能安，安而后能虑，虑而后能得数语，尽之矣。"向来只闻读兵法可以打仗，从不闻读《大学》也能打仗，可见罗泽南读书颇有心得，不是读死书。

再一个重要人物是王鑫，生于1824年（道光四年）。他自视甚高，曾在墙上写下豪言壮语："置身万物之表，俯视一切，则理自明，气自壮，量自宏。凡死生祸福，皆所不计。"二十四岁中秀才，拜罗泽南为师。体貌清癯，声大而远，好为议论。同门侍坐，辞气溢涌，他人莫能置喙。泽南徐哂曰："璞山盍少休，让吾侪一开口乎。"鑫亦自笑也。此人志大才高，敢作敢为，一次湘乡知县触犯了他，他便将状告到宝庆府和省城长沙，府省两级不予理睬，他便准备上北京告状。后来，进京之事没有成行，但知县也被迫去职。

老湘营系王鑫一手调教而成。王鑫给曾国藩的信里说了一件事：他的一支先头小部队赶到桂阳县田墟庄，当地一个姓黄的拿出自家大米、猪肉犒军，士卒因为没有得到王鑫命令，不肯进食，挨饿一天一夜。第二天王鑫赶到田墟庄，黄某跑过来向王鑫说明情况，王鑫才下令让军队进食。

李续宾是湖南湘乡人，父亲是贡生，家里有钱。家有五兄弟，他排行第四，三位兄长经商。他五岁在家塾启蒙，家塾叫将就书屋，得过且过的意思。他读书成绩不好，却骑术、箭术精湛。读书读到三十多岁，未中举，买了四十亩地，带着俩儿子仨佣人种地，开鱼塘，种蔬菜。时代不让他这么安闲，湘乡土匪多，他捕杀了不少土匪。说李续宾是罗泽南的弟子，这事要撇清，李续宾并没有拜罗泽南为师，只是李续宜跟罗泽南读书。他读医书，后来带兵。后来湘军曾国荃部、鲍超部都发生过大范围瘟疫，病死者有时达三分之一，主要是跟战争太惨烈有关，死的人太多，卫生条件不好，而李续宾军中没有发生过瘟疫。

太平军兴起，湘乡知县朱孙贻让李续宾、罗泽南、王鑫组织团练，然后，巡抚骆秉章把他们招到长沙。第一个任务是去支援南昌，他们带了一千二百人。罗泽南带中营，李续宾带右营，士兵是湘乡农家子弟，从湘乡县城出来，到了江西，突然碰到太平军，刀枪剑戟一通招呼，太平军把湘勇打得屁滚尿流。

曾国藩最初练兵，主力是王鑫所部。湘军的思想工作从王鑫起步。王鑫"教士卒习字读书，日课《四书》《孝经》，以义理反复训谕，而引论经史大义，譬晓耸切，听者至潸然泪下。""迨夜，营门扃闭，刁斗之声与讽诵声相间也。"

老湘营在太平军眼里是虎狼之师。老湘营抓住俘虏后，一般会审问明白，被无辜胁裹的马上遣散回乡，如果有烧杀抢掠之劣迹的，一律砍头。在清扫战场时对太平军丢下的重伤员决不留情，所以太平军在战场上负重伤无法逃走的，往往自行了断。"斩草除根，一劳永逸"，这是王鑫的口头禅。

朱孙贻尽管任宝庆府知府，却未必到职。战争环境中，把县太爷拔擢为知府，表示的是奖励政策，不意味着朱孙贻当真会带领宝庆府的老百姓去战天斗地。

1854年（咸丰四年）正月，湘军陆师五千余人，由朱孙贻统领。水师以诸汝航为总统。3月，曾国藩抵达岳州，太平军进攻岳州，曾国藩以水师救出朱孙贻等守军。没想到，朱孙贻随后又败于宁乡。

朱孙贻那时已不是曾国藩家乡父母官。曾国藩在给诸弟信中直言不讳地说："朱石翘在岳州战败逃回，在宁乡战败，逃奔数次。昨到省城，仍令其署宝庆府事。已于十八日去上任矣。是非之颠倒如此，余在省日日恼郁，诸事皆不顺手，只得委屈徐图。昨当面将朱石翘，渠亦无辞以对。但官场中多不以我为然。"曾国藩对县太爷的印象，已从好感变恶感。

1856年（咸丰六年），曾国藩被困江西，朱孙贻被湖南巡抚骆秉章疏荐人才，记名以湖南道员简放。1858年（咸丰八年），未应招去广西作战，受降级处分，退回知府。直到两年后同刘长佑一道平定柳州，才开复处分，赐花翎，加按察使衔。骆秉章到四川督战时，委任朱孙贻负责后勤。朱孙贻不仅与曾国藩，而且与他

最初拉起来的湘军越走越远，还得罪了一帮湘军将领，尤其与曾国藩的拜把子兄弟刘蓉闹翻了，不久称病引退，1878 年（光绪三年）病故。

今人提到湘军成长史，往往不提朱孙贻。但湘军发轫这一下，的确是他做起来的。《清史稿》中说了公道话："朱孙贻提倡团练，振兴人材，实为湘军肇基。""肇基"二字表明，朱孙贻是湘军创始人。部分学者认同的"湘军之父"罗泽南，固然在湘军成长中发挥了重要作用，但他在那时只是朱孙贻手下的一员干将。如果一定要设定"湘军之父"的话，朱孙贻显然比罗泽南更适当。

第八章

"大团"：意图明确而表述含混

清朝经制兵是八旗和绿营，八旗有二十万人，部分在北京，叫京师八旗，部分在各地驻防，约有三十五处驻地。京师八旗主要是护卫北京城门及各种事务，十万人；驻各地主要的任务是监视汉族军队，西安、金陵、广州都是八旗驻地，他们在城市里建单独的满城。第二个部分是绿营，六十万人，分省驻扎。绿营非常分散，一个点最多驻扎二百多人，驻扎最少的只有一个人，一个驻扎点大概二三十人。为什么这样驻扎？清代没有警察，各种治安事务由军队完成。

太平军得势后，清廷怎么想？嘉庆年间的"苗变"是距今最近的骚动，苗族起义势头不小，还是被镇压下去了。怎么镇压的？西南经制兵少，嘉庆皇帝动用了另一支力量，哪支力量？说起来后人可能会感到惊讶，这就是团练。

乾隆末遍及苗疆的"苗变"，嘉庆初仍未平息。1799 年（嘉庆四年），清廷起用湖南凤凰厅同知傅鼐总理苗疆边务。傅鼐是直隶卢沟桥人，苗变初兴时从吏员升为同知，提出"非力筹卫民练勇之法，不能戢其凶心"；"防边之道，兵民相辅"等。此后他率军平定叛乱，"所用仅乡勇数千"。他剿抚并用，修筑了为数甚多的碉堡，有效加强苗疆的防御。古意盎然的保甲制度，经过他的改制，加入军事和经济概念，重新包装为团练，在朝野热炒下，竟然连续涨停，托住大市，苗疆得以底定，去除了嘉庆皇帝的一块心病。1809 年（嘉庆十三年），傅鼐入宫觐见，旋即授按察使，十四年授湖南按察使，两年后又授权兼任湖南布政使。

从乾隆末年到嘉庆初年对"苗变"的镇压路数，几乎成了清廷平叛的教科书。由于团练配合清军干掉了企图造反的苗民，团练成了清廷心目中的宝，或者说，用起义农民辅佐经制兵打败民兵，已然成为清廷的定式思维。

太平天国的骨干是客家人。在咸丰皇帝不太清晰的脑瓜中，客家人和苗民差不多是一回事，而且都是从西南起事的。他打算用团练法对付长毛。应该说，这个法子是炒冷饭，至于能不能填饱肚子，那时他来不及考虑。

团练的任务只有八个字：清查保甲，坚壁清野。清查保甲，防止城乡士民与起义军呼应，剿匪部队没有后顾之忧，不用东堵西掩。坚壁，就是砌高垒，挖深濠，修缮城防；清野，则是拆除城墙外若干里内的房屋，清割农田作物，断绝起义部队的粮食供应。如若做到这八个字，白莲教起义军必然沦为"流贼"，屁股后面总是跟着猎人般的绿营兵，所到之处，则是坚固的碉堡，质朴勇敢的民兵，想歇脚都找不到地方，除了到荒山野岭作山贼，再没别的出路。而一旦堕落成山贼，政府军必然步步为营，大举围剿。外有重围，内无定饷，"流贼"，随时可能不攻自溃。这时恐怕是求作"降贼"也不可得了。大致来说，无论是当年大西南的起义苗民，还是不安生的各地白莲教，就是这样被团练制度搞定的。

苗民武装和太平军，在朝廷眼里都是找死的暴民，区别不大。实际上，当年的苗民武装和时下的太平军是两码事：苗民武装没有统一指挥机构，多点并发、互不联属；太平军自金田起事，就有拜上帝教和三合会骨干分子组成的领导集体，进退有度，攻守有节。苗民武装像同治年间的捻军，流动作战，没有根据地；太平军则开始就寻找根据地，求得从容进退。苗民武装自身没有明确定位，做一天强盗跑一天路，是货真价实的所谓"流贼"。太平军则在政治、军事、经济方面都有主张，与清朝分庭抗礼，俨然敌国。

大清国的民兵队伍当年能够搞定苗民武装，当下也能搞定太平军吗？毫无疑问，食古不化的咸丰皇帝认为可以。只可惜，一经动真格的才知道，不要说普通团练对付不了太平军，就是经制兵也不吃个儿。

1853年（咸丰三年），太平军从武昌沿江东下，占领金陵。下长江前，太平军可归"流寇"，立都金陵算"割据"。下长江前，太平军被追杀，虽然攻城掠食，总显平沙落雁的尴尬。进入金陵，改元建国，不满足偏安一隅，有逐鹿中原志向。派李开芳、林凤祥率领北伐军，胡以晃率领西征军，北边打到静海，西边打到武昌，是这种战略意图的体现。在沦陷区，太平军的民意拥戴指数远高于绿营。当时没有盖洛普公司什么的，胡林翼慨叹湖北"莠民"每每"兵至为民，贼来从逆"。这两句话有嚼头，人民群众有眼力，政治取向明确。官兵到了，就当个缩头缩脑的老百姓，好像没有立场，而太平军到了，马上配合太平军与官军为敌。

当日太平天国礼乐俱张，民众拥戴，不让"辫妖"，是有实力政权，一旦分兵四出，"吊民伐罪"，威力大胜昔日起义苗民，决不是区区团练可以抑制的。

团练是正规部队的补充，而咸初的绿营战斗力堕落到聊胜于无的程度。从追缴到围攻，派遣访剿的钦差大臣，如赛尚阿、向荣、琦善所部，大多虚报战况，苟且偷安，起不到抗衡太平军的作用。很多时候，只见乡勇对抗训练有素、军械优良的太平军，看不见绿营影子。太平军攻掠都有后勤保障，而团练星散各地，困守小城。内无长饷，外无救兵，和嘉庆年间相比，主客易位，攻守逆转，不再是有备无患下的以逸待劳，而是内忧外困中的引颈待割。

面对组织严密、战斗力十分强大的太平军，传统意义上的团练只靠"保甲相连"、"坚壁清野"的老办法，难以发挥作用。八旗和绿营的改造既然一时难以实现，那么，在传统团练的基础上训练一支介于两者之间的勇营队伍，革除旗绿之弊端，练成能战之锐旅，才不失为明智之举。

年轻的咸丰皇帝顾不过来想这些，他爷爷嘉庆皇帝当年仅启用一个小官员傅鼐就平定了"苗变"。现在，皇上要启用一帮比傅鼐横得多的角色，不信收拾不了长毛。清廷掌握的八旗和绿营部队原本就不多，从1852年（咸丰二年）秋至次年初春，咸丰皇帝一口气任命了十省四十三位退休或丁忧在家的前官员为"帮办团练大臣"，其中包括湖南的曾国藩。

多数团练大臣比曾国藩滑头，深知自己不受地方官员欢迎，接到命令后，在省城里找间空闲办公室，挂出牌子，敷衍两天，最后像多数绅士那样，给团练捐些钱了事。精于打小算盘者视圣旨为以公济私的好机会，在地方上办起一支民兵队伍，主要目的是保卫自己的庄园不受土匪抢劫。一旦太平军大股部队到来，立刻"逃遁"或"托病藏匿"了。胃口大者，则把团练大臣差事当成中饱私囊的机会，扯着皇帝的幌子，以筹款练兵为借口，敲榨富户。正如时人所概括的："假公济私，百端纷扰，或逼勒州县供应，或苛派民间银钱，或于官设捐局之外，团练再设捐局，或于官抽厘金之外，团练再抽厘金。"

几天之后，圣旨到了。过去圣旨由太监代为宣读。太监长途奔波，舟车劳顿，到了接受圣旨的官府，神气活现，吊着尖细的嗓子读完圣旨，再索拿卡要一番，而后启程回京。这样太罗嗦，也太慢，朝廷的意志得拖些日子才能到达下面。后来改了规矩，圣旨通过驿站，快马飞传，术语称之为"廷寄"。

谕旨的要点是模仿嘉庆年间用团练收拾"川楚教匪"的办法，兴办团练，

筑寨浚壕，联村为堡，或严守险隘，密拿奸究。无事则各生安业，有事则互卫身家。一切经费，均归绅耆掌管，不假吏胥之手。谕旨中特意强调："所有团练壮丁，亦不得远行征调，各团中如有捐资倡助，或杀贼自效者，地方官即申详大吏，据实奏闻，朕必立加奖叙。"朝廷到这步了，对汉官仍不放心，团练职责仅在"共保乡闾"，无事则各生安业，有事则互卫身家，用完了就散伙。

曾国藩坚信经制兵无法和太平军相抗衡。他前不久上的《议汰兵疏》将军队现状做了归纳：福建等地凶悍士兵成千上百械斗；贵州、四川等地冗杂军队，勾结强盗土匪，吸鸦片、聚众开赌。各省都是这样，无事时游手好闲，惹事生非；有事雇用无赖之徒冒充，见到敌人望风逃溃，敌人走了就杀害百姓邀功请赏。曾国藩认为绿营已不可救药，"恐岳王复生，半年可以教成其武艺；孔子复生，三年不能变革其恶习。"绿营已形成制度化痼弊，革旧鼎新谈何容易？

曾国藩自从担任帮办团练大臣那天起，就被挤到了旮旯里：他打算练出一支有正规军素质的部队，但这么一来，朝廷肯定会多心，你个在籍侍郎想干什么？是不是想趁火打劫，弄出一支挺棒的军队和朝廷分庭抗礼？但是，如果不练出像模像样的军队，仅仅维持在团练水平，又不可能与长毛作战。

这似乎是无法解决的矛盾，曾国藩却另辟蹊径，或许是自己琢磨的，或许是与张亮基捏咕的，弄出个似是而非的词，这个词叫"大团"。"团"是团练之意，让朝廷放心，微臣练的仅是民兵队伍，不能对经制兵构成威胁。"团"字前面加"大"字，表明与一般团练不同，而是成一定规模，向正规化靠拢。

在接奉圣旨后的第十天，曾国藩复奏："湖南行武空虚，以练兵为要务。自军兴以来，二年有余，糜饷不为不多，调集大兵，不为不众，而往往见贼溃逃，未闻有鏖战者，所用兵器，皆大炮鸟枪，远远轰击，未闻有短兵相接者，其故何哉？由兵未练习，无胆无艺故也。今欲改弦更张，于省城立一大团，择乡民壮健朴实者招募来省，练一人收一人之效，练一日有一日之功。"

曾国藩在内阁和六部历练过，善于在行文中掖藏私货。奏折里不仅提到"大团"，而且提出兵员在全省范围挑选，甚至跳出湖南省范围招募，跳出了乡勇巢穴，是组建经制兵的路数。只有长期搞文字工作的老油条，才能憋出这种糊弄官僚主义的点子。朝廷没有否决曾国藩在奏折提出的"大团"，曾国藩算请示过了，没有被打回，就此可以细化了。有必要说明，清朝的经制兵是世袭的，不在军营之外征兵。曾国藩力主跨乡跨省征兵，本朝没有先例，是清末袁世凯在天津小站练新军时才开始执行的，因此曾国藩超越了他所处的时代。

编练新勇代替经制兵，与皇帝的原意相去甚远。统治者的初衷是把团练当应急药物服用。他们深知绿营无用，八旗兵是贴身小棉袄，不用担心控制不灵。绿营制度由来已久，改革祖制阻力既大，非短时之功，清廷在扑灭川楚白莲教起义的战争中看到团练的力量，寄希望于在国家有事时可以招之即来，天下太平时又可以挥之即去；不用担心经济负担，不用顾虑军事失控，一举多得。

曾国藩在奏折中说："圣谕团练乡民一节，诚为此时急务。然团练之难，不难于操习武艺，而难于捐集费资。"由于财政困绌，咸丰朝廷不像嘉庆年间那样，可以"官给练费"。练兵费用官方拿不出来，而民间捐款，暂时还是画饼望梅，当不了指望。所以由此造成帮办团练的拖沓，可以获得谅解。暗里，他就不求其名，但择其实，阐述了练新军的办法："于省城立一大团，认真操练，就各县曾经训练之乡民，择其壮健而朴实者招募来省。参访前明戚继光、近人傅鼐成法，但求其精，不贵其多；但求有济，不求速效。"

清王朝经制兵已彻底腐败，必须赤地立新，编练全新武装。曾国藩到长沙不久，就上了一道后来被认为是湘军成立标志的奏折："今欲改弦更张，总宜以练兵为要务。臣拟现在训练章程，宜参仿前明戚继光、近人傅鼐成法。"

曾国藩上这道折子前三天，张亮基上过内容相似的折子，提出"仿前明戚继光束伍之法行之。所费不及客兵之半，遇有缓急，较客兵尤为可恃。"张亮基折其实是左宗棠折。两道折子思路、措施乃至用词如此相似，说明成立大团的想法，是曾国藩与张亮基、左宗棠充分协商过的。

清廷津津乐道当年傅鼐用团练平息"苗变"，曾国藩投其所好，奏折中打出傅鼐这张牌，给清廷吃了颗定心丸。实际上傅鼐路数套用不上。起义苗民是"流寇"，与清军、团练漫山遍野打游击，而长毛已在金陵立都，与清廷武装力量的角斗是两个国家间的战争，傅鼐训练出来的那种保乡保土的团练吃不上劲。

一般说，团练在州县就地办理，省城、重镇防务依靠绿营。曾国藩提出，在省会长沙按照戚继光的法子办团，而戚继光练的是新军，傅鼐办的是民团，互相抵牾，根本是两码事。曾国藩却把二者混在一起，揣着明白装糊涂。

曾国藩用办团练为掩护，建设经制兵外的正规军，在奏折中建议"于省城立一大团，认真操练，就各县曾经训练之乡民，择其壮健而朴实者招募来省。参仿前明戚继光、近人傅鼐成法，但求其精，不贵其多；但求有济，不求速效。"

湘军不是曾国藩的发明，产生于清廷不经意间。咸丰皇帝本意是让团练做保境安民营生，而曾国藩知道小打小闹解决不了问题，要在湘勇基础上创造出一种新队。经制兵的组建和训练，是朝廷的事。曾国藩对帮办团练无兴趣，对编练新军劲头十足。满人对汉人防范向来严，兵权由朝廷控制，不让汉人多带兵，更不允许像明代戚继光那样组建"戚家军"。但时局危急,通过和太平军的较量,咸丰皇帝知道绿营靠不住,希望有一股新军事力量的出现。

按照惯例,团练本应该于各个地方就近训练和执行任务,省城防卫和重大军事行动仍然靠绿营。曾国藩提出在省城组建大团,实际上就是在省防绿营之外另起炉灶,组建一支新军,这显然与朝廷的初衷相背。但病急乱投医的大清统治者似乎没有注意到两者之间的不同,批示:"知道。悉心办理,以资防剿。"

有了圣旨,曾国藩名正言顺了。他从帮办团练操练转了个弯,变为编练新军。他从一千团丁中挑选一百名组成亲兵队,剩下的分成两队,分别由罗泽南和王鑫带领。日后湘军制度照搬戚继光理论,再没有提傅鼐一字。多年后,曾国藩才揭示这番苦心:"臣自咸丰二年奉旨办团,初次折内就奏明自行练勇一千,是臣所办者乃官勇,非团丁也。"就这样,他玩了一次瞒天过海的文字游戏。

罗泽南、王鑫等团练队伍陆续到长沙,俗口流传,说曾国藩起家团练。其实曾国藩没有办过团练。第一步走的就是湘军布局。"各县曾经训练之乡民",指的是罗泽南、王鑫的湘乡勇兵。在曾国藩指导下,按照戚继光的成法,这一千多个人分为中、左、右三营,分别由罗泽南、王鑫和邹寿璋统带,号称湘勇。这是湘军正规化的开始。不过,湘勇的"湘"和湘军的"湘",有微妙区别,前者的"湘",是湘乡之意,当时有江忠源的楚勇(新宁)、塔齐布的宝勇(宝庆)、林源恩的平勇(平江)等名目;后者的"湘"才代表湖南。

"大团"创意得到批准,可以甩开膀子干了。问题是练勇指挥权没有指定由曾国藩掌握,所谓"帮同办理本省团练乡民、搜查土匪诸事务",实在是模糊指令,"帮同"的意思是协助巡抚办理团练和剿匪,至于怎么协助、协助到哪步,只能摸着石头过河了。其实,在长沙,曾国藩琢磨出了办"大团"的路数,而且有的已经开始推行了,大体有以下几方面:

把仓促召集在一起的农民训练成能打仗的军队,将领的选任至关重要。曾国藩规定的选将制度,将"忠义血性"置于首位,然后是"廉明为用,简默朴实,智略才识,坚韧耐劳"。他一反古代兵家论将选将之法,大量提拔书生为将。日后湘军将领中,有名有姓可以考证的书生出身者占到六成。

曾国藩认为,要练成一支能打仗的军队,首先要改变过去的"兵为国有"而为"兵为将有"。绿营兵是"吃粮当兵",当兵为吃粮,父子相继,以兵为业。曾国藩想从根本上改变这种局面,要"赤地立新"、"扫除陈迹"。他说:"国藩数年来痛恨军营习气,武弁自守备以上无不丧尽天良。故决不用营兵,不用镇将。"

经过数度激战的湖南境内，到处飘荡着散兵游勇。这些人要找饭折，有的打算投奔湘勇。曾国藩规定，凡滑弁游卒不要，兵油子纵然经历过战火，有点作战经验，但大都沾染了坏习气。湘勇选兵重点是山民。山民的见识可能少些，可能笨拙些，但朴实勇敢，未染军营恶习，容易训练出来。

绿营兵之所以不堪使用，重要原因是素质低，作风散，视训练为儿戏，甚至雇人代训；许多将领勇于私事、怯于战阵，军事无术，盘剥有方，上下怨望，官兵关系紧张。曾国藩以绿营之弊为镜鉴，建军标准是："呼吸相顾，痛痒相关，赴火同行，蹈汤同往，胜则举杯酒以让功，败则出死力以相救。太平军有誓不相弃之死党，吾官兵亦当有誓不相弃之死党，渐新吾民之耳目而夺逆贼之魂魄。"这是一个相当高的建军标准，应当由什么样的兵源才能胜任呢？

曾国藩的选勇标准充斥着个性。"须择技艺娴熟、年轻力壮、朴实而有农夫土气者为上。其油头滑面，有市井气者，有衙门气者，概不收用。"

科举制度中，能考取功名的是极少数，考不上的是大多数，所以湘军军官的来源几乎是无限的。这些儒生招家乡子弟兵，动员成本低，能以最快速度动员出军队。湘军规定：一军之权全付统领，大帅不为遥制；一营之权皆属营官，统帅不加过问。由于一营之兵来自一地，官与官之间，全由同乡、同事、师生、朋友私人情感相维系，从而能够在作战时"齐心相顾，不肯轻弃伴侣"。

湘军确立营为基本单位，每营人数由长沙时的三百六十人改为五百人，设营官一名，营官亲兵六十名，亲兵什长六名。每营四哨，哨设哨官一名，哨长一名，护勇五名，什长八名，正勇八十四名，另有伙勇四十二名；每营长夫一百八十名，随营行动；营官有亲兵六队，即劈山炮二队，刀矛队三队，小枪队一队，共计六队；每哨有刀矛队四队，抬枪队二队，小枪队二队，共计八队。

仿戚继光束伍成法，五更放炮，闻炮即起，黎明演早操，营官、哨官亲自到场；午刻点名；日斜时演晚操，二更前点名一次。阵法技击，无不练习，凡体弱者、艺低者、油滑者立即淘汰出局。每逢三、六、九日午前，曾国藩亲到演武坪监督操练，并训话，训话的词语虽不至顽石点头，其诚欲令杜鹃啼血。

不怕死，耐受辛苦，这种人不可能太多。对于大多数蒙头蒙脑的民勇，至少要做到"不要钱不怕死"，这是曾国藩经常引用岳飞的话。而湘军最有人性味的警句是："我不知战，但知无走，平生久要，临难不苟"。

养活军队要花钱。初期，操练一日给一钱；出征本省土匪，每日一钱四分；从征外省，每日一钱五分。队长哨长，以次而加。养伤银，上等三十两，中等二十两，下等十两。阵亡抚恤金六十两，征土匪减半。都比绿营兵多一倍。

曾国藩创作了一首白话诗体的《爱民歌》："三军个个仔细听，行军先要爱百姓。贼匪害了百姓们，全靠官兵来救人。百姓被贼吃了苦，全靠官兵来做主。第一扎营不贪懒，莫走人家取门板。莫拆民房搬砖头，莫踹禾苗坏田产。莫打民间鸭和鸡，莫借民间锅和碗。莫派民夫来挖壕，莫到民家去打馆。"

这种招兵做法形成湘军三级指挥体系。首先是曾国藩，第二个是营官，大帅与营官间的一级叫分统，分统对营不越级指挥。营官管士兵，不能越级指挥。部队打败了马上就地解散；营官死在战场上，士兵没能救下来，部队就地解散。打胜仗，营官回乡再招，一个变俩，俩变仨，打胜仗的部队越打越多，打败仗的部队立即就消亡。湘军的做法开启了"兵为将领"先河，兵不是国家的，是将领的。后面李鸿章、袁世凯、蒋介石都这样，他练的军队别人别想染指。

湘军崛起和军事技术落后有关。湘军发展方向和国家军事近代化方向背道而驰。湘军营以下编制学戚继光。明末戚继光的编制到了曾国藩时期，隔了近二百年还照搬使用，说明武器二百年中没有大进步。但湘军的这种临时征用方法成本很低，打完仗后就地解散回家，到时候征募就来了，变成清朝后来常用的方法。它的后遗症到中日甲午战争时暴露出来。当时不到两个月就编制了一百万军队与日军作战，而日军经过德式训练，打起仗来吃亏吃大了。

湘勇各级主官多为湘乡儒生，士兵以湘乡农民为多。湘军以营为单位，士兵由营官招收，军饷由营官解决。营官存在一天，营建制就存在一天，营官阵亡了，该营就解散了，因此全营对营官绝对效忠，而所有营官都对他个人绝对效忠。

第九章

太平天国定都，列强持"中立"立场

1852 年（咸丰二年）12 月初，太平军来到武汉城下，他们采取以往攻城拔寨的战法，从不远处掘地道，开掘到城墙根下，埋进去大量火药，轰塌了武昌文昌门，随即就打了进去。武汉，是太平军占领的第一座大城市。

武汉九省通衢，是华中盐业基地，海盐通过这里运输到长江流域城乡，有大量运盐船，还有数万名运盐水手。罗尔纲说，他们"都加入了太平军。给太平天国运输增加强大的力量。"湖北盐业工人与广西农民是两种成色，他们的组织性、纪律性与见识比农民强，却未必有广西农民那份忠诚。

太平天国占领武汉后，面临两种选择：或一路向北，继续发展进攻；或顺长江向东。前者就直捣京师了，后者则是先在江南立足，再向北发展。

太平军闯入武汉当日，清廷立即在两个方向上各任命钦差大臣：任命陆建瀛为钦差大臣，办理江苏、安徽、江西防务，这是防止太平军沿江东进；任命琦善为钦差大臣，办理河南信阳、新野一带的防务，防止太平军北上。

一年中最冷的时令，冷飕飕的，洪秀全和杨秀清缩在船舱里，聊在哪儿立都。自古皇室多在河南立都，眼下如果在河南立都，就近威胁到大清京师。而在那时，在太平天国的很多人看来，当在金陵立都。

金陵是数代封建王朝江南统治中心。清初在金陵设总督府，辖江南、江西、河南三省。康熙年间设两江总督府，综治江苏、江西、安徽三省军务粮饷。洪秀全打算横扫清室，对立都金陵兴趣不大，建都金陵的是割据王朝，不能成就大气候。诚如《史方舆纪要》所说，金陵只是"局促于东南，而非宅中图之大业。"朱元璋统一全国后立都金陵，而明成祖"靖难"后即将国都迁移北京。

大清国都在北京，清室存亡当视北京之能守与否为断。而要制服防守京师的清军，河南是最有利出发位置。太平天国如先取河南，以开封作临时国都，以黄河为天堑，先立于不败之地，一旦准备充分，以黄河以南为后方，全力向北京进攻，那是什么成色。从清军与太平军力量对比看，不是办不到。

洪秀全正向杨秀清说打算时，一个姓蒋的老船工凑过来说："河南水小缺粮，一旦被清军所困，不能就地解救。你今有长江天堑和舟船万千，金陵自古虎踞龙蟠，是帝王之家，城高池深，民物丰富，不在金陵立都，去河南干什么？"

罗尔纲在《太平天国史》中提到这位姓蒋的老船工，列入"牌尾传"，可见确有其人。李秀成在《自述》中也提到"老年湖南水手"，可见这个热心热肠的小人物一度受到太平天国最高层密切关注。他出谋划策的一番话未必打动了洪秀全，而横扫数省后偏安一隅，倒符合人之常情。

不可能指望洪秀全有明成祖那种雄才大略，他的耳朵根子软，没有太深定见，老船工说了这话，又听别人吵七八火，他在开封与金陵间掂量了一阵，最终选择先去金陵，至于是不是在那儿立都，站住脚再说。

1853年（咸丰三年）2月，浩浩荡荡的太平军沿着长江，水陆并进，六天之后，在鄂东广济县老鼠峡击败钦差大臣、两江总督陆建瀛的部队，而后陆续攻占九江、安庆、芜湖，当月的月底就兵临金陵。

金陵只有将军衙门下属的六千满洲八旗兵和少量绿营兵。太平军兵临城下，只打了两天。从记载来看，太平军先轰塌仪凤门城墙后打进去。但如果从远处开掘地道埋火药，没有一二十天办不到，估计那时金陵守军已然绝望，只是紧闭城门，没有怎么守卫，听凭太平军的炸药包爆炸，而后一拥而入。在金陵守备战中，两江总督陆建瀛、江南将军祥厚、副都统霍隆武等全部被杀。

拿下金陵后，即便短期不能攻克北京，也能与大清对峙，形成历史上有过的南北朝局面。杨秀清、韦昌辉拥护，石达开、罗大纲反对，认为应北进河南，渡黄河直捣幽燕。而洪秀全进入金陵后心境变了，写了道诏书："朕既贬北燕为妖穴，是因妖现秽其地。妖有罪，地亦因之有罪，故并贬直隶省为罪隶省。天下万廓，帝无二，京亦无二。天京而外，皆不得僭称京。故特诏清，速行告谕守城出军所有兵将，共知朕现贬北燕为妖穴，俟灭妖后方复其名为北燕。并知朕现贬直隶省为罪隶省，俟此省知悔罪，敬拜天父上帝，然后更罪隶之名为迁善省，庶俾天下万国同知妖胡为天父上帝所深谴所必诛之罪人。钦此。"

太平天国初创时，受尊重的不是洪秀全，而是冯云山。李秀成《自述》中说："南王冯云山在家读书，其人才干明白，前六人之中，谋立创国者出南王之谋，前做事者皆南王也。"当年冯云山入紫荆山，三年后信徒达两千余。被冯云山念叨的"教主"始终神龙见首不见尾。冯云山不在了，洪秀全政治上失去了主心骨。就此，定都河南开封之事不考虑了，国都就是前金陵现天京了。

占领金陵，杨秀清分兵进攻镇江和扬州。扬州是盐都，大盐商几乎全住那儿，掌握官盐命脉。太平军之所以占领扬州，对盐业考虑不大。扬州和镇江成为天京防御的两个支点，这两座城市和天京共同形成相互支撑的三角形。

太平天国立都金陵之初，声名远播，势如摧枯拉朽，满可以倾国力直捣京师，洪秀全却没有这么做。攻占天京三个月后，派林凤祥、李开芳率领两万多人出征北伐。太平天国官制是洪秀全个人意志的产物，外人听起来糊涂。林凤祥的职务是天官副丞相，李开芳的职务是地官正丞相，打算摆脱清代官制影响，却掉进了多神教的泥潭。不妨看看《封神演义》等书，太平天国各级官员的职务名称，有一些可能是从那里流变出来的。

北伐军出师不顺，一部刚出发不久，在安徽六合宿营时帐篷失火，烧到弹药库，引起大爆炸，伤亡惨重，只得折回天京。林凤祥和李开芳率北伐军纵贯安徽，进入河南，原定在归德府渡黄河，但清军把渡船烧光，只得绕大圈子，从汜水口渡黄河，从王屋山邵原关入山西，自洪洞县折而东，经太行山，从武安突入直隶，攻下军事重镇临洺关。北伐军向北急进，前锋抵达距离保定府六十里的张登。保定一带算"近畿之地"，京师乱套了，有钱人纷纷外迁。

清军汇聚保定，北伐军往东绕行，在天津静海遇大水阻路，退守连镇，等待援兵。咸丰四年（1854）四月，援军克临清。李开芳带领骑兵接应，援军却已溃败，只得入守高唐府。北伐军从此分为连镇、高唐府两地，彼此不能接济。北伐军孤军远征，纵横数省，功亏一篑，良谋硕算付诸东流，于1855年（咸丰五年）春覆没，林凤祥和李开芳先后被俘，押解京师，在菜市口处死。

后人回顾太平天国征战历程，难免疑惑，江南富庶丰饶，是清廷赋税主要来源地，太平天国立都金陵，与江南近在咫尺，洪秀全为什么上来就北伐，而且才派遣出两万人，好像没有打算成功，只是试试看。他如果打算暂时与大清形成对峙局面，为什么不趁势拿下江南呢？尤为令人费解的是，历史曾经烘托出一个绝好时机，使得上海唾手可得，洪秀全却轻易放弃了。

小刀会属上海秘密团体，粤籍天地会首领刘丽川为头头，生于1820年（嘉庆二十五年），原是广东香山农民，生活无着去香港，参加天地会，学了口英语。

到上海后，英语派上用场，在美国花旗洋行当马夫，后来干过经纪人及丝茶栈伙，并充任草药郎中。太平天国立都金陵仅半年功夫，刘丽川和潘起亮就在上海领导了小刀会起义，起义部众冲入上海县署，打死知县袁祖德。

刘丽川在花旗洋行当马夫时，吴健彰为花旗洋行买办，是广东同乡。吴健彰后来当苏松太兵备道，小刀会起义后被活捉。早年上海电影制片厂拍摄的《小刀会》中渲染坏蛋洋人将吴健彰营救出来。而据上海地方史志学者考证，是刘丽川不忘昔日主仆之谊，演了出"捉放曹"，一边通知花旗洋行救人，一边把吴健彰暗中放走。由于各城门封锁，侨民晏玛太等将吴健彰缒出北城墙，从自理堂（美国浸理教会在上海建立的教堂，紧靠北城墙）逃走。小刀会旋即攻占宝山、南汇、川沙、青浦等四座县城，苏州天地会和宁波双刀会响应，隐匿于城郊各秘密团体迅速打了个包，一并加入小刀会。天地会以反清复明为己任，刘丽川自号建立大明国，"朝廷"就设在上海老城厢某条小里弄内。

天地会的政治理念土生土长，与传统多神教掺乎，表面愚蛮愚昧，内里透着对皇天后土的质朴诉求。洪秀全构建的拜上帝教逻辑混乱，却打着耶稣旗号、拼凑基督教说辞沾上一丝洋味儿。小刀会起义后，洪秀全觉得小刀会那套不入流，不愿沾包，不承认刘丽川是自己的信徒，更不承认太平天国与小刀会有组织联系。刘丽川却患了单相思，抛弃老城厢"大明国"，声明接受太平天国领导，自称"太平天国统理政教招讨大元帅"，多次派员去金陵联络，未获结果，只得孤军坚守上海。1855年（咸丰五年）初春率师突围，在虹桥战死。

洪秀全对刘丽川不屑一顾，追究深层原因，是那时太平天国势头不错，小刀会形同年三十晚上杀猪，有它没它一样过年。可叹的是，小刀会不被太平天国认可，而小刀会的残余势力却把余生与太平天国死死活活地缠绕在一起。潘起亮率部分小刀会会众突出重围，在转战中加入太平军，被打散的会众在上海城郊隐蔽起来，待数年后太平军东进时奋起响应，充为内应。

萧一山在《清代通史》中批评洪秀全："刘丽川请援，亦不肯攫此商业要地，打通长江，联络外人。""太平天国于刘丽川据上海时，不立加援助，以攫取此一要港。"洪秀全的短视失去的是什么？永久失去了占据上海的机会。

洪秀全连个秀才都不是，说这位老童生是知识分子有些勉强。他只能算农民。农民起义首领定都天京，自为"南朝"皇上，理所当然拥有后宫。他的宫室生活有两种截然相反的说法。一种说法是他不仅不嗜女色，相反打老婆下手挺重。这种说法靠不住，他极好女色，刚立都时记载稀少，后来就热闹得无以复加。他的儿子洪天贵福说他有八十八位"圣妻"和无数姬妾。

洪秀全的个人生活分成泾渭分明的两个阶段：立都前，读书，传教，组织起义和起义；立都后当"皇帝"，而且相当彻底，把朝中大事都甩给了杨秀清。

早在紫荆山酝酿起义阶段，洪秀全与杨秀清就达成一种双簧式默契，这种默契一直在制约着他。这就是杨秀清用降童巫术发号施令，成为天父代言人，每当需要就假装昏迷，随后呜呜噜噜嘟囔点什么，洪秀全得惶然惟命是从。按理把戏不能多用，而杨秀清动辄用"天父附体"调度洪秀全。莫说军国大事，甚至他觊觎服伺洪秀全的一对朱姓姊妹花，也采用这种损招，从而霸占了朱姓姐妹。洪秀全即便贵为天王，也不便戳穿，只得假戏真做，从而亦步亦趋。

金田起义后，太平军以杨秀清、萧朝贵名义发布《奉天讨胡檄》，表明"肃清胡氛，同享太平之乐"的反满清宗旨。《清史稿》说："秀全既破金陵，遂建伪都，拥精兵六十余万。群上颂称明代后嗣，首谒明太祖陵，举行祀典。其祝词曰：不肖子孙洪秀全得光复我大明先帝南部疆土，登极金陵，一遵洪武元年祖制。"太平天国颁布《天朝田亩制度》，按人头分地，生活资料归国有。纲领提出平均主义制度，在操作中不可能推行，基本实行"照旧交粮纳税"政策。

稳定政权乃至北征西征等军国要事，形而下，杨秀清干，洪秀全集中考虑与自己有关的事，包括朝拜礼仪、开科取士及出版自己的"著作"。他把所作诗文及拜上帝会宣传文字整理出来，选好刻手，用精美纸刻印出，人手一册。在他看来，这才是教化万民、惠泽子孙的千秋伟业。

随着杨秀清威权日隆，洪秀全退到"精神领袖"地位，杨秀清为"一朝之大，是首一人"。金陵将军衙门改建的东王府，是太平天国最高权力机关，大小政令由这里发出。各处禀报、奏本也都递往这里。杨秀清事事躬亲，日理万机。他虽然不识字，但身边有十多个"承宣"为他服务：阅读报告、汇报情况、传达命令、起草文件。所有该办的事，他都以高效率处理得有条不紊。

杨秀清安置进入天京的眷属和留在城内未走的十余万百姓，设置男馆、女馆。每馆二十五人，馆长一人。十馆为一卒，卒长一人。十卒为一旅，设旅长一人。十旅为一师，设师帅一人。另设童子馆、残废馆、敬老馆，安置小孩及老弱病残。按馆分配劳作，发放口粮。天王在武汉许下的进小天堂就夫妻团聚的诺言，暂时不兑现。禁令很严，杀了几对偷偷聚会的夫妻。建立各种为王宫王府、军队和百姓服务的工商衙门，如圣库、圣粮仓、铅码衙、弓箭衙、红粉衙、豆腐衙、茶心衙、竖斩衙、提报衙、人医衙、兽医衙、织染衙等等。

太平天国圣库制度肇始于金田起义之初。开始时，拜上帝会信徒变卖田产，

各将所有奉献公库，所有人的衣食由公库开支。以后全军实行这种制度。作战中缴获的金银、绸帛、珍宝上交公库，个人不得私藏，违者处以重罚，直至斩首。将领士兵的生活需要由公库供给。供给种类和标准大致不论老少，一律等量供应；食肉供给，天王以下每天份额各有等差，又有礼拜钱作为买办供物祭告天父之用，兼作零用，数量各有等差。但各类供给定额并非固定，依物资来源多少而有不同。有一段天京城内缺粮，曾减少食米供给定量，一律吃粥。

太平天国占领金陵初期，将城内居民分隔男女，按年龄、技能分别编入各馆各营，财货收归公有，衣食等由公库供给。编入各馆各营的民众被看作太平天国成员，在他们之中实行圣库制度。圣库制度是太平天国政权对全部社会产品按绝对平均主义原则进行分配，并集中管理和支配所有剩余产品。事实上圣库制度并没有严格实行。随着克复城市乡镇日多，财货来源丰富，人无私财日益不能坚持，又规定私藏不得超过五两银。高级将领生活日奢，任意取用于公库，供给配额渐失去实际意义。太平天国后期名义上继续实行圣库制度，由圣库供给各王、各将领和士兵以各自份额的食物、钱、衣服，但由于他们大多都有私财，并不依赖于这些份额。圣库制度名存实亡，蜕变成为一般的后勤供给制度。

1859 年（咸丰九年），刚抵达金陵的洪仁玕提出近代中国第一个向西方学习、带有资本主义色彩的政纲《资政新篇》，内容主要有：权归于一，以法治国；广开言路，上下情通；各省设新闻官，听取社会舆论；设投票箱，公举官吏；效法西方，兴办工矿交通和金融事业；准许私人投资，雇佣劳动；奖励民间制造器皿技艺，准其专利自售；中外自由通商，平等往来，兴办学馆，建立医院，设立慈善机构。洪秀全除对个别条款不赞成，对引进欧洲进步事物，诸如铁路、蒸汽机等极为赞成。当时太平天国处于艰难后期，没有全面改革条件。清朝三十九年后进行的百日维新，并没有提出比洪仁玕高明的纲领。

罗贯中先生写的《三国演义》道尽了天下呈三足鼎立态势下的谋略运用。太平天国战争初起，无论清廷还是西方列强在华势力，都不太当回事，洋人或不知道，或知道了也没觉得拜上帝会能成事。太平天国就像在风中点燃的火柴，片刻就会被风吹灭。没想到，这根火柴燃起了冲天烈焰，中国再次形成三方鼎足之势，在清军与太平军昏天黑地的血腥厮杀之外，还有一方发挥着举足轻重的影响，即英法美三国在华军事力量，其立场和军事走向至关重要。

那时，英国是西方列强老大，尽管与大清打鸦片战争，但只是为在华做生意方便，只要输入鸦片不受干扰，攫取在华特权就行了，双方在意识形态方面没有冲突。当太平军数千艘船沿长江向金陵进发时，苏松太兵备道吴健彰请英国驻沪领事阿礼国通融在长江游弋的英国舰队阻止太平天国船队。阿礼国除了是爵士，还是博士，来华后初任驻厦门领事、福州领事，后任上海领事，主要"政绩"是强压上海道台桂麟，将上海英租界扩大近四倍。那时英国举国正抹兵砺马，准备与俄国打克里米亚战争，多余的事能不管就不管。数日后，江苏巡抚杨文定向阿礼国发出请援照会，阿礼国转而向香港总督兼驻华公使文翰称，英国把"当前的时机看做一个机会，以无限制出入最偏远的禁区为条件，把（中国）皇帝从迫在眉睫的瓦解情势中援救出来，从而大大扩张自己的活动领域。"文翰向英国政府报告，如果清廷要求得到英国兵船帮助，是可以考虑的。他甚至调集了"哈米史尔"号等三艘兵船，准备攻占镇江，扼制太平军在长江和大运河活动。

在一片准备干涉的叫嚣中，偌大的英国驻沪领事馆里只剩下一个头脑清醒的年轻人，这就是翻译密迪乐。他认为，太平天国在金陵立都，清廷在南中国的统治名存实亡，大清皇帝能不能保住皇位？英国对大清皇帝提供的帮助能不能阻止太平天国席卷全中国？现在还看不清楚。换而言之，如果英国这时帮助清廷，到太平天国执掌全国政权后，势必与英国翻脸。所以，英国应多等些时日，看明白局势再说。文翰收到密迪乐的报告后，态度即发生根本扭转，赶忙向英国政府建议，采取"不干涉"政策。这个立场从而延续了七八年。

当时江苏巡抚府不甘心，觉得英国人不出面帮忙，下不来台，于是匆忙在上海"制造"了一艘"英国兵船"，是租借在上海港停泊的外国商船改的，炮筒子用刨光的树干再涂上黑油漆冒充，挂了些花花绿绿的小旗儿，驶入长江水道。太平军的近万艘船舶顺流而下时，这艘"英国兵船"出现了，表明英国人在帮助大清，而太平军船舶根本就没有理会这艘冒牌货，直接去了金陵。后来，这件事成为上海官场上的聊资谈助，在有的酒宴上，官员们嘻嘻哈哈地聊着当时江苏巡抚府制造的"大英帝国兵船"，笑得七歪八倒。

早在1853年（咸丰三年）4月27日，英国公使文翰就出访天京，那时太平军刚占领金陵三个月。太平军在长江顺流而下，英国宣布中立。对英国政府的不干涉政策，太平天国领导人不抱任何幻想，也不琢磨英国政府的暗示。文翰出访金陵，与太平天国领导人有所接触，要求太平天国承认《金陵条约》及英国已在中国取得的特权。而他得到的是意外的答复："尔远人愿为藩属，天王欢乐，天父、天兄亦欢乐，既忠心归顺，是以降旨尔头人及众兄弟，可随意来天京，或效力，或通商，出入城门均不禁阻，以顺天意。"

当年英国马尔夏尼子爵访华，觐见乾隆皇帝，乾隆爷要求英国作大清国属国，岁岁朝贡。英国政府闻之，觉得中国皇帝对海外的事狗屁不通。漫长岁月流逝过去了，洪秀全居然和当年的乾隆爷差不多，认为大英帝国归属太平天国，是太平天国的藩属。文翰大为惊讶，而"谕旨"白纸黑字就是这么写的。

文翰这么快到天京，有一层不曾说出的意思。太平天国号称信"上帝"，而英国是天主教新教国家，文翰来摸是怎么回事，如果在长江畔出现了一个与英国国教差不多的新国家，而且与大清王朝对立，英国政府就有文章可作了。

洪秀全之所以打出拜上帝教这张牌，不过是换种说法反对大清，谁知道，语焉不详的说法一度挑逗了列强兴趣。英国有报纸甚至欢呼起来，称发生在古老的中国的太平天国起义，是数百万信徒信奉"基督教新教"的宗教运动。

洪秀全对基督教的理解仅半瓶子醋，瓜菜代，跟美国传教士罗孝全学了两天半，一知半解，信口开河，把基督教义解释得面目全非，支离破碎，一考察就会露馅。文翰在金陵时，居然有人问：圣母玛丽娅是否有个小妹？该小妹许配于天父如何？作为虔诚的天主教徒，文翰憋了一肚子火，就此认定，洪氏拜上帝教离经叛道，亵渎圣明，与正宗天主教风马牛不相及。

文翰出访天京半年后，1853年（咸丰三年）12月初，法国驻华公使布尔布隆乘"嘉西"号巡洋舰访问金陵，驶近时遭炮火警示。尽管有这场误会，布尔布隆还是在天京晋见了洪秀全。事后，他在天京的街道上转了转，看到安定的社会秩序和太平军严格的纪律，极为惊异。

与英国和美国相比，法国政府的在华利益最小，而驻华法军却用舰炮助了清军一把。上海县的县城外面有个董家渡天主教堂，附近住了不少法国侨民。小刀会占据上海后，法国驻军以保护侨民为由，向小刀会义军发起进攻。法国驻沪舰队司令辣厄尔下令，用舰炮将小刀会义军据守的上海县城北门城墙轰出了一个缺口。二百五十名法军官兵趁势冲入，潘起亮率领小刀会部众奋起反抗，将法军逐出，清军随即涌入，又被逐出。是役，法军死伤达六十四人。嗣后，清军收复了上海县城。清廷记得"北门之战"，也懂得投桃报李，上海道允许法国人扩大租界，还划给可以建设最优质码头的七百码沿江地段。

与英法相比，美国是年轻国家，宗教意识不强，商人意识浓烈，极为实惠。太平天国立都之初，美国政府并不觉得这个长江畔的"国度"是异端，而是认为中国出现了历史上曾有过的南北朝局面，洪秀全是位"新皇上"。至于偏袒"北朝"还是帮助"南朝"，调查之后再说。

继法国公使之后，美国公使麦莲乘"苏士圭山纳"号军舰访问金陵，在镇江被勒令停船，没有去成天京。但美国政府代表马沙利随后到天京，考察后给华盛顿写了份报告，认为中国就像一头羔羊，容易征服。他的原话是："美国的最高利益是保全中国——维持这里的秩序，在衰朽的躯干上逐渐嫁接出新的原则，给政府以生命和健康，而不是坐视中国变成无政府状态蔓延的场所，终于沦为欧洲人野心的战死品。"他之所以主张维持现状，有一层合理担忧，他害怕英法笼络住洪秀全，利用太平天国，趁机在中国的长江以南地区制造出一个保护国，从"南朝"掠走一个开放的扬子江港口。他同时还担心俄国乘虚而入，遂建议全力支持清廷平复太平天国。那时，与英国、法国等老牌资本主义国家相比，与资本主义不甚发达、而与大清有漫长共同边界的俄国相比，美国是一个不大懂事的年轻国家。美国政府经过掂量，决定采取观望政策。

英国、法国、美国的政府代表都到过天京了，谁都没有捞到好果子吃。洪秀全把西方强国统统视为太平天国藩属，动辄对他们"降谕"，把三国政府代表折腾得没脾气。一般认为，西方列强在华商业利益集中于上海，曾有公使奉劝洪秀全，上海是通商巨口，必欲图之。倒是洪秀全不为所动。

洋人富赐礼在《天京游记》中说："我不是传教士，对天王洪秀全只可下一句普通人的有根有据的评语，即：天王的'基督教'不是个什么东西，只是一个狂人对神圣的最大的亵渎而已；而他的部下之宗教，简直是大笑话和滑稽剧。天王是一个最为顽固不能匡正的异端之徒。关于基督教的真理，他已被许多人忠告、函告、解释、宣讲，形形式式，不啻苦口婆心，然而他比以前更为顽固。许多传教士小心翼翼地已传给他不少的'正道'，而他一概充耳不闻。小小的赞美歌或祈祷文静悄悄地给他，他却囫囵吞下。已有许多本圣经送给他看，但先入之成见甚深，一见有传教士即以古代圣徒西里儿、奥古士丁等之言驳斥。他的辩辞是顶混惑而诡奇的。天主教教皇如果有权收拾他，早就把他烧死了。"

列强很快就把洪秀全看完了，认为此人不足取，退一万步说，即便太平天国推翻了大清王朝，执掌了全国政权，也不可能承认列强与清廷签署的那些不平等条约。在列强的眼中，洪秀全只有一点军事利用价值，那就是太平军的作战分散了清军的兵力，北方空虚，英国和法国驻华军事力量得以利用清军主力南下的时机，在渤海湾炫耀武力，击溃清军，压服清廷做出更大的让步。

"中立"政策是弹性最大的政策，有灵活机动的余地。英法美三国在静观，会不会出现一个可以取代清廷的政府，能不能带来更多盘剥中国的机会，一时没有帮助清军镇压太平军。这种形势相当有利，按说洪秀全本来可以利用西方列强与清廷的矛盾做文章，却始终没有走出这步。

三足鼎立的态势是：清廷的日子最难过，两面受敌，既要警惕列强入侵，又要与太平军作战；英法在华军事力量最好过，中立政策是一把双刃剑，避免了与太平军正面冲突，得以用主要精力压迫清廷就范；太平天国则要充分利用清廷和英法的矛盾，在夹缝中求得生存，求得发展壮大。很可惜，对这种局面，洪秀全不会摆弄，杨秀清比洪秀全精明些，但究竟应该怎么干，也莫衷一是，最后发展到与列强都搞僵了。这点，不能不说是个莫大遗憾。

第十章

长沙练兵为什么碰一鼻子灰

曾国藩初来长沙，就在紧挨巡抚衙门的鱼塘口开了个衙门，招牌上写的是"湖南审案局"，委托过去岳麓书院的同窗，在籍江苏候补知州黄廷瓒负责。

清朝中央机关中不乏万金油干部。但不管怎么说，曾国藩既然在刑部干过，头脑里就多少应该装了些法律观念。而事实表明，他不懂法，"政治任务"下来后，可以饱满的政治热情，抛开既有法律，恣意胡来。

"老万"与太平天国有千丝万缕的联系。太平军打入湖南后，部分"老万"加入太平军，部分以"串子红"、"黑边钱会"等名目活动。曾国藩把他们打包，统称"会匪"。他在奏折中有一段杀气腾腾的话："臣欲纯用重典，以锄强暴，即良民有安生之日，臣虽得残忍严酷之名，所部敢辞。今之急务，在使通省无不破之案，而尽除大小各会匪，则涤瑕荡秽秒可期也。"

听听。曾国藩的口气大得吓人，"通省无不破之案"，即便福尔摩斯到了长沙也不敢吹这个牛皮。至于"纯用重典"，较劲的就是这个"纯"字，既有的法规可以完全抛开，纯粹按照"严打"的路子来。咸丰皇帝对曾国藩的这番政治表态挺赞赏，朱批："理土匪，必须从严，务期根株净尽。"

受太平天国起义影响，本来就"不靖"的湖南，遍地"匪类"。曾国藩刚到长沙不久，道州就发生了天地会何贱苟起义，围攻县城。曾国藩派王鑫、刘长佑、李朝辅率湘勇镇压。队伍刚出发，衡山草市刘积厚起事，杀死地方官，曾国藩命王鑫转回头镇压刘积厚。命令刚发出，又有攸县黑红会、桂阳半边钱会、

安化串子会、永州一炷香会起事。被太平军打散的清军也混在造反队伍里抢劫。

曾国藩长期担任京官，没在基层干过。不懂有不懂的好处，没有框框。他手中有千把来自湘乡的团丁，快刀斩乱麻，下令对地方不良分子一律处以重典，不论是盗贼、土匪、游勇，捉一个杀一个，捉一个，赏银五两。为杀一儆百，他命人做了批木笼，把拿获的土匪枷于木笼游街。游罢街也不取出，直至饿死。

《大清律例》尽管糙的要命，也重证据，讲程序。而曾国藩下令，凡有地方土匪、流氓、抢劫犯被抓获，不必经过州县，直接送来，不需任何实际证据，只以举报者口辞为信，稍加讯问，立即结案。

按照湖南审案局的标准，所谓结案，分为三种情况：一是立刻砍头，二是打死在棍下，三是施以鞭刑。用曾国藩的话说就是："匪类解到，重则立决，轻则毙之杖下，又轻则鞭之千百。敝处所为止此三科。"四个月内，审案局"计斩决之犯一百零四名，立毙杖下者二名，监毙狱中者三十一名"。曾国藩因此获得了"曾剃头"的外号，意思是曾国藩杀人就像剃头那么随便。

各地土豪劣绅平时就欺压良善，此时更为所欲为。"会匪"这个名不是闹着玩儿的，更不是可以随意戴的帽子。许多农民不满地主豪绅的残酷剥削，而地主豪绅则号准了曾国藩的脉，不管三七二十一，动辄以"会匪"之名捆送农民到审案局处理。审案局也不管三七二十一，轻则治以家刑，重则置之死地。

湖南既有巡抚、布政使、按察使管理行政，又有提督负责军事，知府承办当地案件，"湖南审案局"算哪出？曾国藩以主管全省民兵训练身份设局审案，动辄杀人，不能不触犯地方规定，难免与地方官吏引起冲突。有不少人向省里告状，说审案局是阎王殿，连审案局里的一些委员也表示不再干这伤天害理之事。

曾国藩杀人是全家总动员，不仅他自己直接杀人，他的父亲和四弟也在家杀人，以至于该县县官熊某心知冤屈太甚，对自己不利，没有几天就要私哭一次。有人问他何故，他说："曾四爷又欲假我手杀人矣。"

曾国藩为得到官绅支持，先后发出《与湖南各州县书》《与湖南省城绅士书》《与湖南各州县公正绅耆书》等，令各州县官吏迅速从严"剿办土匪"。他工作热情高，不嫌麻烦，主张治安联防，要求长沙地主士绅，"贼踪远去已在千里之外，而犹恐其分股回窜长沙重地"，必须严加预防，"查拿奸细"，"以本街之良民，查本街之土匪"；每一栅栏之中，择良民四五家专司其事，白天留心查访，晚上轮流看守，遇有形迹可疑者，则扭送至审案局查办。

"曾剃头"没有浪得虚名。1853年（咸丰三年）春"戮五十人，于古之猛烈者，曾不足此数"。他在京师每日读书写字修身养性，连条狗也不敢杀，而在审案局却一季度杀五十多人犹嫌不足。到同年 8 月，杀戮已达二百多人。

恐怖政策收到一时之效。奇怪的是，曾国藩勇于任事，却没有赢得湖南政界感激，相反招致重重怨怼，谤名满城。老朋友如李瀚章、魁联、朱孙诒、郭嵩焘、欧阳兆熊都给他写信，表示了对他种种作为的不理解。

曾国藩是动了别人的奶酪。权力是是官员灰色收入的主要来源。官员视权力范围如狗看着食盆里的骨头，不许外人碰。案子就是钱，你把抓捕审判监禁处决统统收归自己所有，别人还有什么活路？从职掌和程序轮不到团练大臣办案子。团练大臣训练民兵，捎带率领民兵平叛，抓人是地方治安的权力，团练大臣干这事，不仅在职权范围越俎代庖，更因为把别人的菜夹到自己盘子里。

有没有错杀的人呢？不仅有，而且很多。长沙知府仓景恬出版了一本回忆录，里面说，审案局仅因一个案子就错杀至少四人。那是个十足的冤案，而且曾国藩事后还隐约表示过，说自己杀错了人。曾国藩在几个月内杀了二百多人，很多人说他滥杀，而他则信奉乱世用重典，不如此不足以恫吓通敌通匪者。而长沙官场认为曾侍郎根本就不明白国情，不知道有时"重典"的效果往往相当糟糕。

曾国藩不了解基层还不是最糟的，最糟的是不了解基层官员的行为方式。嘉道间官民关系逐步定型，互相包容，官不使劲逼民，很多事不会酿成大祸，如逼民太紧，民众会闹事。既然如此，民众通匪就通吧，派官军过去，匪就走了。地方官就是这种认识。县境里有人通匪没关系，只要不扯旗子造反就行，哪怕偷偷地给土匪接济点东西，地方官认为无所谓，不严重，没必要上纲上线。

官员喜欢议政，倒不是背后犯自由主义，而是所处位置使然。他们是吃议论时政这碗饭的，没事凑在一起交换意见。不是大家心胸狭隘、狗肚鸡肠，而是曾国藩的所作所为令他们惑然，他们对曾国藩的做法不理解，觉得他刚回湖南时，平易近人，到处拉关系，怎么转脸就变成这副样子了？是不是倚仗你是从京师来的，朝中有人，就在湖南耀武扬威？当然，大家不敢轻举妄动，毕竟曾侍郎钦命在身，圣旨让他"团练乡民"，还有"搜查土匪"的活计，他有这个权限，审案局就是干这的。因此，大家也没有办法立即对他怎么样。

审案局不是曾国藩的主要工作，团练大臣在长沙的主业是练兵。他在审案局的作为，官场也就是嘀嘀咕咕，没触动他，而在长沙练兵，触犯了军界人士。当兵的没道理可讲，玩儿横的，弄得他狼狈不堪，在地面上站不住脚。

后来曾国藩回忆当初时，故意轻描淡写地说："余生平吃数大堑，而癸丑不与焉。"这里说的"癸丑"是 1853 年（咸丰三年）。似乎长沙之辱在他记忆中无足轻重。其实不是这么回事，长沙的教训几乎跟随了他一辈子。

根据罗尔纲统计，湘军将领中，书生出身的占到百分之五十八，在统领一路乃至多路人马的高级将领中，这个比例更是到了百分之六十七。湘军草创，分别率领中、左、右三营的罗泽南、王鑫和邹寿璋，全是书生。较之溃烂的绿营，文员带勇，最大好处是能以道义相磨砺，稍存知耻、爱民之心。

曾国藩在长沙本来就是尴尬角色，既是二品大员，又是在籍的；既是团练大臣，又没有实权，当然很难把事情做好。对自家矛盾，曾国藩处理得挺笨，都还能商量着来。而对和长沙驻军的矛盾，就不能商量。

曾国藩和长沙绿营矛盾的起因是他不懂练兵，无从下手，只得求助于长沙绿营。本来是请人帮忙，他却放不下架子，还要在绿营跟前表明他这个团练大臣的存在，结果把一件挺简单的事情给弄得复杂化了。

太平军撤离长沙后，外省调来的兵勇全部回防，本省部分士兵随张亮基去湖北，长沙还有三千本省兵。湖南提督鲍起豹把他们全部留在长沙，合长沙协左营五百兵（右营五百兵驻湘潭）在内，还有三千五百人，一旦有事，以资防守。

大清惯例是文官不管军队日常事务，即使巡抚也不会具体过问军队操练。而曾国藩却要打破常规，也许是由于他内心认为自己"知兵"，要在这方面一展身手。他把"大团"三营勇丁整顿后，便与提督鲍起豹商量，三营团丁和驻长沙的绿营兵平时分开操练，五日一会操，由他亲自检阅。开始，鲍起豹被这种特殊要求弄懵了，为照顾军民关系，也就答应了。

曾国藩为练兵，在中国军事史上首先发明"政治教育"，每逢三日、八日，把湘勇召集到操场上政治动员。他亲自训话，用"杀身成仁，舍生取义"的孔孟之道和"不要钱，不怕死"的岳飞精神激励将士，教育他们忠君爱国，不得扰民。

这当然是好事。问题是他又一次把手伸向了权力范围之外。驻长沙绿营军纪废弛、四处扰民。曾国藩令驻省绿营每三、八两日与湘军一起会操。他为了唤醒兵痞的天良，"每逢三、八操演集诸勇而教之，反复开说至千百语，但令其无扰百姓。""每次与诸弁兵讲说，至一时数刻之久。虽不敢云说法点顽石之头，亦诚欲以苦口滴杜鹃之血。"其目的"盖欲感动一二，冀其不扰百姓，以雪兵勇不如贼匪之耻，而稍变武弁漫无纪律之态"。

操练过程中，曾国藩发现绿营几个尖子。一个是署抚标中营守备塔齐布。带的营每次会操都按时到齐。从官阶看，塔齐布是参将，从三品。镶黄旗人，姓陶佳氏。初由火器营护军提为三等侍卫，咸丰初年派往湖南任都司，在助守长沙之战时升为游击。另一个是提标二营千总诸殿元，武举出身，技艺精熟，训练士兵有方。还有个把总周凤山，是镇箪兵头目。大团三营，带队的是书生，缺乏行伍经验。曾国藩将塔齐布、诸殿元、周凤山请来当大团勇丁教师，给他们双饷。

绿营兵懒散惯了，一个月难得有一两次操练。就这一两次，用几个钱雇人代替，本人则睡觉、上馆子、下妓院。操练也有名无实，集个合，点个名，走走步伐，各自拿刀枪挥舞几下，就算完了。三伏天、三九天照例不操练的。

大团一天操练四个时辰以上，曾国藩一天到操场去几次，绿营兵只能陪在那里。逢三、逢八会操，天还没亮，集合上操场。绿营兵油子昏昏沉沉跟着走。曾国藩一刻也不离开练兵场。绿营兵无奈，只得一遍遍练习。一天下来，浑身骨架都散了。不仅如此，他还要训话，喋喋不休聒噪个把时辰，讲军纪，讲作风，讲吃苦耐劳，讲尽忠报国等等，讲得那些绿营兵腻烦极了，个个昏昏欲睡。

个把月后，除塔齐布抚标中营外，其他营士兵经常缺席操练，上操场的绿营兵越来越少。长沙协副将清德，凡会操一概不参加，派人请也请不动。清德对曾国藩重用塔齐布很嫉妒。塔齐布还是火器营护军时，清德已是副将。曾国藩一来便保奏塔齐布为游击，最近又保奏为参将，眼看就要与他平起平坐了，如何能服气。他认为曾国藩明显讨好满人，想用满人取代他。派个把干员帮助湘勇训练，是鸡毛蒜皮小事，让清德别扭的是官兵待遇。在绿营看来，湘勇连杂牌都算不上，就是一群基干民兵，但是人家的待遇居然比经制兵好。

曾国藩从出山办团练之日，因军饷和地方官员发生过多次冲突，他从未放弃为军队争取任何可以筹到军饷的机会。逼急了，大不了破费请湖南各地富商吃顿饭，谁若不给钱，就别想回去。曾国藩背后站着几千湘军。好汉不吃眼前亏，有钱人算得过账，花钱消灾，出点血总比丢了命要强。

这是无奈之举，后来情况不一样了，湘军日益壮大，曾国藩有了要挟朝廷调拨军饷的砝码。没有钱，吃不饱，饿着肚子谁打仗？咸丰皇帝只好降低绿营军饷补贴湘军。湘军军饷一直都比别的团练高，后来比绿营饷银都高。绿营的饷银有时候低到守备部队每人每月只有一两银子，作战部队是一两五钱银子，骑兵每月是二两银子。而湘军的饷银却高到士兵每月六两，营官每月二百六十两，分统、统领每月四百至五百二十两，统带万人以上者月薪六百五十两。凡是当过领导的都能体味到，这种事等于把经制兵领导架在火上烤。

待遇相差之大，很多绿营兵摆地摊混日子，或投奔湘军。湘军也有青黄不接的时候，遇到这种情况，曾国藩的应对措施是饷银发一半，士兵被遣散或请假回家时一起发，如若不满、擅自离去不发饷银，这样不仅留住了士兵，而且

解决了饷银短缺问题，参加湘军的人都相当踊跃，甚至有秀才投奔湘军。

张亮基做湖南巡抚时，放手让曾国藩干，不久武昌失守，湖广总督徐广缙被革职，张亮基接空缺，原湖南巡抚骆秉章重任旧职，布政使是徐有壬，按察使是陶恩培，三人对曾国藩的做法不买账，曾国藩的日子就不好过了。

地方团练大臣的地位尴尬，既不是大吏，又不是钦差大臣，只是辅佐地方组织武装，协同维护秩序。这个举措是清廷的应急手段。而曾国藩却一味蛮干，以钦差大臣自居，支持他的张亮基一走，新任巡抚便认为他多余，不支持他，文武官员更不配合，不久便发生了争端，几乎闹出大事。

曾国藩拉湘勇与绿营一道会操，盛夏酷暑时不停，引起湖南绿营骄将惰兵反对。在绿营看来，曾国藩招收的都是锄禾耨地的土包子，经常借故与湘勇械斗。这日，鲍起豹卫队寻衅攻打湘勇，双方各有负伤。军队如果没有纪律的话，何以平贼，何以安民？曾国藩向鲍起豹发去文书，要求逮捕带头闹事的绿营兵，以杜私斗之风。但是，在这个过程中，湘勇鸟铳走火，误伤一名绿营兵，这下让绿营抓住了反攻倒算的把柄。曾国藩没办法，因为手下打伤了人，只得把肇事士兵送过去，鲍起豹让曾国藩把走火的士兵捆到绿营打军棍。鲍起豹虽然蛮横，却不是没道理。团练伤及正规军，自然得按照民人袭击军人的法例进行处罚。

自明代起，镇筸兵便以凶悍闻名于世。镇筸是个地名，位于湖南凤凰县南，原属湘西边远落后县份，多外来商人屯丁，和苗民混合居住，衍生出的后代，被省中人叫作"镇筸苗子"。镇筸兵骁勇善战，满清绿营中一枝独秀。咸丰时的镇筸兵，气势不比过去，但在全国绿营六十六镇中仍算第一等强悍部队，平时内部常起械斗，一声胡哨，立即打得白刀子进，红刀子出。若遇到镇筸镇兵与别镇兵争吵，镇筸兵便会自动联合，一致对外，拿刀使棒，不讲章法，更不知少林功夫什么的，只是一味胡打海抢，不把对方打败了，决不罢休。

一天，湘军和镇筸兵赌钱，镇筸兵输钱撒泼伤人。前几次斗殴是湘勇有问题。这次不一样，曾国藩要求对肇事镇筸兵依法处置。鲍起豹下令将肇事镇筸兵捆绑起来，押送到曾国藩处，派人散布曾国藩要严惩镇筸兵消息，鼓动闹事。

镇筸兵穷横，平日里打群架打惯了。原以为赌钱打了湘勇团丁，小小不言，没想到事情会闹这么大，竟将自家兄弟捆去。协副将邓绍良煽动说："团丁捆绑我们四个兄弟，是镇筸兵数百年来没有过的耻辱。"中有人喊叫："把弟兄们抢出来！"也有人喊："塔齐布身为绿营人反为团丁讲话，是绿营奸细。今天的事是他引起的。"有人举起刀喊："捣毁塔齐布的窝！"镇筸兵一致拥护。

邓绍良不是个善茬儿，湖南吉首人。兵勇出身。1850年（道光三十年）因镇压李沅发起义被擢为都司，后被太平军击毙于芜湖县的湾沚镇。这是后话。当日邓绍良率领三百多镇筸兵冲进塔齐布住房，把房间里的东西砸烂，又呼啸着冲向审案局，围住了曾国藩。邓绍良对曾国藩说：“曾大人，请你放人！”

曾国藩住在射圃，与巡抚骆秉章办公室一墙之隔。曾国藩赶忙道歉，陪足了不是，镇筸兵却不依不饶，打伤曾国藩的随员。镇筸兵打湘勇，可算同城兄弟的“德比大战”，曾国藩夺门而逃，几步蹿到隔壁的巡抚办公室。

镇筸兵在门外闹事，巡抚骆秉章在房间里听得一清二楚，却装聋作哑。早年在京师时，他和曾国藩曾经同为“穆党”成员，有些惺惺相惜。时下他对曾国藩快刀斩乱麻，不避嫌疑，并不反感。但他是老官僚，对官场推诿、敷衍、不负责任、办事拖拉的习气看得多了，习以为常。曾国藩这几个月来不顾各衙门的面子，开口闭口总说湖南官员暮气深重，办事从不与他们商量，超过职权范围的事也擅自处理，弄得各衙门都不痛快，叫他这个巡抚如何当！他早就该出来调停，却假做不知。直到曾国藩叩门，才故作惊讶，出来调停。

镇筸兵见巡抚出来，规矩了。骆秉章对鲍起豹下令，把捆送来的绿营兵带过来，亲自上前松绑，连连道歉，兄弟们受委屈了。镇筸兵面子挣足了，吆五喝六地离去，只剩下骆秉章和曾国藩二人了，骆秉章淡淡地说：“本官可以出面劝说鲍起豹，让镇筸兵罢手。但是，你这个团练大臣和别省团练大臣不一样，做的出格了。这些兵惹不得，将来打仗还要靠他们。”说完就转身走了。

王闿运在《湘军志》中把这件事说得很严重，称矛盾的起因是曾国藩处理问题不冷静，致使镇筸兵组织示威游行：“标兵汹汹满街。国藩欲斩所缚者以徇，虑变，犹豫未有所决。营兵既日夜游聚城中，文武官闭门不肯谁何，乃猖狂围国藩公馆门。公馆者，巡抚射圃也，巡抚以为不与己公事。国藩度营兵不敢决入，方治事，刀矛竟入，刺钦差随丁，几伤国藩。乃叩巡抚垣门，巡抚阳惊，反谢，遣所缚者，纵诸乱兵不问。司道以下公言曾公操切，以有此变。”

湖南官员眼见二品大员被修理，乐得看笑话。“司道群官皆窃喜，以谓可惩多事矣。”堂堂二品官差点让闹事的兵痞杀了，还没处讲理，在清史不多见。

事情由曾国藩越权干预绿营兵引起。清朝常例，绿营兵由总督统辖，由各省提督统带，负责训练等事务。湖南文武官场不把曾国藩放在眼里，曾国藩后来说，他在长沙所受的待遇是别人“白眼相看”。好在他明智，不与官场文武论道理，长沙矛盾丛生，他与地方的关系难以为继，继续练兵，与其在矛盾中心挣扎，不如退居边缘。再则，巡抚、提督等不同于副将，即使告到皇帝面前，朝廷会不会为了本就无所谓谁对谁错的问题和一个在籍的侍郎，就去处分地方大员，就很难说。

曾国藩混迹官场多年，行事至刚，立刻上折子，"今岁以来，所办之事，强半皆冒侵官越俎之嫌。"他悍然不顾，一意孤行，自有道理："以时事孔艰，苟利于国，或益于民，即不惜攘臂为之，冀以补疮痍之万一，而扶正气于将歇。"

后来，他给翰林院同事龙启瑞的信中解释了这样做的原因：官场形成黑白不辨，不痛不痒作风。我昔日做六部官员时，对此早痛恨入骨。如今办团练，又遇到几个有实权的人，不许我触及他们的势力范围。在这种情况下，如果我再谦逊退让，则一事无成。这么多年来，心里憋着一股火，毅然出手，不再管那么多。

他抨击湖南驻军"平日毫无训练，技艺生疏，心虚胆怯所致。臣惩前毖后，今年以来，谆饬各营将弁认真操练，三、八则臣亲往校阅。唯长沙协副将清德，性耽安逸，不遵训饬。操演之期，该将从不一致，在署偷闲，养习花木。六月初八日为其小妾过生，竟令五十余士兵为其办酒服役，并公开支持怕苦不愿上操之兵。该副将对营务武备，茫然不知，形同木偶。现当军务吃紧之际，该将疲玩如此，何以督率士卒？相应请旨将长沙协副将清德革职，以励将士而振军威。"

写毕，附片："长沙协副将清德性耽安逸，不理营务。去年九月十八日见贼开挖长沙地道，轰陷南城，人心惊惶之时，该将自行摘去顶戴，藏匿民房。所带兵丁脱去号褂，抛弃满街，至今传为笑柄。请旨将清德革职解交刑部从重治罪，庶几惩一儆百，稍肃军威而作士气。臣痛恨文臣取巧、武臣退缩，酿成今日之大变，是以为此激切之情。若臣稍怀私见，求皇上严密查出，治臣欺罔之罪。"

撤掉清德，谁来当长沙协副将？论才能，杨岳斌合适。但仅是九品把总，与从二品副将相差太远。诸殿元也可胜任，但只是从一名六品千总，骤升副将，也嫌太快。曾国藩深知皇上对汉人猜忌甚多，须推旗人出来，要把旗人摆在自己之上，才可能消除皇上顾虑。曾国藩又补一片："查署抚标中军参将塔齐布，忠勇奋发，习劳耐苦，深得兵心。臣今在省操练，常倚该参将整顿营务。现将塔齐布履历开单进呈，伏乞皇上天恩，破格超擢。"为使皇上采纳他的建议，他在片后补了一句："如塔齐布尔日后有临阵退缩之事，即将微臣一并治罪。"

晚清官场最重要潜规是官官相护，最大限度保证集体安全。清德的上司、湖南提督鲍起豹对曾国藩憋了一肚子火，主要是对塔齐布使用问题上。曾国藩见塔齐布生性忠勇，剽悍骁健，聘为教习，训练团勇，还让他招募湘西、宝庆、郴州等处农民，组成辰勇、宝勇。鲍起豹对曾国藩这么做很不满意。塔齐布练兵练得很辛苦，而提督辖下的绿营不怎么操练，也没什么人管。

1853 年（咸丰三年）7 月，由于曾国藩特参，与他对着干的长沙协副将清德被免职。其实，清廷心里明镜儿似地，鲍起豹、清德也有苦楚，一肚子苦水没有地方倒，也就没有怎么处置，但是清德的仕途到此就算了结。清德是个无足轻重的小人物，自从被曾国藩的奏折"修理"了，再无翻身之日。

长沙不能做事。官场暮气沉沉，绿营腐朽透顶，自己什么正事都不干，而对别人干事掣肘，弄得一事无成方肯罢休。必须离开长沙！这点，曾国藩愈来愈看清了。在奏折中，他提到拟到衡州驻扎。朝廷没有异议。1853 年（咸丰三年）8 月，曾国藩离开长沙，带着罗泽南、王鑫、李续宾的湘勇移驻衡州。

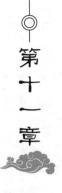

第十一章

湘军：既非经制兵，亦非团练

衡阳地处湘水和蒸水汇合处，因是知府重地，亦称衡州。

小西门外蒸水滨有片荒地称演武坪，是当年吴三桂在衡州称帝时开辟的，后来便成为驻军操练场，比长沙南门外练兵场大得多。罗泽南的一千多号团丁加李元度的几百团丁驻在演武坪旁桑园街，指挥所设在桑园街上赵姓祠堂。

长沙之辱令曾国藩脸面丧尽，连好友都认为他行事鲁莽。他反思在长沙办团练，结果是一个词：操切！曾国藩在长沙时连巡抚都不放在眼里，这时纡尊降贵结交品级不如他的衡阳知府陆传应，还要求手下要与衡阳官场打成一片。

如何称团练大臣办公处？朝廷未作规定。曾国藩原打算将驻地命名"钦命团练大臣曾统辖湖南湘军总营务局"。想想不妥。团练大臣不过是搭把手、帮忙而已，何必上杆子？再说湖南主要角色是巡抚骆秉章，自己不过是配角。"统辖湖南湘军"不贴谱，而且没听说湘勇需要朝廷任命的大臣统辖。想来想去，照旧用长沙时用过的"湖南审案局"五个字。就用这个名字接办公文。

1853年（咸丰三年）盛夏时节，曾国藩负责编练的有罗泽南中营、王鑫左营、邹寿璋右营、塔齐布辰营及周凤山、储玫躬、曾贞干等各自统带一营，兵员总数由初设大团时的千余人扩大到两三千人。江忠源正受命征剿太平军。曾国藩打出支持江忠源的旗号，要训练一万人。但饷项、器械怎么解决？

湘军在体制内没有安身之处，就像私生子，被绿营排斥，也不被官僚体系接纳。它的最大敌人不是太平军，而是体制。按说团练由本乡本土壮丁组成，保卫家乡，不是给老板打工，自然饷银很少。没听说保护老婆孩子，给自己看家护院，还向上面要经费。曾国藩面临的问题就不同了，他拉起来的不是乡勇，而是暂名"湘勇"的新军，就要给兵员发饷。饷银何来？按说军费由国家供给。但国家财政供给绿营军饷尚不足，不可能给团练拨款。再说湖南省官员既与他关系紧张，不可能为他慷慨解囊。毕竟，练兵这个任务，并非湖南省政府计划。曾国藩身为"帮办大臣"，没有财政权和税收权，不可能开辟固定饷源。

过去巡抚府调湘勇保卫长沙，得出银子。到衡阳后就不一样了，不存在保卫省城任务，骆秉章再掏饷银就不痛快了。而且曾国藩打着另一个算盘，既然要练出战斗力超过经制兵的新军，那么军费来源也得逐渐正规化起来，不能总指望土老财掏腰包。对于建设中的军队，最重要的是钱。没有钱，大至招兵买马，采购武器，小至办公，日常吃喝拉撒，一步也推不动。

曾国藩只有一个办法，就是劝大户捐款，回报是授予荣誉虚职。他在衡阳设劝捐总局，派人四出劝捐筹饷。曾国藩非官非绅，收据自己印，信用不高，费尽口舌才弄到一万九千多两银子，无济于事。他只好强行勒派。巨绅如拒不捐款，就派兵动用拘押手段。结果得钱不多，招怨不少。曾国藩因此叹息："劝捐之难，难于登天，费尽心力，迄无一获。"严重的是，向民间摊派，容易激起农民反抗。这是特殊敏感时期，老百姓与太平军息息相通。向民间摊派多了，老百姓会不满，长毛打来，就会和长毛坐到一条板凳上。

湘军不同于经制兵，曾国藩规定的军饷标准高。初办湘军时，招募军队无饷可供，衡州知府借给他十万两准备修城墙的钱，后来在湘潭第一次打胜仗，十万借款才由湖南藩库报销。武昌吃紧时，朝廷下旨湘军出援武昌。曾国藩未动，不是惧战，主要是朝廷竟未提军饷自何而出。没有军饷如何出征？恰在此时，一桩往事被翻腾出来，让曾国藩好生为难。

道光年间，杨键是湖北巡抚，由于贪污受贿，死后道光皇帝未许杨家人建祠堂。曾国藩时任职詹事府，知道此事。如今在籍户部候补员外郎杨江要求捐助军饷，但提出条件，就是由曾国藩上奏，准许为祖父在原籍衡阳建乡贤祠。这种事今日容易理解，就像某企业赞助某电视连续剧，要求片尾把企业名字列上，扬扬名。曾国藩答应了，杨江当即捐助两万白银，还说等皇帝批复后再捐五万两。杨江带头捐款，其他官绅不能旁观，一下子捐十万余两，总算解了燃眉之急。

但是，精于小事忽于大计的皇上体谅不到曾国藩的难处，恪守"名位不能轻易予人"，下旨将曾国藩痛骂一顿，说他"所奏荒谬之至"，这种做法"实属袒护同乡，以私废公，显背圣旨，可恶已极。"这件事交部议处。京官部议，

竟提出给予曾国藩革职处分。好在皇上尚未完全失去理智，知道曾国藩这样的人缺不得，于是将处分改为降二级调用。曾国藩由二品京堂降到三品。

练兵需人才。曾国藩网罗人才，可用八个字概括：以类相求，以气相引。早年曾国藩的场子不大，没有封疆大吏权力，不能提拔人。每次向上奏请提拔这个提拔那个，清朝只给名义上的提拔。湘军创立时，招人成了大问题。

打仗是掉脑袋的事，曾国藩组建湘军班底时，没多少人愿意掺乎。他把刘蓉和郭嵩焘拉进来。刘蓉自负，不肯随时俯仰，三十余岁还未中秀才。县令朱孙贻让他赴县试，补生员。刘蓉就这样出山了。郭嵩焘随后到。昔日布衣三兄弟，又走到一起。湖南人夸耀有本事的男人，喜欢拿诸葛亮说事。在曾国藩看来，郭嵩焘是诸葛亮式人物，刘蓉更是诸葛亮式人物，被称"卧龙"。湖南士子中有"三亮"，即三个诸葛亮的说法，即老亮罗泽南、今亮左宗棠、小亮刘蓉。

郭嵩焘、刘蓉有三点要求：不任仕宦，不专任事，不求保举。曾国藩全答应，对管理银钱的人说："郭、刘二君，是吾兄弟，不与众同。薪水惟所支用，不限数也。"而郭嵩焘、刘蓉在曾国藩大营数年，没有支取过一钱。

李元度是曾国藩的同窗，平江举人。李元度带来五百名新募的平江勇。一个月后李续宾、曾国葆、金松龄募来湘乡二千五百余名湘丁。江忠济、邹寿漳从新宁、宝庆一带也招来一千多人。同原来的湘勇合在一起，共五千余人，分为十营，开始训练。但是，人多了，兵饷也多了，五千张嘴等着，曾国藩急得抓耳挠腮。

郭嵩焘刚来就露了一手，这位热心热肠的年轻进士在湘阴募集了二十万两银子，暂时救了急。自此，郭嵩焘被称为湘军的财神爷。

这时的曾国藩，筹饷还没有形成套路，都是现抓，碰上哪笔算哪笔，拿过来就敢花。例如，他与衡州知府陆传应商议，把修城墙的十万两银子挪过来用。即便在当时，这么做也有风险，形同把职工住房公积金用来发工资。但在特殊情况下，做了也就做了，而且没人找后账。

八旗、绿营是国家的正规部队，在曾国藩眼里都彻底腐败了，但地方的团练根本无法去前线与太平军作战，当时全国也没有多少团练。那么，曾国藩到底要练出什么样的军队来呢？实际上，他心里并无成算。

筹饷初步解决，曾国藩最需要的是会练兵的人。他想到了长沙绿营的塔齐布。他料到塔齐布在长沙不为鲍起豹所容，在军官缺乏之时，写信向骆秉章报告了团丁安置等情况，请他随时派人来视察，顺便向他借调塔齐布、杨岳斌、周凤山三员抚标军官，骆秉章一一同意。曾国藩见文武齐备，同郭嵩焘、塔齐布、罗泽南、刘蓉、王鑫、李元度、陈士杰、杨岳斌、周凤山连续几天商量训练办法，制定了详细军事条例。十营兵勇，分别由塔齐布、罗泽南、王鑫等人统带。

衡州城外那块荒废多年的演武场上，突然烟尘滚滚，人喊马嘶，杀声阵阵，引得大人小孩前来围观，惊奇地看着这支从天而降的人马。

曾国藩以在籍侍郎，无尺寸土地，无涓滴饷源，一钱一粟，非苦心经营，则不能得；一弁一勇，非苦口训诫，则不能战。困苦难堪中，立坚忍不拔之志，卒能练成劲旅。他的所有做法，可以用四个字概括，这就是"练勇为兵"。

曾国藩心仪中的英雄是唐朝人郭子仪。安史之乱，郭子仪以地方官出战，所向披靡；土蕃侵占京师，皇上吓跑了，郭子仪收复西京。曾国藩打算做郭子仪式的事业，必须有强兵劲旅，要比八旗兵和绿营兵强得多。眼下一千多号人，远不敷需求，但若扩勇，便会招致非议。目前其他省办团练，团练大臣掌握乡勇不过数百人。湖南已有上千人，算"大团"，进一步扩大，朝廷是不是答应？

源远流长的汉字有讲究。勇字是勇敢、勇猛，清代专指临时招募的卒，是不拿国家饷的私募武装，忠于长官，不直接效忠皇帝。兵字本意是战士，清代专指朝廷供养的绿营兵，在编吃饷。兵和勇分属两个档次，前者体制内，后者体制外。"练勇为兵"是把体制外编练到体制内，像正规军一样吃饷，顶替正规军作战。正是从湘军开始，兵和勇的界限模糊了，勇代替兵，成为国家主要武装力量。

新问题产生了。勇就是勇，兵就是兵，泾渭分明，怎能"练勇为兵"？就像村里的民兵小队不能算解放军一个排，解放军吃军费，民兵小队由村里的年轻人组成，村委会发点伙食补贴。不管练到什么份儿上，也不能算解放军成员。

朝廷给各地团练大臣的任务规定死了，"帮办"练团勇，不是要他编练能够到前方作战的正规部队，若是练成一支正规部队，实属越格。实际上，各省团练东一疙瘩西一疙瘩分布的，每个地方几十人到几百人，一旦有战事，还是要靠经制兵最后解决问题，没有一家像曾国藩这么干。

曾国藩左右为难时，收到江忠源的一封信。江忠源因蓑衣渡和长沙蔡家坟的军功，擢升湖北按察使，带兵在江西与太平军西征军作战。信中说：长毛能征惯战，打仗不怕死，很难对付。请曾国藩多募几千人马，练成精兵，早日开赴江西，补充楚勇。看完这封信，曾国藩灵机一动，即刻提笔回信，请江忠源向皇上奏明，委托湖南帮办团练大臣招募五千勇丁，训练成军，交给江忠源指挥。

江忠源时下大红大紫，提的建议容易被朝廷采纳，只要江忠源建议，他扩勇就有了说辞，饷银的着落再想办法。至于扩勇之后是不是交给江忠源指挥，单说。尽管在行文上绕了一个弯，但是他知道，江忠源正如日中天，只要上奏了，

就肯定会有回音。未待朝廷批准，他便在衡州开始招募军队。

团练，又称乡兵、练勇、乡团、民壮等，是地方乡绅自行筹办的临时武装组织。作为正规武装的一种补充，负有守卫家乡之责，类似民兵或预备役部队，既配合正规军作战，也随时补充正规军。

曾国藩安排的训练，分为"训"和"练"两方面；训是思想政治教育，练是军事技术训练。曾国藩注重训、练并举，称"每逢三八操演，集诸勇而教之，反复开说至千百语"，"虽不敢云说法点顽石之头，亦诚欲以苦口滴杜鹃之血"。

曾国藩规定的"训"，包括训家规和训营规两种。他认为太平天国以异国邪说迷乱士民，只有对官兵强化教育，使他们对朝廷忠心、对敌军憎恨、对民众爱护，服从严明军纪，才能使招募来的朴实山农成为"尊上而知礼"的敢死之卒，对抗具有宗教信仰的太平军。他反对把思想教育弄成无聊说教，要求各级将领以父兄教子的方式，以爱护士卒的姿态，结合勇丁的切身利害进行教育。

曾国藩强调"治军以勤字为先"，勤于练兵，强化技艺、枪法和阵式。他曾访求武师和猎户，请他们帮助教授湘军勇丁军事技能，有时亲自组织单兵军事技能考核。对于劈山炮等火器，更为重视。他亲自制定了《初定营规二十二条》《营规》等，从招募、行军、扎营、训练都做了严格规定，使湘军训练从开始就走上制度化之路。"练"包括操、演、巡、点四大类：上操学习诸般武艺和阵法；巡逻放哨；点名签到。黎明、傍晚各上操一次，中午和熄灯前点名一次；十天之中，逢三、六、九演习武艺、阵法；逢一、四、七学射击、阵法；逢二、八学习跑跳。武艺中强调练精拳、棒、刀、矛和枪法；阵法上既学习古阵法，又要学会近代热武器的布阵、冲锋、埋伏和撤退。除打仗之外，每日都要坚持。在行军、扎营方面，认真研究择地、布局、跳沟、筑垒的近代方法。

湘勇是拼凑起来的，曾国藩治军初期，不得不听命于诸侯。但是，他的特长是根据自己对今日军事需要的理解，不显山不露水地改造军队。

曾国藩当京官时就很勤奋，在军营中更是如此。他"未明即起，黎明出巡营垒，阅操练。日中清厘文卷，接见宾僚，以其余时披览书史，不使身心有顷刻之暇逸"。他早期的做法一路坚持下来。每天夜晚，他重温历代兵书，尤其对戚继光的《纪效新书》《练兵实纪》细细加以揣摩，许多地方照戚继光所说的办。

千军易得，一将难求。曾国藩自称为觅得良将，"梦想以求之，焚香以祷之，病中无须臾或忘诸怀"。一旦遇到可心之材，他又成为善于发现、使用和培育良将的高手。曾国藩的幕僚薛福成认为，曾国藩最成功之处在于育人用人之道。

曾国藩认为，良将精兵是国家的命脉所寄，训练经费与军队的待遇都应优厚。但是，湘军是团练性质的，由当地的"赞助商"养活，国家不可能拨经费。他只得四处挪借，条件再困难，也发给练勇高饷。后来，国家正式承认了湘军，并成为镇压太平军的主要部队，他制定的饷章就更高了。

绿营待遇极低，守备部队每人每月只有一两银子，作战军队每月一两五钱银子，骑兵每月是二两银子。咸丰年间货币贬值，这点军饷不足吃饭，军队靠离营做生意赚钱养家。而湘军饷银，士兵为每月六两，营官月薪是每月二百六十两，分统、统领月薪是四百两至五百二十两，统带万人以上者月薪六百五十两，这个数字仅是规定，加上办公银、训练费等，实际上更要多。因为湘军待遇高，穷苦农民、知识分子，甚至有功名的秀才、举人都争着投入湘军。

曾国藩用同乡、师生情谊维系全军感情，在军营中提倡"死党"关系。为加强湘军内部团结，他要求加强各级军官权力，下级绝对服从上级，士兵绝对服从军官；募勇的地域原则和私人情谊之上的原则。规定湘军的招募，统领由大帅挑选，营官由统领挑选，哨兵由营官挑选，什长由哨兵挑选，士兵由什长挑选。曾国藩认为，"口粮虽出自公款，而勇丁感营官挑选之恩，皆若受其私惠，平日既有恩谊相孚，临阵自能患难相顾"。曾国藩认为，招募两地士兵，必然会因地域观念的不同而产生不和，不如只招一地士兵，利用地域观念和同乡感情，加强团结，湘军一般只在湖南招募，长沙、宝庆，尤以湘乡为最多，并且多由士兵、将领私人关系转相招引，这样就便于利用同乡的情谊维系军队的团结。

这样，湘军内部关系的确有些反常，士卒由私人关系转相招引，军官则凭个人好恶任免，官与官之间靠同乡、同事、师生、朋友等私人感情维系，遂形成各树一帜，各护其长的风气，久而久之，逐渐形成团结的军阀武装。曾国藩曾如此评价："湘勇佳处有二：一则性质尚驯，可以理喻情感；一则齐心相顾，不肯轻弃伴侣"。"和"便成了湘军别于绿营、八旗的一大优势。

湘军之有战斗力，主要是"营官由统领挑选，哨兵由营官挑选，什长由哨兵挑选，勇丁由什长挑选。譬之木焉，统领如根，由根而生干、生枝、生叶，皆一气所贯通。是以口粮虽出自公款，而勇丁感营官挑选之恩，皆若受其私惠。平日既有恩谊相孚，临阵自能患难相顾。"这话只说了一半，湘军水陆师的营官、统领全部由曾国藩亲自委派，统领不是根，根子是曾国藩本人，所以他拥有绝对的指挥权，湘军也仅听命于曾国藩指挥，而不是朝廷中的其他将帅所能过问的。

曾国藩掌握的团练，只有来自老家湘乡那股力量，头目是罗泽南和王鑫。罗泽南和王鑫是师生，曾国藩与罗泽南的关系始终维持得不错。曾国藩欣赏王鑫。这位充满激情的血性男儿不但有身先士卒的狠劲儿，更有澄清天下的大志向。

但是，欣赏不代表能和舟共济，事权明晰。曾国藩为什么和王鑫尿不到一壶？

曾国藩扩军的设想是办成六千人陆师，和江忠源的四千楚军，合为万人。那时，曾国藩身边只有三员能够领兵作战的干将，即塔齐布、罗泽南和王鑫。塔齐布勇猛过人，稍缺谋略；罗泽南勤恳扎实，拙于交际。对于扩军，只有的王鑫可作指望。这个年轻人擅长言辞鼓动，在湘乡招募勇丁和筹饷有一套办法。曾国藩刚在衡州安顿下来，便请王鑫协助招募兵勇。但王鑫只招湘乡人，曾国藩则要求逐步扩大招勇范围。罗泽南在南昌丢下了八十多具尸体，谢邦翰等四人是王鑫的老同学，也是多年挚友。王鑫发了毒誓，要率领湘中子弟，为死去的兄弟们报仇雪耻，曾国藩要他招兵买马，正合他的心意。但是，他打算自己拉起一支复仇"义师"。而且通过他在官场的活动，饷银也由自筹变为官拨。

曾国藩准备大换血，既扩大招募范围，淘汰一部分人。曾国藩按戚继光"束伍成营"法创建湘军，每营严格控制兵源，只招五百人，不许超标。他让王鑫招六营三千人新兵，王鑫好大喜功，招了一万多人。别人都以为王鑫立功了，王鑫也以为超额完成任务。哪知曾国藩却因为这事对王鑫大发脾气，说如此滥招，兵再多又有何用？让王鑫在这一万多人里筛选七百人留下，其他全部解散。

曾国藩不让王鑫多招滥招，主要是经费问题。湖南是穷省，官绅不可能拿出更多钱养活团练，练兵只能少而精。曾国藩从长沙到衡阳后，就打算以稳治军、以稳建业。建军之初，招兵买马，宁缺勿滥，是求稳健发展趋势。当年办团练，希望一鸣惊人、一蹴而就，事实证明这种行事风格不可取，所以在长沙跌大跟头。

《续湘军志》载："曾国藩议并湘营为十营，汰鑫军，大怨望。曾国藩与鑫不相能，至是不复问鑫军事。鑫亦不愿受曾国藩节度，乃独成一军，隶于湖南巡抚，是为老湘营之始。"二人矛盾初起，各持己见，曾国藩写了类似最后通牒的书信，内容主要是裁汰勇丁，将王鑫所部三千人变为两千人，划分数营，王鑫统带其中一营，同时在军费、后勤方面也做些限制。王鑫置之不理，所部投到湖南巡抚骆秉章门下，由此曾国藩、王鑫决裂，再也没有走到一起。

曾国藩与王鑫搞不来，但对王鑫的指挥能力还是赏识的，例如说王鑫"以极疲弱之卒当极骁之贼，而能尽力苦战，大获全胜，真可爱也。"湘军第一次派勇出境，曾国藩认为王鑫虽然"忠勇冠群，驭众严明"，但"局量狭隘，只堪裨将"。这时距他称赞王鑫"真可爱"仅两个多月，二人关系已非常紧张。这说明，曾国藩当初说王鑫"真可爱"，似乎是应景的客套话。

两人在扩军募勇上发生矛盾，王鑫不了解筹饷难，怨语多。曾国藩恶其傲诞，逐渐疏远，摈不复用。王鑫孤军转战，饷银不足，慢慢理解曾国藩的难处。湖南官场愿意给王鑫增拨军饷。长沙兵闹事后，省城官吏看曾国藩笑话。骆秉章赏识王鑫，王鑫也乐于听从巡抚差遣，官府帮助他增兵，他能成为依靠。同样是公费，反正用于团练，他们自然倾全力支持王鑫，而把曾国藩晾在一边。

资源是给经制兵准备的，团练能拿到的份额少，再不能按时发给，领取武器弹药备受刁难，所部陷入困境。从大气候看，会党越剿越少，曾国藩在防务上的重要性越来越低。额外军饷没有来源，扩军等于空谈。他的部队无法扩充，代表湖南出境的必然是人多钱足的王鑫，而不是兵单饷绌的曾国藩。

曾国藩探知此中关节之后，大为恼怒，给王鑫写信，希望率部归附。而王鑫连信也不回。曾国藩见王鑫无动于衷，分别给巡抚、布政使和长沙知府写信，要求只让王鑫带两千人，不能让他带三千四百人。他劝说官府，让王鑫裁减超出计划的兵员。但是，曾国藩的这些努力收效甚微。

骆秉章需要人保卫长沙，下令王鑫所部留在长沙，暂缓裁撤。从此王鑫乡勇为巡抚府节制，独立于曾国藩湘军体系之外。由于曾国藩和王鑫的矛盾，湘军扩军没有收到预期效果。而曾国藩与王鑫闹翻，成为湘军史的一段公案。

第十二章

水师刚练成，使用者即战死

太平天国金田起义后，山里打仗用不着船，打到湖南益阳，得数千艘民船，到岳阳复在洞庭湖得到五千艘船，且有大量船户参军，遂加以编组，粗具规模。

唐正才过去贩运木材，兼贩运米粮，不是船户。他到武汉后，搜集钉子、油漆、麻、竹等，督工修补船只。搭造从汉阳至武昌间横跨江面的浮桥，"人马来往，如履坦途"。杨秀清看上他这点，立水营，由他提督水营九军事务。

攻占武昌后，太平军水营征用了近万只民船，建立水军，挥师而下，第二年逼近武昌。后由武昌攻金陵，千船万舸蔽江而下，控制千里江面。清廷水师久已废弛，迫于应付太平军的水营攻击，情状极为被动，令清廷看到了自己的短板。

太平军建立水营，主要任务是搭浮桥，后来与湘军水师长期争夺战中，水营架设座座浮桥，承担其他水上作战工程保障任务，当时清方记载也说水营"见水善搭浮桥"，曾国藩在奏稿、书札、家书、日记中记下水营善搭浮桥、用兵神速、给湘军水师造成惨败的情况。例如，翼王石达开曾经命水营在湘口速用民舟联起浮桥两道，上铺木板，加以土石，堵死水卡，将湘军水师切为两段，曾国藩当时哀叹说："该逆搭浮桥两道，旧卡一道，关锁牢固，势难冲击"。结果，水营用小划分头出击，焚烧敌船，造成湘军水师大败而逃。

从水营实行的编制体制和担负的任务看，作为江湖水军，编制与执行任务时至少有三方面不可缺少：一是编制必须要与船上的武器装备与施行战术相适应；二是作战任务应以水战为主，船是不可脱离的阵地；三是主要攻击武器应以火炮为主。唐正财"不明船制，不娴战术"，对所辖船只，既不根据武器装备与战术需要配置专业人员，也没有按性能用途作必要区分，一船多用，各船混用。当时清方多次侦察到水营不讲船制的情况："不分炮船、战船、坐船、辎重船，所有船只皆载贼军，皆载粮糗，皆载器械炮火，凡有船皆战船，凡接仗皆出队。"

太平军水营主要用于机动部队，所以船上的武器装备不讲究，主要是些自铸的二百斤左右重的前膛生铁炮，射程近，炮膛易炸裂。还有铜炮，加上些缴获清方的旧铁炮，以及旧式抬枪，鸟枪和刀矛供士兵使用。由于主要用于机动部队而不是水面互射，在太平军水营中，对专业水手的重视程度超过专业炮手。

向荣向清廷汇报说："贼船与炮虽多，皆不坚利……贼自始至终，火器皆不及官军。""船桅篷索俱全者仅十之三，水手也复寥寥"。水营增置新战船时，水手配置紧缺，"伪水营中往往难于调拨，非船不足数，即水手无多，每船只能熟谙驶船者一二人在上，其余水手等系外行"。张德坚认为，太平军对"水师实非所习，船只大小不一，未经训练，其实不能接仗"。

清朝水军分外海和内江两部，外海水师分布在广东、福建，内江水师驻守长江沿岸。咸丰元年（1851年），外海水师还在，内江水师早已名存实亡。最初湘军只有陆师，水师是在曾国藩移驻衡州后才开始筹备创立的。

1853年(咸丰三年)，咸丰皇帝令广东购置洋炮，两湖、四川造战船，建立水师，对抗太平军。然而内江水师废弛太久，不仅没有船，而且没人知道如何制造战船，甚至于连懂水军操练的人都找不着，加上资金不足，所以骆秉章不动。既然湖南巡抚不积极，湘军就接手做这项工作。曾国藩知道，与太平军作战，必须浮江东下，与太平军水营作战，因此须建立一支湘军水师。

郭嵩焘建议江忠源再次上书，请求朝廷拨款兴建水师。那时江忠源是香饽饽，蓑衣渡一战给满朝文武留下的印象太深，居然打死了长毛中唯一能拿大主意的冯云山，只要江忠源需要的，朝廷没得说地支持。

1853年（咸丰三年）冬初，曾国藩顺势奏请咸丰拨款四万两，在衡州建立造船厂，日夜赶造战船。据说造船厂在衡阳筷子洲。这座曾经轰动一时的湘军造船厂至今没有留下任何痕迹，是地方志学者根据父老相传得出的结论。

木材从广西运来了，找来全省能工巧匠，居然没人知道怎么造战船。曾国藩开始想造木排，异想天开地认为，"船高而排低，枪炮则利于仰攻，不利于俯放。又大船笨重不能行，小船晃动不能战。排虽轻，免于笨，尤免于晃"。事实证明，木排顺流尚可，逆水行排极迟笨，以之当敌，不啻儿戏，就不去胡思乱想了。

　　湖南赛龙舟风气盛，曾国藩命人以龙舟为制，造了批"曾国藩战船"。曾国藩说："余初造战船，办水师。楚中不知战船为何物，工匠亦无能为役。因思两湖旧俗，五日龙舟竞渡，最为迅捷。短桡长桨，如鸟之飞。此人力可以为主者，不尽关乎风力水力也。遂决计仿竞渡之舟，以为战船。"然而一试验，"曾国藩战船"容易倾覆，根本打不了仗。

　　费尽周折，曾国藩终于找到了明白人，从广西请来了广西同知（广西盐运大使的助理）褚汝航、岳州守备（负责守城的官员）成名标督造船只。成名标介绍了广东快蟹船和舢板船的大概样子，又过几天，同知褚汝航从桂林来，介绍了长龙船造法。他俩只介绍外地船舰大体模样，至于具体结构尺寸乃至每个部件，都要和有经验的工匠反复设计，不断试验，史载曾国藩"创建舟师，凡枪炮刀锚之模式，帆樯桨橹之位置，无不躬自演试，殚竭思力，不惮再三更制以极其精。"曾国藩大雇衡州、永州的能工巧匠，设立了两个船厂，大量制造快蟹、长龙、舢板战船。"两厂之船，往来比较，互相质证。"

　　为加强水师战斗力，曾国藩又派人从广东购买大批洋炮。虽然火药是中国人发明的，但是中国制造的大炮从身重、射程和杀伤力上都远远比不上洋炮。曾国藩很明智地选择了购买洋炮。并组织人员反复研究如何将洋炮安装到战船上，才能最大程度地发挥洋炮威力。创建舟师，凡枪炮刀锚模式，帆樯桨橹位置，无不躬自演试，殚竭思力，不惮再三更制以极其精。

　　水师编制则依据大型快蟹、中型长龙、小型舢板的战船区分，编制大营和小营，初期以大营为主，后期则重视小营，以适应长江（内湖）水战的现实需要。湘军营制，重视武器装备的搭配，如冷兵器与火器的搭配，大小战船的搭配，以便在战斗中充分发挥各自长处，同时注意随着武器装备的改进和实战的需要而不断更新编制，这也是它在同太平军作战中屡败而不溃、愈战而愈强的重要因素。

　　水师得有领导干部，到哪儿找这种人才？当地乡绅举荐了彭玉麟。他比曾国藩小五岁，曾就读于石鼓书院，十几岁时中秀才，而后在衡阳绿营副将手下充书记，又为富商看守仓库。有空读《公瑾水战法》，最爱画梅，据说是纪念他所爱的梅姑娘，所绘居然装了几箱。1852年（咸丰二年），耒阳发生武装暴动，守城官募兵无以应，当时他在耒阳富商家受雇，当机立断，募勇守城。事息，城官保为绿营把总，他一笑置之，并不受赏，被传为士林中少见之英杰。

　　曾国藩打听到彭玉麟生在蒸水之滨，水性好，武艺也有功底，派人请他参加湘军，做水师将领。几次派人请，彭玉麟不受命。曾国藩仿效刘备三顾诸葛故事，亲往彭玉麟处，见这位年近四十的汉子，长身玉立，英迈娴雅，正丁母忧在家。曾国藩现身说法，自己就是丁母忧时出山的，"乡里藉藉，父子且不相保，能长守丘墓乎？"他于是墨绖出山，受命率领一支水师，随曾国藩出生入死。

杨岳斌，湖南善化人，父为游击官衔。居湘江滨，水性极佳。参加镇压李沅发起义，升为千总。曾国藩办水师，把杨岳斌自长沙绿营中调为水师营官。水师成军之初，人数与陆师相等，亦编为十营。

洋炮战船准备好了，招聘告示贴出去几天，报名者寥寥无几。衡州、郴州、桂阳、永州有不少水性好的人想应招，但在湘军征兵部门看来，这些地区多出刁民，会党势力很大。招募兵员，摆在首位的是政治可靠，万一招了太平军的奸细，人家直接开着战船载着洋炮跑了，那可就惨了。

曾国藩还是信得过家乡的人，叮嘱征兵负责人："水手皆须湘乡的，不参用外县的，盖同县之人易于合心故也。"但湘乡的壮丁就是那么多，纷纷参加湘军陆师，不习水性。曾国藩利用各种关系，日夜说服动员，湘乡一带发生旱灾，百姓受灾生活困难，湘军待遇又好，所以才纷纷投军，使水师较快成军。

长江的老大是太平军水营，行则帆如叠雪，住则樯若丛芦，每当乘风疾驶，辄所向无前，沿江城池，不战即得。太平军的水营原先设立五军，后来增至九军，编制与陆营相同，以军为单位，下辖师、旅、卒、两、伍，设军帅、师帅、旅帅、卒长、两司马、伍长领之。惟师帅多至六百余人，其中多有恩赏虚衔。水营的人头不少，共有十一万二千五百人。但唐正才不是打仗的料。太平军水营出师湖南，不娴战术，湘潭战役失败，退回安徽，后常驻芜湖，往来长江一带，运输粮食与兴修天京诸王府所需要的木料。唐正才又操起了老本行。

太平军水营的致命伤是没有内部分工，不分炮船、坐船、辎重船，清一色都是战船，每艘船配置都一样：船头放置臼炮，船中运载步军和被褥、粮食，每逢接战，成百上千艘战船一拥而上。所有战船都服务于登陆，而不能用于正经八百的水面战斗。而且水营最大的战船，不过是些米艇。这种叫法是从广东来的，即广东那边载运谷米的货艇。一般载量在两千五百石以上的称为大米艇，两千石以下的称为小米艇。船身坚固灵捷，借用风帆航行，舱底深广，浮力大，能耐风浪，适于近海和内河运输。乾隆末年，广东水师已经使用米艇充作兵船，配备弁兵炮械，巡缉珠江三角洲水面。而正式用于作战，则始自鸦片战争。

曾国藩看出了太平军水营的短处，自练湘军之始，走的就是另一条路。在他看来，太平军水营"全凭船只之多"，编制混乱，不讲船制，弱点一大堆。为此，他首先立下了编练水师"必须选百练之卒，备精坚之械，舟师则船炮并富"的方针。

他在湖南衡州等地精选良材，仿造广式战船，以后又力奏清廷，从广东进口威力大、射程较远的"洋庄"熟铁炮装备战船。

到了1854年（咸丰四年）初，湘军水师成型，各式战船三百六十一号，拖罟大船一号、快蟹船四十号、长龙五十号、舢板一百五十号、改装渔船一百二十号。船上共装大炮五百七十门，新式洋炮三百二十门。后陆续增置，不久战船达五百余艘，"洋庄"等达两千余尊。不但船坚炮利，而且在编制上，规定每营不同性能的船只相互配套，水手、炮手、桨工、橹工等分工有序，任务明确。船制规定：每营配快蟹船一艘，长龙船十艘，舢板船十艘，官勇四百二十五人。

曾国藩也挺得意，在写给家人与同僚的信中，讥笑长毛的水营对俘获来的先进船炮都不会利用之："得我之战船洋炮，并不作水战之用，以洋炮搬于岸上扎营，而战船或凿沉江心，或自焚以逃，亦或收战船之用。"

曾国藩训练湘勇初期，苦哈哈的，就像山里农夫大集合。这时总算熬出个样子来了，湘军水陆官兵及丁夫等，计一万七千余人，军容严整，令长沙诸公耳目一新。水师和陆师都以营为单位。至此湘军总算正式建成，但从数量看，跟对头太平军相比，这点人根本就算不了什么，甚至几艘船也算不了什么。

太平军水营和湘军水师，编制、武器装备与人员素质诸方面存在着很大差别，这就预示着两者在进行水战中，将以承担不同任务的兵种和采用不同的战术来进行较量，同时预示着双方战斗力水平的发挥也将不同。

曾国藩到底是读书人，有书生那种率真，喜欢天马行空遐想。编练湘勇，他开始想得简单，在战场上，湘勇孤掌难鸣，要和别的军队联合行动。和谁联手？江忠源善战，而湘勇有水师，两强联手，进入长江水道，与太平军血拼一场，不说直捣黄龙府，也得在洪秀全眼皮底下插颗钉子。

不管怎么说，曾国藩编练湘军水师，不仅打着支持江忠源的旗号，而且由江忠源代奏。江忠源对皇上说，湘军练成的水师，日后将是给他使唤的。由于是这样。曾国藩不管走到哪一步了，都要告诉江忠源一声。

曾国藩兴致勃勃地给江忠源写信描绘构想："以鄙人愚见，总须备战船二百号，又辅以民船载货者七八百，大小炮千余位，水勇四千，陆勇六千，夹江而下，明年成行，与麾下相遇于九江小孤之间，方可略成气候。否则明为大兴义旅，实等倭人观场，不值方家一晒耳。"这封信被萧一山收入《清代通史》，就此评论，曾国藩练湘勇初期并没有什么没有长远战略计划，不过要背靠江忠源，用湘军水师在长江里突击一把。

1853年（咸丰三年）5月，太平军建都金陵，改号为天京。随即出战，以豫王胡以晃，丞相赖汉英、石贞祥统领大军，争长江上游，为了屏蔽天京。胡以晃没用几日，就攻占安徽省城安庆。6月，赖汉英攻南昌。激战中，太平军将士发现南昌城头有"楚勇"的军旗，大惑："怎么江妖头又来了？"

江忠源在蓑衣渡一战成名。1853年（咸丰三年）2月，赴任湖北按察使。6月，清军斥候到太平军将要攻南昌。江忠源应江西巡抚张芾之请，率部先期入城助守，分守城垛、对挖地道、构筑月城、抢堵缺口等，破坏太平军"穴地攻城"，固守了整整九十天，太平军才退去。

安徽情势危重，一再告急，咸丰皇帝如坐针毡。这时，能够出兵救援安徽的，只有湖南了。军机处知道，湖南的曾国藩正忙于建水师，也不知道水师练到什么程度，能不能出战了，于是一个劲儿地催促曾国藩赶紧出兵，援助安徽。

在这种情况下，曾国藩提出三江两湖数省军队统一部署、联合行动。这种要求从二品侍郎口中说出，容易产生误解，军机大臣自然会认为，曾国藩的建议隐含了要权的想法，说白了，就是要把长江流域数省的军务统管起来。

即便曾国藩在这种时候要权，亦无可厚非。朝廷接二连三命湘军出省作战，而且提出曾国藩"统筹全局"，不给个名正言顺的关防，没法干。没有数省统一部署，湘军到别省，粮饷都没法解决。而曾国藩遭到皇上劈头盖脸的斥责，朱批："今观汝奏，直以数省军务一身克当。试问汝之才力，能乎？否乎？平时漫自矜诩，以为无出己之右者。及至临事，果能尽符其言甚好；若稍涉张皇，岂不贻笑于天下？着设法赶紧赴援，能早一步，即得一步之益。汝能自担重任，迥非畏葸者比。言既出诸汝口，必须尽如所言，办与朕看。"

这段话很重，不像军机大臣代拟，颇口语化，就像少爷羔子对老仆人耳提面命。我不知道你还有没有点天地良心，我不知道你现在意识到没有，安徽省都急成这样了，燃眉之急，你却还在伸手要权。你平时玩儿深沉，好像天下数你本事大，谁都不如你，现在临事了，你又要把几个省的军务都揽到自己身上，你有这本事吗？你要真有本事，就露一手给我们看看！

曾国藩接旨，既惶恐又愤激，以为皇上不理解他的"血诚"。由于湖北、安徽、江西重镇接连被太平军攻克，容不得朝廷过细考虑，接连谕旨曾国藩率军出省作战。一时间，湖南省内响起各种传言。有人说曾国藩是怕输给长毛，有人说湘军虚有其名，有人说湘军的战船洋炮仅为稳定人心而已。

太平军并没有因为湘军久不出战而放慢西征步伐，而是打得风生水起。西征军陆续攻占安庆、九江、汉口、汉阳，打到安徽巡抚江忠源地盘上。江忠源上奏，请皇上下旨让湘军立即出师作战。几次催促，曾国藩先借口船只匮乏，继而借口湖北之太平军全数下窜，武昌解严，可缓出师。

11月，安徽情形紧急，上谕命曾国藩率领水师自洞庭湖入长江，顺流东下，直赴安徽江面，与江忠源会合，水陆夹击，收复安庆等城。曾国藩仍然以湘军训练不足，船炮未齐，不敢贸然草草出师，上奏请稍缓。

江忠源自率勇参战，每战不遗余力。两三年间，就由知县升为安徽巡抚，职位高过曾国藩。1853年（咸丰三年）6月，江忠源率楚勇一千七百名赶赴江南大营。途中，清廷因太平军北伐、皖北危急，命他火速转赴安徽凤阳等地堵截。他昼夜兼程行抵江西九江时，西征太平军已过湖口，占南康，将攻南昌省城。江西巡抚张芾写信向他求援。他率部疾行，先太平军两天赶到南昌。南昌城守兵万余人，他奉命总统城内外各军，以所部楚勇为骨干，命绿营兵丁配合，分垛守城，从城上发大炮拒阻攻城长毛，又督军出城迎战。他深知太平军"穴地攻城法"厉害，将城外民房尽行焚毁，企图使太平军穴地攻城失去掩护。太平军将德胜门外大火扑灭，并据以挖掘地道，旁穿斜出，直达城墙脚下。江忠源在城内隐隐约约听到挖掘地道的声音，急忙派士卒从城内循声对挖，破坏了太平军的数条地道。又在城墙内构筑月城，选精兵，备土袋，准备堵御缺口。

7月9日，太平军轰塌城墙，江忠源令弟江忠济督勇拼死堵截，太平军攻城受挫。十几天后地地道雷又发，城墙倒塌数十丈，太平军随即冲锋。江忠源一面派兵迎堵，一面遣兵绕出城外，从背后夹击太平军，南昌城再次得以保全。

江忠源就像一名消防队员，哪儿有火情，就赶过去扑救。他虽然早就晋升为地方大员，但是从来就没有离开过战场。这个人就像是为了这场战争而降临人间的。10月，太平军西上，他赴田家镇增防，被击败，退至武昌。太平军围武昌，湖北兵不尽遣，眼看是守不住了。

1853年（咸丰三年）11月中旬，江忠源从湖北动身，前往安徽临时省城庐州（今合肥）。当时皖北形势危迫，太平军万余人在护国侯胡以晃率领下，连克桐城、舒城，直逼庐州。庐州是皖北重镇，而守城清军不满三百人，乡勇不过五千人。江忠源率兵勇两千千百余人力疾前进，途中接受安徽巡抚大印。

江忠源率两千人行至安徽六安。庐州知府胡元炜得知，跑过去游说，称庐州兵精粮足。那时，刚刚被任命为安徽巡抚的江忠源还不了解临时省城是什么样的，信以为真，遂率部入庐州，结果到了后才发现，城里并没有什么兵马粮草。胡元炜连蒙带唬的把他弄到了庐州，只不过是借力守城。他大怒，却留了下来，不顾重病在身，帮着守城。然而对被这次被蒙，衔恨不已，不时臭骂胡元炜。胡知府体胖，他说："你既长了那么多心眼，又何以长一身臭肉！"

庐州陷入了太平军重重包围。兵单粮乏。刘长佑、江忠浚率三百旧部与在新宁新募的两千兵勇驰援，被阻于城外五里墩。江忠源六百里加急启奏皇上，请下旨命湘军出师作战。但是，曾国藩回答，如果湘军没练成就直接上阵，很可能全军覆没，不光湘人的心血付之东流，而且朝廷在湘军花的大把银子都打水漂了。因此，曾国藩对江忠源的呼救置若罔闻，拒不出兵。

江忠源只得按照防守南昌的办法布置庐州城守，扼亲信将官把守各城门，集文武于城上分段守御，自己率亲兵驻扎水西门。庐州城单墙矮，城内兵力、物资均不及南昌充足，江忠源急忙上奏请兵要饷，固守待援。

咸丰皇帝先后谕令河南、江苏等省兵勇万余赴援，又命湖广总督吴文镕将留守武昌的江忠源旧部全数遣往庐州。太平军于 12 月 12 日兵临庐州城下，立即采用围城打援战法，先败由安徽东关来援的总兵玉山部清军两千余人，歼其大半，继又击溃由六安来援的总兵音德布所部。其他各路援军闻风丧胆，裹足不前，作壁上观。江忠源被太平军包围，身陷孤城绝地。

太平军围攻庐州三十六天，先以城外居民点作掩护，挖掘地道，以水西门为进攻重点。江忠源督兵从城内对挖，破坏了太平军的九条地道，并先后两次堵住了太平军的轰城和冲锋。太平军便改用新法，在水西门月城旁掘上下双层地道，"形如曲突"，直达城下，完全出乎江忠源的意料之外。庐州知府胡元炜与太平军暗通款曲，手下丁勇也与太平军暗中联络。

江忠源有恩于曾国藩，太平军西征军围攻南昌，他据城顽抗，即便在战斗中，还是连番向皇上保奏曾国藩，使湘军取得了皇上的同意，合法扩军。江忠源同时要求曾国藩派兵救援南昌，一再援促，曾国藩才派出两营，结果在城外中伏，不是江忠源冒险相救，两营军几乎全军覆灭。是年冬，太平军进攻安徽舒城、庐州（合肥），清廷升江忠源为安徽巡抚，防守庐州。

湖北将领戴文澜都司到达庐州，带串钱进城。这些援助解决不了粮食问题。庐州城外布满太平军把清军增援部队隔在外围，无法逼近城墙，与守军形成犄角。在太平军攻城的一个多月里，胡元炜招募的勇丁分守北城拱辰门，首领徐淮过去在县衙当差，手下多与太平军暗中联络。

援兵不至，1854 年（咸丰四年）1 月 15 日凌晨，太平军引爆水西门地雷，炸垮十多丈城墙，守军逃走。江忠源边应战边派兵抢堵缺口。胡以晃指挥部队登上废墟，冲进城内。江忠源挥军拦截，清军兵勇或死或降，乱作一团。

江忠源在蓑衣渡打死冯云山，太平军恨不得生啖其肉。随从团团护着他撑到早晨，守城清军全部被歼。他见大势已去，举剑自刎，被左右制止。一名健

壮军士背着他奔走。他咬军士脖子，那军士死活就不放手。太平军步步逼近，他转战到水关桥的古塘，身上七处受伤，从桥上跳下古塘，溺水而死。和他同时战死的有布政使刘裕珍和李本仁，以及池州知府陈源兖等人。

一种形象说法是，江忠源负伤，要抹脖子，部下把刀抢下，掩护他且战且退，接近水闸桥时，他再次自刎。一个部下背着他就跑，到桥上，庐州之战中最惨烈的一幕发生了：他发狠咬了部下耳朵一口，部下疼得松了手，他乘机从部下背后跳下，从桥上投水自尽。年仅四十二岁。

江忠源死后第八天，江忠浚募人觅尸。楚勇老兵周昌发穿太平军号衣潜入庐州城，经多方打听，找到江忠源自尽那座桥，深夜潜蹑桥下，"得之，负尸瘗城间。越夕，绲一人下城，一人伛而悬尸偕没壕中，曳尸蛇行，过贼卡，无觉者。到城东本营，漏四下。"刘长佑与忠浚敛而拊之，将士掩泣，多失声痛哭。这是光绪间邓辅纶、王政慈著《刘武慎公年谱》记载的。后来，刘长佑率楚勇将江忠源尸首运抵新宁，归葬崀山石田村（今骆驼峰景区内）。

江忠源如流星般划过夜空。他扮演着救火队员角色转战各方，没有时间和精力扩充和训练新兵。历次作战统兵居然从没有超出过三千人，最终被杨秀清和石达开指挥的优势兵力所败，实为憾事。

江忠源死后，曾国藩"如折支柱"，空落许久。那年在京城，玉树临风的江忠源第一次出现在曾国藩面前时，他赞叹道："这个人日后必名立于天下，但有可能因节烈而死。"没想到，这句半玩笑的话却一语成谶。他撰挽联：百战守三城，章贡尤应千世祀；两年跻八座，江天忽报大星沉。上联说江忠源武功，下联叙述他两年多由不知名的知县而升任地方大员。都说曾国藩挽联写得好。而文字的好与不好，标准主要不在措辞，而在于真诚与否。按照这个标准看曾国藩挽江忠源，感到一般，看不到心窝子话，就像一个老书生收了别人几个钱，代写的挽联一样，只强求对仗工整，应个景而已，基本上没有感情色彩。

曾国藩与江忠源的友情被夸大了。江忠源关注湘军的创立和发展，在湘军水军创立和发展上，起了不可低估的作用。太平军西征军围攻南昌时，江忠源曾连番上书咸丰皇帝，请求批准曾国藩在湖南练水师。曾国藩未必有江忠源气度，亦未必有江忠源的胸襟。江忠源死后，曾国藩的悲恸是真实的，但人们会问，曾国藩扩招湘勇，是打着援助江忠源的旗号进行的；曾国藩建立湘军水师，不仅也打着援助江忠源作战的旗号进行，而且是江忠源代奏的。而江忠源请皇上下令曾国藩救援安徽时，曾国藩却找出种种理由按兵不动。为什么？

也许，湘军陆师和湘军水师练得还不够精，需要再磨合一段；也许，曾国藩本人还没有与太平军真刀真枪地练过，心里没有底。但不管怎么说，湘军那时已聚集一万多人，水师大功告成，有能力按照皇上的旨意拉出去救援安徽，起码不会让庐州那么轻而易举地丢了，不会让江忠源死得那么凄恻。

明显的事实是，江忠源死了，湘军与楚勇合作的计划落空。不能排除另一种可能，那就是湘军本姓曾，曾国藩从来没有打算湘军与江忠源的楚勇合作，只是打着支持江忠源的旗号扩招，现在江忠源死了，事情倒干净了。

江忠源死了，湖广总督吴文镕在去湖北黄州堵城督战，据萧一山《清代通史》中说，吴文镕赴战场前存有幻想，"约国藩率水师夹攻黄州，期大举"。但这只是空想。1854 年（咸丰四年）2 月 12 日，黄州堵城被太平军拿下，吴文镕投水自尽。这时距江忠源自尽尚不足一个月。

吴文镕，字甄甫，江苏仪征人，嘉庆进士。历任侍读学士、顺天学政、刑部侍郎、福建巡抚等。鸦片战争时，协助总督邓廷桢筹办防务，旋护理闽浙总督。"护理"表明是临时担任总督的，次年改任江西巡抚。在任整饬吏治，任用贤能颇着政声。奉查浙江盐务，奏请变通成法，尽罢浮费。不久擢云贵总督。率兵镇压永昌回民起义。1852 年（咸丰二年）调闽浙总督，寻改湖广总督。

当年曾国藩考进士时，吴文镕任阅卷大臣，不论是否教授曾国藩，也算恩师。西征军攻武昌，他多次向曾国藩求援，曾国藩竟不赴援。吴文镕死前给咸丰皇帝上疏，认为皖湘数省只有曾国藩一军可战，并写遗书给曾国藩："吾意坚守待君东下，自是正办。今为人所逼，以一死报国，无复他望。君所练水陆各军，必俟稍有把握，然后可以出而迎敌，不可以吾故，率尔东下。东南大局，恃君一人，望以持重为意，恐此后无有继者，吾与君所处各不同也。"

湘军早期，堪为统帅者有江忠源、吴文镕及曾国藩。江忠源素有"知兵"名声，蓑衣渡一战成名，两三年间便升至安徽巡抚。可惜，江氏到巡抚任上仅满三个月就兵败自杀。吴文镕是曾国藩座师，初练湘军时任湖广总督，是湘军的有力靠山，却战死于湖北黄州。江、吴死难，不仅使湘勇成为两湖主力部队，也使曾国藩成为湘军无可争议的头号人物。早在回籍守孝之前，曾国藩就在六部中的五个部任过侍郎，是和巡抚一样的二品大员，现在又是皇帝钦命的团练大臣，论资历，论声望，湘军之主都非他莫属。

曾国藩练兵之初，奏折"戆直激切"，皇上给他下过多次指示，都被他以不合实际为由直接顶回去。武昌被太平军围，皇上急命曾国藩救。他因兵未练熟，装备未齐，拒不听命。深秋，太平军进逼安徽省会，皇上再次令他出师，他回复："不能草草一出。"皇上大怒，批评挖苦："今观汝奏，直以数省军务一身克当，

试问汝之才力能乎否乎？平日漫自矜诩，以为无出己之右者！"曾国藩与皇上节节辩论，回答："皇上如果责臣以成效，则臣惶悚无地，与其将来毫无功绩受大言欺君之罪，不如此时据实受畏葸不前之罪。"把皇帝顶得无话可说，只好让步抚慰，说："汝之心可质天地，非朕独知。"

为什么后来曾国藩率湘军出了大力，皇上却间或恶声恶气地训斥几句。他的部下纷纷提升，不少人品衔超过他。就像球队，成绩不错，球员出息了，教练还是老样子。一般解释是清廷对曾国藩有戒心。这种解释不能服人。如果说防备曾国藩有什么不测，那么他的那些纷纷提拔的部属，"不测"可能性更大，他们中的哪个也瞧不上清廷，拿下天京后，纷纷让曾国藩与清廷翻脸，反倒是曾国藩表现得与清廷最贴心。那么，为什么清廷最不待见曾国藩呢？

皇上像常人那样，着急发火骂人摔桌子砸板凳。但皇上与常人不同，未必会记仇。记仇这种事属于常人，皇上没有记仇的条件，想干什么就干什么，想怎么宣泄就怎么宣泄，该杀该打该罚，只须按照程序做完，没有仇恨可以积淀下来。而对曾国藩，另当别论。对咸丰皇帝来说，一位爱将和一位重臣在庐州和黄州先后殉国，那股别扭劲儿，说不出来。就像吃了个哑巴亏，寝食难安。

曾国藩给江忠源写过不少信，其中的一封信中指出，"今日兵事最堪痛苦者，莫大于'兵败不相救'四字"，"虽此军大败奔北，流血成渊，彼军袖手而旁观之，哆口而微笑"。时逢战争，则东抽一百，西拨五十组成军队，因此出现"卒与卒不习，将与将不和"的局面，"胜则相忌，败不相救"的风气。

曾国藩屡屡批评绿营兵"兵败不相救"，却在自己身上尽显无遗。按照正常思路，如曾国藩适时出兵，江忠源与吴文镕不会那么凄恻地死去，而且都是自尽而死。凑巧的是，二位曾一致推崇曾国藩，而曾国藩却偏偏对二位忠勇重臣见死不救。咸丰皇帝当大惑不解。他没有想到，八旗和绿营以见死不救着称，而湘军也是这样。曾国藩的湘军的确这么做了，年轻的皇帝也就记住了这个人。

第十三章

传檄出师，出师不利

　　1854年（咸丰四年）早春，太平天国出动一路大军，呼呼啦啦向西杀去。攻克汉阳、汉口，围困武昌。西征湖南的领军人物为石祯祥。他的表弟即石达开。石祯祥封国宗，说白了，是王者的旁系亲属。他打仗无坚不摧，绰号"铁公鸡"。日后他被暗算身亡，清季无聊文人编了一出戏，名《钢公鸡》。

　　曾国藩在衡州得到太平军杀向湖南的消息。2月25日召开誓师大会，率湘军水陆一万七千人，准备开赴战场，与太平军作战。

　　曾国藩起兵之前要写点什么，他拿出一纸《讨粤贼檄》，广为印刷分发，大街小巷到处能看到。这篇檄文从文明承传角度阐述了湘勇出动的意义："自唐虞三代以来，历世圣人扶持名教，敦叙人伦，君臣、父子、上下、尊卑，秩然如冠履之不可倒置。粤匪窃外夷之绪，崇天主之教。自其伪君伪相，下逮兵卒贱役，皆以兄弟称之，谓惟天可称父，此外凡民之父皆兄弟也，凡民之母皆姊妹也。农不能自耕以纳赋，而谓田皆天王之田；商不能自买以取息，而谓货皆天王之货；士不能诵孔子之经，而别有所谓耶稣之说、新约之书，举中国数千年礼、义人伦诗书典则，一旦扫地荡尽。此岂独我大清之变，乃开辟以来名教之奇变，我孔子孟子之所痛哭于九原，凡读书识字者，又乌可袖手安坐，不思一为之所也。"

　　曾国藩称太平天国是"开天辟地"以来"名教之奇变"。用这句话道尽了内心的全部愤懑、愤恨和愤怒。如果洪秀全是一介草莽，曾国藩可能不会如此

动怒，洪秀全偏偏造了拜上帝教，并力求付诸实施，长毛所过之处，毁孔圣牌位，焚学宫，砸菩萨神灵、关帝岳王像，连贩夫走卒亦不能容，更不要说曾夫子了。

曾国藩比洪秀全年长两岁，是同代人。不同的是，前者由同进士点翰林，后者则四次考秀才未中。从学习程度上，曾国藩与洪秀全的对决，是最高学历者与最低学历者的对决。洪秀全与其说是曾国藩的战争对手，还不如说是文化对手。曾国藩进入科举之前，与洪秀全的家境和出身在很大程度上相似，科举成败让他们的命运南辕北辙，曾国藩成为道统捍卫者，洪秀全则破坏道统。与洪秀全倚仗的精神旗帜相比，曾国藩所固守的精神力更强大，更长久，也更牢固。毕竟，这样的旗帜有着数千年的历史，虽然在很大程度上显得垂垂老矣，但至少，那种以生吞活剥方式所形成的力量，还不足以对它形成致命打击。

太平天国战争初始，是两广落魄儒生带着山民反对满清统治。曾国藩出场后，逐渐变味儿了，演化为洪秀全与曾国藩的个人间的对决，也是不同理念的对垒。若许年后，清史大家萧一山考察了洪秀全的"诗作"，认为里面尽是齐东野语，巴谚俗俚，称洪氏不学无术，文化程度充其量只达到小学水平，无怪参加连续四次科考却连个秀才都没有考上。而曾国藩则是满腹经纶的国学大师。萧一山据此认为，二者之间的文化差异如此之大，决定了洪氏必败无疑。

曾国藩作诗遣词造句讲究，有风骨，洪秀全只会写文辞不通的快板，间或流露出些莫名其妙的杀气。说到根子上，曾国藩是书生，自信孔孟之道是民族瑰宝，洪秀全废孔教，不仅是他的敌人，也是全民族的敌人。

曾国藩误会了洪秀全。洪秀全虽然砸了孔子牌位，却没打消头脑中的孔子思想，儒家思想，皇权意识始终左右着他的灵魂。洪秀全编写的拜上帝教教义《原道觉世训》《原道救世训》《原道救世歌》，大量引用先贤言论和儒家思想。用于教育幼天王的《百正歌》中更是从头到尾的儒教正统观念。洪秀全在打翻孔子牌位的同时，也急切寻找可代替封建统治的儒家意识形态。深受儒学影响的洪秀全，成为拜上帝教教主、天王之后，儒家礼教的等级制度成为统治王国的有效手段。"一人首出正，五独操威柄，生杀由天子，诸官莫得为。"集政教于一身的洪秀全既拿着等级制度的杀手锏，却对宗教地位的不对等充满了无奈。

曾国藩把洪秀全创立拜上帝会说成是"外夷"代表，立足点相当高。拜上帝在中国没有根基，西方通过武装和宗教入侵中国，引起人民的反感和仇视，曾国藩在檄文中抓住宗教问题大力攻击，以卫道面目出现，号召知识分子"以卫吾道"，好像在是为理念而战，与其说要捍卫大清，不如说捍卫他视为神圣的文化，因此被认为是夫子之作，从文化角度诠释湘勇出兵意义。其实，不完全是这样。檄文里固然有夫子味，但细品，却堪称曾国藩取悦于清廷的代表作。

乍看《讨粤贼檄》标题，曾国藩明明向太平军下战书，在他嘴里怎么成了"粤贼"？广东简称粤，太平军并非在广东起事，绝大部分太平军是广西人，广西简称桂，如果要骂的话，应该骂"桂贼"，而不是"粤贼"。这是怎么回事？

洪秀全是广东客家人，曾国藩的《讨粤贼檄》之所以强调"粤贼"，是拿地域作文章。《讨粤贼檄》中有这样几句话，初读令人摸不到头脑，很难相信是翰林写的。这几句话是："粤匪自处于安富尊荣，而视我两湖三江被胁之人，曾犬豕牛马之不若，此其残忍惨酷，凡有血气者，未有闻之而不痛憾者也。"曾夫子怎么会说出这种荒唐话？随即想明白了，这是《讨粤贼檄》中最重要的话，曾国藩在檄文中洋洋洒洒地说了一堆，较劲的就是这几句。

为什么这样说？曾国藩提到的"两湖"，指的是湖南、湖北，并非明确指湖南，而他提到的"三江"，指的就是湖南。在《山海经·中山经》中，三江指的是长江、湘江和沅水，湘江和沅水的主流域在湖南境内，而通过湖南的洞庭湖连接着长江。由此，《讨粤贼檄》中的那几句话，说到最通俗处，是"粤匪"残酷迫害湖南人，或者说，"粤匪"和湖南人虽然都同属汉人，但两个省的人不是一回事，湖南人由于长期受"粤匪"欺负，因此与清廷是一条心的。

这就是曾国藩在《讨粤贼檄》中极力要澄清的问题：老广造反，两湖三江的人不会造反，那是由于长期遭受"粤匪"的残忍的欺凌。即便有的湖南人跟着长毛起事，不过是"被胁之人"，由此朝廷可以放心使用湖南人组成的军队。

曾国藩并非自作多情。尖锐的满汉民族矛盾是清廷的心病，自太平天国兴起，清廷对汉人不放心，害怕长江流域的汉人一哄而起，一拥而上，合力推翻满洲政权，对长江以南保持着极大戒惧。《讨粤贼檄》在湖南人与"粤匪"间清楚地划出一条线。由此，《讨粤贼檄》不是宣传群众的，而主要是写给清廷看的，表示了湘军"卧薪尝胆，殄此逆凶"的决心。

广东人与湖南人同属炎黄子孙，太平天国运动起来后，两省人民没有产生对立情绪。广东人中大有反对太平天国的，也大有拥护太平天国的；湖南人也一样，有拥护太平天国的，也有反对太平天国的。怎么能草率地用地域作为政治分野的标志？曾国藩自己也知道，广东人欺负湖南人这话是扯淡，但为了政治表态，非要扯淡，图的是让朝廷充分信任湘军。只要达到这个目的就行。

有人说《讨粤贼檄》产生了巨大影响。但是，逻辑不通的文字怎么可能产生巨大影响？《讨粤贼檄》不过是曾国藩个人写给咸丰皇帝的个人决心书，即便有些影响，也是那时有文人造势，胡乱吹捧了一番而已。

誓师后，曾国藩率领湘军水陆两师一万多人离开衡阳，抵达长沙。湖南巡抚骆秉章率省城官员到城外迎接，看到军容整齐的湘军，当年的官场对手们巴结奉迎，握手言欢，说了不少旗开得胜之类的恭维话。经过衡州五个月卧薪尝胆、估计曾国藩遥忆当初长沙受辱，会感叹阴阳两重天。

按照公务员退休标准，骆秉章那时已到退休年龄，而在危重形势下，他不可能离开，军机处也不会允许他离开，只得请求湘军抗击太平天国西征军。

曾国藩召开誓师大会两天后，石贞祥率领两万余人沿江而上。岳州在湖南省最北边，只要是从北面进入湖南，第一站就是岳州。2月27日，太平军克岳州，连下湘阴、靖港、宁乡，长驱直入，半月之内，太平军西征军之一部，已进抵省城长沙仅六十余里，长沙城一片惊慌。

曾国藩在长沙城不敢滞留，只停驻了两天，便率领湘勇分别由水陆两路向岳州进发，派胡林翼、塔齐布、林源恩由陆路进攻通城，并约定与骆秉章派出的王鑫部会攻蒲圻。据探马报告。守卫岳州城的太平军将领石祥祯领有三万人马。曾国藩率领湘军一路前进，准备打个遭遇战，却并没有遇到太平军像样的抵抗。

湘军向岳州逼近时，有个叫储玫躬的带几百号人悄悄潜入宁乡县城，太平军攻占宁乡后有些松弛。储玫躬不动声色，见太平军就杀，惊动大部队，蜂拥而上，把储玫躬带来的人全部杀死。太平军不知来人底细，以为是湘军大部队来了，越传越邪乎，传到石贞祥那里。石贞祥为稳妥起见，暂时撤离岳州，另觅战机。

石贞祥率部撤出岳州，探马飞报正往岳州来的曾国藩，又给曾国藩造成了错觉，以为石贞祥是被吓跑的，甚至开始构思给朝廷报捷的奏折了。

3月7日这天，曾国藩在洞庭湖指挥水师向岳州进发。后人完全可以充分地想象这时出现的情景：中年书生转眼间成了统兵之帅，湘勇水师当有一艘大船，也就是拖罟，权当于他的"旗舰"。风拂面而来，他背着手，伫立在船头，踌躇满志，眯缝着一对三角眼眺望着远方……

王鑫年轻气盛，这时已改换门庭，成为骆秉章麾下。同日，王鑫率三千军队行到羊楼峒时，突然太平军杀出，措手不及。羊楼司一战是王鑫作为营官第一次指挥作战，一交手就被石祯祥打了个稀里哗啦。

太平军的作战特点，被总结为声、色、跑。"声"是齐呼杀妖，太平军作战时，几万人齐声高呼杀妖，冲锋时，喊声震天动地。"色"是太平军的服装、旗帜、头巾只有红黄两色，几万人穿着，也能震慑敌方。"奔走"是跟着旗帜走。如果太平军有万人，有作战经验的最多一两千人，其他都是临时加入的农民，训练几天就上战场，往往冲在前面。刚参军的农民在战场上乱跑怎么办？平时训练就是跟着旗走。新兵认准旗，旗在哪儿就跟到哪儿，一般单线或双线，跟不上旗出列的，当场就可能被处死。因为严酷训练，太平军战法很吓人，几面旗挥起来，旗后就跟着一队人，怎么冲都冲不破。湘军打仗，往往找挥舞旗帜的，只要干掉挥旗的，指挥旗没有了，太平军就乱了，队伍也不成形了。

羊楼峒在岳州城附近，王鑫率部急忙进入刚被太平军放弃的岳州城。想不到太平军杀了个回马枪，把岳州城团团围住。王鑫所部成了瓮中之鳖。王鑫部只有一两千人，面前却是太平军数万精锐，这时岳州城老百姓跑光了，是座空城。王鑫部队人数少，根本无法守住偌大一个城池，营官钟近衡以下四五百人战死。

曾国藩带着大队人马到了南津，听到前军失利，王鑫被围。因为和王鑫有过节，他本不打算救援。可幕僚及时提醒：王鑫这会儿不属于湘军了，而是骆秉章的人，不看僧面看佛面，如果见死不救，以后就很难在湖南混了。

曾国藩再三思量，决定用湘军炮船支援岳州。太平军没有想到，湘军的炮船挺厉害，稍退。王鑫侥幸乘曾国藩派来的船逃脱。湖南地方史志学者说，王鑫只吃过一次败仗，指的就是这次。这次败仗对王鑫刺激很深，因为死在战场上的多是他的亲戚同学。后来王鑫的部队有出息了。王鑫写给左宗棠信中称，老湘营连日征战，值得庆幸的是部下兵勇"气愈敛而神愈王"。左宗棠回信称赞"气愈敛而神愈王"句深得治军之术。王鑫部队有时几个月得不到饷银，士卒从来没有哗变之举；经常长途奔袭，连日接战，士卒伤病劳苦，却并无怨言。

老湘营挺厉害，1857年（咸丰七年）入夏时，几战杀掉太平军上万，太平军相互告诫"出队莫逢王老虎"。清人罗正钧编《王鑫年谱》称，太平军一见老湘营旗即魂飞胆丧。王鑫常让地方团练打老湘营旗帜以壮声势。有一次王鑫预先设伏，自己与数十骑诱敌。太平军隔溪相望，有认识王鑫者惊呼"不要放过王老虎"，太平军欺王鑫身边人少，机会千载难逢，倾巢而出，大喊"王老虎这回跑不掉了"。俄而伏兵四起，太平军痛哭流涕，称"又中王老虎圈套矣"。

没多久，王鑫病逝于江西战场，年仅三十三岁。他在世时，老湘营从三百人渐增，最后达到三千多人。王鑫死后，他的部下被左宗棠收编，"老湘营"成为战斗力极强的一支部队。王鑫毕竟是个文人，懂得总结经验，在建军初期已著成的《练勇刍言》一书，后来被胡林翼用作在湖北训练部队的指导文件。

却说挫败王鑫后，石贞祥突然醒过了神儿，急速转身，率部重回岳州，并再占靖港、湘阴、宁乡、湘潭，重新钳制长沙。

天公不作美。泊在洞庭湖的水师遭遇大风，沉船二十四艘，撞损三十余艘，

水陆各勇溺毙不少。而且，祸不单行，"猝遇金口大股贼匪数万来犯，遂至溃败"。所说的"贼匪"，并不是太平军，而是"老万"阵营中那些东流西窜的"会匪"，趁火打劫，过来闹腾了一把。虽然"老万"们缺乏正规训练，只会喧闹地冲冲杀杀，但是不管怎么说，他们的人数也是"数万"，想必湘军最低限度也得虚惊一场，且战且退，用最快的速度脱离接触。

水路两军都受挫，曾国藩初战不利，只好退回长沙。他把水师安置在水陆洲周围，陆师驻扎在城郊，自己无脸进入长沙城，干脆住在座船上。

当初曾国藩领湘军回来，长沙官绅如久旱之盼云霓，救星降临人世了。过后没多久，曾国藩灰头土脸从岳州回来，舆论风头扭转。官员们说，文员带兵，定无出路。少数官员提出立即解散湘军，否则只有继续糟蹋大把银子。不管怎么说，湘军编练是上谕中认可的。骆秉章即便心里窝火，哪敢动一根毫毛。但不耽误他甩脸子，后来曾国藩回忆当时情景说：骆秉章即便到邻船去拜客，也不移步到他的船上。曾国藩虽然气恼，但事情是自己干砸的，无以怨天尤人。

靖港和湘潭：失之东隅，得之桑榆

长沙是湘省省城，水道四通八达，攻打并非容易，前年太平军打长沙，打了八十多天都没能打下来，还折损了西王萧朝贵。这回，要新账老账一起算。

自古相传的兵法是，城市攻坚就像刨一颗大树，必须把埋在土里的根须都斩断，才能最后把树放倒。打长沙也是这样。长沙就像一颗大树，得先把附近的几座小城收拾了，最后才能主攻长沙，否则长沙与附近的小城相互呼应，打起来之后，附近的县城不断地从背后骚扰，事情很难办。

石祥祯久经战阵，是明白人，攻打要地必须先廓清外围。为了万无一失，他决定先将离长沙九十里的湘潭和离长沙五十里的靖港这两个地方攻下来，这样的话，长沙城就被完全孤立，成了太平军嘴里的一块肥肉。

长沙南面的湘潭县城，相当于拉住长沙的一条根系，必须先斩断。豫王胡以晃和石贞祥考虑，与其在长沙缠攻不下，不如先取湘潭，如此一来，既可以就地取粮，又可以堵住曾国藩南下往衡州逃窜的退路，一举两得。

太平军取得湘潭后，万一曾国藩退入长沙，龟缩不出，又奈何？太平军打过长沙，总印象是易守难攻。太平军远道而来，没有在一地打持久战的准备。经过斥候，湘潭有五百协营屯扎，石祥祯拍板定夺：林绍璋、罗大纲带足够人马，限七日内取得湘潭！太平军分为两路，齐头并进，林绍璋一路经汨罗、渡湘江、越过嵇茄山，天降似的出现在湘潭城下。

防守湘潭的长沙协右营守备叫崔宗光，老崔做梦都没想到，西征军会越过

长沙来打湘潭，慌慌张张地爬上城头。五百绿营平素骄懒惯了，如何是数千征湘军的对手，登时就吓破了胆，不战而降。到掌灯时分，湘潭城便告易主。

湘潭失守急坏了骆秉章，他赶忙找曾国藩，希望能把湘潭夺回。在岳州战役中失败的曾国藩憋着一口恶气，他一直在等待时机，给太平军以重击。他看出来了，太平军横冲直闯，战线拉得太长，攻下的城池要防守，兵力分散。

攻占湘潭的太平军，是孤军深入。曾国藩决定先吃掉这只笨鸟。他召集众将说：湘军出师受挫，并未见出胜败，长毛气势虽盛，但兵力分散，株守湘潭、靖港、湘阴、宁乡等地，后继无援。林绍璋部是孤军，如果能光复湘潭，太平军进攻锋芒会大减，说不定会成为太平军西征军由胜转败的转折点。

湘军集中主力打湘潭，是个不错的注意。曾国藩没有组织过战斗，这时也不懂得该怎么打仗。岳州一行，窝窝囊囊，他再次沦为长沙官场的笑柄。在长沙官场的言谈中，他就是二品傻官儿，除了有办法弄钱养活新军，别的啥也不懂。

曾国藩决定以湘军一部去打宁乡，另一部去打湘潭。哪知宁乡不好打，率部攻打宁乡的是伍宏鉴，几天后战死。打湘潭这路，领军的是塔齐布，与他配合的是刚以贵州道员身份过来的胡林翼。在萧一山的《清代通史》中，这段说得很扼要，湘潭城下，湘军和太平军都发狠了，塔齐布"乃麾军纵横击，军士亦争先搏战，以一当十，太平军披靡"。战斗胶着，双方不分上下。

镇守湘潭的太平军将领叫林绍璋，金田起义老兵，克岳州升监军。次年擢总制。随朱锡锟攻江苏六合，诸军皆败，唯其全军独还。

曾国藩不得不召集军事会议，研究怎么救援湘潭。水师将领彭玉麟提出，水师紧急增援湘潭。这个意见，当时就敲定了。十个水师营，彭玉麟即刻带走了五个营，增援湘潭，随后曾国藩再把剩下的五个营带到湘潭。

本来这么定了，就在曾国藩准备尽快带走剩下的五个水师营时，探马带回来一个情报：靖港只有长毛五六百人，正筹备为一个头头祝寿。外行容易被不属实的消息诱惑。那时长沙人心惶惶，传言长毛就快要打进来了。曾国藩召集部下研究，认为哪怕消灭几百长毛，也能安抚人心。因此，决定去打靖港。

不妨假设，曾国藩站起。众将领呆痴地看着，不知道他要说什么。而他什么话也不说，扭头就走。人们跟出来，追着问："曾大帅，您到底打算怎么办？"他头也不回，快步走着，说："陆师和水师今天早点休息，明天三更起床，四更之前出发。去靖港！至于谁去谁不去，你们安排。"

1854年（咸丰四年）4月2日。凌晨，湘勇水师和陆师出发。那时没有两栖部队概念，更没有什么登陆艇，即便水师船可搭载些人，水师和陆师也是各走各的。水师船顺江而下，陆师则沿岸疾走。

长沙到靖港六十里，而且顺水，曾国藩坐在拖罟上，估计那时他的心情多少有些紧张。不管怎么说，此前湘军即便和太平军有战斗接触，他都不在场。这回是第一遭，阴差阳错，他第一次成为一线指挥员。

区区六十里，湘军上午到靖港。靖港是湘江的一个码头，唐朝名将李靖在这儿驻过军，因此得名。湘军水师和陆师初来乍到，肯定紧张，而四处看看，却找不到长毛的踪影。怎么回事？长毛放弃靖港啦？

曾国藩领着湘军部分水师和陆师来到，立即搭浮桥。现在部队也使用浮桥。我当兵时，师工兵营中有浮桥连，把特质铁船连接起来，铺上桥板，部队可以在江河的两岸来回机动。当然，湘军没有这种先进设施，用的是木船。

既然湘军有时间搭起一座浮桥，表明湘军到靖港之初，这儿挺安静，没有敌情迹象。湘军肯定搜索过了，没有发现什么。他们会犯嘀咕，明明说靖港有五六百长毛，怎么一个都见不到，长毛都跑到哪儿去了？撤退啦？

湘军把浮桥搭好后，太平军的炮响了。萧一山在《清代通史》中说："舟师径薄敌屯，太平军发炮击之。"那时炸子儿炮还没有发明，炮弹是铁疙瘩，不会爆炸，砸死人概率极低，只是发炮时响动大，壮声色。太平军水营二百余只小船对湘军战船发起攻击，上来就砍断缆绳，船飘到江中。湘江的水是流动的，水师船只能向下游飘。太平军打敌方水师船，确有作战经验。

曾国藩靖港之行到底带了多少人马，王闿运在《湘军志》中没说。估计这仗打得太狼狈，相关数字隐瞒下来。这仗是曾国藩的"处女作"，带来的陆师和大小战船不会太少，理应实力占优。后来，王定安在所著《湘军记》中倒提供了一组数字："亲率战艇四十，陆勇八百。"《湘军志》相对客观，而《湘军记》是在曾国荃重压下写的，不会太客观。曾国荃为消除负面影响，有意降低湘军在靖港的损失，把出征靖港的人、船数字尽量压缩。

靖港太平军不多，如果湘军有经验，不至于上来就慌神儿，会判明情况，踏下心应战，说不定谁输谁赢呢。而湘军那时没有作战经验，曾国藩对指挥更不摸门儿。太平军突然杀出，湘军乱了阵脚，纷纷后退。太平军喊杀声震山荡水，"活捉曾妖头"的吼声让人心惊胆战。《清代通史》中有几句话："团兵反走，湘军皆争浮桥过，桥坏，死者百余人。"水勇见陆勇既溃，纷纷上岸奔窜。一时间，湘勇大乱，争相逃命，"或自将战船焚毁，恐以资贼，或竟被逆贼掠缺。"湘勇"争浮桥，桥以门扉、床板，人多桥坏，死者百余人"。

曾国藩在这时的表现有记载。他下了船，快走几步，匆忙地挑了个合适地点，亲自执剑督战，立令旗于岸上，大呼："过旗者斩！"

至今仍可以想象出，那肯定是个滑稽场面。微风徐来，不断有铁疙瘩形状的炮弹飞来。弱不禁风的夫子仗剑站立着高喊。由于喊的是要杀人的话，一定要拿出最威严的样子。他看过不少兵书，古代战将临阵的样子，在他的头脑中有个大致轮廓。但是，书生的威严又能到何种程度，顶多像个塾师拿着戒尺吓唬学生。勇丁不管不顾，依旧从旗旁绕过，作鸟兽散。

兵败如山倒，湘军那副狼狈相就不消说了。至于曾国藩本人如何收场，估计是被幕僚们连拉带拽，连搂带抱的，弄到拖罟上去了。

统帅上了船，船队即刻出发。据说靖港之战，大小战船有自行焚烧者，有被抢去者，水勇竟溃散一半，船炮亦失去三分之一。

水师船队狼狈万状地逃离靖港，麻烦却出来了。水师是顺风顺水来的，掉头回去，逆风逆水。水师船队走不动，水手和陆师拉纤往回走。后面有太平军追兵，湘勇水师向追兵发炮时，又暴露出配置问题，炮高船低，不能命中。

靖港之战的高潮部分，在归途中才出现。估计大概是这样的：归途中，曾国藩坐在船上，耷拉着脑袋，一言不发。幕僚们惴惴不安地站在身边。他突然站起来，疾步走到船边，一个猛子扎到水中。幸亏有个叫章寿麟的幕僚反应快，随即跳入水中，抓住了他，其余人七手八脚地把他从水里拽回甲板。

曾国藩自杀这事，他在世时，谁也不敢说，直至他死后，亲自救他的章寿麟作《铜官感旧图》，请《湘军志》作者王闿运作诗配之，李元度和左宗棠分别作序。章寿麟所"感"是曾国藩当年在靖港败后，船行至铜官渡投水寻死情景。此后，世人才知靖港大败，曾国藩自杀的事情真相。

王闿运《湘军志》中提到："国藩愤，自投水中，章寿麟负之还船。"王闿运是学究，措辞讲究，一字一句有所本。什么叫"负"？就是用肩膀扛。仅从这个字眼来看，章寿麟是把曾国藩搭在肩膀上，回到船上的。

后来章寿麟在《铜官感旧图自记》中提及此事，只简单地说："师败，公投水"。他倒是挺谦虚，没有说是他把统帅从水里捞出来的。章寿麟此举等于挽救了整个湘军。但他没有落到多大好处，最后干到县令了事。

李元度在场，后来在《铜官感旧集》中说："文正衣湿衣蓬首跣足，劝之食，不食。乃移居城南妙高峰，再草遗属，处分后事，将以翼日自裁。"曾国藩被捞上来后，浑身湿淋淋的，光着脚丫，让他换衣服他不换，让他吃东西他不吃。

其实，那天曾国藩最低限度两次投江。曾国藩四大弟子之一黎庶昌编的《曾国藩年谱》提到："初失利于岳州，继又挫败于靖港，愤极赴水两次。皆左右援救以出。""赴水两次"，头一次章寿麟把他从水里捞上来，没多大会儿，他再次跳江。这次是哪位救援的，没说。李元度在回忆录中说，曾国藩第一次投水自尽未果，李元度守在身边"宛转护持，入则欢愉相对，出则雪涕鸣愤"。当时曾国藩把两千余言的遗疏交给他，说："我死，子以遗疏上巡抚，乞代陈遗属。"

那天曾国藩不仅两次投江，有可能是三次。《曾文正公全集》中有如下记载："四月初二日，靖港战败，曾国藩自咎调度无方，投水三次，幕客亲兵力救乃免。"《清稗类钞》亦说："战失利，投水者三，幕客掖以起。文正终以事不可为，遂止妙高峰，草疏及遗属凡二千余言，密令其弟靖毅公贞干市椁，将以是夕自裁。会湘潭捷书至，乃再起视事，然仍以师不全胜自劾。"

黎庶昌编的《曾国藩年谱》中提到，曾国藩回到妙高峰后，仍然准备自杀，这次是受不了舆论指责，"公之回长沙也，驻营南门外高峰寺。湘勇屡溃，恒为市井小人所诟侮，官绅之间，亦有讥弹者，公愤欲自裁者屡矣。"

曾国藩一辈子的自杀次数不易统计。有时付诸于自杀举动，不过未遂；有的时候用行动告诉别人，不想活了；有时用写遗书暗示别人。连自杀举动加自杀暗示，到底多少次，不好说，有说五次的，也有说六七次的。其中有作秀成分，反正头三次自杀与靖港有关的举动挺真诚，直接解释是第一把手不能沦于敌手，或者想学安徽巡抚江忠源和湖广总督吴文镕，二位都在兵败后投水自尽。

曾国藩回到妙高峰后还打算自杀，那时已没有被生擒的可能，表明他对战争投入的情绪太饱满太浓烈，在朝廷极端不信任，同僚拆墙角的情况下，苦心孤诣地营造湘军，寄予希望太大太多，不允许有闪失。靖港之战不是闪失，水师折损过半。所以他受不了了，不顾一切地要用死来掩埋难以承受的打击。

曾国藩被梁启超誉为"一生得力在立志，自拔于流俗，而困而知，而勉而行，历百千艰阻而不挫屈"。那么，"不挫屈"的曾国藩为何要自杀呢？

曾国藩蓬头垢面返回长沙后，官绅对他的攻击猛烈。以布政使徐有壬为首，拥至巡抚衙门，要求起草奏折，状告湘军惨败，曾国藩无能，解散湘军，惩办曾国藩。鲍起豹放声大骂曾国藩，说湘军劳民伤财，把长毛引到湖南，是引狼入室，下令关闭长沙城门，不让曾国藩及湘军一人进城。

曾国藩给咸丰皇帝写了份遗折，说明自带湘军进攻靖港，开战不久，全师溃败，难酬当初为国报效之愿，决心一死报主恩，以谢丧师败北之罪，并推荐罗泽南、彭玉麟、杨岳斌等人，让他们继续率部征讨"粤匪"。

听闻湘军靖港兵败，"老万"们顿时乐疯了，衡、永、郴、桂及两粤天地会闻太平军将要进攻长沙，群起响应，传檄可定。这种局面，身居妙高峰的曾国藩看得清清楚楚，他又写了个遗嘱，让曾国葆送其枢回家，内容包括不可在外开吊，费用自理，不可花公家的一分钱，湘军所余之资，概交粮台。

正当曾国藩万念俱灰，精心选择自杀方法时，从湘潭传回了捷报。

太平军将领林绍璋率军占领湘潭，目的在南北两路夹攻长沙。湘军自长沙出师后，他的后援断绝，成了孤军，不知如何是好，诸将意见不一致，相互争吵，乃至殴斗。太平军内部混乱之际，湘军前锋塔齐布攻至城外。林绍璋派兵在城北堵击，自己退入城中。塔齐布率湘军在城外高岭与太平军接战，"枪炮如雨，塔齐布令兵勇闻炮即伏，炮止即进，数伏数起"，逼至太平军营垒。后两日，又与周凤山等督饬兵勇分路抗拒出城反攻之太平军，进薄城下。塔齐布"持矛深入，几中伏，跳而免"，仍率部死战。就在这较劲的时候，湘军水师来了，由彭玉麟、杨岳斌、褚汝航统领，与太平军水营在城外湘江中大战。

湘军水师火力远胜太平军水营。湘军炮船用洋炮轰击太平军木船，木船起火，焚烧甚惨。在湘军凌厉攻势下，太平军大败弃城而逃。湘潭之战打了六天，太平军阵亡万余人，逃溃近万人，船只被烧被夺两千余只。是太平军自广西出战以来最大的失败。《湘军记》称为"湘军初兴第一奇捷"。

地方办团练，朝廷没有财政补贴，各想各招儿。曾国藩领着一批老乡拉起湘军，陆师这块没有花国家一分钱，花的是地方的钱，主要从"赞助商"手里拿，算自负盈亏，即便打败仗，也轮不上受朝廷责难。湘军水师恰相反，国家拨款四万两银子，等于朝廷投资。湘军是"一军两制"，陆师是自筹资金，"企业化经营"，赔了赚了朝廷理论上管不着；水师是国家投资的，赔了赚了，要有个说法。这么一来，湘军处境有些微妙，在大清王朝是独一份儿的。

靖港失利，湘潭获胜，坏事和好事差几天，出师不利和初战告捷搅成一锅粥。曾国藩把两方面情况同时上奏，请奖立功将士，同时自劾请罪。咸丰皇帝拉下脸，答复说："汝罪固大，总须听朕处分，岂有自定一责问之罪？殊觉可笑！想汝是时心操如悬旌，漫无定见也。"咸丰皇帝的厌恶之意溢然纸上，你的罪过不小，但是给你定个什么罪，得朝廷说了算，你自己给自己定罪，可笑不可笑？这么做管用吗？最后竟然革去他的侍郎，责令戴罪剿匪。

有时，人们不得不把咸丰皇帝视为涉世未深的年轻人。凡是成熟点的统治者都知道，要让毛驴听话地干活儿，必要的时候，总要顺一顺驴背上的毛，让毛驴舒服一些。咸丰皇帝则不然，恣意任性，想怎么着就怎么着。

咸丰皇帝与曾国藩有过较多工作接触，不管皇考道光皇帝对曾国藩是什么态度，反正他反感这个湘人。现在朝廷面临局面较危，曾国藩带着一彪人马，朝廷不得不让几分，但是，一旦抓住个茬儿，他的厌恶情绪就会马上毫不掩饰地流露出来。须知，这是战争背景之下呀，朝廷在苦苦支撑之中，还这样对一名前方的主帅横挑鼻子竖挑眼的，可见内心积蓄的情绪有多大。

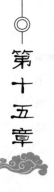

第十五章

一鼓作气：岳阳、城陵矶、武昌

曾国藩年轻时，如果逛县城的话，不是去湘乡，而是去湘潭。湘军收复湘潭，对靖港战败后的寻死觅活的曾国藩，犹如注射了一针强心剂，他活过来了。

曾国藩痛定思痛，着手总结岳州、靖港、湘潭三次作战。战斗中，塔齐布、彭玉麟、杨岳斌所率之营能战能防，临败不溃。有序后撤，嘉奖有功官兵。对靖港之战中不听指挥，拼命逃跑的官兵，上自营官，下至伍卒，一律裁撤。

曾国藩第一个开刀的是自己的幼弟曾国葆。他在靖港溃败中最先逃跑。曾国藩在靖港蒙羞，与曾国葆那营兵乱营关系极大，曾国藩想学学古代将领的大义灭亲，于是下令：凡是跟着曾国葆逃跑的那些官兵，一律撤去不用。

曾国葆时年二十六岁，承蒙大哥照顾，成为湘军中层干部，被一撸到底，开缺回籍，哭着找到曾国藩，要求留下。曾国藩好不容易逮住不徇私情的机会，怎能轻易放过。他正告曾国葆，正人必先正己，军令已出，不能再行收回，让他回家告诉曾国荃与曾国华，在籍各招五百壮丁，用心操练，储备待用。

曾国藩能把亲弟弟清退，别人还有啥说的。其他各营整顿顺利，共裁团丁三千余人。相反，塔齐布、彭玉麟、罗泽南、杨岳斌四部则大量增募，仅塔齐布一军即达七千人，罗泽南部增至一千余人。整顿后的湘军共有陆师二十营、水师二十营。水陆师各设统领两人，陆师由塔齐布、罗泽南充任；水师由彭玉麟、杨岳斌充任。将战斗中表现勇敢的两员猛将，鲍超和申名标，提拔为营官。

这次整顿，湘军史称"长沙整军"，湘军以后能战，同这次整军有关。

每天清晨，长沙城外的演武场上，陆师在塔齐布、罗泽南的指挥下认真训练；水陆洲畔的江面上，彭、杨指挥水师演练攻守。曾国藩每天穿戴整齐，亲临检视、训话。还亲自编写了《得胜歌》，请人谱曲，让官兵每天演唱，鼓舞士气。

塔齐布率陆师七千人偕水师北上，直指岳州。曾天养闻湘潭大败，由宜昌东进，收集湘潭溃军。林绍璋经靖港、岳州，向曾天养靠拢。行至常德，闻曾天养已东进来援，遂留驻常德。不久两军会合，一起转回岳州，准备与湘军决战。

"岳母刺字"已在中国传诵千年。南宋抗金名将岳飞出征之前，母亲在他的背后刻了"精忠报国"四字。刺青工序比较复杂，老人家未必能够单独完成，因此这件事可能是传说。湘军将领塔齐布在开赴岳州途次，于左臂刺"忠心报国"四字并非传说。塔齐布为什么要这么做？显然是在效仿岳飞。他为什么要效仿岳飞？或许是觉得是个人兴致所致。其实，不这么简单。

岳飞千百年来被百姓歌颂，而满清入主中原后，对岳飞有一股说不出的味儿。原因简单，岳飞所抗的金人是满洲的祖先。满洲皇室觉得昔日金国没能占领中原，而自己继承祖先遗志定鼎中原。但满洲皇室不敢轻辱岳飞。毕竟，清国子民中汉人占绝大多数，说岳飞的坏话，汉人不答应。满洲皇室基本采取鸵鸟政策，老百姓爱怎么歌颂岳飞就歌颂去，反正自己不提岳飞抗金。晚清，岳飞抗金已淡化，而且满洲统治者的心境也发生了变化，觉得自己是华夏文化正宗传人，满清统治时期的所作所为也是中华文化的组成部分，于是对岳飞网开一面。

在湘军早期主要将领中，塔齐布是唯一的满洲镶黄旗旗人，而且是从京师蓝靛厂的火器营起步的。他在手臂上刻"忠心报国"四字，有深意。他作为满洲旗人处于汉人组成的湘军中，用岳飞这根纽带表明自己与汉人同呼吸共命运。另外，在他看来，信奉"上帝"的长毛是洋人走狗，代表"洋教"与中国朝廷作战，眼下的形势与当年岳飞抗金差不多，所以他要用刺字表明自己的立场。

塔齐布在岳州没有遇到太大麻烦。由于湘潭失守，太平军攻占长沙的心气儿大受挫折，对岳州的防御不大认真。1854 年（咸丰四年）8 月初，塔齐布率军败太平军于岳州，湘军水师则取胜于君山雷公湖。

岳州位于湖南最北，洞庭湖最南，太平军丢了岳州，湘军水师就可以在洞庭湖纵横了。洞庭湖直通长江，湘军水师可一路向东，直接威胁长江畔的天京。

为了不让湘军水师轻易进入长江，从岳州撤出的太平军退守城陵矶。城陵矶位于岳州东北，当长江与洞庭湖交汇处，隔江与湖北省监利县相望，为湖南北部水运门户。驻守城陵矶的是曾天养，参加太平军时已五十余岁，骁勇异常，时至今日虽年已六十岁，但每战身先士卒，是一位气势如虹的老爷子。

城陵矶作战是以水师揭开序幕的。1854年（咸丰四年）8月9日，湘军水师褚汝航、夏銮、清军登州镇总兵陈辉龙、游击沙镇邦等顺水乘风攻至城陵矶。

湘军水师最先出战的是陈辉龙，他带来部分广东水师，称为"广军"，是在编清军水师。陈辉龙的表现就像时下的影视大腕儿，尽显豪华阵容。《清代通史》中说广军"旌旗鲜明，刀矛如雪，佯装铜炮震山浦，诸军皆自失以为不如"。湘军水师不大放心，褚汝航、夏銮随行，杨岳斌乘小舟观战。

曾天养在城陵矶高处看了看，笑了，"谁说曾妖头知兵。不和他们打。"太平军水营拒军，把陈辉龙惹恼了。他派人挑衅，放炮，派人叫阵，太平军水营就是不理睬。广军突入太平军水营防守圈内。没有想到，陈辉龙的大舸搁浅了。这时，太平军的数百艘小舟出来了，广军乱了套，褚汝航、陈辉龙、沙镇邦、夏銮四人皆战死，兵勇战死数百人，战船损失三十余条。幸亏彭玉麟、杨岳斌在后面押着阵，没有造成更大损失。水师已溃不能战，只得退回岳州。

骆秉章闻讯，马上派来个知州，什么条件都答应，湘军水师损失战船，马上再造。这段不说了，反正城陵矶之战水师没戏了，只能仰仗陆师了。

在城陵矶战斗中，分外好看的是双方主将的对决。连环画和电影对古代战争灌输了一种观念：两军对阵，双方主将比拼，双方军队排好阵势观战，如果甲方将领把乙方将领斩于马下，甲方伍卒就趁势掩杀过去，由于乙方主将已死，伍卒没有了斗志，甲方获胜基本上成定局。

有一本书这样描绘塔齐布与曾天养对决："塔齐布是湘军第一员猛将，善于骑战，精于马术，他是满洲镶黄旗人，保持着入关时那种剽悍气质。二人激战多时不分胜败。曾天养怒睁豹眼，越战越勇，突然一矛刺中塔齐布战马，一个颠扑，塔齐布几乎摔下马来。塔齐布的亲兵在同一瞬间从曾添养背后猛刺一枪，曾天养猛一回马，其坐骑即被刺中，马蹶人倒，被塔齐布挺矛刺中，战死。"

其实并非像书中写的那样戏剧化。战斗中，曾天养不幸被流弹击中胸口，疼得大呼几声，嚷的是湖南人听不懂的广西话。老将拖着带伤的身子，带着几十骑亲兵左冲右突，杀伤湘军数十人，与塔齐布撞上。塔齐布不像后人说的那样英勇，反倒是曾添养更抢眼，虽有伤在身，仍挺起长矛刺伤塔齐布坐骑，塔齐布从马背滚落下来。曾添养负伤多时，体力不支，没来得及下手，一名叫做黄明魁的亲兵冲上来，用长矛刺中曾添养。曾添养从马背上滚落下来，堕地气绝。

萧一山对曾添养有这样的评价："盖自起兵以来，洪杨基干，唯添养最能军，每克一城，皆警其部下，不奸杀掠夺，唯遇清军则非刑残酷，毫无人理。"

曾添养战死后，湘军割下首级，悬于营门，本是拿长毛首领的头颅示威，没想到，反倒添堵。原因是曾添养的首级就像依旧活着，目光炯炯，湘军士兵吓得不敢从门下过，只好摘下来，请道士做了醮仪，而后匆匆埋葬了。

曾添养阵亡后，西征军还有两万人。塔齐布令罗泽南、李续宾直扑高桥，自己带着湘军冲入太平军营盘。曾国藩令李孟群率领三营水师，乘势进入长江，占领东岸的旋湖港、芭蕉湖、道林矶、鸭栏矶；西岸的观音洲、白螺矶、螺山夹洲，并毁掉太平军构筑的炮台三座，进驻螺山。

城陵矶战后，曾国藩指挥水陆并进，这是湘军第一次走出湖南，去湖北作战。

1854 年（咸丰四年）初秋，曾国藩坐在统帅座船上，率领一万七千余名湘军将士水陆并进迤逦北上时，职位其实有点尴尬，用他的话说是"非官非绅"。

湘军是体制外军队，就像没娘疼的孩子，朝廷既希望湘军多打胜仗，又不愿意付出，发饷自己解决。曾国藩成了湘军官兵既得利益保护者和将得利益的争取者。他利用"官绅之间"的特殊地位筹捐办厘，保证了湘勇每月都能领到饷银；他利用专折奏事权力，每次战后都向朝廷列出长长的立功者名单和奖励请求，使那些在与太平军作战中不怕死伤的官兵得到实实在在的好处。

湘军这个名字是什么时候叫起来的？郭嵩焘认为建军便称湘军；胡林翼在致李续宜的信中称，曾国藩所部往河南南部和安徽进发时才称湘军。湘籍学者梁绍辉认为，湘军之名始于《清代大事年表》记载的"咸丰三年七月（1853 年），曾国藩遣湘军驰援江西。"是说湘军因出省作战，为了区别于他省军队，才被称之为湘军。但那次出省只是湘勇的一小部分，而这次是尽遣主力。

湘军将士皆立船头，不披甲胄，直达武昌城南数十里下泊。这时清廷派遣荆州将军官文带着清军来了，凑了把热闹，占领蒲圻、嘉鱼、通城。湘军陆师从岳州出发，经咸宁、山坡、纸坊，直达洪山一带。

塔齐布偕罗泽南至金口见曾国藩，议定分路攻取武昌。罗泽南部由金口攻花园，塔齐布军进扼洪山。曾国藩说，花园设有三座大营，若攻其洪山，花园太平军必起而援助，罗泽南自任前锋，先攻花园，余兵扼堵洪山，协其攻克花园，武昌即成为孤城。曾国藩同意了他的计划。

罗泽南挥军进攻花园，太平军凭借临时搭起的木城，架炮轰击，罗泽南军伏地前进，攻至木城跟前，太平军内部出问题了，竟然溃乱。罗军乘势夺取了数十条大船，连续攻克了三座大营，两万太平军几乎不战而溃。第二天，罗泽南再接再厉，继攻鲇鱼套，经过小战，也轻易取得胜利。

花园太平军溃败，塔齐布率军攻洪山，洪山守军起初坚决抵抗，后来得知花园溃败，知不能守，也纷纷退避。塔齐布下令攻击，同时料到长毛会出逃，

在武昌东北门外设下埋伏，果然，太平军从门内冲出来了。

东北门外有伏兵，太平军很难跑出去，或被杀死，或跳河。太平军里有支童子军，都是十几岁少年，跟着成年兵仓皇逃命，很多孩子往水里跳，想游到对岸，不是被射杀就是被淹死。小孩的死比成年人的死更加怵目惊心。塔齐布看到这情景，突然在血海骨山中号啕大哭，厉声下令阻止屠杀。

打仗后统计战果，两千年前的秦国军队以割下敌人耳朵为"报账凭证"。湘军的路数差不多。太平军官兵把辫子剪了，留长发，湘军只要杀了长毛，就可以领赏。塔齐布如果下令将出逃武昌的长毛全杀了，可以领赏，他没有这么做，而是制止了屠杀。对太平军来说，既然做了"逆"，就战至死。后期清廷调整策略，只要不是在太平军里有头有脸的人，是被"裹挟"进长毛的民众，若能投降，则官军不杀，还发给遣散费。可惜的是，塔齐布那时还没有这个政策。

太平军守将为石凤魁、黄再兴皆不习战事，不是一心一意地守卫，而是信心不足，半心半意。湘军水师、陆师北上抵达金口时，韦以德逃离武昌。那时太平天国西征军在武昌城的守卫部队尚有千余战船，陆师万人以上。但石凤魁等无指挥之才，太平军失陷花园、洪山的第二天夜里便弃城逃走。汉水的大批船只、数千水军及城里的守卫部队皆未得到撤退消息。天亮时，湘军攻城，城里的守将早已逃跑，守军大乱。湘军登上城墙，打开城门，一拥而入。

10月14日。湘军占领武昌、汉阳。当日，曾国藩于当日在诸将官的拥护下进入文昌门。长江流域最大的城市，居然没有怎么打，就被湘军攻陷了。

咸丰皇帝接到奏折后，喜不自禁。问题是，他认识曾国藩，对这头倔驴有深刻印象，他不敢相信，那个湖南籍文员率领编练不足一年的湘军，竟把武昌攻克了，收复两湖大部失地。看过奏报，下旨任命曾国藩为湖北巡抚，还在谕旨中表示："获此大胜，殊非意料所及。朕惟兢业自持，吁天速赦民劫也。"

随后，咸丰皇帝下旨封赏湘军将领。胡林翼升为湖北按察使，罗泽南为浙金陵绍台道，彭玉麟为广东惠潮嘉道，杨岳斌擢常德协副将，鲍超升为参将，李元度、李续宾、郭嵩焘、刘蓉、陈士杰等人都有升迁。

正当大家喜庆荣升之时，又一道上谕弄得众人晕头转向。在收到授曾国藩署理湖北巡抚的第七天，曾国藩跪听到的又一个上谕是："曾国藩着赏给兵部侍郎衔，办理军务。毋庸署理湖北巡抚。陶恩培着补授湖北巡抚，未到任之前，湖北巡抚着杨霈兼署。曾国藩、塔齐布立即整师东下，不得延误。"

咸丰皇帝还在曾国藩的奏折上批："朕料汝必辞，又念及整师东下，署抚空有其名，故已降旨令汝毋庸署理湖北巡抚，赏给兵部侍郎衔。"还怪曾国藩的奏折不署加封的官衔（即湖北巡抚），故说是"违旨之罪甚大，着严行申饬。"

后世史家为曾国藩打抱不平，认为皇上说话不算数，就像小孩一样，给了人家的东西又要回去。而且曾国藩本来就是侍郎，上谕说"赏"侍郎，纯属空头人情，曾国藩官职丁点未动，还落个"严行申饬"。相比之下，湖北作战中，署理湖广总督杨霈未有寸功，却因武昌收复实授湖广总督，而与曾国藩作对、反对编练湘军的原湖南按察使、新授江苏布政使陶恩培竟实授湖北巡抚之职。

为何会出现了这样的反复？一个解释是，咸丰皇帝是在遵奉大清祖训，即不肯把地方督抚大权交给手握兵权的汉人控制。此后曾国藩率军仗越打越大，声名越来越高，清廷对他越来越不放心。使他在若干年内，处于客军虚悬之地；以后虽授以地方大员之位，仍是不断发生龃龉，对他游移不定，甚或加以打击，使曾国藩左右为难，进退维谷，甚是尴尬。

传播最广的是，湘军收复武昌并拔黄州，捷书至，咸丰皇帝喜形于色，"立沛殊恩，以酬劳绩，曾国藩着赏给二品顶戴，署理湖北巡抚"。咸丰皇帝说："不意曾国藩一书生，乃能建此奇功。"军机大臣祁寯藻应："国藩以侍郎在籍，犹匹夫耳，匹夫居闾里，一呼崛起，从之者万余人，恐非国家之福。"咸丰皇帝默然变色。这话不见诸于正史，是坊间传出的。咸丰皇帝有所震动，据此收回成命。这种解释很勉强。朝廷即便对曾国藩坐大有所戒备，也不能胡整。或者说，即便准备着过河拆桥，而这时还没有过河呢，拆桥的时候还没有到。

曾国藩复奏："臣办理戎务，过多功少，将士用命，迅克坚城，臣实无劳绩，事机之顺，处处凑泊，则由我皇上忧勤所积，默挽天心，非臣筹谋所能及，尤无劳勋之可言，署理湖北巡抚，则于公事毫无所益，而于私心万难自安，沿途搜剿，即日起行，鄂垣善后，不能兼顾，母丧未除，葬事未妥，遽就官职，得罪名教……"上谢恩折陈奏："不敢仰邀议叙。"奉朱批："殊不必如此固执。"

萧一山在《清代通史》说，"国藩以母丧未除，得罪名教，辞巡抚，诏赏兵部侍郎衔，以陶培恩代之"，这个解释尽管合理。咸丰皇帝在上谕中说的很清楚，"殊不必如此固执。"并非皇上出尔反尔，夺曾国藩湖北巡抚一职，而是曾国藩在丁忧期间出任省第一把手不合适，自己主动辞退了巡抚一职。

自太平天国战争开始后，朝廷接到的都是兵败如山倒的报告，收复武汉这样重大的捷报还是头一次。即便没有授以曾国藩巡抚，朝廷还是给了曾国藩一个奖赏：湖南省文武百官，除巡抚一人之外，曾国藩视军务需要皆有权调遣。

上谕发至巡抚衙门，湖南巡抚骆秉章接旨后，带着藩、臬两司的官员，拥着一乘绿呢子空轿，找到住在船上的曾国藩，请他入轿，抬到省抚衙门。曾国

藩带着郭嵩焘、刘蓉、陈士杰等幕僚进长沙城，但没有入住巡抚衙门，住进原审案局里。过去骂曾国藩最凶的是布政使徐有壬，徐大人于当晚单独拜会曾国藩，检讨过去，主动提出湘军在衡州向陆知府借的十万两白银，由省库拨还，答应今后尽力筹措湘军以后的粮饷。布政使管钱，徐有壬放出这话，是有把握兑现的。

这时，曾国藩不再与湖南官场理论过去的是非，也顾不过来，一门心思地向朝廷为塔齐布请赏。在岳州、城陵矶、武昌三次大战中，塔齐布功勋卓著。清廷不仅完全照办，还满足了他的另一愿望，为他出了口恶气，这就是赏加塔齐布总兵衔，并以株守不战的罪名革鲍起豹职，超擢塔齐部署提督，寻实授。

长沙那帮老吏掂量出了曾侍郎的老辣。这招可谓一石三鸟。鲍起豹是湘勇的老冤家，这下被彻底"参"掉了，湘勇从此少了块绊脚石；塔齐布接任湖南提督，作为曾国藩的心腹，会在今后给予湘勇很大方便。鲍起豹下台，朝廷不会心疼，塔齐布是旗人，有旗人在省城掌控湘勇，清廷对湘勇的使用就更放心了。

朝廷令曾国藩率领湘军东进，曾国藩哪知内里。直到几个月后，胡林翼擢湖北巡抚，塔齐布病逝，他困守南昌时，才有人将湘军攻克武昌捷书上奏、某相国告咸丰皇帝语告知。他闻之黯然，与刘蓉谈及《后汉书》东汉太尉杨震被嬖幸潜害、权贵所逼，在贬遣归籍途中于夕阳亭饮鸩自杀事，悲怆叹息。闹了半天，曾国藩因丁忧而不当湖北巡抚，并非真心，而是客气话。

第十六章

胡林翼：另一位翰林的崛起

湘军克复武昌后，朝廷论功行赏，给一批人封官，胡林翼授湖北按察使。按察使是巡抚属官，主管省司法，正三品。胡林翼作战期间只是跟着塔齐布屁股后面跑了跑，寸功未建，为什么会忽地一把提起来？这里有故事。

胡林翼，字贶生，号润芝，生于1812年（嘉庆十七年）夏，论年龄，比曾国藩小七八个月，比左宗棠大三四个月。他出生在湖南益阳县胡家湾的一个耕读之家，这点与曾国藩和左宗棠一样。与曾国藩、左宗棠不一样的是，曾国藩的父亲曾麟书经过十七次县考才勉强中了个秀才，而胡林翼的父亲胡达源于1819年（嘉庆二十四年）中进士，廷试一甲第三名（探花）。

在科举制度宝塔上，胡达源爬到顶尖，而曾国藩的爹费了九牛二虎之力才迈进底层门槛。清代二百六十余年，京试开一百一十二教，湖南士子登一甲者仅十三人（状元二人、榜眼五人、探花六人），胡达源中探花，不仅是胡门荣耀，也为益阳幸事。胡达源授翰林院编修，官至詹事府任少詹事。

胡达源中探花这年，陶澍外出视察，乘船经过益阳，专程拜访胡家，结了娃娃亲，将五岁的女儿陶王秀姿许配给八岁的胡林翼。这时陶澍官儿不大，是给事中。给事中历代都有，职掌是稽查违误，清代被尊称为"给谏"，职掌是给皇上提意见。给皇上提意见的官儿与探花结了亲家，胡家最初并不知道陶澍日后会有多大发展前景，没有想到，这位亲家日后当了两江总督。

1820年（嘉庆二十五年），九岁的胡林翼随母亲汤氏到北京与父亲团聚，

开始接受父亲严格的理学教育，在十六岁时考取秀才。1829年（道光九年），胡达源在贵州任学政，相当于贵州省教育厅长。胡林翼随父赴贵州府读书，探究山川地理、关隘要塞与兵政枢机等方面的知识。他学到了许多贵州东部的山川地形和社会状况的知识，对他以后到贵州任职大有裨益。

胡林翼年轻时放荡不羁，胡达源深以为忧，逼他苦读圣贤之书，常掀髯动怒。后来，胡达源无奈之下，只好将孽子送至两江总督陶澍的幕府。哪曾想到，胡林翼到了金陵，半点不收敛，我行我素，风流依旧。陶澍严禁僚属酒色荒嬉，却唯独对女婿胡林翼网开一面。据黄濬的《花随人圣庵摭忆》，胡林翼在金陵纵情山水，并流连忘返于秦淮河畔、钓鱼巷中时，有人密告陶澍，不料陶澍却说："润芝之才，他日勤劳将十倍于我，后此将无暇行乐，此时姑纵之。"

1830年（道光十年）春，胡林翼与陶王秀姿结婚。新婚之夕，找不到新郎官的影子，原来跑到外面喝酒去了，喝得烂醉如泥。陶夫人火冒三丈，埋怨陶澍走眼了，竟选择了这么个混账女婿，误了女儿终身。陶澍却道："此子是瑚琏之器，将来必成大事，年少纵情，不足深责。他现在不玩，国家用材之时，他就没有时间玩了。"瑚琏是古代祭祀时盛黍稷器皿，夏朝叫"瑚"，殷朝叫"琏"，比喻人特别有才能，可以担当大任。

胡林翼的婚姻是倒插门儿，他入赘陶家，暂住陶家的桃花江别墅。从师蔡用锡读书，究经世之学。1832年（道光十二年）春，胡林翼携妻子王秀姿护送岳母贺太夫人从桃花江别墅到金陵两江总督陶澍任所。

陶澍是封疆大吏，仰仗着这种门第，胡林翼认识了不少大人物。陶澍任两江总督，林则徐接任江苏巡抚，陶澍不仅与林则徐同在金陵，而且政见相合，关系密切。陶澍将女婿胡林翼介绍给林则徐，胡林翼常到巡抚衙门去拜访林则徐，目睹林则徐与陶澍整顿吏治，兴修水利，严禁鸦片，为老百姓办实事。胡林翼佩服林则徐的为人和才能。两个人虽年龄相差小三十岁，但相互引为知己，结成忘年交。胡林翼请陶澍"密荐"林则徐为两江总督接班人，使陶澍亦感诧异。

1835年（道光十五年）11月，陶澍进京陛见，两江总督一职由林则徐以江苏巡抚署理。有一种合理推断，林则徐署两江总督，大概是陶澍密保的，而陶澍密保林则徐，是胡林翼怂恿的。胡林翼仅是小不拉子，热心荐贤是出于天性，一生中荐举的人不少，如江忠源、李续宾、李续宜、沈葆桢、刘蓉、严树森、罗遵殿、阎敬铭、韩超都是上乘之选，而左宗棠的成绩尤为卓著。

婚后，胡林翼浪子回头了，铆足了劲儿念书。那时的教育制度有一点与现在一样，户籍在哪儿，就到哪儿参加考试。胡林翼的父亲在北京当官。如果这会儿，后代随父进京，户口从原籍迁至北京某派出所。而在那时，胡林翼得回湖南应试。也就是在这年，胡林翼中本省乡试第四十名举人。

胡林翼厚积薄发，很快完成了三级跳。第二年他赴京参加会试，以第七十四名中试。会试成绩虽然一般，殿试却取得二甲第二十九名，朝考入选第九名，随即钦点翰林院庶吉士。1838 年（道光十八年）考试列一等第八名，授职编修。

曾国藩 1838 年（道光十八年）殿试取三甲第四十二名，赐同进士出身。朝考列第一等第三名，道光皇帝拔置第二名，授翰林院庶吉士。两年后授翰林院检讨。从庶吉士到翰林院检讨、胡林翼都比曾国藩早两年。1839 年（道光十九年）11 月胡林翼充任国史馆协修。1841 年（道光二十一年）11 月曾国藩任国史馆协修。在国史馆协修这个岗位上，胡林翼比曾国藩整整提前两年。

前后差两年，胡林翼与曾国藩在翰林院共过事。翰林院进出的是人尖子，哪个心气也不低。湖南在科举方面缺乏优势，年龄差一岁的湖南人，恐怕就这俩。

我查资料才知，曾国藩和胡林翼都当过翰林院检讨，都当过国史馆协修，那么，有关书籍中怎么不提这段呢？只有一种解释，胡林翼与曾国藩同在翰林院时没有来往。曾国藩升迁快，老穆伸出了援手。胡林翼的长辈则看不上穆彰阿，林则徐受到穆彰阿和"穆党"排斥，而且岳父陶澍也对穆彰阿看法亦很深。

即便长辈之间的瓜葛会在后代有所淡化，我也隐约觉得，别看曾国藩与胡林翼是湖南老乡，般大般小，也不会走得太近。为什么？一个是两江总督的女婿，风流倜傥；而另一个是民办教师的儿子，土得掉渣。曾国藩不是不会攀高迎贵，但要看是谁。胡林翼二十五岁中进士，旋点翰林，少年科第，风光一时。更加稀罕的是，他父亲胡达源是詹事府詹事，而他是翰林院翰林，这对父子的这种情状，估计是朝廷中仅有的。湖南年轻人，通常心里都是劲儿劲儿的。别看都是湖南老乡，由于胡林翼的心理优势太明显，曾国藩心里别扭，会躲着走。

在道德操守方面，胡林翼比坚持"日课"的曾国藩差了一截。黄濬写了本《花随人圣庵摭记》，记载了胡林翼吃花酒嫖妓的故事。

京师尽管是大清王朝的都城，而娼业依旧比较发达。前门外有著名的八大胡同，里面妓院荟萃，城郊结合部更是不乏销魂场所，心里发痒的年轻男子"潇洒走一回"，属正常。不过，国家公务员得尤为谨慎，因为《大清律》中有明确规定：凡官吏宿娼者杖六十；且免不了要接受降级甚至革职的处分。

那日，胡林翼和一名叫周寿昌的湖南老乡"流连夜店"，被风化纠察队逮了个正着。所谓风化纠察队，正式名称是坊卒，专门搜查妓院违法勾当。周寿昌耳尖，一听门外大声呵斥，立即跑到厨房换了套佣工装扮，蒙混过关。胡林

翼醒觉后，坊卒破门而入，将他揪出来。随后辨认身份，他矢口否认自己是翰林。坊卒刑讯逼供。那一夜，他受尽羞辱，总算保持颜面，事态不致通知单位。次日，胡便与周寿昌绝交。事隔多年，他也不原谅此人，招募士兵时严令"善化籍城市油滑之人"不得入伍。善化即长沙，周寿昌是善化人。

历来有人认为，中国文化不同于西方文化之处在于中国以道德代替法律，其实这话并没有说到点子上。中国的问题不在这里，而在法律面前并非人人平等。中国人不相信法律，宁愿相信道德面前人人平等。在法律面前犯禁而逃避法律监管的例子不胜枚举。在正常机制下，如果社会健康，即便逃脱法律制裁也难以逃脱道德惩罚。在不正常情况下，逃脱了法律，又能逃脱道德，那么这个社会就到世风日下的局面了。任何一种法律都先天不足，况且法律的实施和执行还在于人，如果碰到包公或者海瑞，那么法律面前可能做到人人平等；如果碰到王莽或曹操，法律面前就不可能人人平等。法律面前人人平等只是一个理想。而道德就不一样了。道德是人们经过长时间的实践从日常生活中总结出来的一种法则。胡林翼就是这样一个典型，他虽然逃脱了法律制裁，却没有闯过道德这一关。

胡林翼虽然没有过多触犯法律，但是小毛病不断。他与曾国藩都担任过乡试考官，所不同的是，曾国藩在四川乡试担任考官，工作四平八稳，而且挣了一笔银子。而胡林翼担任考官，就没有这么顺当了。

1840年（道光二十年）6月，胡林翼受命充任江南乡试副考官，与正考官户部侍郎文庆（满人）一起赴金陵。8月2日抵达金陵时，贡院（即金陵夫子庙）仍然被水淹着，没办法如期考试。考期被迫延期一月。到了考期，文庆病倒。胡林翼一人熬了三十多个昼夜，批阅了一万四千多份考卷。年底，胡林翼回京复命时，因文庆携带举人熊少牧入闱阅卷案发，胡林翼因失察而降一级调用。

1841年（道光二十一年）胡达源在詹事府少詹事任上病故，胡林翼扶灵柩回湖南益阳守制。那时曾国藩在翰林院任检讨，以湖南同乡身份前往吊唁，亲送灵柩出城。这是曾国藩与胡林翼在京师少有的过从之一。

胡林翼因父故回籍守制，自此大松心，居然赋闲五载。当然，有另外一种可能，那时第一次鸦片战争刚刚失败，当年的主战派们，不少人的日子不大好过。莫非胡林翼也沾了包？与其在朝中混，不如回家自在。

1845年（道光二十五年）冬，林则徐从新疆释还，获悉胡林翼仍守制家居。立即写信，劝他出山效力。两江总督陆建、安徽巡抚王植、座师潘世恩等相继致书，劝其出仕。那时没有停薪留职，离职时间长算自动离职。但国家允许高学历者归队，只是须缴纳一笔钱。当前学历不与经济利益挂钩，而在清代，胡林翼是进士，最高学历。进士是稀缺资源，每隔几年才有一次会试、每次就那么几十个进士，由于进士在人口中占的比例太小，所以国家才想办法保护。

翰林复职，不会马马虎虎给个官儿，缴纳一定费用后，得给个中高级干部。1846年（道二十六年），林则徐上奏为胡林翼捐输。捐输与花钱买官差不多，如果有所区别的话，花钱买官是白丁干的事，原来就是官的重新当官，称"捐官"。

道光皇帝同意胡林翼捐输。那么，办事部门得把帐算清楚了。根据陕西捐输案例报捐，内阁中书升知府。胡林翼遵例捐银一万四千八百三十三两。这个有零有整的数字后面肯定有一套计算方法，就像现在保险公司理赔计算，有挺啰嗦的公式。看样子，这笔钱很快凑足了，而胡林翼却不愿意在内地当官，打算支援大西南。根据他的要求，分发贵州补用。次年，林则徐调任云贵总督。胡林翼携妻子王秀姿和家人到贵阳，任贵州安顺府知府。

胡林翼赶的时候不好，刚抵达贵州，1849年（道光二十九年）初，湖南新宁李沅发领导农民起义，占据十余州县。贵州巡抚名为乔用迁，担心义军主力进入本境，命胡林翼率兵勇于边界防堵。胡林翼卸安顺府事，接署镇远府。

在《胡林翼大事记》中是这样叙述的："以镇郡先务之急，莫如除盗，盗以黄平台拱为最多，施秉天柱亦甚不靖，高山某夷山丙沙邦四寨，其尤著者。前任抢掠烧杀拒捕各重件，层见迭出，不能破桉。公到任，添丁哨巡访，购眼线追捕，重赏必罚，月余，连获移交劫杀奸淫大盗二十名，又另获他桉盗匪二十余名。通计在任四个月，获盗几百名，惟革夷上中下三寨，势更绵延，箐林幽险；高山寨亦孤耸峭厉，均难深入，苗入滚山蓁洞，处处可通，围擒难于周匝，此时即有募兵攻取之议，于该处地势之要隘险僻，考证访察，书图几及百幅，有土人所不能悉者，公尽知之，盖已得其要领。当年初秋，胡林翼卸事回省，不久充武乡试监试官。年底奉札委带兵严拿革夷山丙沙邦等处苗匪。"

1850年（道光三十年）初，《胡林翼大事记》中叙述："抵黄平州属之岩门司，其地界实为革夷山丙沙邦各贼巢适中之地，地方各文武率营兵一千七百余名，屯兵苗兵一万八千余名俱至，胡林翼分布督率，扼要堵截，以防窜逸，并晓谕附近安分良苗，赴桉首明，给与记号，则为安插，随即直捣贼巢。除先后临阵格毙外，擒获各桉首要巨盗二百九十八名。旋据先期投首之六十寨苗头头带领生苗三千八百余丁，禀称自愿剃发摘环，编入保甲，如各寨中再有盗匪，自愿捆献。胡林翼公察其情词确实，饬各地方官居跟同编造册籍，给予腰牌，免书差期诈朦溷之弊，仍酌留委员，清理户口，安抚良苗，凡一月而事竣。事闻，

赏戴花翎。时湖南新宁李沅发作乱，逼近黎平，二月十七日，奉委带领兵练自黄平驰往办理者剿事宜。云贵总督程公矞采，贵州巡抚乔公用迁，遵旨保举，以道员用。"

道员俗称"道台"，是巡抚与知府间的官员。相当于现在省长与地市级市长间的过渡职务，只能是厅长。设置道员差不多。厅长有专管，例如农业口、教育口什么的。道员也差不多，如盐运道员就是管保护官盐、打击私盐贩运的。布政使的副手也是道员。道员一般为正四品官，但可另加头衔，提升品秩。

1851年（咸丰元年）夏，胡林翼调到贵州黎平府任知府，那时太平天国运动初起，他在为官之地自练黔勇。在贵州几年，他治匪治民，政绩蜚然，声誉鹊起，既得到上司倚重，又承蒙皇上垂注。但是他在他升任贵东道员后，却不想干了，向当局一再禀辞，求念老母年高及自己因心劳力绌而百病丛生，恳允放归故里。咸丰皇帝考虑贵州的需要，未批准他的请求。

1853年（咸丰三年）9月，吴文镕接任湖广总督，到任不久，太平天国西征军再次攻进湖北，10月下旬克汉阳，吴文镕株守武昌，紧急中奏调胡林翼入鄂办理军务，清廷批准了这一请求。胡林翼率黔勇六百人启程赴援湖北。明年初春到湖北金口，得知吴文镕兵败自杀身亡的消息。这一下，他进退两难了。

他给湖南巡抚骆秉章和湖南团练大臣曾国藩等各去一封信，请示行止。骆秉章接信后，马上派人给胡林翼送粮饷。曾国藩上了那个有名的奏折，对胡林翼赞不绝口，给后世留下最深印象的话是，认为自己的能耐远不如胡林翼，奏留胡林翼在湖南军营防剿，将他所带的黔勇六百人编入湘军序列，暂时移驻岳州。

胡达源、胡林翼父子当年是京师有名的父子搭档，而胡林翼在贵州的表现比较抢眼，给咸丰皇帝和军机处留下了较深印象。皇上批复了曾国藩的奏折，胡林翼从此率部参加湘北战争，因所部力量弱，无战功可录。7月，胡林翼升任四川按察使，奉命留守湖南。10月，胡林翼调补湖北按察使。

1855年（咸丰五年）1月，胡林翼率部入江西，会同湘军罗泽南部进攻湖口、枚家州。2月，胡林翼率军自江西回援武昌，升任湖北布政使9月调湖北按察使，赴援九江。1855年3月，升湖北布政使，率大军回援武昌；4月，武昌失守，奉诏署湖北巡抚，负责南岸军事，与曾国藩策划围攻武昌。次年12月，破武昌城，实授湖北巡抚。此后，援赣、谋皖、图江南，全力支持曾国藩。

胡林翼奏调在江西作战的曾国藩之湘军罗泽南部五千余人赴援武昌。胡林翼与湖北总司粮台营务阎敬铭研究了筹措粮饷计划。对各款各项，对症下药，竭力殚心。主要采取三项措施："实力整顿"钱粮，将重点放在清厘漕务积弊；

以捐输充实筹饷来源；全力整顿盐课与厘金，在湖北各地设局立卡，抽厘助饷。

咸丰皇帝恪守祖传的"满汉大防"原则，启用官文。官文是满洲正白旗人，出身不显赫，当官走狗屎运，年轻时作殿前蓝翎侍卫，迁至头等侍卫，就是挎刀站在皇上身边的头等保镖。这种人一旦外放，就有模有样，出为广州汉军副都统，后由荆州将军调湖广总督。此人于游冶样样精通，对打仗一窍不通，说来也是，让皇上身边的头等侍卫指挥作战，真难为他了；于吏治、民情一概"茫然"，毫无定见，但知何处请兵，即敷衍何处而已；生活奢侈，贪污自肥。占着湖广总督高位，什么事都不做，却又对胡林翼事事横加干涉。

湖北是东征饷源地，曾国藩乃婉函胡林翼，要求缓解对策。胡林翼将督抚意见不洽、影响东征战守上奏，咸丰皇帝知胡林翼敢于任事，官文庸碌，下谕勉胡以大局为重，可按奏请军政要务措施进行，但遇事必须督抚会商，以策万全。

胡林翼终于接受各方意见，主动搞好督抚关系，自任艰巨，有功首推官文，每月拨盐厘三千金作督辕公费，并笼络与官义亲近官绅，督抚关系表面极为和睦，对东征饷需，南北战守，湘军扩军，官文再未提异议。但官文城府颇深，暗中仍监视胡的行止，随时密奏。咸丰皇帝也对湖北放心。

在湖北六年，胡林翼和曾国藩同心同德，其济时艰，两人的友情非他人可比。而胡林翼又不同于曾国藩，曾国藩虽名义上是湘军统帅，只做了七天的湖北巡抚就被剥夺了，只有兵权却无地方实职，故办起事来，处处要受当地官员掣肘，尤其是涉及要到军饷的时候，更是举步维艰。谁也不会想到，胡林翼进入咸丰皇帝的眼帘很迟，却早于曾国藩得到地方实职，因而办事要方便得多。

胡林翼借这个方便，为湘军多方争取支持，对湘军的成长贡献巨大。尤其是后来，曾国藩的两个弟弟，曾国华和曾国荃先后在湖北战场跟随胡林翼征战，胡林翼对这哥儿俩尽心照顾，简直是要啥给啥。曾国华初来乍到，就指挥作战而言，完完全全是个生手，胡林翼却把一支生力军交给他指挥，真是大大地出格了；曾国荃这人是个愣头青，办事莽撞，冒冒失失的，多亏胡林翼从中协调帮助，把曾国荃拨拉上路了。对于这些，曾国藩心知肚明，对胡林翼非常感激。

曾国藩每到一处，总是和地方官合不来，弄得不可收拾，尤其对于官文这样的官员，恨得咬牙切齿。相比之下，胡林翼深谙官场潜规则，掉脸一想，即便把官文赶走，朝廷也未必肯启用汉人坐镇武昌。再说，来一位新任湖广总督，未必就合得来，还不如把官文摆平，反倒更有利于湘军。他为取得官文的信任，认了官文的小妾为干妹妹，尽量满足官文贪欲，官文把湖北一应事务交给他，一些出面不好办的事由官文出面上奏朝廷，而朝廷信任官文和胡林翼要远胜于信任曾国藩。没有官文掣肘，对湘军后来逐渐走出困境起了关键的作用。

胡林翼会做人，表现在他对湘军部将格外信赖和亲热，如对罗泽南，言必称先生；对其部属李续宾、李续宜兄弟也格外笼络，当他知道李氏兄弟有老母在家无人照顾，派人把她接到自己署中，供养起来；对左宗棠也是格外热情，当朝廷向他征询对左宗棠的看法时，胡林翼是极数左宗棠的好处等等。

胡林翼会打仗，这点与曾国藩有很大不同。曾国藩带兵出征十余年，麾下将领打仗屡有斩获，而他亲自指挥的仗，反倒屡吃败仗。胡林翼却不同，他出师作战，往往是亲自领兵作战，而且指挥位置靠前，多打胜仗。后来，蒋介石让人把胡林翼的治兵方法编成了语录，作为黄埔军校的教材。蒋介石的最大对手是毛泽东，毛泽东同样很服膺胡林翼。胡林翼字润芝，毛泽东也给自己改名为润芝。

第十七章

铁索沉江：田家镇之战

　　湖北蕲州与武穴之间有个镇，叫田家镇，是鄂东古镇，位于湖北与江西交之地，商贾繁盛。对岸有座半壁山。田家镇在江北岸，半壁山隔江相望。半壁山孤峰昂举，悬崖如削，突兀江心，屹如关隘，与北岸田家镇互为犄角。

　　"田家镇当江北，诸山峻峙，江南大山曰半壁，三面斗绝，山下富池口，江水绕山北向东，故行田家镇为避湍。"长江被称为"浩瀚"，是因为江面宽阔，而在田家镇、半壁山这里，江面变窄了，就像上天在这儿勒了勒腰带。江面一百七十多丈宽，也就五百多米，一华里多点儿，形如咽喉。研究兵要地志的专家认为，田家镇、半壁山乃武昌锁阴之地、攻荆入楚门户，被称为"楚江锁钥"。

　　田家镇与半壁山原本有清军驻守。1853年（咸丰三年）10月初，太平军曾天养率部来到这里，自富池口登岸。对方是湖北按察使唐树义。曾天养用水营冲击唐树义水师，趁着清军吃早饭时突然袭击，半壁山上枪炮齐鸣，清军大溃。经此一战，曾国藩在奏稿中哀叹道："现在两湖地方，无一舟可为战船，无一卒习与水师。"他指的是湖北长江水域没有清军一条船。

　　1854年（咸丰四年）10月中旬，太平军在武昌失守，石凤魁、黄再兴退守田家镇阻遏湘军东下。时隔仅一年，这里又将发生一场恶战，不同的是攻守双方交换场地，上次是太平军从下游攻清军，这一次是湘军从上游攻太平军。只要田家镇一破，湘军就能从湖北杀进江西，太平军也被完全赶出湖北。

杨秀清对湘军东进的警惕，是从接到武昌告急信开始的。告急信是国宗石凤魁写给杨秀清的。石凤魁在逃跑之前，没有忘记打发国宗韦以德（韦昌辉的侄子）去天京向杨秀清汇报军情。杨秀清得到韦以德详细汇报后，才知道湘军的厉害和西征战场的危险，决定采取强有力的措施来挽救西征战局。

石凤魁、黄再兴撤出武昌，水营损失惨重，陆师未受损失，全部退到田家镇设防。石凤魁和黄再兴被追究丢失武昌责任，双双被砍掉脑袋。黄再兴被杀，引起后人对杨秀清的批评，一来他不是主将，二来曾向石凤魁提出过建议，只是不采纳，酿成了严重后果。这种批评固然有些道理，但过于迂腐。杨秀清不杀前线主将，难道自己承担领导责任不成？既然要杀，当然一锅端有说服力，不如此则无以说明前线指挥部的无能，从而推卸总司令部的责任。

石凤魁被斩，杨秀清任命秦日纲任田家镇战役前敌总指挥。秦日纲有得一说。李秀成在《自述》中说，太平天国起义，天王洪秀全"所知事者，欲立国者，深远为者，皆杨秀清、西王萧朝贵、南王冯云山、北王韦昌辉、翼王石达开、天官相秦日昌六人深知。除此六人以外，并未有人知到王天欲立江山之事"。这里所说的秦日昌，是最早的核心圈子里的人，他后来改名为秦日纲。

秦日纲是广西贵县人，雇农出身。起义初，不少人保持着农民散漫作风，多不遵令。为此萧朝贵演了出戏，假托天兄下凡，以天兄圣旨交冯云山和秦日纲执行。秦日纲非戏子，在演出活动中有上佳表演，取得杨秀清信任。永安州封王时被封为天官正丞相，列群臣之首，仅在东、西、南、北、翼五王之下。

清军围困永安时，秦日纲统兵驻扎在水窦和莫村，与永州城为犄角。太平军从永州撤退，秦日纲将兵力往两线布置，没有防住向荣对制高点的偷袭，导致几千人马挤在狭窄泥泞的峡谷中被动挨打。不过，此战的指挥员是萧朝贵，而不是秦日纲，否则以杨秀清执法之严，秦日纲早就革职查办了。

随后秦日纲跟随大部队，从永安一路打到天京，住进分配的家宅，门口画俩醒目大象。根据太平天国制度，天王宫殿门口画双龙双凤，东王、西王的门口画的是一龙一凤，侯爵的门口画龙虎，丞相门口画大象，检点以下都画不同姿势的豹。太平天国禁止夫妻团聚，偌大个天京城内，夜里能和老婆做爱并在事后搂着老婆睡觉的，只有八位最高领导人，秦日纲即其中之一。

太平天国设爵，秦日纲封顶天侯，还有一项别人不能企及的荣耀，每逢洪秀全祭天时，他得以和东王、北王、翼王随着天王登上高二丈五的"天父台"。秦日纲原没有这种资格，但幼天王年纪小，他充当幼天王的"坐骑"，把他背上台去。他跟洪秀全一家亲密无间的关系可想而知。

没过多久，杨秀清因北伐军被包围，在京师附近被僧格林沁打得稀里哗啦，让秦日纲率部增援。此行乃九死一生。杨秀清为鼓励秦日纲，封他为燕王，他成为五王之后第一个封王的。秦日纲不愿去，打报告说"北路官兵甚多"，后实在推托不过了，勉强出发，到舒城被清军秦定三部阻击，顺势退回。

清廷从广东调来五十艘条红单船开进长江，这是一种海关用船，船大，炮火猛。秦日纲奉命带水营迎战，吃了败仗，坐船被击沉，他略识水性，扑腾着从水里爬上岸。杨秀清考虑到太平军水营船只不如红单船，没有追究，派他去湖北巡查河道。他率三万人马行至湖北蕲州，赶上太平军在武昌溃败，石祥祯、韦俊、林绍璋、石镇仑、周国虞等部保持建制，陆续到达蕲州，加上从武昌败退的军队，陆续达数万人，对外则号称十万大军。

杨秀清命令秦日纲收拾这个摊子。他赶至田家镇察看地形后，和石祥祯率两万人马驻守田家镇，韦俊、石镇仑、周国虞等率两万人马守卫半壁山，检点陈玉成率军驻守蕲州。秦日纲认为湘军水陆充其量不过万人，而太平军集于蕲州已五万人。从蕲州至武穴关隘甚多，充分利用，正是歼灭湘军的时机。

韦俊是北王韦昌辉的弟弟，又名韦志俊、年方二十八岁。太平军起义初，他随兄起义，参加了多次恶战。这次作战，他是半壁山兵马的主将。他让石镇仑率军八千至半壁山脚安营，林绍璋率五千人驻守富池镇，周国虞率六千水军扼守江面，自己率其余兵马扎营半山腰，总领半壁山战场。他向部队下了死命令：掐死湘军水陆去路，绝不许后退。

在江面设几道拦江铁索，阻拦湘军水师的战船通过。这个点子是谁出的，说法不一。但是，太平军不是头一个这么做的。当年东吴阻挡晋军、后晋阻挡后汉，都用过铁锁挡江法。然而，铁锁如何架？为什么当年吴国的铁锁未锁住大江？唐代诗人刘禹锡的《西塞山怀古》悼念当年吴国在田家镇上游黄石设拦江铁锁，被晋国大将王浚打破，落得"千寻铁锁沉江底，一片降幡出石头"。

田家镇、半壁山久为要地，这段的长江河床最窄，水流最急，早有防御设施以及营房，大量工作不是太平军撤到这里后才做的。杨秀清早就察觉到，如果清军从上游向天京打来，最佳防御地段就在田家镇、半壁山的江面。

这项防御任务落到头脑简单的"一根筋"秦日纲头上。杨秀清特意写信叮嘱他，务必要拦断长江，在江面用铁索和竹缆，挽在船只和木排水城之上，用铁锚固定在两岸，阻拦湘军水师通过。杨秀清还指示，两岸要多修炮位，扼住湘军水师航道。杨秀清隆重推出太平军新发明的木簰水城，先扎大木排，上修木城，留出炮眼，架上大炮，可作活动水上炮台，既可阻隔水面，又能攻击敌船。

东殿左七承宣涂镇兴等运来五座"木簰水城",在江心挽泊堵御。

木簰水城是什么?就是大木排,两侧有套铁索的铁环。那时铁的质量不好,锁江铁索不可能太长,否则会被自身重量拉断,中间要有连接点,连接点即木簰水城。为防止湘军跳上木簰水城,截断锁江铁索,上面有士兵和炮。

数万太平军官兵和从附近征集的民夫立即开始干土木活儿,日夜加班,热火朝天。他们在田家镇至蕲州一段四十里江岸修筑土木城,安置炮位;在半壁山扎大营一座、小营四座,山下挖掘三四丈宽的深沟,内侧建立木栅、炮台,外侧密钉竹签、木桩,引水灌壕沟,壕外密布竹签、铁签。

太平军水营和湘军水师的作战功能不同。湘军水师的建设思路是服从于水面战斗,以架设进口洋炮的兵船为主。而太平军水营主要是为配合地面战斗而建设,比如搭浮桥,保障地面部队快速通过;再如设置障碍,阻滞清军兵船通过等等。太平军水营没有能力从广东进口洋炮,只得干一些水面工程部队的活儿,自身的战斗力并不强,但是能够对步军提供相应的保障。

为保障天京安全,太平军水营在江都、瓜州、镇江等地江面设拦江铁索。这次又在田家镇、半壁山横拦铁索。究竟在田家镇与半壁山间拦了几道拦江铁索?说法不一,有的说是两道,有的说三道,还有的说六道,甚至七道。两链相距约十余丈,锁下每隔十丈安一只大船,首尾以大锚固定,铁锁也固定在船上。每隔三只大船再设一个大木排,承受铁锁压力。

姑取六道铁索说。从江北田家镇街尾,到江南陡峭壁立的半壁山之间。锁着六条铁缆,七条篾缆,将长江拦腰锁住;五座木簰水城和数十艘船只托住铁缆,一节被砍断,其他节牢系如故;又以铁钩、铁码连接铁缆与船、簰;船与簰的头、尾均用大铁锚沉下江底;船、簰之上部备有枪、炮和准备灭火用的黄沙;横江铁锁上游有三四十号战船,下游有杂船五千余号,绵延六十余里。

为阻击湘军水师,西征军在田家镇建立大营,厚集兵力,并筑有二里长的土城。自田家镇沿长江北岸,直到蕲州,约四十里之远,遍设营垒,多安炮位,太平军的这种做法,被称为"夹江为营"。

在杨秀清的遥控下,秦日纲按照要求布置,不打折扣地执行"严防死守"的防守方针,压根就没想过要主动出击,只是坐等曾国藩前来破关夺阵。

湘军占领武昌后,曾国藩奏报下一步作战计划,稳扎稳打、步步为营,先经营湖北,再以两湖为基地,进取江西、安徽,步步逼向天京。依照他的本意,东征放放再说,当务之急是休整,补充兵员、调集粮饷,作好再度战斗准备。曾国藩提出,太平军主要兵力部署于长江两岸,实力并未丧失,湘军虽取得武昌,若全军东下，失去后方供应，必然陷入困境，造成难以估计的后果。咸丰皇帝却拒绝接受这个意见，令湘军立即东下，曾国藩不敢违旨，只得提兵东下

1854 年（咸丰四年）10 月底至 11 月初，清军自武昌分批出发。湖北军在固原提督桂明的率领下，沿江北岸推进，为第一路；湘军水师顺流而下为第二路；湘军陆师沿南岸前进为第三路。湘军又分为两支：一支由塔齐布率领，经鄂城趋大冶；一支由罗泽南率领，经金牛镇趋兴国。

曾国藩亲自指挥水师沿江东下，经葛店、黄州，于第三天到达道士洑。接到前军探马报告：蕲州有太平军陈玉成守卫，水陆号称万人，主要是陆师，仅少量水营。湘军前锋塔齐布现达金牛镇，听候进军命令。

曾国藩与彭玉麟、杨岳斌、刘蓉、郭嵩焘等研究之后，下令塔齐布与罗泽南分别进攻大冶和兴国，引诱陈玉成援救，水师趁机冲过蕲州。

湘军澄海营再次下犯蕲州，被陈玉成的水营击败，而后乘胜上追，至渭源口附近，杨岳斌、彭玉麟督船来攻，哨官鲍超等傍南岸下驶，从下游包抄而上。太平军腹背受敌，又值东南风大作，不能下退，只得弃船登岸，损失船只一百数十号，但上岸后，却用抬枪击毙澄海营营官白人虎。

塔齐布、罗泽南两军向大冶发动进攻。太平军在大冶城北筑垒自守。塔齐布分三路进攻，中路伏鸟枪队于茶树下攻之，太平军出垒迎战，湘军左、右两路乘机焚太平军营垒，并追杀至海螺河堤边，太平军溺死者无数。

彭玉麟率水师开抵，进击半壁山太平军。太平军在将领石镇仓率领下与清军血战。陈玉成亲率四千人援救兴国与大冶，而塔齐布、罗泽南不待陈玉成赶到，已攻下两地，向半壁山前进。不久，罗泽南部进扎半壁山下，塔齐布部进扎半壁山东南十里之富池镇。两地取胜后，准备合军进攻半壁山。

曾国藩知陈玉成率兵援救兴国与大冶而去，企图一举攻下蕲州，结果进攻几次皆未成功，遂舍弃蕲州，顺流直驶田家镇。杨岳斌先锋营首先到达，猛然看到江面上有黑黝黝的六根大铁锁拦在江面上，铁锁后面布置着太平军战船。杨岳斌知铁锁难过，急令后撤，太平军水营大炮齐轰，几条战船被打沉。

湘军将领到现场才看清太平军阵势，从江北的田家镇街尾，到江南陡峭壁立的半壁山之间。横锁着六条铁缆，七条篾缆，将浩阔的长江拦腰锁住。在江面上，用五座木簰水域和数十艘船托住铁缆，一节被砍断，其他节可以牢系如故；又以铁钩、铁码连接铁缆与船、簰；船与簰的头、尾均用大铁锚沉下江底；船、簰之上部备有枪、炮和准备灭火用的黄沙；横江铁锁上游有几十艘战船，下游有杂船五千余艘，绵延六十余里；从田家镇到蕲州四十余里。沿岸筑了炮

垒、土城，备了重炮，威胁江西；半壁山上筑了营垒五座，山脚掘以深丈余、阔三四丈的深沟，引水灌满，沟内竖炮台木栅，沟外密钉竹签木桩，工程极其坚固；半壁山下游的富池口亦筑了坚垒，以便互相声援。布置可谓固若金汤。

半壁山孤峰峻峙，俯瞰大江，北麓尤为陡峭，形势险要，是太平军重点守备之地。锁江铁索的一端，就牢牢钉在从半壁山的山腰上。曾国藩对这些粗粗的铁索子并不担心，认为只要拿下半壁山，把锁江铁索摘掉就行了。这就像盗贼破室而入，门都被踹开了，那个门锁还有什么用。因此他说："先攻田镇对岸之半壁山，夺其要隘，则铁锁（链）一岸无根，当易拔去。"

湘军人数有限，只能是水陆配合，利用水师掌握制江权，配合陆师攻打沿江地点。反过来，陆师通过沿岸夺取基地，又能为水师提供防御据点。大仗开打之前，曾国藩特别叮嘱："以保护水军为心，如龙抱珠，百变不离其宗。"

打下布防严密的田家镇、半壁山不是件轻松差事。为了确保万无一失，曾国藩召集了一场战前研讨会。经过讨论，最终敲定了作战方案，基本思路是水陆配合，冲破江防。具体部署分三步走。第一步，先用陆师攻占田家镇对面的半壁山。第二步，在陆师配合下，出动水师斩断拦江铁索，摧毁长毛水上力量，彻底控制制江权。第三步，水师得手之后，陆师渡江攻占田家镇。面对湘军的部署，秦日纲只是严格按照杨秀清的指示，坐在大营等候湘军前来挑战。

曾国藩指挥，分水陆两路夹攻半壁山。罗泽南从马鞍山（半壁山西北处）进攻半壁山，塔齐布绕道夺取半壁山下游五里处的富池口；水师偷袭半壁山脚，用洪炉大斧熔凿铁索，并利用新式铁炮猛轰牛肝矶炮台至吴王庙营垒。

塔齐布重视侦察，临战或登高山，或沿河流看地形，不仅要看敌营扎在什么地方，还特别留心附近形势。湘军作战极讲究地势，光看地图不行，地图已多年未修订，不适合作为实际作战的参考。他每次去，都背负火枪，腰间佩刀，左手套马杆，右手长矛，一旦觉得不对劲，一骑绝尘，这是手绝活。

战斗首先在半壁山打响。攻打半壁山的是罗泽南所部，同时塔齐布越过半壁山，攻击下游的富池口，对半壁山形成迂回包抄之势。这次战斗，太平军以两万余兵力与罗泽南两千六百人作战，结果不但惨败，还被夺取半壁山要塞。

秦日纲在具体指挥上有错误。在富池口设营本为了与半壁山相互犄角，但两地相距太远，中间没有布置。被塔齐布军横插其中，隔断两地联络，半壁山便形成孤立之势。分散了兵力，又不能得预期之效。正与罗泽南相持于半壁山，不防塔齐布至后面奔袭，都疏于战前布置。

11月23日，塔齐布军攻下富池镇。秦日纲调二万人众攻罗泽南部两千六百人，湘军坚壁不出，后突起攻击，太平军仓猝应战，湘军越过壕沟，摧毁木栅，占领半壁山要塞。半壁山太平军将士三面受敌，临于绝境，或跳崖殉难，或被杀，尸横遍地。经一天激战，罗泽南军方攻下山脚营盘，太平军退回山上。为了表彰此次战功，彭玉麟在半壁山面临江石壁上摩崖直书"铁锁沉江"四字。

11月24日，秦日纲、韦俊亲自指挥反攻，血战竟日，石镇仑和韦以德等一批将领战死，秦日纲和韦俊北渡退回田家镇。半壁山战斗结束。

曾国藩拿下半壁山后，命人斫断半壁山脚下的铁索，水师才能顺江而下抵达九江。湘军百余人缒崖而下，将横江铁索砍断。但是，江中的铁索是用水营船只和木簰水城连着的。湘军水师也部署了破坏江上铁索的计划。

彭玉麟、杨岳斌指挥战船，集中火力轰击太平军的江面水师，同时轰击铁锁下的船只和木排。在火力掩护下，湘军驶出一队船只，驶至铁锁之下，以巨锅盛满油脂，置于船上，将大铁锁烧红，用巨斧砍断。

太平军见湘军欲断铁锁，水陆两军同时出战，拼命阻挡。战斗在江面和两岸同时进行，异常激烈。烧锁的湘军船只多次被炮火击中，巨锅里的沸油烧着了战船，另一只燃油的战船再冲上去，继续烧锁。

谭伯牛描绘了湘军对付锁江铁锁过程。湘军从明代戚继光《纪效新书》借鉴了不少方法，船怎么防炮弹？书上说有两种办法：一个叫罟网，就是用十几层渔网，披在船舱外部。实际情况不然。彭玉麟率人做试验，结果是"炮子一穿而过"。这法子不行。还有一招，叫刚柔牌，就是用大量棉花、头发压缩成板，外面再贴生牛皮。做试验，仍然不行。看来，此路不通。湘军只好自行研发，科技攻关，譬如用打湿的棉被、竹排、生牛皮、漆皮压成盾牌。各种方法无效。戚继光是吹牛吗？不是。清末炮弹威力比明代大。怎么办？彭玉麟对将士说，凡有水战冲关，我们都直立船头，不设防护。炮弹来了，可避者就躲一下，不可避者就听天由命吧。湘军水师还真是这样出战的，先锋部队真就是直立船头，炮打着谁，算是谁的命不好，甚至有扭捏躲炮的，还会被别的士兵嘲笑，说你胆子太小。湘军水师终于找到了防炮弹的好方法，不再害怕太平军的交叉火力。

冲过火力网，行船至铁索，怎么把铁索弄断？彭玉麟让人在舟上放置铁匠用的炉子，风箱及斧头、钳子和锤子。江中铁索分两种，一种是横的，较粗；一种是竖的，连下面浮桥，细点。竖链，可以用斧头、钳子砍断；横链，则以风箱加温，用熔炉把它熔断。说来容易，其实操作复杂。彭玉麟安排了掩护船队，先锋舟只管往前冲，船上的人埋头做准备工作，掩护的几十艘船中有炮船，炮船会对沿岸太平军轰击，吸引太平军火力。先锋舟躲在中间，不发炮，太平

军就不会用炮火来对付它，它就可以顺利到达铁索底下。这一招很聪明，但要付出代价，做掩护的船被击沉不少。最终，这个方法奏效，太平军的铁索断了。

11月27日，湘军水师冲过蕲州，进扎骨牌矶。几天后，杨岳斌与塔齐布将战船分为四队：一队专管斩断铁索；二队专管攻击太平军炮船；三队待铁索破除后直趋下游，焚烧太平军船只；四队守卫老营，防太平军袭击。

12月2日晨，湘军战船出动，塔齐布督同罗泽南等率陆师六千人排列南岸，以助水师声威。湘军水师傍南岸急桨而下，至铁索前，"以洪炉大斧，且熔且椎，须臾锁断"。太平军炮船前往救护时，湘军水师第二队随即发炮轰击，毁太平军炮船二艘。待湘军水师第一队将江中铁索破坏后，其第三队舢板船飞桨下驶，太平军水营阵势遂乱，纷纷败退。湘军舢板船疾驶武穴、龙坪一带，从下游纵火焚烧太平军战船。时值东南风大作，太平军上游之船无法下撤，被烧毁不少。

湘军水师第一队傍南岸急下，驶近铁锁，椎断承缆的铁码和铁锚，船被江水从锁底冲出，再以洪炉大斧且镕且砍，六道铁缆、七条篾缆全被砍断。太平军战船来攻，湘军第二队环围攻击。太平军两艘快蟹被焚，被迫后退。湘军第三队见铁锁已断，即从断锁处冲下，太平军在铁锁下游的五千艘杂船仓惶下逃，杨岳斌企图全歼这批杂船，并不急于攻击，拼命地下驶，冲到下游。

这是湘军水师作战的原则，水师作战最好环境是"逆流逆风"。为什么？好处是从下游往上游走，只要使劲划桨，不过慢点而已。万一打不过撤退，顺风顺水，跑得快。反之，进攻如果是顺风顺水，控制不住，打败了跑不掉，因为一跑就成逆风逆流了。杨岳斌冲到下游，回过头攻击，风向且不论，至少是逆流，可以从容对太平军发起攻击。天助湘军，恰在这时候，刮起东南风。水师近战，主要战法是火攻，就是往对方船上射火筒、扔火蛋，东南风起来了，风从湘军这边往太平军那边刮，火势越演越烈，长江就变成了一片火海。

黄昏时，杨岳斌到达距田家镇数十里的武穴附近，超越到杂船之前，然后乘东南风扬帆而上，纵火大焚；彭玉麟由上杀下，两面包抄。塔齐布、罗泽南部六千军于南岸列阵助攻，百里上下，火光烛天，太平军杂船被焚四千余号，被俘五百余号。彭玉麟怕各军争夺俘获船只贻误大事，将所俘五百余杂船一火烧光。太平军苦苦经营的田家镇防线，数日内土崩瓦解。

秦日纲把水营主力放在铁索后，是败招，使本来就处于劣势的水营进一步丧失制江权。相比之下，湘军水师一直朝着专业化道路发展，战船分工各不相同，攻防各有章法。太平军水营停留在低级水平，使用从各处搜集的民船，大小不一、型号混杂，是原生态大杂烩水面部队。这样的水营打绿营没有问题，遇上湘军水师，只能算是业余部队碰到专业部队，免不了要吃败仗。

太平军铁索横江，之所以挡不住湘军水师进攻，还与江面作战特点有关。顺流和逆流行舟是两码事儿，如果遇到风，顺流而下的速度往往是逆流而上的好几倍。湘军进攻田家镇江面防线时，占了顺流而下的便宜，防守的太平军水营，本来机动性能就差，因为处于下游，劣势更加明显。

在作战指导方面，除了杨秀清消极防御等错误指导外，秦日纲在战术方面也有重大失误。他太相信横江铁锁的力量了，以为有此一链，就可以阻止住湘军。因此，在铁锁的上游，仅布置了三四十艘战船，以当湘军水师三百余备有洋炮的新式战船，而将五千余号船只停泊在铁锁以下，仅起虚张声势作用，作战时既不能助一臂之力，失败前又不能及时撤退，船上大量粮食辎重。秦日纲没有组织强有力的陆营，对湘军陆师进行有效阻击，破坏湘军水陆协同的攻击。

田家镇之役，秦日纲以绝对优势兵力而惨败，决非偶然。杨秀清奉行消极防御方针，是导致失败的重要原因。他依凭的是木簰水城和横江铁锁，以为有此即可将湘军水师挡住，而不考虑与敌争胜于大江之上，把自己摆在被动挨打地位；更没有考虑采用灵活机动的战术，造成夺取胜利的条件。

在用人问题上，杨秀清不审慎。侯宽裕原为萧朝贵的厨子，萧朝贵阵亡后，趁势而起，成为不知兵的佞臣，曾因奸污妇女而被女馆头目洪宣娇治罪。杨秀清却一眼就看上了这个坏种，派他去田家镇，"密授机宜，以防黄石两贼之变，及密刺军事也"。田家镇战败后不久，石凤魁、黄再兴二人即被锁拿回天京，以失守武昌之罪问斩。侯宽裕在田家镇的地位仅次于燕王，以这么个厨子出身的腌臜小人，也是犯过天条的罪人参预最高决策，对士气的影响是可想而知的。

湘军水师大举进攻时，塔齐布、罗泽南率领六千多名湘军陆师，协助水师行动，沿南岸东进，顺势夺取富池口，在岸上协助水师放火烧船。大火无情，烧到武穴和龙坪一带，太平军水营四千多艘船全部被烧，上下百里，火光冲天。

秦日纲、韦志俊没辙了，干脆自己再放一把火，烧了田家镇大营，退守湖北黄梅。至此，太平军苦心经营的田家镇、半壁山江防被湘军彻底突破。史家只能为田家镇之役算笔粗账，西征军损兵折将一万人左右，水营几乎全军覆没。

秦日纲主持过几次会战，除了早年守永安水窦村差强人意，而后主持的几次大战，全军覆没两回，半路逃回一回。攻破江南江北大营之战完胜，上有杨秀清在天京的遥控，下有几个如狼似虎的丞相，他的"戏份"实在少得可怜。李秀成回忆这段史实时，对他只字不提，可见几乎没有印象。他的优点是作风踏实，让他防守，就不停地修筑工事，曾国藩说他"掘壕如海，立棚如山"，

倒也干得不差。他身边常带几个洋人，他的亲兵是太平军中较早用洋枪的。

田家镇战后，秦日刚领着西征军残部退守广济县（武穴），塔齐布率部一路跟踪，从菩提坝莲花桥发起进攻，就势攻下了广济县。

秦日刚再退至黄梅。黄梅为湖北、安徽、江西三省交汇处。1854年（咸丰四年）12月23日，塔齐布直逼黄梅城下。湘军的士气正旺盛，士卒肉搏登城。太平军纷掷木石，伤毙塔齐布军颇众，塔齐布本人也被石头砸中了头部，"头受石伤，血流满襟"，但"仍裹伤巡行营垒"，督军下城。

张德坚在《贼情汇纂》中说：当时曾国藩、塔齐布"旱队舟师三路下剿，初焚贼船于湘潭约两千艘；再焚于岳州，约数百艘，再焚于城陵矶约数百艘；再焚于汉阳小河，约四千艘；再焚于田家镇，约三千艘。以上统计贼船，被焚已不下万艘；歼贼何止数万，沉失资粮，又安可数计。"张德坚又说："至所歼之贼，所失辎重，贼仍可复得，所毁之舱，贼断不能复得。"

张德坚认为，太平军原先在长江沿岸炫赫兵威，所向披靡，皆因太平军船多，"我兵单形，每不敢遽近，及其窜也，我无船只，不能追剿，是比年成贼蹂躏沿江，几无御之之法，皆船多为害也。"曾国藩早就看到这点，针对太平军水营多民船，不利于战的弱点，建筑规范的大船。这是曾国藩能在长江沿岸大败太平军水营的原因。太平军水营庞大，仅在田家镇一仗中，被烧毁船只就万余艘。湘军在田家镇战役中虽然取胜，但是伤亡很重。战后曾国藩集中部队在田家镇休整，向朝廷报捷，为部下讨封赏，为阵亡官兵请恤。

二十世纪七十年代后期，华盛顿立起一面"越战墙"，上面密密麻麻地镌刻着在越南战争中阵亡的近六万名官兵姓名。设计者林樱是林徽因的侄女，设计时是耶鲁大学建筑系学生。黑色花岗岩，岩石深埋大地，竖排成直角两面墙体。有人认为"越战墙"是美国的发明。其实，早在美国人之前，曾国藩就这样做了。他知优恤死者可激励生者，在田家镇立昭忠祠堂，供奉战死的哨官以上军官，战死勇丁都刻碑纪念。八个纪念石碑密密麻麻镌刻着战死者的姓名。

昭忠祠堂落成之后，曾国藩立即率领全体军官向死者亡灵行祭；曾国藩亲自题写了挽联："巨石咽江声，长鸣今古英雄恨；崇祠彰战绩，永奠湖湘子弟魂。"左右燃起纸香，曾国藩诵读祭文，先是呜咽，再是泣涕，最后竟哭诉："自军兴以来，从未有此次丧师之惨者！"湘军水陆全体将官皆为之感泣落泪。

第十八章

从九江到湖口：两战皆严重失利

打开地图，不管是不是军事家，都一目了然。湘军东征之路，有几个非拿下不可的点。第一个是武昌，拿下来之后，就有了厚实根据地；沿江东下就是江西九江、安徽省会。把这三个地方拿下，长江算肃清了，天京就成为孤城。

太平军在田家镇败退后，曾国藩、塔齐布、罗泽南、胡林翼、李续宾等湘军悍将，便统率旱路舟师东下，第一个目际是夺取九江。

九江地处庐山脚下，东临鄱阳湖，西南两面濒临长江，屏障着安庆，是地位重要的军事要律。根据当时太平军一败于湘潭，再败于岳州，三败于武昌，四败于田家镇的形势。尽管太平军作战英勇，也很难抵御湘军水师。

杨秀清则在调动力量，派石达开再次驰往安庆，主持西征军务。石达开的副手是罗大纲。罗大纲是手工工人出身，广西天地会首领之一。也就是说，并非拜上帝会拥荐，而是"老万"来路，太平天国起义时率领天地会会众加入起义队伍，从广西到金陵的征战中，一直是先锋营指挥官，首先攻入永安、全州、岳州等城镇，功劳卓著。定都后与吴如孝联合攻占镇江。

石达开与罗大纲在九江会师时，黄梅已失守，太平军后撤，湘军在穷追。罗大纲拦住溃军，在孔垅驿与追兵激战，阻住湘军攻势。太平军万余南退至孔垅驿，会合援军布防。塔齐布追踪而来，突入土城，"纵火大烧街市，烟焰弥天，会西北风作，孔城市中数百家须臾灰烬"。在孔垅驿的战斗中，这年走到了终点。

石达开分析湘军取胜的原因是，太平军水营多民船，负载小，炮火差。湘军水师战船有长龙、快蟹、舢板等。石达开赴安庆之初，即在那里建船厂，仿湘军督造战船。造出大批战船要相当时间，石达开等不得。鄱阳湖姑塘有湘军水师船厂，由总兵赵如胜统率。石达开命击败赵如胜军，赵如胜率船退扎吴城镇。太平军随即奇袭吴城镇，赵如胜四千余人闻风溃逃，俘夺战船百余号，大小炮七百余尊。石达开命令罗大纲守卫梅花洲，自己守湖口城，三军互为犄角，配合作战。

九江、湖口的太平军约两万人，"于口内扎大木簰一座，小本簰一座。东岸县外，厚筑土城，多安炮位。西岸立木城两座。高与站等，炮眼三层，周围密排。营外木桩竹签广布十余丈，较之武昌、田家镇更为严密。掘壕四重，内安地雷，上用大木横斜搭架，钉铁蒺藜其上。"又在石钟山与梅家洲间锁了几道铁缆。

九江城以林启容镇守，他是金田起义的老兄弟，占领九江已两年，提出对付远道而来的湘军，可以逸待劳，待湘军兵疲，合军歼之，不可立即决战。石达开同意林启荣以守为攻的战略，但补充了一点，强调要守中有攻。

林启容在城外建三座炮台，在小池口、江心沙洲都建炮台，在沿江两岸部署重兵。从湖口调来大小战船百余号，停泊在江边，命其作战时只在岸边行驶，既不易被敌军击沉，又能得到陆师炮火的配合。

1855年（咸丰四年）初，湘军陆师攻占小池口，扎营九江大东门外。湘军水师到九江之侧的江面上，与陆师合围九江城。湖广清军驻扎黄梅，胡林翼率军两千人由咸宁东出瑞州，进攻九江之背。诸军合在一起约两万六千余人。

经过斥候，曾国藩对九江的地形及林启荣、石达开的军势有所了解，九江北枕大江，南控鄱阳湖，周围山水纵横，形势险要。林启荣经营既久，现有翼王石达开坐镇，此人文武兼备，是粤匪中的顶尖人物，非寻常草寇可比。

塔齐布、罗泽南、彭玉麟、杨岳斌等正在田家镇大胜的兴头上，几位前方主将一致认为，绿营与长毛作战，不败于长毛厉害，而败在绿营无能。而自从湘军作战以来，未见长毛有多厉害，都打算一鼓作气攻下九江。

曾国藩被前方主将的说法打动，头脑跟着发热，对长毛的战斗力不以为然，湘军李孟群、萧捷三率水师攻九江，激战两个时辰，未获胜。经过"摸底测验"，曾国藩调胡林翼、和春、袁甲三等部配合，湘军分兵四路，从各城门进攻九江，塔齐布进攻西门，罗泽南攻东门，胡林翼攻南门，王国才由北岸登陆攻九华门。

四路人马向九江城前进，接近时不见城墙上有兵卒，挨近城边时，突然发生变化。罗泽南描述了变化瞬间，"则旗举炮发，环城数千堞，旗帜皆立如林"。

太平军用炮发起一阵猛烈轰击，湘军人仰马翻。塔齐布、罗泽南等将企图制止湘勇败退，但看到城上火力甚猛，不能白白伤亡人马，只得带着溃兵回至营地。

与古代作战相比，攻城战斗套路没有变，还是要架云梯攀登城墙，守方则在城墙垛子上砍杀顺着云梯上来的士兵。围攻九江的湘军加上清军，总兵力达一万五千人，从塔齐布、胡林翼率部进攻九江西门开始，湘军死伤甚众，始终未能攻入城内，铩羽而归。曾国藩这才知道，长毛将领林启荣不可小视，硬拼硬打不能奏效，只得下令，湘军在九江上游竹林店休整。

曾国藩总算明白了，九江是不易攻下的，以部分兵力留在九江附近，接着攻城，以主力部队进攻湖口、梅家洲，企图凭借优势水师，先击破鄱阳湖内太平军水营，切断外援，然后再攻九江。当湘军陆师尚未南渡时，李孟群、彭玉麟所率湘军水师即已进抵湖口，分泊鄱阳湖口内外江面。

湖口是交通要道，被称为"三江之门户"。三国时，周瑜曾经在这里训练水兵，之后凡用兵于皖赣者，几乎都在此发生过大战，是有名的古战场。元末，朱元璋就是在这个地方最后消灭陈友谅所部的。

石达开与罗大纲等见湘军退走，料定曾国藩另有所图，便到上游各要处查看。先乘夜至九江下游五十里的湖口视察，接着到江心的梅家洲。

梅花洲地处长江与鄱阳湖交界处，距离九江市城区四五十里地，东临烟波浩淼的鄱阳湖，南依庐山，西连浔阳，北襟长江，按照现在计算是六十八平方公里，现有人口三万余人。估计清代得有万把居民，当然是农业人口。

石达开视察之后，命罗大纲率一万人马开赴梅家洲，在洲上筑垒架炮，封锁江面，准备迎击湘军水师进攻。让林启荣加强九江城防，坚守城垒，不要出城作战，利用枪炮火器打击攻城湘军，亲率一万陆师和数百战船赶赴湖口。

太平军分兵防守布置完毕，湘军分兵攻击计划开始实施。他们没料到，石达开与罗大纲已在湖口和梅家洲张网等着捕鱼了。罗泽南求胜心切，催兵赶至湖口，湖口县城一片寂静。湘军贸然冲向城厢，到护城壕畔时，城头上万枪齐发，打得湘军像秋风扫落叶，一片片倒下。战斗不到半个时辰，便溃退下来。罗泽南催马督军再战，石达开命令大开城门，出动两支人马，湘军自出师以来，第一次碰上太平军如此猛烈的进攻，一触即溃，退至江边。

进攻梅家洲的彭玉麟也陷入罗大纲布置的火网。洲头有战船架炮拦击，洲上是数百门大炮封锁，湘军水师被打得队形散乱，船翻人亡。自率军以来，彭玉麟还没有打过败仗，水师前进不能，后退遭洲炮堵击，首尾难顾，进退两难。经过左冲右突，丢下大批船只武器，才突出封锁，逃离战场。

为厚集兵力，曾国藩奏调胡林翼率黔勇两千，副将王国才、都司华金科率楚军四千赴九江，多次进攻，都被林启容击退。曾国藩知九江严整难犯，"越察攻城"，舍坚蹈瑕，下攻湖口县。他留塔齐布、王国才继续攻九江，胡林翼、罗泽南部东下进攻梅家洲。水师主力也接着到了湖口城下。

胡林翼、罗泽南进攻梅家洲拦湖嘴，被罗大纲击败。次日，湘军水陆齐出，再攻拦湖嘴和湖口水卡，遭太平军坚决反击。又次日，湘军水师李孟群、彭玉麟部在陆军的配合了猛攻湖口水卡，抱着必得的决心，"每伤一人。则拖入船舱，进击如故。又伤，则又入舱，又进如故"。正杀得难分难解，太平军木簰上的火药箱被击中，山崩地裂般爆炸，簰上望楼也燃起大火，焚烧过半。太平军没人逃命，继续开炮，坚守阵地，直到木簰燃尽，望楼倾塌，才自投烈焰，或投入水中。连曾国藩也感叹："坚忍有不可及者。"

湘军中北方人很少，李孟群是一个。他是河南固始人。道光进士，授广西灵川县知县，因剿匪之功提拔为南宁同知。1851年（咸丰元年），洪秀全率太平军强攻盘龙河，李孟群引兵鏖战连日，太平军不得渡河。升知府，调赴永安军营。次年授泗城知府。曾国藩回湖南本籍训练水师，闻听孟群之名，奏调其率领千人东下，攻克城陵矶、岳州，随即调往广西平乐府。

李孟群的父亲叫李卿谷，道光初举人，最初任四川长宁知县，累升湖北督粮道。1854年（咸丰四年），太平军攻陷武昌，湖北巡抚青麟逃亡湖南，李卿谷守城殉难。追赠布政使。李孟群得知父亲死讯，发誓复仇，请求停职守丧，朝廷下诏挽留。之后，李孟群偕同曾国藩等部与太平军激烈水战，收复武昌、汉阳，奔往其父死难之处恸哭收殓。捷报上传，加按察使衔，赐号珠尔杭阿巴图鲁。

曾国藩进军江西，李孟群率水师抵达九江。清军在湖口战败，太平军趁势逆长江而上，占领汉阳，武昌震动。李孟群回援，与彭玉麟在汉阳败敌，代理湖北按察使，以丁忧理由辞，朝廷诏称不许。不久，武昌再次被太平军攻占，李孟群随胡林翼屯金口，改领陆军。太平军猛攻金口，李孟群抵抗失利，陆营溃败。他转而与彭玉麟、杨岳斌一道指挥湘军水师。

李孟群保持着文人习气，雅歌赋诗，阔达自喜，不大过问军饷，让下面操办即是，兵力很快增加到上万。《湘军志》作者王闿运说，孟群帐下有个号称仙姑的族女，尽管被视为"女神"，还是在湖北战死。李孟群妹妹李素贞熟谙兵法，李孟群每次出兵作战，必定戎装跟随左右。有一次，李孟群被太平军包围，只见这女子怒马跃入，手斩几十人，掩护李孟群归来，甲裳都染成了红色。从此李孟群对妹妹格外敬服，每次出战，必令相随。在官文与胡林翼联合攻打汉阳时，李孟群兄妹同往，妹妹亡于血战之中，年方二十。

湖口初战，石达开败在李孟群手下，一个反败为胜的机缘却终于被等到。他命湖口军民连夜用船载满砂石。凿沉于湖中，形成一道堤坝，仅在西岸靠近梅家洲处留一隘口，用篾缆拦住，耐心等待给对方致命一击的机会。

石达开严令部下坚壁不战，采用惊营战术，半个多月"以小船百余号，或两三只一联，成五只一联，堆积柴草。实以硝药，灌以膏油，分十余起，纵火下放，炮船随之。两岸出队千余人，呼声鼎沸，兼放火箭火球"。湘军彻夜惊惶，长期不能安睡。正值隆冬时节，雨雪交加，湘军疲苦不堪，求战心切，水陆再次大举，胡林翼、罗泽南猛扑梅家洲，又被罗大纲击退；彭玉麟、萧捷三等率水师斩断蔸缆，冲入内湖，气势极为凶悍，烧毁太平军所俘原江西战船三十余号、民船三百余号。然后于傍晚时分，经隘口扬长而返。

时机已成熟，石达开决定一战而制敌于死命。湘军水师由四种战船组成：拖罟，即曾国藩驾船；快蟹、长龙两种为大型战船，用以载辎重、粮食、餐具、床位等，备以重炮，适合居中指挥，但船体笨重，转柁不灵；还有一种是轻巧灵便的舢板，便于冲击战斗，但不便食宿、扎营，必须相互结合、相互依护，才能形成战斗力。经过分析，石达开决定肢解湘军水师。

石达开向众将分析：阻击湘军已收成效，但阻击不能破敌，要打算破敌，就得出击，打出城池与曾妖头硬拼，并无把握。湘军水师强大，太平军的战船装备远逊于彼。欲破湘军，必先败其水师；而破其水师，只能智取。

诸将向石达开询问智取之计。石达开说，曾妖头的水师船只有长龙、快蟹、舢板三种，长龙与快蟹都是大船，行动缓慢，不利于前锋战斗，而利于指挥、运兵、运械；湘军水师的舢板群倒是挺厉害，行动轻捷，有的装有进口火炮，利于战斗。长龙、快蟹与舢板，三者相互配合，取长补短，相得益彰，过去打的几仗，湘军皆仗大小船只的配合而取胜。今天，我们用计让二者分开，使其分则两败，才是破敌良策。用计之事，我来布置。但自此之后，九江、湖口、梅家洲各军只许坚守，湘军来攻，一概置之不理，听我用计安排。

曾国藩几番进攻，皆遭挫败。休整两日，不见太平军有任何大举动，再令各路共同出击。诸军心有余悸，只远远向太平军水营开炮，不敢再涉险境。即使如此，亦不见太平军任何反应，这支太平军分外老辣，连冷枪也不打一发。湘军的各路军马折腾了两天，疲惫不堪。

1855年（咸丰五年）1月29日，四十余艘太平军水营船出现在江面上，被湘军斥候看在眼里，报告给曾国藩。按常规，湘军水师远胜太平军水营数倍，太平军怎敢出动四十余船在长江上行动，既行动，必有原因，曾国藩本应小心对付。但湘军既骄又躁，不做深入推想，反正明明是石达开的船队，出来了就得打。

曾国藩认为不能失此机会，命萧捷三等率舢板一百二十余只攻击太平军水营船队。太平军船队是轻便小船，见湘军大队来攻，双方你逃我赶，转眼至湖口。眼看就要追上，只见太平军船队向鄱阳湖驶去。萧捷三不假思索，指挥水师进鄱阳湖。湖口外连长江、内接鄱阳湖，口子极窄，如同一个大肚口袋的袋口。双方船队进入鄱阳湖，太平军立即封住湖口水卡，修工事，装大炮。直到这时，萧捷三还没有意识到险情，率长龙九号，舢板一百二十号，精锐之卒二千余斩缆追击，老营及笨重大船留在外江，失去护持。内湖太平军水营依计而行，且战且退，诱敌深入到姑塘以下。时已日暮，萧捷三等不得归择港湾暂泊。

在湘军水师作战构成中，以快蟹大船为核心，供给军需由大船运载，长龙舢板轻捷快速，是作战主力。快蟹大船和长龙舢板只有一起行动，才能发挥作用。此次追击，湘军以为太平军既逃进湖口，竟违反常规把长龙舢板驶入鄱阳湖中，留快蟹大船于外江，互为依存的水师割裂开来，太平军拦腰一截，便使快蟹大船无自卫之力，长龙舢板无军用之需，一支强有力的水师完全丧失战斗力。

太平军水营由九江、小池口各抬数十只小划子入江，乘夜晦无光，直攻曾国藩所乘驾船拖罟，用喷筒火箭猛烧敌船队。曾国藩骇极，惊惶中投水自杀，被左右救起，拖上小舟，逃到罗泽南营中。所乘拖罟，连同船上的上谕、奏稿、文案、帐目、书信和前日才收到的御赐品（狐服黄马褂、白玉四喜搬指、白玉巴图鲁翎管、玉靶小刀、火镰等）均被太平军缴获。

曾国藩幕僚王定安在《求阙斋弟子记》中记载："贼以小艇夜袭我营，公座船陷于贼，文卷皆失。公自投于水，左右救之，急掉小舟驰入罗泽南营以免。公欲以身殉国，草遗疏千余言，罗泽南力谏，乃止。"

《曾文正公全集》中有如下记载："事极危急。曾国藩慨然曰：'大臣不可辱。'复欲投水。幕客亲兵强掖渡江，夜入罗泽南军中。"

曾国藩当晚第二次企图自尽的过程，在一部小说中是这样描写的：

大家七手八脚为曾国藩换衣服，搓手搓脚，使他慢慢地苏醒过来。而后，他睁开眼睛，遥望江面滚滚的烟雾，听着不绝于耳的枪炮声，看到自己精心建起的水师遭到毁灭性的打击，被击毁的船只歪歪斜斜散在江边，情景甚是凄凉。

这时，罗泽南、刘蓉等将领都围着曾国藩，看着他呆呆痴痴的神情，不知他有何想法，也不知如何劝起。突然，曾国藩站了起来，大声说："给我一匹马！"

大家不明白他的意思，曾国藩平日不骑马，自湘军水师建起后，更不骑马，总是坐在最大的指挥船上。他这时刚从江里捞出，身体虚弱，如何能骑马呢？"大人！抬您回营吧！"亲兵以为他的座船被俘获，要乘马回营了。

"牵马过来！"曾国藩又一次高声命令。

亲兵不敢违命，给曾国藩牵过一匹马。曾国藩让人把自己扶上了马。他跨上马背，突然一挺腰，双腿用力一夹，战马纵身奔驰而出。罗泽南、彭玉麟同时跳起，抓住马缰，怒马长啸一声，扬起前蹄，停了下来。

"曾大人，千万想开！"彭玉麟几乎是哀求了。

曾国藩想学春秋晋国大将先轸的样子，骑马跑进敌营，让太平军把他杀死。大家扶起从马上摔下来的曾国藩，苦苦劝慰，方才使他打消再次自杀的念头。

就像在靖港惨败后一样，有关曾国藩打算自尽的记载有些混乱。看样子起码有两次。头一次是他的座船被太平军掠去，文卷册牍俱失后，他要投水自杀，被左右救起；或是没有被救起，他仅比划打算自杀的身段，被幕僚阻止。第二次是他逃到罗泽南营后，得知湘军水师被烧毁和被缴获的船只达三十多艘，水师人心惶惶，战船纷纷向上游的隆平、武穴、田家镇、蕲州方向逃窜，士兵有乘机抢劫银两和粮食的，粮台各所船上水手全部跑掉，他羞愧万分，乃至无地自容，草遗疏千余言，而后准备策马赴敌以死，幸亏被罗泽南、刘蓉等阻止。

靖港败后，曾国藩为重整湘军煞费苦心。而他苦心经营的湘军竟如此不堪一击，兵败师毁怎能不使之痛心疾首；朝廷的猜忌又怎能不使他心寒不已；官绅们的刁难、嫉妒，时人的挖苦、讥讽又怎能不使之羞愧难当。他难以承受这些，郁积在心头的不顺事积聚到一定程度时，就爆发了。曾国藩后来回忆他的人生历程时说："吾初起兵，遇攻危，则有死心。自吾去祁门，而后乃知徒死无益，而苟生之可以图后功也。"由此可见，他的心理确实经历了一番大变化。

石达开已在湖口和梅家洲之间修起两座浮桥，桥面填泥土，坚固异常，断了萧捷三的归路，湘军水师遂被分割为二：百余轻捷小船陷于鄱阳湖内；运转不灵的笨重船只则阻于江中，湘军水师大小船协同作战的优势尽失。

湘军水师被太平军打成两截，首尾不能呼应，一在内湖，一在外江，麻烦可就大了。湘军水师如若有小船护卫，太平军水营的那些个小破船不足惧，而湘军水师的舢板被拦在鄱阳湖内，大船离开了舢板，无力自保。

事后，曾国藩在奏折中老实承认，自己被石达开涮了一道，说，"乘胜追至姑塘以上，从之者各营长龙、舢板百二十余号，皆轻便之舟，勇锐之士，扬帆内驶，日暮不归。讵料我军小船冲入内河，即出小划二十余号，突出卡外，

围我军快蟹大船"。当天晚上，湘军水师首尾不能呼应时，太平军"复用小划二四十号，投入老营，烧我船只。"顿时长江两岸，"火箭、喷筒，迷离施放，呼声震天。我军以内河百余小船未归，无以御之，被焚大战船九号，小者数号，杂色坐船三十余号"。湘军"百余轻捷之船，二千壮健之卒，陷入波阳内河，外江所存多笨重船只，运掉不灵，如鸟去翼，如虫去足，实觉无以自立"。

为了拦截湘军水师战船与舢板的汇合，太平军水营在湖口专门赶制了一批奇特设备，"木数十丈，横亘江心，侧有炮船，外有铁锁、篾缆，层层固护。两岸营墙百炮轰击，皆以坚守此，百计攻之，终不能冲入"。除此，太平军水营的"作巨"，是用圆木做的巨型水上防御工事，太平军水营又称之为"木水城"，使得对方水师"不能破"也"不能进"。

曾国藩急眼了，赶忙调回在武穴养病的杨岳斌，调罗泽南、胡林翼各部，集中力量，再攻九江。罗泽南回到九江的当夜，太平军再次逞强，用满载柴草、火药、油脂的小船百余艘，顺流纵火下放，炮船随其后，对湘军水师实施火攻。由于湘军有所准备、太平军水营未能取得多大的战果。太平军随即采取措施，在鄱阳湖口的江面上设置了木簰数座，四周环以木城，中立望楼。木簰上安设炮位，与两岸守军互为犄角，严密封锁湖口，多次击退湘军水师的进犯。

太平军水营主要承担水战工程，不专以战船为阵地，也不专以船载火炮为主要武器，表明它以水战为形式，执行江河作战工程保障任务为主。湘军则以遂行水战任务为主。两者兵种性质不同。当然，水营兵种性质并不代表它不具有多种职能：为保障水战与陆战的共同进行，为保证天京与统治区的物资供应，水营在战时还承担了运输军需辎重、粮草供应、巡查河道、递送文报等任务，平时还负责管理船舶关卡，查验往来船货，进行贸易交流等任务。

在作战方式上，太平军水营以多样化的作战方式面对强者水师，这种大量利用民舟等就便器材，因陋就简式的作战方式是太平天国的独创，不仅简便易行，还灵活机动。但这种打法仍属于防御性的，容易被动挨打，起不到有效保障作用。因为水战中运用简陋工程保障工事（舟桥、拦河大铁索、巨型木筏、龟船、岸防工事等），虽然当时把巨型"浮筏营垒"放在第一线，可是这些巨型水上工事，体大笨拙，进退不便，与简易战船形不成水战阵法。同时这些简易水战保障工事不能发挥掩护简易战船的作用（因火炮皆不及湘军洋炮射程远），更代替不了各类战船去实施攻防结合打法。所以，当湘军水师战船实施攻击时，水营的"浮筏营垒"、简易战船与各类船只鞭长莫及，被炮击中，往往出现混乱，容易挤在一起，不能"回旋取势"，极易被湘军炮船拦堵实施火攻。在西征水战中，由于工程保障能力弱，各类船只被湘军水师用火攻焚毁。曾国藩在水营多次失败后总结说："该逆水中屡次大败，皆因民舟太多，被我烧毁。"

显然，由于太平军水营的土炮干不过湘军水师的洋炮，石达开不会指挥自己的水营去和湘军水师开展水面战斗，如果那样打的话，太平军水营肯定完蛋，就像小型驱逐舰和大型巡洋舰对垒，几炮就会被送到湖底喂王八。石达开只能扬长避短，他用的招儿非常奇特，即便是今天看起来，也令人叫绝。

湖口、九江战役，旬月之间，军事形势为之一变。曾国藩原以为击败太平军已成定局，甚至迫不及待地上了份奏稿，说他的任务是"肃清江面，直捣金陵"。又说："滤江一清，或成流贼之患，盖水师一入皖境，毁其舟次之巢穴，失其飘忽之长技，分支四窜，乃事势之所必至。"因此，他要皇上下令，"诸路带兵大臣及各省督抚，择要堵御，预防流贼之患。其不临江之府县，或为该逆盘踞官军所必争之地，臣等亦必迁道往攻，断不肯舍难就易，稍误事机"。

曾国藩一度满怀踌躇，以大清再造功臣自居。但牛皮吹得太早了。湖口、九江两次惨败，使他完全改变腔调，不得不对石达开另作估价。他在奏稿中说："石达开为贼中著名骁悍之魁，上年在湖口与臣水陆接仗，诡计百端，卒挫我师。"他在给罗泽南的信中说，自行军作战以来，"当志得意满之候，各路云集，犯于屡胜，将矜漫，其后常有意外之失。鄙怀惴惴，现有鉴于九江小池口往辙。"

从现有资料，找不到杨秀清对湖口、九江之役遥控指挥的记载。杨秀清和石达开的关系较为和谐。"杨喜其诚意，故屡委以军事"。这种信任使石达开能少受制约，充分运用灵活机功的战术，这是能战胜强敌的一个重要保证。

从军事指挥上，石达开远比秦日纲强，他采用积极防御原则，争取到近一月时间布防。防御是坚牢的，九江、湖口、梅家洲三地，虽湘军百计环攻，仍巍然屹立。在阵地选择方面，石达开独具慧眼，牢牢地扼守湖口，不但屏障安庆、天京，还可断绝湘军的江西饷道，迫使湘军全力以争，拉长战线。比秦日纲仅凭险踞守田家镇天堑，坐待敌攻，高出何止一等。

立稳脚跟后，石达开牵着湘军的鼻子，以就我范。断了湘军饷道，夺了湘军战船，自己在安庆造战船。湘军优势在水师，太平军有了这批战船，双方在水师力量的对比上起了变化。为保持湘军水上优势，曾国藩不能不把消灭这批战船看作首要任务；而要下赴湖口，又不能不虑两面受敌，只得留下塔齐布等陆师主力于九江城下。这恰恰中了石达开诱敌分兵计。分兵力单，塔齐布不能克九江，罗泽南亦不能取梅家洲。两地不失，石达开才有条件全力制敌水师。

曾国藩既至湖口，石达开坚壁不战，示敌以弱，先使其骄；然后连夜惊营，

再激其躁，既骄且躁，必然方寸俱乱，盲目行动。"静者安，动者摇"，湘军水师虽然屡次挫败太平军，但在不停顿的运动中，很难避免发生纰漏；石达开"不动如山岳，难知如阴阳"，不示敌以形，对敌人的错误冷眼窥定，掌握战争主功权。当湘军精锐误陷鄱阳湖内，石达开奇迹般地筑好堤坝与浮桥，曾国藩一见，吓得瞠目结舌，认为非旬日之工不可成之事，石达开竟一日成之，哀叹："非人力可以遽破"。石达开之才，亦可概见。水师被肢解，湘军的失败遂成定局。

湖口、九江一带为鱼米之乡，擅江湖之利，充足的粮食足以支持军事计划。而田家镇南北都为敌占，粮饷皆难，罗大纲这一支劲旅不能不四处征粮筹饷，未得直接投入战斗。这未始不对两次战役的胜败产生影响。当然，田家镇战役所以失败，湖口、九江战役所以胜利，还有湘军方面的原因。

轻而易举地打垮了太平军主力，夺取田家镇、半壁山之后，湘军将领们，包括曾国藩本人，尾巴都翘了起来。在他们看来，太平军水营已被彻底摧垮，陆师也受到沉重打击，湖口、九江防御薄弱，石达开不过是个"铜臭小儿，毫无知识"。曾国藩认为："长江之险，我已扼其上游。金陵所需米、石、油、煤等物，来路半已断绝"，不难"肃清江面，直捣金陵"。

朝廷催得紧，加上骄傲轻敌，曾国藩不顾半年来转战千里，将骄兵疲，不休整补充，匆忙投入战斗，舍弃原来步步为营，稳扎稳打的原则。九江城尚未攻下，为打通江西饷道，摧毁被太平军俘去的兵船，竟越过太平军手中的九江，东下攻湖口，水陆既形隔绝，兵力分散，两地不能兼顾，急功好利，犯了兵家大忌。

两次战役胜利，不但使太平军从根本上扭转战局，而且乘湖口、九江取胜之际，建起一支强而能战的水师。当年春夏之交，太平军水营在鄱阳湖青山湖面击败清军水师时，曾国藩在给兄弟的一封信中说："该逆水战之法，尽仿我军之所为。船之大小长短，桨之疏密，炮之远近，皆与我军相等。其不如我军处在群子不能及远，故我军仅伤数人，而该逆伤之三百余人。其更胜于我处，在每桨以两人推送，故船行更快。"可见，太平军水营在和清军作战中，吸收了湘军水师船只的优点并有所改进，使之比湘军船只行驶更快。

2月15日，罗大纲在小池口大败塔齐布、罗泽南、李续宾等部。一次塔齐布率亲兵数十人渡江督战，被太平军追杀颇急，太平军士卒甚至揪住了塔齐布坐骑的尾巴，"曳其马尾"倒拖数十步，塔齐布挥刀斩断马尾巴，单枪匹马，落荒而逃，"驰入乡间，马陷泥潭，几失道"，匿入民居，侥幸得脱。塔齐布因多时不归，营中惶惶以为已死，待其深夜归营，曾国藩、罗泽南皆跃起跳而出迎，为之泣。塔齐布则"谈笑自若，呼曰：'饥甚，速具饭食'。时咸丰四年除夕。"

2月17日，秦日纲、韦俊、陈玉成等自黄梅开始反攻、轻取武穴，湖广总督杨霈军溃蕲水。次日，罗大纲会合秦日纲等取蕲州。19日，杨霈逃到黄州府，秦、罗等克蕲水。曾国藩命李孟群率四十余船西援。20日，九江城外的湘军水师被东南风吹袭，撞沉二十二号，击坏十四号，次日又坏七号，湘军水师几乎全部解体了，曾国藩只得命彭玉麟带仅存的七十艘伤坏的船只，到沔阳州新堤修理。

2月21日，秦日纲攻占黄州，杨霈逃至汉口。太平军追击，杨霈再逃德州。湘军水师遭到致命打击，留在鄱阳湖内的快船无法出湖作战，陆师也屡受挫败。湖口战后，太平军水陆沿江而上，势如破竹，连克黄梅、广济、蕲州、黄州，1855年（咸丰五年）2月23日，重占汉阳城。4月3日，武昌被太平军再次攻克，湖北巡抚陶恩培被杀，湖广总督杨霈逃走。至此，湘军经过苦战攻克的长江重镇全部为太平军重新夺取，

九江和湖口的惨败，给了曾国藩当头棒喝。当时他四十五岁，石达开二十三岁，年纪几乎差一倍。年轻人打败了中年人，粉碎了湘军夺取九江、直捣金陵的企图，扭转了西征战场上的被动态势，成为太平军西征走向极盛的转折点。

湖口之战使湘军水师几乎溃不成军。要想继续与太平军作战，必须重整旗鼓。水师是湘军的命脉，在长江流域作战，攻克金陵，扑灭太平军，没有强大的水师根本是梦想。所以，曾国藩暂时退守南昌，重振水师。

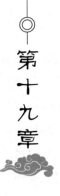

第十九章

南昌："筹饷更难于督兵"

南昌最早叫豫章，是公元前201年所筑土城名，城周广十里八十四步，辟六门。从汉初到西晋，轮廓没有动。东晋年间，豫章太守范宁辟东北和西南两道门。隋文帝改豫章为洪州。明初都督朱文正增拓旧城，西城墙往内缩移三十步，城周长二百七十多丈，高二丈九尺多，废去五个城门，留七个。

1855年（咸丰五年）3月，曾国藩抵达江西省首府南昌，打算依托这座城市休整，谋得东山再起。湘军的外江水师已被派往援救武昌，不在江西了，被困守在鄱阳湖内的一百二十多只快船，处境十分困难，再没有出路就彻底报销了。

1855年（咸丰五年）春，曾国藩上《统筹全局折》，描述在江西的苦困："每闻春风之怒号，则寸心欲碎，见贼帆之上驶，则绕屋彷徨。"春风就是东风，风自东来，与太平军水师西征方向一致，顺风满帆，占了先机。"贼帆之上驶"，那时湘军水师已无法控制长江，因此他每"见贼帆之上驶"，就"寸心欲碎"，彷徨无寄。他用文学语言写给皇上看，表达多么需要朝廷支持，有这份支持，环境再差，也能坚持。但他怎么"哀号"，皇上也无动于衷。

曾国藩先要救活湖内水师，他只得求助江西巡抚陈启迈，请求为湖内水师增造长龙大船三十号，而且就地招募水勇、供给饷械。然后，曾国藩又为重整江上水师努力奔走，他上奏咸丰皇帝，请下旨地方，让湖南省为他添造战船，招募水勇。自己派员到湖北新堤、湖南岳州大力修造战船。

曾国藩委托刘于浔设立船厂，邓仁坤总理船炮、支应各局。设立制造炮、子药的楚师三局。这次，曾国藩没有在南昌过久滞留。就移驻南康府城（今九江市星子县）。随后驻吴城（今永修县吴城镇）。

1855年（咸丰五年）5月，新船百余号首先造好，全部运至金口；九江江面上损坏的战船亦告修复。杨岳斌在岳州也造成一批战船，赴金口。湘军水师的规模较原来的大船队伍还要整齐。这期间，江内水师也增加了战船、解决了供应和军饷。开赴湖口，企图攻击湖卡，挽救被困在鄱阳湖的那批战船。

7月，鄱阳湖内水师统领萧捷三在湖口战死。曾国藩调彭玉麟赴江西。彭玉麟正在家乡省亲，如何来江西，犯难了。金口已被占领，不可能乘战船来江西。独自行动，看似险，其实安全。他改装易服，留发蓄须，扮成云游道士，蒙过道道关卡，扑扑风尘到达南昌。随即湘军水师分为内湖水师和外江水师，分别由彭玉麟和杨岳斌统带，成为湘军水师定制。

同一时期，太平军没有闲着，为适应与湘军的水战，在九江设船厂，造战船。1856年（咸丰六年）春，造战船数百条。曾国藩怕太平军水营强大，令杨岳斌侍机歼灭。由于装备相去甚远，太平军水营土炮不及湘军水师进口洋炮，面对湘军外江水师的猛打猛冲，只得避而不战。杨岳斌一不做二不休，选择了三百名死士冲入太平军水营营中，把他们的船只全部烧毁，曾国藩的努力终于没有徒劳。

湖口战后，咸丰皇帝仍逼令曾国藩围攻九江，曾国藩集中塔齐布、罗泽南两部日夜进攻。岂料林启荣的守卫坚忍，无论湘军如何攻打，九江仍坚如磐石，岿然不动。在一次战斗中，林启荣的手下击毙了在城陵矶杀死曾添养的黄明魁。湘军的人都清楚地记得，当时如果没有黄明魁的奋力一击，塔齐布将死于曾添养的矛下。塔齐布抚尸大哭说："黄老弟啊，去年是你救我于危难中，不想你今日却惨死贼手。我一定要攻破九江城，杀尽长毛为你报仇。"

塔齐布更加忙碌起来，准备了很多攻城器械，火箭、炮弹足可供应各队所需。经过一番精心部署，发誓定要攻克九江城。而在1855年（咸丰五年）8月30日，九江攻不下时，塔齐布呕血而死。他死得更突然，没有前兆，时人和后世史学家估计是因为九江久攻不下，劳累、忧愤，或引发脑溢血所致。

曾国藩得到消息后，如同晴天霹雳，惊得目瞪口呆，纵马驰骋的强壮汉子怎么突然无病暴亡，天丧我也！忆初练湘军时塔齐布对自己的支持，湘潭之战为我扭转败局，让我没有从此倒下去，想着想着不觉泪下。这是个知恩图报的汉子，忠心追随他为湘军建设建功立业的大将军，也是湘军将领中唯一的满人，正可以作为满汉联合，以消除朝野猜忌的典型代表。如今竟死了！

湘军损折了一个通梁大柱，曾国藩急忙赶往九江，隆重祭奠塔齐布，在灵前饮泣不止。他写的挽联是："大勇却慈祥，论古略同曹武惠；至诚相许与，有章曾荐郭汾阳。"本来曾国藩自比郭子仪，匡复清朝，现在把塔齐布比作郭子仪了。他向咸丰奏明塔齐布的功勋，咸丰皇帝亲旨悼念，照将军例赐恤，予谥忠武。

随即，曾国藩指派副将周凤山继续打九江。周凤山添攻城武器。1855 年（咸丰五年）9 月初，令部下冲到城下，搭梯子上登，砖石夹着火药筒纷如雨下，打得清军哭喊爹娘，大败而回。周凤山再不敢如此轻易攻城，只做围困而已。

曾国藩来江西已近一年，常龟缩于南昌唉声叹气。心中盘算：攻不下九江，若能攻下湖口，也可令形势改观。湖口犹如长江腰膂，占有湖口，即可断绝太平军武昌、安庆间的水上交通，太平军水运气绝，武昌亦易得手。

曾国藩精心组织策划，令水陆齐攻湖口，没有战果，焦躁难眠，癣疾大发，双手不停扒挠，难解钻心刺痒。他想不出扭转战局的路子，找罗泽南商讨。罗泽南认为，湖口的地位固然重要，但湖口位于长江下游，上游的武昌才是控制全局的锁钥，为什么放着武昌不打，却在湖口纠缠？更为重要。估计曾国藩那时的考虑是，武昌有胡林翼在争战，不属于湘军的作战范围。

塔齐布去世后，湘军前方作战由罗泽南一肩挑。在罗泽南的率领下，湘军水陆两军再次强攻湖口。石钟山和对岸梅家州的太平军固守阵地，犹如两扇铁门，湘军内湖水师遭受重创。在一次攻战中南风乍起，水师船队顺风前进，接战后南风大作，师船欲退不得，太平军炮轰船追，湘军死伤累累，失船数十艘，曾国藩大为气恼。多次顺风进战，都是进易退难吃大亏。为此曾国藩曾下令水师不得顺风开战。这次又是顺风不知早退，几个领兵官为败仗领罪，受到严惩。

几次全军出动，攻不下湖口，罗泽南不由摇头叹息，仅局限于湖口、九江，他无计可施，于是向曾国藩提出了新的作战计划，这就是放弃九江、回到上游，争夺武昌。他认为，长江沿岸的数城中，武昌为首，九江只是腰部，只有占据武昌，控制其首，才是夺取长江流域的正确方案。如果一味坚持围攻九江，即使攻取，武昌在太平军之手，敌人顺流而下，终难坚守。

曾国藩认为，罗泽南的提议是正确的，去年湘军攻武昌，咸丰皇帝勒令他离武昌而攻下游九江等城，那时他在奏折中所说的也是这个意见。可惜皇上不听他的主意，造成武昌丢失，进攻九江无功的被动局面。

曾国藩只有罗泽南、周凤山两军，两军合起来尚攻不下九江，胡林翼求援。湖南巡抚骆秉章也因天地会起义军闹事而要求罗泽南率部回湖南作战。曾国藩凑足五千人援胡林翼。李元度大惑不解，调走罗山一军，已使江西军力不足，拨归那么多兵将给他，万一长毛大举来攻，怎么应付？曾国藩说：大局如此，我只能这样做。你想想，如果武昌得手，江西不也就无忧了吗。

罗泽南奉命帮助胡林翼打武昌，却不直接助攻武昌，向鄂东南进军。他认为此举可剪太平军枝叶，又可阻止太平军势力向湖南蔓延。他先攻占江西义宁州，于1855年（咸丰五年）10月直攻邻县通城。守卫通城的是从义宁州撤退的太平军，老对手相逢，又是一番苦战，结局是太平军战败撤退。

罗泽南接着北上进攻崇阳，他侦知太平军城外大营营房为竹杆苇席搭建，趁夜色令军将火箭火弹齐攻大营。营中火起，噼噼啪啪，越烧越旺，太平军眼睁睁看着火烧，无力扑救，无奈退入城中。失了城外大营，崇阳难守，主动撤出。罗泽南连战皆捷，胡林翼乐得咧嘴大笑，亲自南下迎接罗泽南。

罗泽南一走，曾国藩手上没有得力的干将了。这期间，他在江西主要依靠的是被困在南康的内湖水师和塔齐布的旧部（由塔的助手周凤山统领）。自1855年（咸丰五年）11月起，石达开联络天地会起义军，连下江西瑞州、临江、袁州等府，围攻吉安府城。曾国藩只好从九江撤围，调周凤山部陆师驻扎在战略要地樟树镇，以图南下救援。曾国藩对能否解救吉安并没有把握，而且担心省城南昌的安危，便命周凤山在樟树镇坚守，以观望形势。石达开利用周凤山军举棋不定的时机，亲率大军于1856年（咸丰六年）3月1日攻占吉安府，相继占领附近各县。攻占的府县遍设乡官，立总制、监军统之。

翼王石达开统军于3月24日在樟树镇大败周凤山，败军纷纷逃向南昌。南昌城内人心恐慌，绅商富户纷纷出城外逃，足以庆幸的是，石达开没有足可对抗彭玉麟的水军，太平军未能攻占南昌，曾国藩只好进入南昌城收拾残局。

曾国藩后来描写当时的情形说，"方其战争之际，炮震肉飞，血瀑石壁，士饥将困，窘若拘囚，群疑众侮，积泪涨江，以夺此一关而不可得，何其苦也"，"余昔久困彭蠡之内，盖几几不能自克"。可见曾国藩当年的处境是何等狼狈。

石达开在樟树镇击败周凤山后，大可乘胜直捣南昌，活捉曾国藩。正当曾国藩在南昌城内岌岌可危的时候，杨秀清将石达开调回天京参加攻破清军江南大营战斗，并带走大批太平军，使曾国藩得以死里逃生。

胡林翼要攻占武昌，曾国藩却要罗泽南回江西救援，众军出生入死攻打数月的战果岂不要付诸东流，胡林翼怎能不伤脑筋。罗泽南军中有李续宾等一批能打的战将，放走罗泽南，武昌何时才能攻下。他没有忘记罗泽南是曾国藩慷慨借调给他的，处理此事左右为难，他与罗泽南商量去留。罗泽南认为经过几

个月苦争苦战，正在军事顺手之时转赴江西有点可惜，亲手攻下武昌，即可荣立不世之功，不能轻易失此良机。不赴援江西，对不住曾国藩。最后折中答复曾国藩："武昌即将破城，先遣部分军队来江西。破城后罗泽南一定即刻率全军赴援。"

对武昌的进攻虽已竭其全力，总攻不进城，罗泽南亲自上前线指挥，但徒增伤亡，无力破城。1856年（咸丰六年）4月6日，太平军开城门，战不多时退回城。罗泽南忘乎所以，认为是破城良机，立即率军奔向城门。将近城门，各门顿开，冒出太平军，高喊杀妖，蜂拥围裹罗泽南军。罗泽南急令撤退，尚未大乱，虽然损失不小，没有全部被歼，罗泽南的头部却受了致命的一枪。

罗泽南4月12日死在营中，死前给曾国藩写信，哀凄悲凉，建议重任彭玉麟、杨岳斌、王鑫；还嘱咐曾国藩和胡林翼合为一军，稳定两湖大局。曾国藩实在想不通，罗罗怎么会突然间战死呢？转眼便阴阳两隔。

眼下的情形不容沉浸在悲痛中。曾国藩不断写信给湖南、湖北求援，书信用隐语蜡丸。蜡丸信这种东西，很早就采用了，例如宋代的奸臣秦桧就用蜡丸信与金国联系。所谓隐语，与后世的密码差不多，估计也有规律，或者双方都有解读隐语的手册。既便如此，送信人大多被太平军抓获，有的隐语被识破。

好在有一封求援信送到了胡林翼手中。恰在此时，曾国华带着曾麟书的信请胡林翼援助，胡林翼分兵五千，让曾国华统带，回援江西。7月，曾国华率湖北援江军抵达江西瑞州。骆秉章也派出刘长佑、萧启江率领五千人由萍乡、万载入江西。曾国藩另一胞弟曾国荃率领吉字营赶到，为曾氏湘军嫡系。

湖北省城武昌、安徽省城安庆、江苏省城苏州，及庐州、金陵等大城市都先后沦陷过。1857年（咸丰七年）初，西征太平军已然占领了江西十三府中的八府四十六县，曾国藩哀叹说："自鄂渚以南，达于梅岭，贼踪绵亘数百里，众号数十万。"江西八府沦陷，南昌城幸存，是继长沙后又一没有沦陷的省城。

清季，经制兵粮饷由国家包干，而体制外军队，依靠乡绅养活。清廷财政拮据，自顾不暇，不可能为曾国藩编练的湘军提供军费。依靠地方政府供饷，不仅数量有限，粮饷得不到保障，难免冻饿之虞，且处处受人摆布，不能自主。

清代打仗，领兵将领没有参谋本部，带着一帮不穿军装的幕僚，凑在一起出主意想办法。曾国藩的幕僚大都是故交，幕府实际上是后勤部，是幕府制度在特定的历史条件下，即清代咸同年间督抚专政、地方分权的产物，对战争形势的发展和中国近代政治体制的演变，都产生了一定影响。

曾国藩幕府的办事机构，就功能而论，可分为军政办事机构与粮饷筹办机构两大类，而粮饷筹办机构又分为供应与筹饷两个系统。筹饷机构主要是各地厘金局、劝捐局和盐务局，供应机构主要是粮台与报销局，制造船、炮、弹、药的新旧军事工厂以及为引进外国科学技术而设立的各类局、馆也归于这一类。

史家为曾国藩算过大账，从1853年（咸丰三年）创建湘军，到1868年（同治七年）战事基本结束，报销军费约在三千五百万两左右，其中除少量各省协款与清廷指拨退款外，绝大多数自行筹措。

曾国藩筹饷主要有劝捐、征厘、课盐三种途径。1853年（咸丰三年）10月到1857年（咸丰七年）底，主要靠劝捐和经销饷盐。1858年（咸丰八年）7月再出领兵，至1865年（同治四年）初夏北上剿捻，主要靠征收厘金。1865年（同治四年）初夏之后，厘金大部分停解，则主要靠征收盐课。

曾国藩率领的湘军主要饷源及筹饷方式改变，反映了他的不同经历，也说明了他所处的客观环境的变化，包含了他多年的酸甜苦辣。

湘军东征始，仅一万七千人左右，后来不断膨胀，迨至同治初年战争最吃紧时，各地湘军总数达三十多万人，曾国藩直接指挥的部队就有十二万人，其中十万人由曾国藩供饷。若以每万人月饷六万两计算，每月饷银就须六十万两，即以半饷计，每月亦须三十万两。劝捐济饷是曾国藩最早采用的筹饷办法，也是湘军的主要饷源。1860年（咸丰十年）6月在江西等省开办厘金以后，劝捐虽已不再是主要饷源，但仍继续实行，尤其在军饷短缺时更是如此。

曾国藩率领湘军在湖南境内时，筹饷相对好办些。不管怎么说，在家乡，来回打交道的都是湘人。后来曾国藩率领湘军出省作战，支援困境中的江西。湘军出省作战，要吃饭，要发饷，实行"就地筹饷"，江西省官僚系统负有供饷之责。对于湘军来说，这是一个新课题。

田家镇一战，湘军虽然取胜，但人员损失很大。要为战死官兵发恤银、为有功官兵发赏银，从武昌带来的银子花得精光。他向朝廷申请补助，朝廷没有推托，下旨陕西巡抚王庆云解银十四万两，江西巡抚陈启迈解银八万两。然而，曾国藩等了许久也不见银子汇到，连个回音都没有。

陈启迈，字竹柏，湖南武陵县（常德）月亮山人。九岁丧父，母亲管教甚严，读书稍懈，即含泪督责。他深悟母爱，发奋上进，十六岁便考取秀才。1841年（道光二十一年）会试中进士，选翰林院庶吉士，授编修。时值《大清一统志》初稿告成，他奉命参与其事，初任校对，后由协修而总纂，直至提调，迨志书告成，已越九年。典试广东，政绩显着，回京述职，蒙恩褒奖。不久擢升江西按察使。数月后调直隶布政使。1853年（咸丰三年），太平军向长江流域下游进军，清廷为堵截太平军北伐，调陈启迈即任江苏布政使，驻节徐州，负责江南清军粮饷供应事务，特许"专折奏事"。次年升任江西巡抚。

太平军攻克江西许多州县，曾国藩率湘勇人江西，与陈启迈会同镇压。曾国藩与陈启迈是湖南老乡，同科入仕，有同年之谊，同在翰林院供过职，私交原来不错，后来经常发生抵牾，斗得死去活来。当然，事出有因，症结是银子。

湘勇属地方武装性质，一应粮饷皆依赖地方政府。陈启迈任江西巡抚第一年，曾国藩带勇入江西，多次要求陈启迈筹饷，陈启迈不予理睬。曾国藩筹办火药厂和修船厂，要求陈启迈设法速拨二十万饷银，陈启迈不仅分文不给，还将曾国藩的特使德英杭布着实奚落了一番。梁子就这样结下了。

陈启迈不买德英杭布的帐，曾国藩派罗泽南向陈启迈要钱，罗每次都是徒手而回，回营就骂陈启迈。李续宾听着罗老师骂大街，说别骂了，我想到个办法。罗泽南忙问有什么招。李续宾说，人家捐了钱，捐局就答应给个功名，他把钱收到了，做表发到北京，户部、吏部勘验后，发下执照。也就是几品功，分发给那些捐款的人。执照没有下来，捐局会先发给实收券，就是收条，表示收了多少钱，等部里执照下来，拿实收券领部照。这是捐局套路。咱们也能印这东西，在江西收钱。罗泽南说你疯啦，你收了这些钱，没有部照，你再去印一批部照啊？这还得了！李续宾说，犯法的事不做。我们把实收券印出来，换成钱后，也做个表，表不交给江西巡抚，交给湖北巡抚胡林翼，过一阵再打些胜仗，他把这东西报到中央，由他把部照领下来发给我们不就行了吗？罗泽南说这个主意倒可以，就用这个办法，不到一个月就筹集了五千两银子。然后把这个事给胡林翼一说，胡林翼哈哈一笑，说这主意真高明，回头就把这个部照给他办了下来。

1854年（咸丰四年）3月，曾国藩奏准预领户部和国子监印发的空白执照各二千张，委托夏廷樾、郭嵩焘、黄赞汤、万启琛、胡兴仁、李惺等在湖南、江西、四川三省劝捐，湘军大营与以上三省各发一千张，两种执照与大小职衔均匀搭配，俱依照原案折成实收，按资填发。四川因胡兴仁调往他省，办成与否属悬案，湖南、江西则办理颇着成效。1853年（咸丰三年）9月至1854年（咸丰四年）底，衡州总局获捐银一万九千多两，江西在籍侍郎黄赞汤则受曾国藩之托，在江西樟树镇设局劝捐，至1855年（咸丰五年）12月，不足两年筹款逾八十万两，先后解送曾国藩军营。在籍侍郎黄赞汤是为湘军筹集饷银的头号模范。

劝捐没有一定之规。曾国藩总结了几年来骆秉章、胡林翼的成功经验和自己的失败教训，把成败关键归结为湘军与地方政府的关系处的如何。1857年（府丰七年）夏，曾国藩向清廷申诉自己不愿再以"客寄"身份继续带兵："臣细察今日局势，非位任巡抚、有察吏之权者，决不能以治军，纵能治军，决不能兼及筹饷。臣处客寄悬虚之位，又无圆通济变之才，恐终不免于贻误大局。"曾国藩的这些话基本上反映了当时带兵、筹饷与地方政府三者之间的内在联系。

为凑齐军饷，各种办法都采用，有的办法在今天看来大大出格了，但战争需要，就啥也别说了。科举最引诱年轻读书人，从平民到公务员，一步登天，甚至有的中年人也跃跃欲试。朝廷也在这个问题上开动脑筋。

按 1853 年（咸丰三年）新例，凡捐银万两者，除各该捐生给予应得奖叙外，其本县准加文武学额各一名；加捐十万两以上者，亦以十名为限。

曾国藩见缝插针，采用增广学额办法，鼓励弁兵踊跃报捐，解决湘军欠饷问题。当时湘军各部欠饷严重，平江营欠饷二十万两，新立不久的吉字营欠饷七八万两。李元度首先在平江勇动员以欠饷抵捐。各勇闻可刊碑勒名于学宫，纷纷欣然报捐，先后捐抵欠饷银十五万两，增广平江学额十名，岳州学额五名。接着曾国藩与曾国荃、李续宾、张运兰等人商议，劝所部各捐数万两，凑成七万之数，以增广湘乡县文武学额各十名（前已增广三名）。以欠饷抵捐，虽未拿到现银，却减轻了筹饷负担，实际上与捐银发还欠饷无异，应算作劝捐的一种形式。由于湘军欠饷太多，弁兵心知难以索还，不如索性报捐，刻名于学宫碑石之上以荣耀身家，加以上司直接动员，故办理较易，而实际上则与勒捐相差无几。

厘金由米捐而来，取值百抽一之义，1853 年（咸丰三年）10 月由帮办清军江北大营军务的刑部侍郎雷以諴创始。那时他在扬州帮办军务，因练勇需饷，奏请设局劝捐。后从幕客钱江建议，试行捐厘，厘金最初仅为一种变相捐输，先在扬州城附近的仙女庙、邵伯、宜陵等镇，劝谕捐厘助饷，照每石米捐钱五十文计算，大约等于货价百分之一。上奏请准在江苏各府州县仿行劝办，"其无捐于民，有益于饷，并可经久而便民者，则莫如商贾捐厘一法。略仿前总督林则徐一文愿之法。劝谕未行，捐厘助饷，每米一石，捐钱五十文，于民生毫无关碍而聚之则多。"他建议将此法推之尚未实行之各州县，并各大行铺户。此议立即得到清廷批准，厘金制度即由地方的筹饷办法渐变为全国性筹饷办法。

劝捐不甚可靠，通过思想工作规劝财主掏钱养活军队，与现在的"赞助商"差不多，人家愿意掏腰包就掏，不愿意掏腰包也没法子。还有什么更好的敛财办法呢？就只有设局征厘了。对这种新筹饷方式，曾国藩极为赞赏，认为"病商之钱可取，病农之钱不可取"，且此法自古有之，古时之军租即今日之厘金也。"钱武肃王征榷最重，而其兵甚强，其民亦不甚怨。可见征商胜于征农"。

就在这时，郭嵩焘提出江北大营在扬州仙女庙抽厘金助军饷事，请曾国藩

也仿效办理，在军过之处向商贾抽厘，以助湘军作战。当时，曾国藩并不懂得抽厘的办法，郭嵩焘告诉他说："江北大营也缺军饷，有刑部侍郎雷以諴到扬州助军，想出了一个筹饷的办法：仿照汉朝算缗之法，对商贾征厘税，值百抽一，称作'厘金'，居然顺利抽得大量银两，解决了江北大营的军饷。"

湘军办不办厘金？曾国藩召开会议，让大家充分发表意见。有人说苏北办厘金，到处设关，处处抽厘，各为百金抽一，连续勒抽，往往抽之过半，商民怨声载道。两湖、江西连年征战，百姓已被敲骨吸髓，若再强抽厘金，就没活路了。郭嵩焘认为，苏北之所以办理不善，是混进了坏人，可作为借鉴。用饷急迫，对抽厘事反对的不多。曾国藩让郭嵩焘去湖南与骆秉章商量，利用东征名义，先在长江、湘潭、益阳、岳州、常德、衡州六处试行。若可行就认真实行，颗颗铜子都要有交待，莫对不起三湘父老；若不可行，立即停止。

厘金课税品种不同，可分为百货厘、盐厘、洋药厘、土药厘四类。其中以百货厘举办最早、范围最大，故所谓厘金，主要是指百货厘而言。百货厘的课税对象，多为日用必需品，一切日用所需之物，无一不在被征之列。

厘金从创办开始就繁琐苛刻，具有浓厚的封建性和反人民性。首先，厘金课征苛重，见货即征，不问巨细。征课异常广泛，"举凡一切贫富人民自出生到死亡，日用所需之物，无一不在被课之列"。厘金征收不仅增加了商人的负担，也摧残了刚有所发展的商品经济。其次，税制杂乱，地方各自为政。厘金的征收，清廷中央没有制定统一税则。由各省自定税则，任意征收。收入除以一定数额报效中央外，很大一部分由地方当局自由处置，表现出封建地方割据性。地方所得的厘金税收，不列作正式收入，其中很大一部分被地方官吏假公肥私，变相中饱。

厘金分行厘与座厘两种。征于铺商者称座厘，征于行商者称行厘。开始以征收座厘为主，后来座厘渐渐减少以至停止，成为征收行厘为主。起初按资多少填发执照，后来变成强征，名称也不叫厘捐，明确将厘和捐区分。如自督办徽州军务张芾在皖南地区采取茶厘与茶捐两项并征、统一办理方法，茶捐仍按资填发户部和国子监刊印的空白执照，完全按劝捐办法办理，而茶厘部分则仅给收据而已。

厘金可按劝捐办法办理的唯一例子，是湖南东征局。由于东征局系厘外征厘，故对交厘数额较大的商人，照旧按资填发执照，而一般商人则仍依征厘办法办理。另外，随着地域的扩大，各省税率多少不同，已不限于百分之一。据《中国厘金史》的作者罗玉东的统计，至同治年间，全国绝大多数省份所征厘金的税率都超过百分之一，一般为百分之二至百分之五，有的省份高达百分之十。

湖南厘金尚未办妥，江西战场便发生所料不及的大战。九江攻不下，湖口打了大败仗，江外水师全部瓦解，湘军受到了前所未有的损失。随后太平军攻占了江西大部分地区，曾国藩遇到大难，水师要重建，陆师要大幅度调整，还要随时准备与石达开打大仗。他最发愁的是军饷，也就是银子。

曾国藩实在没有办法，只得向江西巡抚陈启迈伸手，尽管前次碰壁，但他认为前次在湖北，这次在江西，为收复江西失地军作战，谅陈启迈不会置之不理。他想错了，陈启迈不仅分文不给，还在江西官员中散布：湘军打仗发了财，湘乡、平江、新宁肥地流油，只要家里出个湘勇，全家都不用做事，银子花不完，皇帝的银子运到了曾国藩家，皇帝都没钱了，我们哪得钱给他。

后来朝廷同意了曾国藩的请求，在全国推广厘金制度，盐、土药、洋药以及百货征收百分之一的厘金，用于地方库银，作为地方政府承担的军饷。曾国藩与骆秉章达成协议：湖南大部分厘金指定作湘军经费。曾国藩力争为江西厘金开辟不受布政使控制的特别官署，绕开正式财政机构，将部分钱财直接用于湘军供给。这个渠道一直通行不畅。朝廷正式同意了这项措施，这意味着从此之后，湘军军费有了保证。曾国藩如释重负，多年牵扯精力最多的就是湘军的供给。

设粮台以解决军队供应问题，并非曾国藩的发明创造，而是沿用以往的成法。所不同的是，过去命将出征，兵系经制之兵，饷系国库之银，粮台亦由皇帝钦派大臣掌管，发饷的时间、数额、对象，以及各军各部门的轻重缓急均由粮台官员裁定。粮台官员皆系朝廷命官，并不受统兵大帅管辖，他们各有专职，自成体系，共同对朝廷负责，其双方的关系是平行的。曾国藩军队自募、自练、自带，粮饷自筹，粮台自设，无论带兵将领还是粮台委员都由曾国藩委任，只听他一人之命，只对他一人负责。无论实缺官员还是候补官员，所有奉委办理粮台的委员实际上都是他的属僚，无论其发放何款，发放多少，何时发放，以及各军各部间的轻重缓急皆由曾国藩一人决定，粮台委员不过奉命行事而已。

与绿营比较，湘军闹饷之风不盛。因为在这种体制下，士兵闹饷不只与粮台为难，也是把矛头指向统兵大帅，必然很快遭到镇压，且粮台有银自会发放，无银闹也无用。这正是曾国藩的自鸣得意之处。

湘军粮台分为行营粮台、转运粮台和后路粮台，总任务是解决军队粮饷军械的供应，不同粮台有不同任务和工作特点。行营粮台又称支应粮台，主要负责前线各军的直接供应，一般随湘军大营行动。有时，根据战争需要，于行营总粮台

外另设粮台或支应所，以就近解决前线部队供应问题。实际属行营粮台之类，不过由于战场不断扩大和作战部队分散，前线供应机构相应增加，不象湘军初起时那么单一而已。转运粮台又称转运局，其主要任务是负责粮饷及其他军用物资的居间转运。后路粮台的主要任务是准备钱物，以应行营粮台之需。在物资缺乏的情况下，也负责采办和监制工作。此外，设在长沙的后路粮台还负责为新募湘勇提供就近训练和路途行军的费用，并对裁撤回籍的湘勇发还欠饷。

粮台内部结构，后路粮台与转运粮台不得其详，唯知行营"粮台设立八所，条综众务：曰文案所、内银钱所、外银钱所、军械所、火器所、侦探所、发审所、采编所。"似乎包揽一切，将曾国藩大营最初的办事机构都包括在内。

身当乱世，带兵统帅须亲自筹饷，不可仰食他人。带兵与筹饷相较，"筹饷更难于督兵"。曾国藩一改君子不言利习气，把成败的关键归结于财字。"大抵军政吏治，非财用充足竟无下手之处"，"利权所在，即威权亦归之矣"。

在陈启迈的眼里，曾国藩不过是办团练起家的在籍官员，地位等同于绅士而已，要吃自己所在省的军饷，就必须对自己惟命是从。他对曾国藩指手划脚，呼来喝去，而所下命令又朝三暮四，令人左右为难。

对于这样一个不知兵、气度狭隘、寸权必争、处处讲官派的巡抚，曾国藩实在无法敷衍。陈启迈对曾国藩"多方掣肘，动以不肯给饷为词"。曾国藩没办法，只好自己想办法筹饷，这又侵犯了陈启迈的财权。在他的带领下，江西通省官员与曾国藩针锋相对。曾国藩要对商人抽税，地方官员马上也抽。曾国藩任用一个地方绅士，地方官扣住不放，对敢于接近曾国藩的绅士打击报复。盖有曾国藩关防的捐输执照，不被地方官员承认，说曾国藩"未奉明诏，不应称钦差字样"；又说他"曾经革职，不应专折奏事"；说他"系自请出征，不应支领官饷"等等，极尽污辱玩弄之能事，大有挤垮曾国藩之势。

在江西，最初曾国藩筹饷的基本办法是留下比中央财会制度所能提供的更多的资源，也就是说，曾国藩会同地方大员制定一些新政策，保证军饷发放，主要措施包括：一是设置不受户部直接控制的新的地方岁入项目，将这些所得截留；二是他的部属一旦就任抚督之后，便将岁入权集中在自己手中，避开户部干预，将其中一部分用于湘军的供给；三是卖官鬻爵——在湘军兴办之初，湖南巡抚骆秉章为了支持曾国藩，把这一项权力交给了曾国藩，这样，出售官衔所得成为早期湘军主要经费来源之一。随着湘军人数的增加，到了后来，这三项措施用到极致，也无法保证军队的供给，湘军欠饷情况非常严重。

因为欠饷，军士们士气低落，开小差的，图谋不轨的都有。军心不稳，让曾国藩尤为担心。他没有地方大权，所带湘军在江西属外来军队，很多当地官吏视湘军为额外负担，用得着时，供给还算及时，用不着时，供给就变得拖拖拉拉。打了胜仗没有奖励，如果战败，则备受讥笑，供给更无从谈起。

曾国藩处于焦灼愤懑中。他没有实权。各省实权掌握在总督和巡抚手中，他们是全省官僚系统的绝对主人。下级官员身家性命掌握在他们手中，对他们惟命是从。曾国藩虽然与督抚同级，在地方官眼里却被视若无物。侍郎到了地方形同虚衔，既没有提拔下属的权力，又很难左右地方官的命运。军事离不开民事，招兵、选将，购置武器，处处与地方官相交涉，而地方官却往往不配合。

湘军兵为将有这种别树一帜的做法，令咸丰皇帝疑忌。既然心存疑忌，就不能给曾国藩太多权力，不让他掌握地方政权。曾国藩在江西长期处于客军虚悬境遇，饷银、军需主要仰求于江西，地方官员认为他打胜是尽义务，打败就辱骂，稍不满意就以停饷相要挟。值此困难处境，曾国藩考虑过撒手不干了。这到底是为什么？以回籍文官冲破重重阻碍创办湘军，在两湖、江西苦苦战斗，打赢了仗是别人的功劳，打败了仗，"几乎通国不能相容"。自己为国苦战，要权无权，要粮无粮，处处受到排挤，被逼自杀就好几次了。思前想后，"遂致浩然不欲复问世事"。由于好友刘蓉等人的百般劝说，他才勉强坚持着。

江西万载县有个举人叫彭寿颐。彭举人建议，目前刑部侍郎黄赞汤在籍守制，赞扬湘军的抗敌义举。曾大人若出面劝捐，一定奏效。自己也可以大人之德，向同乡、同窗们募捐。再是可以在江西就地设厘局，抽厘助饷。

曾国藩赞扬彭寿颐的行为，募捐之事立即去办，抽厘之事容再商量。经过活动，果然先得了一笔银子。黄赞汤出面大力张罗，在乡绅之中很快募得白银十万两，彭寿颐竟也募来三万两，这真是雪中送炭。

1855 年（咸丰五年）春，曾国藩不经江西地方政府同意，委派彭寿熙在南康设总局，在各县设十几个关卡，出手便抽得数千厘金，曾国藩以为这下军饷有望了。然而，由于曾国藩设厘局用了江西人彭寿颐，陈启迈以为是越权用人；江西地面不归曾国藩管辖，有何权在这里设厘局抽厘金。陈启迈对曾国藩这种目中无人的做法十分恼火，唆使手下将彭寿颐投狱，严刑拷打。臬司恽光宸以曾国藩越过地方衙门擅设厘局，向江西百姓课以重税为由，向清朝当局拟奏告状。

曾国藩还以颜色。湘军厘局查到地方官走私鸦片，扣走私船，地方官向陈启迈告状，双方闹起来。陈启迈不问曲直，令地方官封湘军厘局，曾国藩率幕僚到出事地点调查，锦江码头厘卡抓住江西万载县令李浩的小舅子走私鸦片。李浩供称，将鸦片走私交易中渔利分给陈启迈一部分，这下让曾国藩揪住了小辫子。

曾国藩会德音杭布参了陈启迈一本，奏本中开列了几条罪状：一、已革总兵赵如春冒功邀赏；二、为奉旨正法守备吴锡光虚报战功；三、多方掣肘饷银；四、对有功团练副总彭寿颐无端捆绑，拟以重罪；五、指使万载县令李浩伙同其内弟私贩鸦片，牟取暴利；六、不认真安排战守，丢了江西的江西五府二十余县。

陈启迈为已革职总兵赵如春冒功请赏，为奉旨正法的守备吴锡光虚报过战功，这两条是地方官常干的事。地方大吏，明明打了败仗可以说打了胜仗，逃将可以说成功臣。只要不出大娄子，即使皇帝知道了也不会怎么样。

曾国藩在奏折中描述："罗泽南克复广信以后，臣本欲调之折回饶州、都昌，以便与水师会攻湖口。陈启迈则调之防景德镇，又调之保护省城，臣均已曲从之矣。旋又调之西剿义宁，臣方复函允从，而陈启迈忽有调往湖口之信；臣又复函允从，陈启迈忽有仍调往义宁之信。"按照这类说法，曾国藩把湘军在江西总打败仗的一部分原因推到了巡抚府瞎指挥。

曾国藩在奏折中特意强调："臣与陈启迈同乡同年同官翰林院，向无嫌隙。在京时见其供职勤谨，来赣数月，观其颇错倒谬迴改平日之常度，以至军务纷乱，物论沸腾，实非微臣意料之所及。"曾国藩的奏折上达后，丢了江西大部分土地给太平军一节打动了咸丰皇帝，他本来就恼恨太平军在江西搅得心神不安，怪罪陈启迈没有守住江西，失地太多。因而很快就准了曾国藩的弹劾，结果是这位同年同乡在江西巡抚任上刚一年多就被革职。

但这次参劾没有使其他江西官员束手，反而变本加厉。接替陈启迈任江西巡抚的是文俊，行事一如前任，江西官员在他的率领下团结起来，处处给曾国藩下绊子设障碍，曾国藩的兵勇也被人痛打。曾国藩给朋友的信中回忆这段经历说："江西数载，人人以为诟病。"又形容当时苦况说："士饥将困，窘若拘囚，群疑众侮，积泪涨江，以夺此一关而不可得，何其苦也。"

曾国藩领着湘军坐困于江西，进退失据。大将塔齐布病亡，罗泽南战死于武昌城下，马继美死于南昌，周凤山兵败被革职，只有刘于浔率领湘军水师驻守南昌、临江，也是师久无功勉强盘踞而已。太平军的军营中传唱着这样一首顺口溜："破了锣（罗），倒了塔，杀了马，飞了凤，徒留（刘）一个也无用。"一位文人也忧虑地写下了这样的诗句："破锣倒塔凤飞洲，马丧人空一个留。"

湘军在江西的窘境越来越难堪。曾国藩说"为江西所唾骂"，以及"又参抚臬，丙辰被困南昌，官绅人人目笑存之"。比起陈启迈，继任江西巡抚文俊不仅不给供饷，还使一支湘军全军覆没，害死了一员猛将毕金科。

毕金科，字应侯，云南临沅人，以征开化苗功，叙外委，从王国才赴湖北，破太平军于荆州龙会桥、天门丁司桥，累擢都司。曾国藩奇其才，令从攻九江，改隶塔齐布部下。有一本书说毕金科作战风格与塔齐布类似，因此被称为"亚塔齐布"。"及塔齐布殁，石达开扰江西。毕金科每战陷阵，骁勇为诸军冠"。

1856 年（咸丰六年）底，毕金科军内缺饷不说，而且军粮几近断绝，士兵们忍饥挨饿，大雪天里，甚至伏在雪地中挖食草根。在毕金科万分窘迫时，地方官向他传达了巡抚大人文俊的话："毕将军如果能带军攻克景德镇，救民于水火之中，巡抚说了，江西提供粮饷义不容辞！"

此时，毕金科穷困之极，决意一试。次年正月初二出师景德镇，初四即被太平军包围，毕金科纵横击刺，践血冲出，又被大股太平军围住，用火枪环攻，中弹而亡，年仅二十五岁。一千饥疲之卒无一生还。

曾国藩听到消息后，震惊无语。后率部攻陷景德镇，在毕金科战死处立碑纪念，撰写碑文，痛悼当年战死的大将。碑文凄婉动人，提到"内畏媚嫉，外逼强寇，进退靡依，忍尤丛诟"。这几句话说出了他在江西的极度困难处境。

第二十章

再次丁忧出山，这次是主动的

胡林翼自1855年（咸丰五年）春回援武昌、受署湖北巡抚以来，虽经百般攻战，终未能攻克武昌；然长年作战，却给胡林翼提供了裁汰、整顿和扩编部队机会，逐步组建起一支精干的陆师和水师，成为尔后征战的骨干力量。这支部队是以湘军水陆师为基础组建扩编而成，也可以说它是湘军的一部分，但它又是胡林翼一手扶植起来的，饷械全由湖北供给，故亦称楚军或鄂军。

胡林翼率部攻打武昌，血战既久，没有大进展。1856年（咸丰六年）6月，胡林翼上奏，概括武昌争夺："臣顿兵城下，五月有余，驱血肉之躯，与炮石为敌，伤亡水陆军三千余人，罗泽南及都司周得魁等将弁百余人，李续宾乘马中炮堕地者书矣。夫兵易募而将难求。四月以后，乃禁约仰攻，分兵咸蒲，以取义宁四战皆捷，分水战以清下游，直达九江。臣自率五千人拒武昌南路，李续宾领六千三百人扼城东路，以剿北路，水师六营下驻沙口，水陆之贼，援绝路穷。下游九江、兴国陆贼万余，分道来援，冀可夹击。臣即豫拨三千余人，战于百里之外。且历观前史，李左军之告韩信，尚以顿兵城下，情见势绌为戒，战易攻难，自昔已然矣。臣之才力，何可言兵？惟才有限而志无穷，万一变生他路，祸出意外，臣亦不敢退却，苟且自取羞辱。"

对于胡林翼的这一奏折，清廷批复："历述艰辛，于事何益？国体俱在，亦应寓慎重于其中。"咸丰皇帝的口气很刻薄，武昌打了这么久，损失这么大，你向朝廷诉苦又有什么用？国家还在，你就打去吧，但是要慎重。

正当胡林翼对夺回武昌没有什么办法时，太平天国上层爆发了重大内讧，力量一下子就被严重削弱了。大致过程是：

1856年（咸丰六年）初，在东王杨秀清的指挥调度下，太平军先击破镇江城外及扬州之敌，击溃江北大营，随后在石达开外围作战并调走清军主力的掩护下，猛扑江南大营，一举打破。清军主将向荣在战败后上吊自尽，天京围解。

太平军在战场上的胜利挑开了一个脓包，这就是挑逗了杨秀清的野心，公然要求洪秀全封他为"万岁"，与洪秀全平起平坐。韦昌辉此前屡受杨秀清侮辱，怀恨在心，这时请求洪秀全诛杀杨秀清，洪秀全犹豫。陈承瑢向洪秀全告密，谓杨秀清有弑君篡位之企图，洪秀全密诏韦昌辉、石达开及燕王秦日刚铲除杨秀清。9月4日，韦昌辉率三千精兵赶回天京，当夜在城外与燕王秦日纲会合，陈承瑢开城门接应。众军在凌晨突袭东王府，杨秀清被杀，东王府内数千男女被杀尽。其后以搜捕"东党"为名，大杀异己。众多东王部属在弃械后被杀，平民也不能幸免，随后血洗南京城，约两万余人被杀。石达开十余日后到天京，进城会晤韦昌辉，责备滥杀之事，不欢而散，连夜匆忙缒城逃出城外。韦昌辉未能捉拿石达开，尽杀其家属。石达开从安庆起兵讨伐韦昌辉。在天京以外的太平军大多支持石达开。洪秀全急眼了，诛杀韦昌辉，将首级送石达开营中验收，燕王秦日纲及陈承瑢不久亦被处死，天京事变告一段落。

自从太平天国运动爆发以来，武昌三次失陷，汉阳则四度失陷。1856年（咸丰六年）12月，武昌被围日久，外援渐绝，粮食、弹药俱形匮乏。武昌太平军主要守将名为韦俊，是韦昌辉的弟弟。哥哥出了这么大的事，他深恐株连，已无心再守。12月19日夜，洞开城门，七道并出，突围他走。汉阳太平军同日撤出。胡林翼乘机占领武昌、汉阳，朝廷实授胡林翼湖北巡抚、赏戴头品顶戴。捎带说一句，不久韦俊投降清军，封参将，驻守安徽池州，晚年隐居安徽芜湖。死后葬安徽宣城。1980年，在宣城发现其墓碑及韦氏族谱。

随即，官文、胡林翼、李续宾分兵三路，水陆东下，追击太平军，旬日之间，连克数县，湖北境内无太平军踪迹。胡林翼令李续宾率军近万围九江，江宁将军都兴阿以及杨岳斌、鲍超率六千人，屯九江对岸要隘小池口。

胡林翼收复武昌，即筹划经营之策，奏称："自古用武之地，荆襄为南北关键，而武汉其咽喉也。武汉有警，则邻疆震惊，南服均阻，控制无术。昔周室征淮，师出江汉，晋武平吴，久谋荆襄，据扼长江，惟鄂为要。四年之中，武昌三陷，汉阳四陷。夫善斗者必扼其吭，善兵者必审其势。今于武汉设立重镇，则水陆东征之师，恃武汉为根本，大营有据险之势，军事无反顾之虞，军火米粮，委

输不绝，伤夷疾病，休养得所。是则平吴之策，必先在保鄂明矣。湖北之失，在汉阳无备，下游小挫，贼遂长驱。且东征之师，孤军下剿，则善战者必伤，久役者必疲，伤病之人，留于军中，不但误战，亦且误饷。若以武汉之防兵，更番迭代，弥缝其阙，则士气常新，军行必利。请于省城设陆师八千人，水师二千人，日夜训练。本境乱民，随时征讨，则我常处其安，而不处其危矣。"

胡林翼奏折较长，本书只引用开头一段话。胡林翼提出的重要设想是，朝廷应当充分利用武汉地利，把这里作为征讨太平军的后方基地。这不仅是一条明确思路，实际上，也的确是这么回事。由于太平军主要在长江流域作战，清军攻打太平天国，目标相对集中，重要的就是安庆和金陵两块硬骨头，而武汉居于这两座江畔城市的上游。胡林翼的设想获得了清廷嘉许。日后，曾国藩率领湘军围困安庆，以至于攻打天京，在很大程度上，都是依靠武汉接济的。

不怕不识货，就怕货比货。和春收复庐州，胡林翼陷武昌。清廷掉头再看江西曾国藩，不能不觉得他窝囊，毫无作为。曾国藩却另有想法。胡林翼攻陷武汉，凭的是湘军水师杨岳斌、陆师李续宾。现在他率领的湘军非但无功可录，反而受申饬，内心忿忿不平。曾国藩不妒忌胡林翼，但胡林翼用湘军力量光复湖北受褒奖，而湘军的真正主人却窝窝囊囊困守一隅，不能没有想法。

咸丰皇帝认为，长毛高层乱成这样了，而在曾国藩这边，日子反倒难过，批评曾国藩统领的湘军"劳师糜饷"，"日久无功"，就算朕不给你加"贻误"的罪名，你觉得你在那边花了这么多钱，那边的百姓那么拥戴你，你觉得你对得起江西的百姓吗，你还有什么脸在那长期待下去啊。

在九江守城的林启容，安庆守城的叶芸来都很镇定。湘军攻打他们，不大现实，因为江西的太平军并没有乱套。曾国藩没有援兵，整天要受江西地方官欺侮，要受皇帝的责备，然后他所抵抗的，又是石达开、林启容这样的太平军名将。所以他接到这封诏旨，实在觉得受不住了。只要有机会走，他肯定就会离开。

1857年（咸丰七年）3月6日，正在瑞州城外湘军大营的曾国藩接到家信，告知父亲于2月27日去世。这个噩耗如同晴天霹雳。万万没想到，父亲说走就走了。他向咸丰皇帝陈报丁忧，要求开缺守制。而且不等朝廷回复，他就封存大印，带着曾国华离开湘军大营，踏上归乡之路。春天已降临，树枝吐出新芽。他回到湘乡白杨坪，先在父亲灵前大哭一场，而后向地方官交代，丧事从简。当年祖父曾玉屏死，曾国潢、曾国华、曾国荃操办，没考虑那么多，在村中摆五百多席，连祠堂也被占满。这样大操大办，迟归的曾国藩痛骂了几兄弟。

尽管曾国藩要求从简，丧事还是办得很隆重。来的人太多，不仅是毗邻乡镇的熟人，连外地的亲戚朋友也赶来了。丧事办完，山村变得平静起来。朝廷在听说曾国藩没有获准就回老家奔丧，非常恼怒，本想治曾国藩的罪，由于湖南巡抚骆秉章、湖北巡抚胡林翼反复为曾国藩求情，事情才算得到通融解决。

战争时期不讲丁忧。朝廷给了三个月假期，令其回籍治丧，发给安家费四百两，假满后仍回江西办理军务，擅自离队，免予追究。曾国藩接到上谕后，由于沉浸在悲伤之中，对于朝廷的责备，他无暇理会。

时间一天天过去，他从悲伤中缓过神，忧郁像结痂了的伤口，回归正常。三个月假期很快过去，他心灰意懒，奏请按惯例在家守三年孝。皇上命他仍遵前旨，假满后即返回江西军营，继续督办军务。接到上谕之后，他越想越郁闷，干脆豁出去了，于当天晚上写了个《沥陈办事艰难仍恳终制折》。

这篇奏折可谓集牢骚话之大成，却都是心里话，表白了自己不愿回军营的理由：自古带兵者从未有他困难大，领兵打仗却没军权，自己"虽居兵部堂官之位，事权反不如提镇"。湘军负担两湖、江西抗敌重任，却不被国家承认，自己要为将领申请奖赏，必得地方官同意，由地方官上奏。湘军属临时募集，不是经制兵，有功人员不能像绿营弁兵那样补授实缺；自己虽是兵部侍郎，无法对部下奖励和提拔，即使是补授小缺，也须向巡抚、总兵求情，久而久之，很难取信部下。

太平天国战争期间，朝廷对官员任命实行"双轨制"，经制兵官员提升算数，而湘军人员提升，表面给个官位，拿相应俸禄，战争结束后，立即返乡。除了极少数有影响人物，其余一风吹。曾国藩所保人员，"徒有保举名，永无履任之实"。许多战功卓著的部下"虽保举至二三品，而充哨长者，仍领哨长额饷。充队目者，仍领队目额饷。一日告假，即时开除，终不得照绿营廉俸之例，长远支领。"被授以高官的大部分是体制外高官，虽然拿高官年薪，仍然是体制外的，不能享受官员终身制好处，打完仗了，该是什么还是什么。

曾国藩的另一大牢骚是老问题，湘军无军饷，行军作战，奖功恤死，都得向地方官讨钱。地方掌握财权，视湘军为累赘，打击、排挤、陷害者有之，就是无人给军饷。自己担起出省作战命令，并无出省作战资格，地方官也没接到皇帝旨意，军中连个正式印信都没有，湘军在别的省客位虚悬，处处受刁难。

曾国藩在奏折中将官场的潜规则说得很清楚。带兵打仗，必须依靠地方官员的支持。"至于筹饷之事，如地丁、漕折、劝捐、抽厘，何一不经由州县之手"。但是，地方官员只认他们的权力体系内的运转规则，只听能掌握他们升

迁权力者的话。他名义上为侍郎，而"文武僚属，大率视臣为客，视本管上司为主。宾主既已歧视，呼应断难灵通"。他"身非地方大吏，州县未必奉行，百姓亦终难可信"，所以"或臣抽厘之处，而州县故为阻挠；或臣营已捐之户，而州县另行逼勒。欲听之，则深虑事势之窒碍；欲惩之，则恐与大吏相龃龉"。

曾国藩表示：带兵，不给个巡抚实职或钦差头衔，无法维持。如果还像前几年那样，就让巡抚和提督、将军去带兵作战好了。"细察今日局势，非位任巡抚有察吏之权，决不能以治军"。从奏折中，可以看出，曾国藩明摆着是要向咸丰提条件。与其左右掣肘，还真的不如不干了。他直言不讳地说："以臣细察今日局势，非位任巡抚有察吏之权者，决不能以治军；纵能治军，决不能兼济筹饷。臣处客寄虚悬之位，又无圆通济变之才，恐终不免于贻误大局。"如果皇帝不给他督抚之权，他就只能"在籍终制"，就是说不复出山。

奏折送出之后，曾国藩心里忐忑不安，有点后怕，他不知道自己的这番牢骚会引起什么样的后果。他把委屈和困难说得够充分了，皇帝没有理由不给他以必要支持。没想到，逞妇人之智的咸丰皇帝却和曾国藩较上了劲。乍看，皇上考虑问题是高屋建瓴，从宏观上考虑问题，但是细琢磨，天京内讧之后，太平军内部分裂，势力大衰，看起来指日可平，有没有曾国藩无大碍。

曾国藩以为皇上会挽留他，没想到皇上的心态变了，因为发生了天京事变，太平天国的实力遭到很大的削弱，还是认为有没有曾国藩都无所谓了。看了曾国藩奏折，与军机处合计，这湖南佬伸手要实权，而让他既有军权，又要督抚大权，太危险，遂顺水推舟，批准让他在籍守制三年的请求，实际上解除了他的兵权。

当头一棒，差点把曾国藩打昏。他万万没料到，自己苦战数年，竟落得如此结果。长沙城中的官员闻此讯却喜形于色。从传统伦理来说，不论曾国藩是何居心，如此要挟皇帝都有违臣道。以前曾国藩以唯我独忠之态，居高临下，睥睨众人。而这次他们抓住了把柄，举城跳脚大骂曾国藩假道学，假忠义。

不仅湖南官场，曾国藩的不少朋友亦认为，他言不由衷，背叛前誓，前线正吃紧，跑回家，要挟皇帝。于是，有的批评，有的规劝，还有的干脆大骂他。骂得最凶的是左宗棠，骂他是假仁假义假道学，在湖南抚衙里拍桌子骂，骂他临阵脱逃，自私无能；骂他不该伸手要官，要不来就躲回家。

曾国藩这回有点挺不住了，举动大异常态，整日生闷气，"心殊忧郁"，他怨天尤人，就是弄不明白，自己出于对清廷一片忠心，在战场上拼命，结果却处处碰壁。俗话说，卸磨杀驴，现在磨还没推完，就要杀驴。多少人看他的笑话！

他的忧郁无处发泄，整日生闷气，动辄骂人。他数着长沙和南昌文武官员骂，骂够了就找弟弟的茬，和曾国荃、曾国华、曾国葆都发生过口角，语言粗俗，蛮不讲理，理学家风度荡然无存。有时会莫名其妙地因为一些小事呵斥弟媳。家里人都被曾国藩搞得神情紧张，唯恐长兄会突然不高兴发脾气。

每次事情平息下来之后，曾国藩都会觉得内疚。曾国荃等人开始劝他，劝不了只好不理他，再过些日子就返回战场。弟弟们走了，他开始骂几个弟媳。什么话都骂得出来，语言粗俗，根本不像个道学家。

弟媳们都躲着他。大儿媳（曾纪泽之妻）难产死掉，两个月后，曾国荃的妻子熊氏要临产了，怕被儿媳的魂缠住了也难产，于是闹着请神汉进府做道场。曾国藩知道了大骂一顿，骂她们装神弄鬼，骂得道场做不了。

湖南省夏季炎热。南风像从火炉中喷出，午夜后，仍有令人心焦的蝉鸣，蝈蝈无休无止地叫，彻夜不眠的曾国藩在床上辗转反侧。自入仕途，以孔孟入世救世，对自身的修养严厉酷冷，一丝不苟，持身严谨，关心国事，留心民情，十年京官春风得意，而后以文官白手建军，一身正气，两袖清风，出生入死。为什么皇上反而不信任？为什么上至枢垣，下至府县，都那么嫉恨自己？

雨季到了，原本清新明朗的山村变得阴郁、空荡、冷湿，天空灰暗。雨下个不停，淅淅沥沥，不紧不慢，他突然变得忧郁起来，因为休息不好神经衰弱，他的脾气变得很大，开始变得莫名焦躁，看不进书，也不想练字，

在痛苦中，他拿起老庄著作。圣人之言让他恍然见到另一片天地。他反思在官场上碰壁原因，总抱怨皇上小心眼，大臣多私心，对他横挑鼻子竖挑眼。从自己身上找原因。他怀着强烈道德优越感，人浊我清，高己卑人。翻旧日信稿，当日武昌告急时请求骆秉章发兵援救。写信时觉得有理有据，今天读来，发现字字如锥如芒。信中称湖南湖北"唇齿利害之间，不待智者而知也"，不仅没有商量口气，还略带嘲讽，是一副舍我其谁、比谁都高明的架势。怪不得当日骆秉章批评他刚愎自用。骆秉章有长者风范，回信原话说他："行事犹是独行己见，不能择善而从，故进言者安于缄默，引身而退。"他做事听不进别人意见，没人愿意给他出主意。当时听了这话不以为然，今天想来，发现确实说到了痛处。

也许是过去的道路太顺畅，曾国藩不光对同僚，就是对亲兄弟也拿出一副"你们都不争气"的神气，处处批评教训，当年国荃、国华到北京投奔他，呆不了多久就返乡了。设身处地，推己及人，那些自尊心受挫的同僚当然也会以冷面冷心甚至排斥辱骂来对待自己。他越来越清楚地看到了自身的致命弱点：太自傲、

太急切、一味蛮干、一味刚强。行事过于方刚者，表面是强者，实际是弱者。"江河所以为百谷之王者，以其善下"。所谓"大柔非柔，至刚无刚"。潜规则不可能被扫荡，他以前所看不起的虚伪、麻木、圆滑、机诈，是生存手段。只有合光同尘，圆滑柔软，才能通过隘口。只有海纳百川，藏污纳垢，才能达到彼岸。

曾国藩让与自己志同道合的读书人担任湘军各级指挥者，想以文化和道德力量塑造军魂。经过数年战斗，众多湘军将官变得与胥吏和差役一样，同属毫无道德廉耻之人。惨烈的战争让人异化，甚至原先那些熟读经史子集的读书人都未能幸免。历史典籍记载的伟大而有德行的将领都不存在，都是史家理想化，文人妙笔生花的一厢情愿。中国文化习惯于将现实生活戏剧化，将历史事实传奇化，让人们在传奇和戏剧中，寻找各自安慰。有时他自己也不明白，为什么原先那些道德君子们只有看到建议擢升的奏折，或给他们郑重其事的承诺时，才肯卖命。很多时候，他不得不在湘军和绿营将领中降低品行标准，对官兵的所作所为视而不见，以维持战斗力。这种妥协，对于崇尚道德理想的他来说，无疑痛苦。他有时想，也许人性都是如此吧，特别是跟死亡相邻得如此之近时，人们都会丢弃掉所有的虚伪，露出赤裸裸的真面目——战争和暴力就这样使他感到困惑。这样的困惑，也许不是曾国藩个人的困惑，而是所有经历过战争的人的共同困惑吧。

曾国藩想建功立业，却偏偏在太平军由盛转衰时回家。这种情景令人想起二十世纪七十年代的美国故事片《巴顿将军》。诺曼底登陆后，盟军横扫欧陆。巴顿却因为偶然过失被解职（好像是抽了一名士兵耳光）回家。他在家中百无聊赖，一天晚上站在阳台上发牢骚："全世界都在打仗，而我却闲居在家！"

曾国藩的痛苦比美国的巴顿将军大得多。他的许多部下因军功飞黄腾达。前不久以知府身份投身于曾国藩的胡林翼，早当上湖北巡抚；以千总加入湘军的杨岳斌已升为二品提督；李续宾官至巡抚，赏穿黄马褂。其他将领也都得到相应官衔。在籍守制的他仍是原来侍郎衔，相比之下太悬殊了，心里不免激愤不平。

心情糟会伤及身体。曾国藩患"怔悸之症"，卧病在床，发高烧，半夜说胡话。欧阳兆熊推荐名医曹镜初到白杨坪，望闻问切后，认为曾国藩思郁过度，思伤肾，愤伤肝，以致身体紊乱，急火攻心；同时，形而下者谓之体，形而上者谓之心，病灶自下而上蔓延，由腹、肾、骨，而至脑部。曹镜初给曾国藩开了一剂药方，早晚煎服。看病之余，熟读诗书的曹镜初跟曾国藩谈天说地，岐黄可医身病，黄老可治心病。阁下还是多读点黄老之作，也许对于身心有利。

病榻上的曾国藩如醍醐灌顶，仿佛刹那间开悟，人生一世，譬如朝露，为何要拘泥小事呢？心病一除，身体一天天好起来。他喜欢恬静的田园生活，生活简单，每餐几乎只吃一个菜，即使多几个菜，只拣靠自己最近那盘吃。人的欲望无限，不能一味迎合，相反，还应有意识地控制，注重精神方面的提升。

孔子说过，五十岁前不可读《易》。这年，曾国藩意识到世界被深藏不露的玄机掌控。山村的夜晚寂静，他走出户外，遥望星空，世界井然有序，背后隐藏着某种控制力。人如此渺小，但只有人才能觉察到到天理的存在。人只能是顺生啊，顺应天理，顺应自然。他百无聊赖地在书房里用蓍草占卜吉凶，一切都是天理在运行。这时，他会觉得只有《易》才觉察到这个世界道理之外的空白。

他从硝烟弥漫的战场上退下来，置身于小山村时，那些平时羁绊自己的念头和思想便如尘埃一样纷纷落下，一种清风明月般的洁净出现了。他对人生的目的，对于人在世界上的位置、关系、处事的原则等，都有了新认识。他的整体状态就像受到某种力量的感召一样，变得豁然开朗。人一旦抛弃自己的私欲，抛弃个人的利益和情感，以旁观者的目光看待世界时，仿佛就有一束光照亮自己的内心世界，眼前会变得风轻云淡；他的处事，也会变得游刃有余起来。

曾国藩在家信中说：以前自负，以为自己可屈可伸，可行可藏，每每总是人家不是。后来才知道自己有很多不足。有了自知之明后，他变得谦恭了，圆滑了。以前他对官场厌恶，容易和别人发生矛盾，致使自己腹背受敌，重新出山后，他对乌烟瘴气的官场能主动适应了。他的好友胡林翼看出了他的变化，在写给他的信中，不无调侃地说他重新出山之后，渐趋圆熟之风，无复刚方之气。

达则兼济天下，穷则独善其身，许多文人对于这话耳熟能详，犹如两种互相补充的生活理想。他们潇洒地往返于庙堂与山林之间，气宇轩昂，进退自如。沧浪之水清兮，可以濯吾缨，沧浪之水浊兮，可以澄吾足。

这是一厢情愿的想象。大部分文人对庙堂充满敬畏，独善其身是无奈的下策。无论隐居江湖还是招摇于闹市，时刻支起耳朵，凝神谛听朝廷的动静。只要君王一声召唤，就会抛下手边的一切，飞奔而去。如果朝廷大门紧闭的时间过长，不甘寂寞者就会情不自禁地搔首弄姿，制造些许响声。

历史上不乏猖狂之徒，然而毕竟没几个。绝大多数自视甚高的文人雅士面对权力时总是毕恭毕敬，喏喏连声。为什么权力场的吸附力如此之大，以至于文人无法自持？名利不是答案的全部。至少当时，忠是权力崇拜的另一种表述。朝廷、天子至高无上，忠君就是将全部才能奉献给权力的象征。

曾国藩家居的一年多，战争形势发生了巨大变化。他离开江西时，太平军与湘军正在相持苦战，九江、吉安、瑞州等城尚在太平军手中。由于太平军的内讧，石达开先是离开湖北战场，后又于1857年（咸丰七年）5月底率太平军精锐出走，湖北、江西的太平军大部跟随石达开而去。

湘军乘机攻陷九江、瑞州、抚州、湖口、临江，湖北的武昌等城也再度为湘军攻陷。湘军控制了两湖、江西的绝大部分地区，开始向安徽方面进攻。想到这里，曾国藩后悔非要回家守制。他曾想给咸丰皇帝上书，要求马上返回战场，但碍着面子，毕竟拿不起写折的笔。湘军将领与他保持密切联系，他多少起到了遥制作用。作战，别的人很难统一指挥，他的作用绝无人可以代替。由曾国藩保奏而升任湖北巡抚的胡林翼，时刻想着让曾国藩出山。

曾国藩籍守制期间，湘军没有因为他的离开而伤元气，相反，胡林翼坐镇湖北，弥补了曾国藩的空缺。胡林翼任用湘军大将李续宾、鲍超，声望直线上升。在湘军中，曾国藩的政治、军事以及精神地位无法取代，曾国藩积极灌输的传统道德观仍像幽灵一样游走在队伍中，只不过份量大不如前。

李续宾给胡林翼写信，提出请胡林翼向朝廷说情，让曾国藩复出。李续宾在信中说：环顾国内大局，只有湘军可以依赖。要实现克复金陵、平定东南的战略目标，就必须请曾国藩再度出山，由涤帅主持前方战事，胡公在后方支撑大局，大家都在想念涤帅，有的还说出一些不利于胡大人的话。这些，都不利于湘军目前的局面，希望胡大人全力向朝廷建言，让朝廷敦促涤帅出山。李续宾的这封信代表了大多数湘军将领的想法，言之凿凿，坦坦荡荡。胡林翼看出，湘军还是"唯涤公马首是瞻"，明白曾国藩的地位是无法取代的。

这段时间，太平天国分裂事态继续恶化。石达开逃出天京之后，在安庆待了五十多天，惊魂未定，有些不知所措。然后拿定主意，准备东进江西、浙江、福建一带，另外开辟地盘，与天京争雄。从1867年（咸丰七年）9月底，石达开率精兵万余人从安庆出发，突入江西，经景德镇进入赣南抚州、吉安。1858年（咸丰八年），石达开由江西饶州、广信转入浙江，攻占了浙江常山、江山，对衢州发起攻击。又经鹰潭、上饶攻入衢州。一路上各路太平军纷纷加盟，石达开的人马增至十万之众，清廷震惊，火速命胡林翼征调李续宾部增援浙江。

胡林翼是京官出身，以翰林身份参与过大事决策过程，明白朝廷在考虑什么。出牌机会终于等到。1858年（咸丰八年）5月，他不失时机上奏：皖鄂军情紧张，拒绝抽调李续宾赴援浙江，当重新起用曾国藩。朝廷赶忙召和春赴浙江，和春借口生病不赴任。湖南巡抚骆秉章随即上奏，请求重新起用曾国藩，只有曾国藩才能对付石达开。咸丰皇帝降旨，曾国藩由原籍迅速返回湘军大营。

　　7月13日，曾国藩接上谕，不提任何条件。这段日子以来沉潜老庄，已有东西在内心暗暗生成，现在是开花结果的时候了。几天后，他离开荷叶塘。经过铜梁山，感慨万千。回乡后，他出资在此建了条青石板路，是湘乡、湘潭交界处。他出资在峰顶建两湘亭，为两湘亭题写对联："稍停息，到此已登峰造极；息重担，远眺则放眼开怀。"对联墨迹未干，自己又要出征了。

第
二
十
一
章

一得一失：九江与三河镇

曾国藩出山前，李续宾部刚拿下九江，为曾国藩去了一块大心病。

李续宾平生最大的功劳就是攻克九江。早在1853年（咸丰三年），太平军占领九江，几度顶住湘军攻击，塔齐布病死九江城下。罗泽南在九江城下攻过一阵，攻不下，战死在湖北。对湘军来说，九江简直是一根粗大的肉中刺。

中国历史上，从春秋战国延续到清代，在两千多年间，攻守城的技巧方面有了一定发展，而在本质上并没有太多改变，还是架云梯。后来发明了火药，清代顶多是装备了一些土炮或者洋炮，能轰击一阵子，但只要炮弹不爆炸，也就是在城墙上砸几个坑，杀伤力不会太大。

应该攻打什么样的城市？曾国藩论述过。叛乱者分两种，一种游走飚掠，抢了就跑，神出鬼没，叫流寇。清代吸收了明军与李自成作战教训。李自成的战法让人琢磨不定。明军没有意识到这点，流动作战，对于起义军和官军来说，双方成本完全不一样。起义军不管走到哪儿也可以搞到粮食，叫"因粮于敌"。而官军靠官饷，行政划拨，有时行军急速，跟不跟得上，是问题。明军几乎是被李自成义军拖垮的。清廷对以飚掠为主的叛乱有清醒认识。这就是曾国藩总结的，对贼流，不能与之俱流，要不断缩小活动范围，你主动突围，你来求战，主动性就掌握在我手里。对这种军队，没必要求战，把防御一步步做好，根本没有跟他作战，一天天慢慢枯死。第二种就是太平天国这样的，有国号，有国都，有自己的行政体系、军事系统。曾国藩认为，在接近长毛国都之前，九江、安庆、苏州等城市，一定要打下来，不能绕过这些城市直接打金陵。这些城间有联络，每座城市都可以向周围辐射力量，互相进退。太平军有九江，可深入湘军腹地，往西可攻湖南，往南可扫荡江西，湘军拿下九江，至少在长江南岸，湘军要往东前进，是保障，没有后顾之忧。曾国藩认为，对太平天国这种"建号之贼"，一定要拿下他们掌握的城池，主动去跟他们作战，步步紧逼，针锋相对，最好是每一步都能掌握先机。那么有这个原则，所以九江要攻。

胡林翼、李续宾没有搞定武昌之前，就攻九江。李续宾部自抵九江城外后，从1957年（咸丰七年）1月8日开始，连续六天，昼夜更番攻城，"缘登二十番次"，均被守军击退。胡林翼见初攻不逞，知道不能速胜，乃改取"长堑围囤"之策，李续宾组织湘军士兵，于城外挖掘了长壕六道，三面合围；并于长江北岸，驻扎水师十营，切断了太平军的外援。

挖地道不一定成功，有防地道的方法，最简单是沿城墙根，每隔一定距离挖个坑，盲人坐在里面，盲人听觉好，轮流蹲守，听挖地道声音。如果感觉到了，确认从哪个方向挖过来，城里的会挖一条地道出去，挖到那个地道上面。两个地道通了后，往里灌水，淹死对方工兵，要不就熏烟。还有一项重要工作是要扫清城墙外的敌垒。太平军在西边沿河挖的壕，竖的墙，做的炮台，在南边绕湖设立的战垒和炮台，都得先肃清。把这些营垒夺下来，才能开始攻城。

太平天国战争时期，挖地道首尾呼应。太平军从广西北上，经过湖南，地道兵主要是来自于湖南郴州的矿工。这些矿工跟着他们在长沙，用地道攻击过，但是没有成功。用地道攻击武昌成功了，攻击江西，攻击安庆，最终攻击金陵，都成功了。挖掘地道攻城是太平军的法宝。但是结局呢，湘军攻下金陵用的也是地道战。据说湘军攻城的地道工程人员，也是湖南矿工。地道战在太平天国战争时期，有始有终，双方使用的专业人才也差不多。

湘军完成对九江的势围，不仅湘军做了很多工作，与天京事变也有很大关系。天京乱了后，没有充分地利用安庆、九江这两座前敌城市优势，北岸没有向湖北进军，在南岸没有向湖南、江西去进军。湘军抓住了这么一个很好的机会。

九江守将林启荣，原籍湖南，寓籍广西，金田团营，隶杨秀清麾下，充牌刀手。定鼎天京后，授土官正将军，升殿右八指挥，从赖汉英略地江西，攻南昌，不克，汉英东返，他随国宗石祥祯合东来援众，出鄱阳湖口，克九江府，旁略近属州县，诏升启荣殿右十二检点，守九江郡。

林启容早就知道九江会被围困，像蚂蚁搬家一样积蓄物资，重兵分驻两处，一是对岸小池口，二是连着鄱阳湖的梅家洲。城里守城士兵一万五千人，外围保障接济线一万来人，从长江、鄱阳湖，他的接济源源不断，所以能守四年。

太平军为保住九江，有可能从天京直接发援军，甚至从浙江等地发援军支持九江。对于太平军来说，支持九江比支持武昌容易得多。几万人围一座城，城里的接济源源不断。围城一方时刻得担心，林启荣的援军从后面发起攻击。

九江在长江对岸和东边鄱阳湖边上有两个牵制力量，一是小池口，一是湖口，不先打掉小池口和湖口，没法围九江。1857 年（咸丰七年）夏，李续宾进攻小池口。林启容知道，湘军攻下武昌后就会对付自己，立即向天京呼救。援兵陆续被击退。李续宾攻击小池口时专心致志。小池口是太平军建的一座城，以木石为主，比不上石头做的城墙。李续宾在小池口城边垒起高台，跟小池口城是一样高，上列十九门炮，连续轰击八天，打得里面天昏地暗，什么东西都打坏了。这样的火力压制下，小池口城里面的人或死或伤，然后粮食火药，包括做饭炊具，都被轰得七零八落，生产资料、生活资料几乎都被炸得一干二净。

战事胶着于九江城下，陈玉成率军自安徽入湖北出英山，直插蕲水，然后回军广济、黄梅，威胁围困九江、小池口的湘军后方。这种情势令胡林翼在武昌坐卧不安，不得不亲自赶赴黄州，"选精锐，授方略"。8 月 20 日，多隆阿、鲍超部败太平军于黄腊山，9 月 11 日，李续宜部败太平军于蕲水马家河，将太平军再度赶出湖北境内。10 月 2 日攻占九江对岸要隘小池口。

湖口县地处湖北、安徽、江西三省交界，由长江与鄱阳湖唯一交汇口而得名，是"江西水上北大门"，素有"江湖锁钥，三省通衢"之称。攻完小池口，要攻湖口，就没这么容易。早在 1854 年（咸丰四年）年底，湘军水师被太平军打成两截，一截在鄱阳湖内，一截在长江，湖口处在关键位置上。

湖口也像田家镇、半壁山一样，有横江铁索，船很难到达城墙下。李续宾不能直接攻击湖口，湖口双钟镇有石钟山，镇北叫下石钟山，相对高度只有五十多米。北魏郦道元说，是微风鼓浪，水石相搏，其声若钟；唐李渤则在深潭上发现两块巨石相击之声，清脆而高亢，故名石钟。北宋文学家苏轼发现绝壁下都是洞穴和石缝，风浪冲击洞穴，发出钟鸣般的声响，为此写了《石钟山记》。

石钟山有太平军驻守，李续宾放风下一步攻打宿松，带几千人渡江，沿江往下游走几十里，在江边等待杨岳斌水师。杨岳斌水师到了，李续宾这几千人回到南岸，在石钟山伏兵，湖口边也有伏兵。伏兵什么时候动？要看到杨岳斌出现在湖口城下，才发动进攻动。一旦他们突破水面那些铁链的阻碍，湖口的守备部队立即会被牵制，聚集在临水城墙那边。这时从其他方向攻打湖口，长毛会乱，可以乱中取胜。但是，怎么到达那边城墙下，也是个难题。湘军的水师一到那，被铁链挡住，然后还有铁锚在江中，碰到铁锚，船底就破了。而且前面的船，因为铁链或什么东西堵住了，后面的船刹不住，挤到一块，互相碰撞。

湘军的主要问题在水面，怎么把铁链钳断、熔断？跟田家镇那种战法是一样的，死伤不少，终于突破了障碍，李续宾和杨岳斌出现在湖口城外水面。按照原计划，石钟山等地的湘军发动总攻，炮弹从天而降，湖口的守军根本没料到，刚才还是水面，以为湘军要从水面来发动炮攻或总攻，把兵力和一些装备，都移到那一面，哪知道湘军真正的进攻是从陆上发动的。

李续宾、杨岳斌等决定以陆师五千人绕出湖口之下，踞城后山岭，进攻湖口侧后，杨岳斌则密约内湖水师彭玉麟部，合攻湖口之前。10月25日，湘军水陆师相互配合，攻占湖口县城及其对岸的梅家洲。激战之后，湖口被拿下。

小池口和湖口都被拿下了。小池口拿下的意义，就是太平军从长江得到接济的通路断掉了。湖口被拿下的意义，太平军从鄱阳湖得到接济的路断了，湘军的内湖、外江水师相隔差不多有三年，终于再次聚首。

11月上旬，湘军乘胜东下，连占彭泽、望江，东流，杨岳斌水师越过安庆，攻占铜陵，前锋直至泥汊口，与江南大营西上之"红单船"取得联系。这是一种江南大营从广东奏调的外洋帆力船，船型大，装炮多，活动于金陵附近长江水域。11月24日，水师返抵湖口，胡林翼令水师马步专注九江，以期迅速攻克。

由于失去小池口和湖口的支持，九江成了一座孤城。从1858年（咸丰八年）3月30日起，李续宾、杨岳斌督率湘军围攻九江，昼夜环攻，地道云梯，多路并举。林启荣则督率守城将士，城垣随塌随补。胡林翼见湘军伤亡惨重，函嘱李续宾等相机持重，不要操之过急，以免造成更大伤亡。

林启容令士兵和民众在城里空地种麦子，用草和麦子合起来做饼充饥。消息传到城外，李续宾说，坚守四年很难，这样的困境下还能做草麦饼。李续宾惺惺相惜，射书城内招降。林启容到城头来作答，谢谢好意，厚谊心领，但"自知不赦"，你决定不了我的生死，我就算投降也会被处死，我们还是接着往下看吧。"自知不赦"是清方记载，湘军记载，包括将来对安庆叶芸来、苏州李秀成，都曾经招降；李秀成在《自述》里也用过这样的词，说你们都可以投降，但是我作为主帅，投降也是死，还不如不投降，先顽抗一阵。这种说法可能有违太平军统帅的本意，因为事实上，太平军里也有投降的，包括将来李鸿章在苏州杀降的那些，如果不是因为别的事，条件谈不拢的话，那些人并不一定会死。

既然不肯投降，只好继续攻城。湘军建炮台，类似攻击小池口一样，用大炮轰击。炮不可能轰塌城墙，而是用炮做掩护，在下面挖地道。想靠一条地道

就能成功，很难，同时挖几条。这条被破，那条还在那动工。工程兵作业时，炮声昼夜不息，目的是干扰，让对方没法通过听声音找出地道。最终挖成一条，填上一万五千斤火药。安排士兵在城墙附近的土坡挖猫耳洞那样的小洞，躲在里面，为的是城墙一旦炸出缺口，就赶紧抢攻进去，不要让对方临时把城墙口补起来。

1858 年（咸丰八年）5 月 8 日、12 日，湘军地道轰塌九江东门、南门城墙，登城士兵被太平军抛掷的大桶火药炸死炸伤，缺口重新堵住。此战，湘军死伤无数，胡林翼奏报说，湘军"伤亡士卒之惨"，使将士"莫不歔欷饮泣"。19 日，湘军用地道轰塌九江东南城墙百余丈，湘军"前者伤，后者继进，冲上城头"。林启容率部下浴血巷战。一万七千多将士全部英勇战死，其壮烈为太平天国战史中所仅见。有一种说法是，林启荣是被部下杀死的，估计是所谓将功赎罪，要拿来向湘军请赏。结果湘军对九江实行了屠城，杀掉一万七千多人。湘军大规模屠城，这是第一回，用湘军自己的话讲，因为塔齐布死在九江城下，罗泽南之死也与九江有关，湘军从上到下怀着强烈怨恨，所以才会屠城。

李续宾凯旋武昌，官文和胡林翼郊迎，胡林翼把官署让给李续宾下榻。咸丰皇帝赐黄马褂。李续宾在军中穿着与士兵差不多，而黄马褂不能穿在粗布衣衫上，得加在正式官袍上。胡林翼赶紧叫人到市面买袍料，做蓝袍。蓝袍是清代官服，袍子是一样的，不同官位配不同补子。穿上官服，把帽子戴上，朝珠挂上，就是官服。李续宾身材高大，黄马褂穿在身上小。副官建议把黄马褂改大点，李续宾说，这东西由内务府织造，一针一线不能动。他没有再穿过，因为确实难看。

湘军攻占九江后，准备东进。胡林翼说："目前大计，自应以九江得胜之陆师，渡江剿办，先清北岸，而后再及于江南，水师则先清安庆，而以余力分讨金陵，或再以余力，调入苏杭太湖等处。"一个月后，东进计划进一步明确为："李续宾统师由中路进攻，都兴阿由宿（松）太（湖）进兵，杨岳斌水师直攻安庆。"

正在这时，太平军各路将领汇集于安徽枞阳镇。当时他们首先商议的不是如何对付湘军东进，而是如何破清军的江北大营，以打通天京与江北的交通。会后，太平军便兵分两路，李秀成一路回滁州驻地，陈玉成率一路北上，于 8 月 23 日攻占庐州，然后东走店埠、梁园，进向滁州，与李秀成部会师后，于 9 月 27 日攻破江北大营，重占江浦，扬州、六合等地，打通了天京北路粮道。

有必要提及，李续宾打下九江时，后方支持的是湖北巡抚胡林翼。那时，曾国藩仍然在老家丁忧。没过多久，曾国藩就二次出山了。

　　曾国藩先赴长沙见骆秉章与左宗棠。骆秉章上奏折保举曾国藩再度出山，曾国藩知道。他更想见左宗棠。左宗棠骂他最厉害，认真想想，骂得也不错，自己不该负气离开湘军，而且伸手要官，不是初衷，徒取其辱，所以一定要以老子的"大柔非柔"，以屈求伸的态度处理好左宗棠及诸文武官员的关系。

　　左宗棠已四十七岁，在骆秉章幕府中襄理军务，还是体制外的人，没有官职。虽然如此，他的名声很高。御史宗稷辰向朝廷推荐人才，把他的名字排在第一位。咸丰皇帝顺便打听了他的情况，记下名字。后来咸丰皇帝接见郭嵩焘，君臣又议论了左宗棠，当皇帝知道左宗棠常以未中进士感到自憾时，便托郭嵩焘带话宽慰他："不必非要以文章功名建功，而要在国家用人之际立业。"

　　经骆秉章传话，曾国藩见左宗棠，与左宗棠交谈，毫无掩饰之情。左宗棠不免纳闷：自己骂他那么厉害，他却屈驾造访，消解了心中疑团，两人和好如初。他们从用兵谈到做人，左宗棠那气冲斗牛，以天下苍生为己任的凛然正气，感染着曾国藩。但此时的曾国藩已不再是一年前的曾国藩了，儒道融揉的老练、神鬼莫测的神态，连左宗棠也感到曾国藩再次出山，已非昔日可比了。

　　曾国藩启到长沙后，拜遍大小衙门，连小小长沙县衙也亲自造访，检讨说，以前"接人应事，恒多怠慢，公牍私书，或未酬答。坐是与时乖舛，动多龃龉"。因此"此次再赴军中，消除事求可、功求成之宿见，虚与委蛇，绝去町畦。无不复之缄咨，无不批之禀牍，小物克勤，酬应少周，藉以稍息浮言。"

　　此前他对人总是持有一种"众人皆醉我独醒"的心态。现在他设身处地体谅他们的难处，必要时"啖之以厚利"。变化太迅速，引起好友误解。郭嵩焘说："曾司马再出，颇务委曲周全。龙翰臣方伯寓书少鹤，言司马再至江西，人人惬望，而渠独以为忧。忧其毁方瓦合，而任事之气不如前此之坚也。"胡林翼说他"渐趋圆熟之风，无复刚方之气"。曾国藩也承认："寸心之沈毅愤发，尚不如前次之志。至于应酬周到，有信必复，公牍必于本日完毕，则远胜于前。"

　　湘军大帅如此不计前嫌、谦恭有礼，使长沙官场感到再次出山的曾国藩像换了个人，都表示全力支持湘军，消灭长毛。经过曾国藩的一番拜访，联络，赢得了湖南省大小官员的好评，他们表示要兵给兵、要勇给勇、要饷供饷。

　　经与骆秉章、左宗棠商量，决定湘军张运兰部四千余人、萧启江部四千余人、吴国佐部一千五百人由曾国藩亲率入浙，首先抓紧备饷、备械。

　　曾国藩在长沙逗留十几天，随后乘船到武昌，亦如长沙，衙衙拜访、官官恭问，胡林翼自不必说，两人彻夜长谈。巡抚大人如此敬重曾国藩，下面还有什么好说的，武昌官员无不表示对曾国藩的支持，同湖南一样，为湘军供饷供械。

随后，曾国藩沿江东下，到黄州府下游五十里的巴河，这里驻扎着彭玉麟的数营水师，湘军大将彭玉麟、杨岳斌、李续宾、鲍超、李元度、杨国栋、彭寿颐、曾国华等人都集中在这里，等着与曾国藩商量军机。

在彭玉麟座船上，曾国藩与阔别一年多的部下见面，商量下一步行止。曾国藩提出：湘军最终目标是金陵，军事重心不能离开长江两岸数省，力量要由西向东使。石达开南窜，不能让他牵着走。目前浙江紧张，只能派部分兵力配合地方绿营监视，不能轻易言战。所以，下一步的作战方案是：曾国荃的吉字营继续围攻吉安；李续宾、彭玉麟、曾国华、鲍超等营进入安徽战场，落足点是安庆；其余部队由曾国藩本人率带，奉旨驰援浙江。

计议已定，诸军按计而行。曾国藩亲率萧启江、张运兰、吴国佐各部援浙；李续宾拨出所部朱品隆、唐义训一千余人任曾国藩亲兵护卫营。曾国藩命部队到江西河口集结，自己则去南昌，拜会江西巡抚耆龄。耆龄深知曾国藩再次出山的来头，答应为湘军供应粮草、军饷，使湘军通过了军饷难关。

1858年（咸丰八年）9月，曾国藩命部队由河口出发到江西广信府铅山集结，在赣闽两省之间的弋阳、双港、金溪等地驻守，9月在江西建昌暂驻，准备由云际关入福建。此时，刘长佑军已驻新城，准备出关入福建，曾国藩即命张运兰、萧启江由广昌、杉关入闽，而他的大营一直驻在建昌，再未移动。

曾国藩计划攻皖援浙行动时，太平天国也在调整石达开出走后的军政关系。李秀成、陈玉成在安徽枞阳召集各路将领研究对策。会后，陈玉成、李秀成各部联合作战，大败江北大营德兴阿、胜保的军队，歼敌五千；8月进军浦口，歼敌万余，再破江北大营。9月，太平军横扫苏北的清军，连克扬州、六合，太平天国在江浦一带建立了天浦省，成为天京的畿辅重地。

十多年的带兵生涯里，曾国藩在湘军各营保举的武职达十几万人，其中三品以上的数万人。而文职官员中，有二十六人成为督抚级大员，五十人成为三品以上的大员，至于道、府、州、县的官员更数不胜数了。

曾国藩治军不再一味从严，而是宽严相济。领兵初，他对钱看得很紧，自己分文不取，再出山后，宽以"名利"，在钱上手松了很多；他以前对战争的抢劫查得很严，再出山后，对于抢劫所得，通常"概置不问"，采取宽容态度。

他不再慎于保举。军队每有小胜，领兵大员都拼命保举属下，不管出没出力，均沾好处。他领兵之初，因痛恨此风，从不滥举。当年他带兵攻下武昌，"仅保三百人"，受奖人数仅占出征队伍的百分之三。相比之下，胡林翼攻占武昌一次即保奏"三千多人"，受奖人数竟达百分之二三十。消息传开，不少人认为投曾不如投胡，许多曾国藩挽留不住的人员主动投奔胡林翼门下。

当年那个刚愎而呆板的曾国藩变了，就像棋手大睡三天，重新坐在旧日棋局前。他一改往日迟缓风格，落子飞快，一方面仍将对手拖入泥淖，另一方面又跳将出来，谋划在适当的时机丢出胜负手。内心窗口豁然打开后，气定神闲、举重若轻，常说些笑话，把部属们逗得前仰后合，而他却端坐着，捻着胡须，悠然看着他们，就像看着群淘气孩子。他很少开那种凝重会议，经常是利用吃饭时间，把将领召集过来，让厨师烧几个好菜，上一汤好茶，轻松地把很多问题解决。

此刻的曾国藩，骨子里一如既往的忧郁。离开部队十五个月后，湘军变化很大，几乎不是当年的那支湘军了，当年为部队制订的规章早就被置之脑后。每当湘军夺取城镇，随之就滥杀和掠夺，老实巴交的庄稼人已变为名副其实的刽子手，饱读诗书的将领也变得冷酷，有的对士兵的荼毒给予支持。而且士兵成分越来越复杂，原先倡导到偏避山区招兵买马的初衷早已被颠覆，为省心省力，将领们只是在城区附近随意招兵买马。湘军的组成人员鱼龙混杂，社会上那些无法自食其力的地痞流氓小混混，全都充斥到湘军中。这些，都让他很无奈。他刚回湘军遇到的一件事就是：曾国荃的一支部队在江西吉安附近打了胜仗之后，随意屠杀和掠夺，当地百姓叫苦连天。消息传到他这里，他大为光火，一气之下将这支两千多人的部队全部解散回老家。如此失去人性的部队，又有什么益处？

天京事变后，次年石达开受洪秀全猜忌而出走，带走数万精兵良将，使太平军元气大伤，战争形势随之急剧逆转。清军利用这一有利时机，重整旗鼓，重新建立江南大营，包围天京。江西战场上，湘军由防御转为进攻，李续宾攻克九江后不久即率部渡江，回到湖北，准备乘胜东援安徽战场。

1858年（咸丰八年）5月，湖广总督官文、湖北巡抚胡林翼看到湘军在江西战场上已经取得了决定性的胜利，便拟定了东征计划，准备把李续宾部湘军投入安徽战场。当时，太平军在陈玉成、李秀成等率领下，在皖北战场屡挫清军，于8月23日占领庐州城。官文令李续宾迅速进兵，攻克太湖，然后乘势扫清桐城、舒城一路，疾趋庐州，企图收回庐州，堵住太平军北进之路。所以，当陈玉成、李秀成部挥师东向，进攻江北大营时，金陵将军都兴阿和李续宾等即率兵勇万余人自湖北东犯安徽，9月22日克太湖，然后分兵为二，都兴阿率副都统多隆阿和总兵鲍超所部进逼安庆，李续宾率所部湘军北指庐州。

打下了九江，顺理成章，李续宾去打安庆。九江在长江南岸，安庆在长江北岸。

如果南岸的拔掉了，再把北岸的拔掉，长江就畅通了，两岸进兵也没有障碍了。李续宾就是这样想的。全军休整一个多月后，就准备向安庆进军。他这个计划得到胡林翼和曾国藩的认同，左宗棠也认同。

可是局势变了。安徽省会是安庆，安庆被太平军占领，又以庐州为省会，现在庐州又失守了。李续宾本来要进军安庆，清廷下令说，别去打安庆，赶紧救庐州。朝廷认为庐州是战略要地，可防止太平军"北窜"。清廷的主力以防北为主，僧格林沁、胜保两个钦差大臣防止任何军队往北。具体到河南、皖北一带，翁同书、袁甲三也手握重兵，害怕太平军向北攻战京师。

皇上下旨给李续宾，不要往东走，赶紧北上救庐州。这下李续宾麻烦了。如果就事论事，他可以跟皇上商量，乃至讨价还价。军事不能"遥制"。特别在通讯交通不发达的情况下，具体到一场战役，没有哪个皇帝会具体指挥前方将领这么打那么打，现打安庆着急还是先援庐州着急？打安庆，准备如何？这种准备情况下，能不能援助庐州？双方可以就这些问题讨论。

李续宾向庐州进军，每次进军都是百八十里，打下一座城，湖北就会派人接防，步步为营，这样很稳当。但他随身只带八千人，到庐州之前，有桐城、舒城，现在都在太平军手里，攻克两座城市，然后才能到达庐州。庐州城下有个三河，太平军重兵防卫。除人少，还有"道远中阻"问题。不断地往前，打下的每座城市，都要抽掉人员防守；每靠近坚城一步，后路就要少一步，所有的援军，如果要调的话都得从湖北调过来，所以后路很危险。

正在这时，胡林翼的母亲死了，回老家益阳守制。他回去后，谁来湖北主持事务，谁来保障李续宾远征军的后勤，谁来调度援军，谁来根据战场上的具体情况临机应变？湖北指挥官是官文，官文对李续宾说，胡林翼不在，我照样支持你；皇帝要怪下来，"有过文自当之"。话说完没多久，负责皖北的胜保上奏告李续宾一状，说圣旨派他去援庐州，他迟迟不动身。官文是湖广总督，李续宾是湖北军队统帅，归官文管。安徽战区负责人责备你的手下，你应该站出来辩护。但官文怕胜保，不敢辩论。官文不敢回应胜保，催促李续宾赴援庐州。

为什么官文怕胜保？胜保是满洲举人，做京官时像曾国藩一样上过批评皇上的奏折，功力不如曾国藩，像指着鼻子骂，因为措辞"乖谬"，受降职处分。捻军起，他成为钦差大臣，战绩乏善可陈。他在安徽立足，是跟势力极大的灰色人物苗沛霖拉关系。苗沛霖一会是土匪，一会是捻军，控制了很多山寨，很多圩堡，向民众收税，代行国家职能，清方官员，谁能拉拢到苗沛霖，谁就能混下去。胜保是钦差大臣，招降苗沛霖，苗沛霖表面同意，既不穿官袍，也不戴官帽，回信给胜保，表示招降不招降，也就是说说。因为这点，胡林翼说，胜保不是"降贼"，而是"为贼所降"。因为苗沛霖最后又反了，胜保因此被慈禧下令处死。

李续宾改道援助庐州，三十二天，进军四五百里，连续攻下四座城市，太湖、潜山小一点，接下来桐城、舒城就算重镇了。毕竟是攻坚，精锐死伤惨重。舒城距离庐州一百二十里，中间经过三河，三河距舒城五十里，太平军布下重兵。三河南岸有七座营垒，北岸有两座，还有个城池，类似于小池口一样布置，也就是九垒一城。先得攻下这些工事，然后才能往庐州进军。

李续宾只有八千人，每攻下一座城市，总得派人驻防。一个是做军事上的准备，另外你要安民。太湖、潜山驻人可以少点，但桐城是一座大城，而且对于后来往庐州进军，可以作为临时大本营。所以在桐城，李续宾留下了两千人。八千人的军队分去两千人，剩下六千人，李续宾给官文写信，让他将在湖北的萧庆衍一军速派来。赵克彰是他的得力副手，让他带三千人驻桐城，还有一个助手叫李续焘，也有两三千人，让他跟自己到三河，然后萧庆衍从湖北赶到桐城接防，赵克彰率领那三千人到前线。经过一段攻战之后，李续焘带伤兵回桐城，然后萧庆衍将自己从湖北带来的，已经在桐城休息了一阵之后的军队，再带到前线来，又可以换下赵克彰，就可以轮流换。那这样的话，士兵得到了休息，又不断地有生力军可以补充，同时他总是保持有三千多人的一支军队在自己的后方，战事需要的话，随时可以调出来，这就是李续宾的计划。

计划环环相扣，但轮换的三个人都得在桐城，才能实现。他给官文写信，请他速派萧庆衍军来。官文拿到信，说李续宾不是开玩笑吗？他一路上攻下四座城，所向无敌，还缺湖北这点军队？他有小算盘，觉得身边留些军队好，所以没有派萧庆衍援助李续宾。这样一来，李续宾计划的轮换制实现不了，就只能留两千人在桐城，自己带六千人去三河。这种冒险，犯了兵家大忌。

三河镇位于安徽肥西县东南，地处庐州（合肥）、六安两地交界处，也是肥西、庐江、舒城三县两市交界处，距肥西县城五十里左右。春秋时，这个地方称鹊岸，晋以前叫鹊尾。晋后称鹊渚镇；南北朝后期称三汊河；明清置三河镇。历来商贾云集，车船辐辏，这个千年古镇号称"皖中首镇"。因丰乐河、杭埠河、小南河三水流贯其间而得名。镇内河环水绕，五里长街，镇外河网纵横，圩堤交错，具有"外环两岸，中峙三州"的独特地貌。

三河镇位于丰乐河（今称界河）南岸，东濒巢湖，是庐州西南屏障，原无城垣，太平军占领后，广屯米粮军火，接济庐州、天京，守将吴定规，广西人，金田团营，

已在军中，从征至天京，后隶陈玉成麾下。皖北三河镇当皖北要津，入天国版图，清和春陷之，未几陈玉成、李秀成等将兵反攻，大破清师于皖北，复三河，命吴定规守之。吴定规率领部下，广征民夫，猛干土木活计，环镇筑大砖城一座，城外要冲，复筑坚垒九座，广贮米粮军火，以为庐州捍蔽。

立营最好背山面水，处于较高地势，而三河平坦，无险可据。太平军在河北岸，除了营垒，还要建人工城，可居高临下。三河圩堤纵横。圩是什么？就是江淮地区地势低洼处，要建防水堤坝。不建圩，发水灾时水就会灌进来。

太平军先驻足，李续宾后到；太平军先有营垒，建了城，李续宾后到；人数上，虽然李续宾有援军两千人，但在桐城，而太平军的援军，陈玉成、李秀成正源源不断地赶到战地，李续宾的后援、后路，也快被人家给遮住了。

11月3日，李续宾率精兵六千进抵三河镇外围，赶紧扎营，第二天把营总算扎好了，在这种地方扎营，要扎得非常坚固才行，营外要有壕沟、墙子、梅花桩之类。驻扎三河的太平军，南岸的军队放弃四座营垒，急忙渡河到北边。拿了四个现成营垒，李续宾很高兴，自己的营建好后，立即就在南岸，向其他三个营垒发动进攻，很快就将南岸的太平军营垒全部打破。李续宾屯兵北岸，专心打太平军自建的城，让李续焘在南岸屯兵，作为他的后续。

11月7日，李续宾分兵三路，向镇外九垒发起进攻，义中等六营进攻河南大街及老鼠夹一带之垒；左仁等三营进攻迎水庵、水晶庵一带之垒；副右等二营进攻储家越之垒。李续宾则亲率湘中等二营为各路后应。

太平军依托砖垒，顽强抵抗，大量杀伤敌人。湘军对于攻垒不陌生，越攻越急，太平军伤亡很大，放弃镇外九垒，退入镇内，坚守待援。

翼王石达开离开天京时，太平天国已崛起两名后起之秀，他们是陈玉成和李秀成，掌管了太平军的军事力量。他俩和石达开达成协议，互相不开战，大家划定区域，两江地区由太平军掌管，石达开则进入江西。

陈玉成是客家人，1837年（道光十七年）生于广西藤县。原名陈丕成，据说是洪秀全改名的，根据是北宋哲学家张载说的"贫贱忧戚，庸玉汝于成也"。十四岁随叔父陈承瑢参加金田起义。是陈承瑢的侄子，作战长期追随秦日纲。这两位是天京事变中的罪魁祸首。按说，陈玉成是"逆党"铁杆儿，却被洪秀全重用，如此年轻，就被提拔的那么高，可见确有相当军事才能。

陈玉成长相"貌甚秀美，绝无杀气"。这话不是别人说的，是曾国藩心腹幕僚赵烈文在《能静居士日记》中说的。至今保留有陈玉成画像，样子像扑克牌中的黑桃丁或红桃丁。个头中下，肤白，两眼下面各有颗黑斑，像两只眼睛，湘军给他取外号"四眼狗"。与陈玉成部队作战,湘军戏称为"打狗"。

在湘军大举进攻三河镇外围的当天,陈玉成率大队人马赶到,驻扎在三河镇南的金牛镇一带。11月14日,李秀成也率部赶到,驻于白石山。至此,集结在三河镇周围的太平军达十余万人,和李续宾部湘军相比,占绝对优势。

面对太平军援军的强大气场,李续宾的部将胆怯了,建议退守桐城。李续宾则一意孤行,认为军事有进无退,只有死战,并于11月15日深夜派兵七营,分左、右、中三路偷袭金牛镇。

16日黎明,当李续宾率领湘军行至距三河镇十几里的樊家渡王家祠堂时,与陈玉成的大股部队遭遇了。陈玉成打仗很聪明,抓住湘军冒险出击的有利时机,以少部兵力正面迎敌,吸引敌人,另以主力从湘军左侧,抄其后路。正面迎敌之太平军且战且走,将敌诱至设伏地域。当时大雾迷漫,咫尺莫辨,鼓角相闻,敌我难分。陈玉成主力迅速击溃了左路湘军,并乘胜隔断中、右路之后路。湘军发现归路被断,仓皇后撤,在烟筒岗一带被太平军团团包围。

被太平军包围在三河的湘军仅有李续宾、曾国华,李续宜尚屯兵黄岗,唐训方在英山。当李秀成、陈玉成带兵赶到三河镇后,湘军其他部队想援救也来不及了。李续宾、曾国华无意冲出包围圈,只是默默地等待着一场厮杀。

幕府有人建议,退回舒城或桐城,在三河跟太平军决战不是好选择。李续宾说,"贼能战,我亦能战!"这话记载在年谱里,听着勇敢,可是怎么听怎么不像深谙战法的人说的。他飞书驻守桐城的赵克彰援助,赵克彰却不动,如果那两千人来了,把营扎好,以李续宾军队的战斗力以及经验,坚持十几天很有可能。赵克彰是李续宾的爱将,主帅在危难中,怎能不去赴援呢?胡林翼在三河战役后写给别人的信里披露了情节,说赵克彰所部攻破桐城后,士兵忙于抢劫,士气受很大影响。胡林翼说,赵克彰的抗令,不仅是赵克彰的问题,可能是士兵不想去。不管什么原因,两千人没有来,隔了一天,李续宾就被全部包围了。

太平军有一种战法叫"包营为营",与清军相遇,双方对垒。只要太平军有援军过来,就不断地以清军营盘为圆心,飞快建多座营垒,并不完全包住,留一条道,设两支或两支以上伏兵,清军通过这条路突围,两边营垒会劫杀,冲出重围,伏兵在等着。"包营为营"不是说围住就一定要去攻击,是要让你跑,让你主动来求战。因为这种营垒一般不会坚守太久,不像城池,里面的补给毕竟有限。在陈玉成、李秀成的部队全部到齐,用包营为营围住了李续宾的军队,里外三十层,连营五十里,可以想象是什么样的盛况。湘军、太平军最近的营

垒之间，只有几里地，双方在土墙之后都可以望见，警欬相闻。

后来李秀成在《自述》中提到三河镇之战，他与陈玉成没有约得太准，只是说在三河镇碰头，到时候与湘军决战。他强调，行军的速度要快。这点可能是导致李续宾判断失误的原因，没想到太平军援军来得这么快，这么多。李续宾过河之后，忙着攻击，不到三天就被围成这样了，次日号令全军突围，可能他也有些慌了。但很不凑巧，当夜直到次日黎明，三河地区涌起了大雾。

清晨，深秋大雾笼罩着三河镇，对面不辨人影。陈玉成挥军自金牛镇大道，向湘军大营正面发动进攻，李秀成督军由白石山侧翼包抄湘军，三河镇守将吴定规由城内带兵杀出，庐州太平军守将吴如孝会合捻军由北路杀奔三河镇。四路人马一齐杀向湘军，浓雾之中，枪炮、喊杀之声振荡四野。

据说，李秀成的着装颇类戏装，着龙袍，上有以黄色织锦缎制成，饰金、银、红三色丝线盘成的龙纹。李续宾听着四面惊涛般的喊杀之声，指挥亲兵督部冲杀，然而冲出去的湘勇如秋风扫荡的落叶纷纷倒地，他只得在营垒内听天由命。被团团包围的湘军凭借营垒顽强抵抗着。

湘军在大雾中左冲右突，从黎明到黄昏，雾太大，不辨方向，太平军人多，很难冲破重围，黄昏时回到中军帐，开会讨论到底怎么办。有人建议，不再以成建制部队往外冲，偷偷摸摸地把主帅弄出去。李续宾则说，"吾义当死"，你们倒是可以用各种便宜方式，能怎么逃就怎么逃。作为整体军队去冲，目标太大，分散跑会好点。最后，他的身边只剩六百多人，齐声说，我们跟着你一块算了。李续宾说，那好，我们努力杀贼，杀一个算一个，杀两个赚一个。

当晚，太平军炮轰湘军残存营垒。露水弄湿帐篷，没有引起火灾，但把生活物资炸得干干净净。营垒待不住了，李续宾决定往外冲。在南岸驻守的李续焘，听说北岸来了那么多太平军，当晚跑回桐城了。在三河之役，一个赵克彰抗令不来援救，一个李续焘没有奉命就逃离阵地，后来都受到军事审判。

李续宾把朱批奏折拿出来，对北方磕头，烧掉。而后仗剑怒骂，率领六百多人往外冲。对手毕竟是陈玉成、李秀成，不容易突破，李续宾和跟随他的六百多人被包了饺子，剩下的人在残存旧垒上继续坚守两昼夜，最后也是全部战死。接近六千人的部队几乎无一生还。清方奏旨说李续宾是战死的，而李秀成说他自缢而死。曾国藩与人通信，也说李续宾是自杀身亡。

李续宾、曾国华全军覆没，咸丰皇帝闻之"不觉陨涕"。丁忧在籍的胡林翼闻此消息，直接反应是"大恸仆地，呕血不得起"，醒后哭着说："三河溃败之后，元气尽伤。四年纠合之精锐，覆于一旦。而且敢战之才，明达足智之士，亦凋伤殆尽。"他认为三河镇的兵败，同当年湖口、九江的兵败差不多，而李续宾、曾国华的被难，众多文武官员和数千精锐被歼，较之湖口兵败损失还要大。

曾国藩"哀恸慎膺，减食数日"。李续宾是湘军当时第一员大将，多年追随曾国藩，是曾国藩的心腹。曾国华是曾国藩的胞弟，被歼的五六千湘军是战斗力最强的湘军骨干，其中被皇上加封的文武官员就有四百余人。

建昌大营闻讯后上下一片哀泣，各营各哨焚纸烧香，招魂祭鬼，因为三河阵亡者与湘军老营的关系太密切，湘乡一带闻讯后就几乎"处处招魂"了。

曾国藩在江西被围困时，曾国华奉父命，孤身到湖北，从胡林翼处搬五千救兵，连续攻下咸宁、蒲圻、崇阳、通城四县，又攻克新昌、上高等地，直达瑞州城外，帮助曾国藩缓解危机。其时正是盛夏，一路行军打仗，曾国华透支了心力，到瑞州后一病不起。在曾国藩看来，曾国华性情粗躁，缺乏心机，容易让对手抓住破绽，不适合打仗，多次劝阻他回老家。这回验证了曾国藩的判断。

建昌大营闻讯后上下一片哀泣，各营各哨焚纸烧香，招魂祭鬼，因为三河阵亡者与湘军老营的关系太密切，湘乡一带闻讯后就几乎"处处招魂"了。

三河战斗后，尸横遍野，很多天后才找到一具无头尸，从衣甲打扮看，像。谁也不知道太平军如何处置曾国华首级。曾国藩伤心欲绝，悲恸中提笔写下《哀词》，最后几句是"骨不可收，魂不可招。峥嵘废垒，雪渍风飘。生也何雄，死也何苦。我实负弟，茹恨终古！"无头尸体被运回家乡安葬。曾国藩为曾国华葬礼题写挽联："归去来兮，夜月楼台花萼影；行不得也，楚天风雨鹧鸪声。"

陈玉成乘胜分兵挺进，绕舒城，由孔城进攻桐城，11月24日击败桐城湘军总兵赵克彰，夺占该城。再率师南下，迫使清金陵将军都兴阿撤安庆之围，败退宿松。李秀成也率部进攻庐江、界河、潜山、太湖，连战皆捷。

曾国藩、胡林翼见安徽局势危急，决定回援安徽。胡林翼草草结束丧守，立即赶赴武昌，集中部队，待机行动。曾国藩已动身回皖，打算去南昌坐船，经湖口进入皖南。刚要行动时，江西巡抚突然告急，说太平军杨辅清部由福建转攻江西景德镇，江西无兵可援，求救于曾国藩。

解救景德镇是燃眉之急，曾国藩派张运兰急赴景德镇，命萧启江监视石达开。他原打算击败杨辅清后立即北援安徽，岂料景德镇久攻不下，曾国藩也只得暂时放弃援皖，继续留驻江西建昌府。1859年（咸丰九年）初，曾国藩命朱品隆回湖南招兵，以助张运兰攻城；4月，曾国荃到达江西，助攻景德镇。6月，杨辅清因被围日久，军粮断绝，乃弃城走皖南，湘军遂占景德镇。至此，曾国藩结束了江西的军务，开始安徽方面的作战了。

　　赵克彰和李续焘临战退缩，凑巧的是，他们都是湘乡人，而且是李续宾的邻居。三河镇大败后，胡林翼准备给他们定死罪。但李续宾的父亲给湖北巡抚府写了一封信，说这两人的父母住在我隔壁，听到儿子被斩首，估计也活不下去了。我儿子已这样了，没必要让别人家也受到这种打击。不要定他们死罪，给他们杀敌立功的机会，他们要是再这样，就拿我是问。胡林翼把这个意思向朝廷汇报了。咸丰皇帝一直赏识李续宾，李续宾战死，李续宾的父亲既然有这么宽广的胸怀，提出这么个要求，就答应了。赵克彰、李续焘没有定死罪。没过多久，身为总兵的赵克彰战死疆场，是被李秀成的部下斩杀的。

第二十二章

"翰林变绿林"：李鸿章入幕府

太平军与湘军在江西激战数年，曾国藩的指挥所设在建昌府（今江西南城县）达三年多。战乱给江西农民带来灾难，为维持庞大军费开支，乡绅缙士强制性捐助，湘军设立几十处厘卡抽税，百姓既要承担地方官正常税收，还得交纳湘军厘金；设卡之处，百姓苦不堪言。战争创伤、沉重税赋，使得耕地荒芜、百业凋蔽，不少商贾和富户纷纷迁居异地，而贫苦老百姓更是携家带口流落他乡。

建昌位于江西东部，抚州市中部，居盱江下游。元世祖至元十四年改建昌军为建昌路。明洪武年间改建昌路为肇昌府，寻改肇昌府为建昌府，府治南城（今江西省南城县）。曾国藩在建昌大营的重要收获，是把李鸿章吸收进了幕府。

李鸿章生于1823年（道光三年），号少荃，比曾国藩小十二岁。安徽合肥东乡（今肥东县）磨店人。因行二，民间称"李二先生"。

李家世代耕读为生，至李鸿章高祖时才"勤俭成家，有田二顷"，大概跻身于富农行列，却一直与科举功名无缘，直到李鸿章父亲李文安于1838年（道光十八年）考中进士，李氏一族"始从科甲奋起，遂为庐郡望族"。

李文安在兄弟中排行最小，别家聪明孩子四岁启蒙，他八岁才读书，老人以为他贪玩不用功，叫大儿子李文煜管着他读书。结果他中举而大哥未中，而且数年后与曾国藩同年考中，这种关系过去称为"同年"。李文安的性格内向，心中有数，眼力不差，始终与曾国藩拉得挺紧。

至今，在合肥市中心繁华的步行街上，有一幢门面别致的古建筑，这就是

李鸿章府。李鸿章府兴建于何时，至今没有确论。据相关介绍，如今占地约两千平方米的李府已不到当年李氏家族居住面积的十分之一。李府内的布局结构，木梁砖墙，透出当年的不凡。据介绍，在李鸿章府内，陈列着李氏后人捐赠的半部《李氏宗谱》。谱中李鸿章的名字上，有红笔打上的大大的叉，旁边还有朱笔标注着"大卖国贼"四字，格外醒目。我有一次去合肥，无意中来过一趟，就在步行街旁，是合肥市最繁华地段。当年我走进这里时，有点恍惚，因为这条步行街相当于北京的王府井大街或上海南京路，从热热闹闹的店铺和人流中，猛地拐进一个阴暗而陈旧的大院落中，真的很难适应。

李文安中进士后，一直在京城为官，凭着微薄的俸禄很难在老家的城里建起规模宏大的李府。李府兴建应是李鸿章这一辈人手中的事。据李氏后人介绍，现在李鸿章故居陈列馆所在的李府是当年李鸿章一支所居地。

合肥李鸿章府邸有一大堆疑团，无法深究，也没有必要去深究。可以肯定的是，李鸿章父亲李文安考中进士前，一直住在肥东县磨店乡祠堂郢村，一个平常的江淮小村落。村中至今犹存的熊砖井，连厚硕的井壁都快被磨通了。

李文安曾在刑部任主管广西、奉天、山西的司员，当过提牢厅和秋审处主管，还亲自管理过两个监狱，在刑部工作了十八年，官私毫无闲言，最后官至督捕司郎中，记名御史。李文安严禁狱吏虐待囚犯，规定囚饭每人要保证给足一满勺饭，为了防止狱吏克扣斤两，遇到开饭就要亲自检查，并且亲自尝尝生熟。春夏季节，狱中易发传染疾病，他早早派人熬好了药做好准备，甚至夏天买来扇子和席子，冬天捐献棉衣，还在每个所备置十二条棉被，供生病的犯人发汗养病之用。在他管事期间，狱中没发生过意外死亡之事。

李鸿章六岁入家馆棣华书屋学习，先后拜堂伯仿仙和合肥名士徐子苓为师，攻读经史，打下了扎实学问功底。他在庐州府学被选为优贡。何谓优贡？科举制度中由地方贡入国子监的生员之一种。清制，每三年由各省学政从儒学生员中考选一次，每省不过数名，亦无录用条例（同治年间规定，优贡经廷试后可按知县、教职，分别任用。时任京官的父亲望子成龙，函催他入京，准备来年顺天府乡试。他谨遵父命北上，并作《入都》诗十首，以抒发胸怀。其一云：

> 丈夫只手把吴钩，意气高于百尺楼。
>
> 一万年来谁着史，三千里外欲封侯。
>
> 定将捷足随途骥，哪有闲情逐水鸥？
>
> 遥指芦沟桥畔月，几人从此到瀛洲？

李文安对儿子抱有厚望，领着李鸿章，遍访吕贤基、王茂荫、赵畇等安徽籍京官，得到他们的器重和赏识。李鸿章应翌年（甲辰）顺天乡试，一举中式。随后他参加会试。1844年（道光二十四年），他第一次会试落榜，1847年（道光二十七年），他考中丁未科二甲第十三名进士，朝考改翰林院庶吉士。是科主考官潘世恩，副主考杜受田、朱凤标、福济，房师则为孙锵鸣。

李鸿章中进士时二十四岁，被录用为翰林院庶吉士，顺利实现科举时代读书人梦寐以求的"中进士、点翰林"的目标。经三年研习，他又以优异成绩授职翰林院编修。翰林院编修虽然只是七品，但清代汉族名臣十之八九由此起家，这是李鸿章仕途中极为重要的起点。

凡点翰林的，都要广泛拉关系。怨不了谁，世风如此。在当京官期间，李鸿章广泛交游，与他同榜的甲辰（举人）、丁未（进士）两科中，人才济济，不少日后膺任枢臣疆寄，李鸿章与同年保持着密切关系。

就科举正途而言，出身徽商又为苏州世家的主考官潘世恩，以及作为李鸿章太老师的翁心存（孙锵鸣之师），在李鸿章任翰林院编修时，对其经世致用世界观的形成，均有一定启发；而以潘世恩、翁心存为领袖的苏南豪绅，对李鸿章后来组建淮军迅速崛起于江苏，也予以极大的支持。

李鸿章庆幸的是，他父亲与曾国藩是同科进士，交情挺深，李鸿章与其兄李瀚章便以"年家子"身份投靠在湖南大儒曾国藩门下，不仅与曾国藩"日夕过从，讲求义理经世之学"，而且在他的指导下，学习应付科考的八股文技巧。李鸿章考取进士在翰林院学习任职期间，仍然向曾国藩请教问题，还受命按新的治学宗旨编校《经史百家杂钞》，所以曾国藩一再称其"才可大用"。

有一阵子，曾国藩患肺病，僦居于城南报国寺，与经学家刘传莹等人谈经论道。报国寺又名慈仁寺，曾经是明末清初的思想家顾炎武的栖居所。他在桐城派姚鼐所提义理、辞章、考据三条传统的治学标准外，增加了"经济"，亦即经世致用之学一条。李鸿章与曾国藩"朝夕过从，讲求义理之学"。曾国藩把李鸿章和门下同时中进士的郭嵩焘、陈鼐、帅远铎等一起，称为"丁未四君子"。

李文安、李鸿章父子都中了进士，这种情况相当罕见。父子二人在京师过得挺滋润，与同乡或同僚走动走动，如果没有别的干扰，就这么过日子了。而刚进入咸丰年不久，太平天国起义爆发。刚开始，谁也不拿它当回事，而且都不知道洪秀全是何许人，而形势越来越吃紧，京官们渐渐地坐不住了。

当时清廷的八旗兵和绿营兵已不堪使用，一旦出现了紧急情况，"文武以避贼为固然，士卒以逃死为长策"。面对这种严酷的现实，咸丰皇帝不得不把地主豪绅拉过来，利用他们在本土的势力"结案团练"、"搜查土匪"，并为此在众多省份任命了一批在籍官僚为督办团练大臣。

李鸿章身不由己地回乡办团练，并非初衷，至于中间过程，《异辞录》作者刘体智有过一段绘声绘色的描述。刘体智的父亲刘秉璋是李鸿章的学生和部属，作者本人从小在李鸿章的家塾读书，与李氏父子叔侄、门生故吏朝夕相聚，不拘形迹，这段出于口耳相传的史实，自然十分可信。

李鸿章在京时，与安徽老乡吕贤基过从甚密。吕贤基是安徽旌德人，道光进士。历任编修、监察御史、工部左侍郎、刑部左侍郎等，是很能干的官吏，比李鸿章年长二十岁整，正是当打之年。

据刘体智《异辞录》卷一：安徽省城安庆失陷消息传到京城，李鸿章尚不知情。1853年（咸丰三年）正月某日，他在北京宣武门外海王村逛书摊，偶遇一位安徽同乡，此人见他还在心定气闲地挑选书籍，有些惊讶，说："少荃，你难道不知道咱们省城已失陷了吗？怎么还有心思买这些无用的东西？"随即就对他说了安庆失陷一事。或许书生意气使然，也许报国心切，李鸿章赶忙离开海王村，直接奔赴安徽籍在京高官、时任工部左侍郎兼署刑部左侍郎吕贤基家里，慷慨激昂地怂恿他上疏，请朝廷火速发兵"剿贼"。李鸿章深知，只有请出吕贤基这样的高官出面喊话，朝廷才会重视此事。

李鸿章写得一手好文章，平素吕贤基把他当笔杆子用，上疏言事请他捉刀代笔。李鸿章鼓动吕贤基上书请求发兵拯救桑梓，吕贤基平静的心弦就被慷慨激昂的李鸿章拨动起来，要李鸿章连夜代草奏疏，明天一早呈递皇上。李鸿章回到家，即刻找资料，赶在上朝前将一篇雄文写成并誊写完毕，送到吕贤基手里。吕贤基收到后，非常满意，一字不改，签上大名。李鸿章忙了个通宵，回到家倒头便睡，睁开眼已是午后，想知道吕贤基上疏结果，看不到当天朝报，前往吕家探听消息。谁知刚跨进吕家院门，就听见里面哭喊，差役人等惊慌失措，就在李鸿章二糊时，吕贤基却从里面冲出来埋怨："少荃！你害得老夫好苦！皇上看了奏折，当即命我回安徽督办团练。我一介书生，一大把年纪，哪里担负得起练兵打仗的重任啊！你把我往火坑里推、让我白白去送死嘛！你害惨了我，我也要拉个垫背的。我已经奏请皇上同意，让你跟我一道回老家办团练！"

李鸿章虽是有抱负的热血青年，但突然离开翰林编修位置，奔赴战场带兵打仗，大大出乎意料。这突如其来的变故，就像被打了一记闷棍，头昏脑涨，分不清东南西北，僵在那里，好久回不过神来。

吕贤基是"恂恂儒者"，没有谁想过皇帝会派他返乡操练民兵；李鸿章只是个七品翰林，如果不是吕贤基拉他下水，皇上肯定不会点到他头上来。而这一切又是因为李鸿章怂恿吕贤基上奏引起的，吕贤基说李鸿章害了他，不无道理。京官将赴前线办理团练视为畏途，但皇上命令已下。不久，李鸿章离别翰苑，跟着吕贤基返乡。后来李鸿章在和何莲舫诗中的"谏草商量捍吾圉，伏蒲涕泣感君恩"，就是写他们奉调回籍办团练离开京城的情景。

吕贤基回皖，除李鸿章外，随行的还有刑部员外郎孙家泰、刑部主事朱麟祺等皖籍官员。他们先到安徽宿州（宿县）与兵部侍郎、皖北团练周天爵一起会衔，通令各州县即刻举办团练，并派李鸿章回合肥招募乡勇。吕贤基与周天爵率领乡勇数百人到颖州、凤阳、定远一带防剿捻军。

夏季，西征太平军浩浩荡荡逆江而上，江防吃紧。安徽巡抚李嘉端命令李鸿章率领乡团百余人，防守和县裕溪口粮道。李鸿章因防守有功，官升六品，赏戴花翎。从此，他一直率领乡团配合清军，转战于柘皋、巢县、无为，一举攻下东关重镇。秋季，太平军大军压境、李鸿章率部撤出东关，逃往舒城吕贤基的大营。这时，另一支太平军由胡以晃、曾天养率领攻取庐州，一路克服桐城，兵临舒城城下。吕贤基率官佐登城守御，城陷，朱麟祺阵亡，吕贤基与通判徐启山投水自杀。这次战役，只有李鸿章死里逃生，幸免于难。

李鸿章能够脱险，多亏老家人刘斗斋。刘斗斋在京跟随李文安多年，这次李鸿章回皖，刘斗斋也跟随少主来到舒城。他见城防危急，暗暗地把李鸿章引到没有人的地方，向他说："若辈死耳，无可避免，公子何为者，独不念老人倚闾而望乎？"李鸿章一时拿不定主意。老家人催促说："马已备齐，快点走吧。"于是李鸿章在舒城破城之前，离开大营，潜往庐州。

1854年（咸丰四年）2月，庐州府城失陷，安徽巡抚江忠源受伤投水自尽。李鸿章从庐江逃出，率领残部投到新任安徽巡抚、座师福济幕下。当时李鸿章的父亲李文安也奉旨回乡办团练，一同受福济的节制。李氏父子都是进士出身，在地方上很有声望，他们招抚编练民团，范围涉及到合肥东西乡的官团与庐江县吴长庆的民团。有人说这对父子是"翰林变作绿林"，他们一笑置之。

福济，满洲镶白旗人。道光十三年进士，选庶吉士，授编修。在满洲旗人中，这种知识分子的任职经历，较为罕见。后任少詹事、兵部侍郎兼镶白旗蒙古副都统、总管内务府大臣、右翼总兵等。有个甘肃人薛执中至京师，以符咒惑众，藉术医病，朝贵多与往来，妄议时政，谈休咎，行踪诡秘，为巡城御史曹楙坚捕治，大臣牵连被谴者众，福济也被牵扯进去，一把撸到底，后来部分落实政策，署山西按察使，授山东按察使。咸丰初年授奉天府尹。太平天国占领金陵后，他与琦善在扬州对太平军作战获胜，授安徽巡抚。

1855年（咸丰五年）冬，福济率兵强攻庐州，久攻不下。李鸿章献计："欲取庐州，应先取含山、巢县，断绝庐州粮饷和接济。"福济派他前往。次年初春，他率民团攻下仓山，功赏知府。庐江府粮道受阻，太平军军心动摇，战斗力大减。李鸿章联络城内监生鲁云鹏，绅士王南金等纠集千人为内应，于深秋攻下庐州城。

李鸿章以书生带兵，有"专以浪战为能"的记录。什么叫浪战？有两种解释，一是轻率作战，例如姚雪垠先生在《李自成》第一卷中所说的："奴婢一定相机进止，不敢浪战。"二是指打乱仗，乱中取胜。数年团练生涯，李鸿章逐步懂得为将之道，不在一时胜败，不逞匹夫之勇。他因率团练收复庐州之功，"奉旨交军机处记名以道府用"。次年又以克复无为、巢县、含山战功，赏加按察使衔。然而，功高遭妒，一时之间，谤言四起，李鸿章几不能自立于乡里。

1857年（咸丰七年），太平军再陷庐州，李文安死于军次，家也被太平军全部焚毁，李鸿章在安徽几无立足之地。正如他在感怀诗中所言："我是无家失群雁，谁能有屋稳栖乌。"安徽巡抚福济奏报李鸿章丁忧，为父亲守制。

李鸿章以一介书生从戎，无权无兵无饷，更无丝毫军旅知识，所以徒有雄心壮志而一败再败，一事无成，曾作诗以"书剑飘零旧酒徒"自嘲，足见其潦倒悲凉的心境。李鸿章草草结束了为时五年的团练活动。但是，家已被太平军占领，去哪儿丁忧？他携带家眷，辗转至南昌，寓居兄李翰章处。本想有一番作为的他被太平军打得一败涂地、无家可归，落魄潦倒、走投无路之际，他想到了自己的老师曾国藩。曾国藩那时在距离南昌不远的建昌大营。

李鸿章想投靠曾国藩，现在看起来顺理成章。在京城时，他们就是一对师生，现在昔日的学生投奔昔日的老师。另外，李鸿章的长兄李瀚章前不久投入湘军，为曾国藩管理粮饷，与曾国藩的关系非同一般。

李文安有六子，瀚章居长，鸿章居次，以下依次为鹤章、蕴章、凤章、昭庆。李瀚章前些年以拔贡朝考出曾国藩门下，初为湖南知县。及曾国藩建湘军之初，即奏调李瀚章至江西南昌综理粮秣。1857年（咸丰七年）曾国藩奔父丧回籍，李瀚章、李鸿章相继回合肥守制。后一年，曾国藩奉旨复出督师，仍召李瀚章回南昌，总核粮台报销。李瀚章遂偕其母、弟辈移家于南昌。李瀚章后来也是大官，于1889年（光绪十五年）奉旨接替张之洞担任两广总督，全名为"总督两广等处地方提督军务、粮饷兼巡抚事"的该官职，是兼辖广东、广西两省之最高统治者，亦为清朝封疆大吏之一。

薛福成，无锡人。生于书香门第，不做诗，不习小楷，对八股尤轻视。曾加入曾国藩幕府，与黎庶昌、张裕钊、吴汝纶合称"曾门四弟子"。后担任驻英国、法国、意大利使臣，盛赞欧洲君主立宪制"无君主、民主偏重之弊，最为斟酌得中"，主张变法维新。回国后尚未到家即死于上海。撰述甚丰，有《庸庵文编》四卷等。他的《出使日记》及续刻近年被编入《走向世界丛书》。

据《庸庵笔记》和《清稗类钞·幕僚类》载，李鸿章在南昌住下后，托人给曾国藩捎信，想到老师手下工作，一展平生抱负。他认为，曾国藩对自己了解，而且赏识，会欣然接纳。可是左等右等，一个月过去了，曾国藩也没有约他见面。曾国藩的异常，幕僚多少有些懵懂，早在曾幕工作的陈鼐出于对"同年"好友的关心，向曾国藩打听消息，没有得到明确答复，干脆当起说客："少荃是您的学生，这次特地前来侍奉老师，是希望在您手下学习本领，得到锻炼。"曾国藩这才慢条斯理、拿腔作调地说："少荃是翰林呀！志大才高，是办大事的人，咱们这个小地方，就像条小水沟一样，哪里容得下这条大船呢？算了吧，还是叫他回京城当朝官吧！"陈鼐说："这些年少荃吃了不少苦头，经历了许多磨难，再不是当年那个意气用事、好高骛远的少荃了，老师为什么不能试用他一下呢？"经陈鼐劝说，曾国藩才答应让李鸿章入幕。其实，曾国藩并非不想要李鸿章，只是对李鸿章的优点虽然十分欣赏，对他的缺点同样看得很清楚。为了将这个可塑之才变成真正的可用之才，故意让李鸿章坐一段冷板凳，打打他的傲气。

根据薛福成在《李傅相入曾文正公幕府》一文中的叙述，1859年（咸丰九年）1月，李鸿章到建昌大营谒见曾国藩，意谓曾国藩当"笃念故旧，必将用之"。而曾国藩对李鸿章在安徽的军事活动败多胜少，不是一无所知，对李鸿章来投，搁置不理。实际上，适逢湘军在三河镇新败，需人孔急。曾国藩对于招李鸿章入营襄助，本来甚为积极。但是也深知，李鸿章自恃才高气盛，锋芒毕露，真要独当一面，还需再经一番磨砺。于是，他平时尽量让李鸿章参与核心机密的讨论，将其与胡林翼、李续宜等方面大员同等看待。当时，湘军幕府中有不少能言善辩之士，曾国藩经常有意无意让他们与李鸿章争口舌之长，以挫其锐气。

曾国藩身体力行，以自己的表率影响李鸿章。李鸿章好讲虚夸大言，哗众取宠。每当遇到困难和挫折，曾国藩则大谈挺经。如此苦心孤诣，使李鸿章的思想、性格乃至生活习惯都深受曾国藩的潜移默化。李鸿章自称："我从师多矣，毋若此老翁之善教者，其随时、随地、随事，均有所指示。"又说"从前历佐诸帅，茫无指归，至此如识指南针，获益匪浅。"而曾国藩的评价则是："少荃天资与公牍最相近，将来建树非凡，或竟青出于蓝也未可知。"

李鸿章刚入曾国藩幕府时，曾国藩正在为是否入川问题头疼。不久前，石

达开自福建入湖南，围攻宝庆府，久攻不下，决定率兵入川。骆秉章、胡林翼得知军情，通过官文入奏，令湘军入川防守。胡林翼的意思是让曾国藩入川，可以得到四川总督的位子，曾国藩亦知此意。再者，四井盐税收很丰富，靠川盐厘金为饷，湘军的供应就更充裕了。所以，曾国藩打算离开江西去四川。

李鸿章谈了自己的看法：四川决不可去！曾国藩问理由。李鸿章说，长毛势力唯有苏南、皖中两地，皖中是后方，李秀成、陈玉成所以拼命争夺皖中。湘军已把长毛逼到这两块地方，将来战斗方向要咬住两地莫放。恩师却要应命入川，四川为偏远之区，石达开不过流寇，早晚必败，歼灭长毛，克复金陵，非恩师和湘军莫属。请恩师细想，若把歼敌主力调往四川去与流寇周旋，放弃金陵、皖中的长毛而不问，孰重孰轻，以恩师之才略，不是一目了然的吗？

对李鸿章入情入理的分析，曾国藩心说，李二到底比他哥哥瀚章强多了。于是问：皇帝已下令入川，如何违命？李鸿章说，要向皇上讲明利害，入皖比入川重要十倍。石达开只需四川兵力便可制服，不战也可以等待流寇自消自灭。恩师可致书官文、胡林翼，令其一同上疏，恩师若率军入川，两湖、安徽便失去可恃之师，官帅、胡帅会舍恩师而不保两湖吗？李鸿章建议：率师做出入川姿态，是应命之举，估计走到中途，皇上令湘军入皖的谕旨就会到达。

曾国藩按李鸿章的建议，给官文、胡林翼修书，让他们代奏。同时尽起湘军水陆人马，准备踏上入川征途。果不出李鸿章所料：官文、胡林翼上疏，恳请留湘军在湖北，待机入皖。当湘军行至武昌附近的阳逻镇时，便接到上谕，皇上令曾国藩暂缓入川，驻扎湖北，与官文、胡林翼熟商进剿皖省之计而上谕。

曾国藩留鄂而未入川，成为军事生涯的重要转折点。他留在湖北，受到胡林翼的帮助，处处得手。他多次记述李鸿章那次献策功劳，回忆1859年（咸丰九年）留在湖北决策的至当，说以前处处滞碍，而自咸丰九年与湖北合军后，胡林翼事事相顾，"彼此一家，始得稍自展布"。

《清稗类钞·幕僚类》称，曾国藩幕府是晚清最著名幕府。曾国藩延揽了大批高级幕僚，以治文书章奏和策划、办理军政要务为首端，办事机构类似秘书处，居首要地位，是幕府乃至湘军的神经中枢。曾国藩对上级报告、下级的指令、前后左右的联络协商、内部关系的调整等，通过这个机构处理。在这个机构工作的人包括曾国藩身边的谋士和各类文案人员，可称之为曾国藩的参谋和秘书。

如果从工作范围来看，曾国藩幕府要保障的最重要的活计是筹饷，其次才是筹划军事活动。但无论是筹饷还是作战，都离不开公文。李鸿章来了后，先掌管文书，继而负责向朝廷拟写奏稿，相当于文字秘书。

李鸿章虽然能干，但毛病不少，落拓不羁、自由散漫。相比之下，曾国藩对自己要求很严格，日常起居和工作习惯颇有规律，一直秉承早睡、早起、早吃饭、早做事的原则，历来都是黎明即起，查营完毕即吩咐伙房开饭。他不仅自己长期这样坚持，而且要求幕友们必须与他步调一致。

湘军军营惯例是天亮即吃早饭，李鸿章却有睡懒觉的毛病，日上三竿才肯起床，用现在的话来说，叫做"自然醒"。初来湘营，李鸿章对这里的生活和工作节奏很不适应，有时候赖床，宁愿不吃早饭，也想多睡一会儿。有一天，他以头痛为名，赖在床上不起来。哪想到曾国藩非常看重这顿早饭，只要有一人不按时起床，他就不开饭。他想利用共进早餐时间与幕友们谈经论史，商量工作，既可充分利用时间，提高工作效率，又能增进相互了解，融洽同事感情，当然更重要的是借此培养团队的严明纪律和整体观念。曾国藩对李鸿章的懒散作风早就看在眼里，这回自然不会轻易放过。他接连派了好几批人去催李鸿章起床，非要李鸿章起来吃饭不可。李鸿章见势不妙，只得披衣而起，踉踉跄跄地赶到饭厅。吃饭时，曾国藩一直板着脸，不说一个字，放下筷子后，才严肃地教训李鸿章："少荃，你既然进了我的幕府，有一言就不能不讲：我这里所推崇的，惟有一个'诚'字而已！"说完，也不等李鸿章答话，扭头就走。

俗话说，响鼓不用重锤。李鸿章哪里感受不到曾国藩的深意呢，从此对自己严格要求，逐渐养成了良好生活习惯。李鸿章晚年时，有人观察他的饮食起居，每天早起，看书习字，午饭后蹀步，与曾国藩如出一辙，不仅形似，而且神似，可见曾国藩对李鸿章的影响之大。同时也说明：在有些方面，李鸿章确实得到老师"真传"，"薪火相传"，确实惟有李鸿章这位"门生长"。

李鸿章随曾国藩当幕宾期间，学到了很多东西。据《异辞录》，多年后，他对部将刘秉璋说："吾从师多矣，毋若此老翁之善教者，其随时随地随事均有所指示。虽寻常赠遗之物，使幕府皆得见之，且询其意。是时，或言辞，或言受；或言辞少而受多，或言辞多而受少；或取乎此，或取于彼。众人言毕，老翁皆无所取而独抒己见，果胜于众，然后心悦而诚服，受化于无形焉"。

薛福成既当过曾国藩的幕客，又当过李鸿章的机要幕客。他在《庸庵笔记》中说：李鸿章入曾国藩幕府，"初掌书记，继司批稿、奏稿，数月后，文正谓之曰：'少荃天资于公牍最相近，所拟奏咨、函批，皆有大过人处，将来建树非凡，或竟青出于蓝亦未可知'。傅相亦谓：'从前历佐诸帅，茫无指归，至此如识南针，获益非浅'。可见曾国藩与李鸿章之志趣相当与气味之相投了。

　　曾国藩重视奏折撰写，常让幕友分头起草同一奏折，然后从中选定一份作为修改定稿的蓝本。这样做，主观上当然是为了集思广益，充分发挥幕友的作用，客观上也取得了培养和发现人才的效果。曾国藩幕府人才济济，幕僚们每次参与奏折起草，就像参加一场重要考试，他们写的奏折最后能被看中，固然是件值得庆幸的事，即使落选了，也可以从别人的成功经验和自己的失败教训中学到有用的东西，对于提高公文写作水平，培养从政能力，无疑有促进作用。李鸿章的公文写作能力之所以被曾国藩特别看好，他之所以能在众多幕友中脱颖而出，就是通过一次次奏折写作"竞赛"实现的。

　　自1858年（咸丰八年）初，钦差大臣和春、提督张国梁、署理提督周天受率兵围困天京，再次营建江南大营，并设大营于天京城东。此后清军连续攻占了天京城西北的下关、九洑洲，天京危在旦夕。

　　1859年（咸丰九年）是湘军与太平军进入全面交锋阶段的起点。这年冬季，江南大营的清军对金陵的包围趋紧，金陵险象环生。烧炭工出身的忠王李秀成像个救火队员向洪秀全建议集中兵力全力歼灭江南大营。

　　1860年（咸丰十年）春，总理朝政的干王洪仁玕与忠王李秀成决定采用"围魏救赵"策略。2月10日，李秀成率大军两万余人抵达南陵，绕过宁国府，攻占广德，留部分军队驻守后，率主力轻装奔袭杭州。侍王李世贤率兵由虹星桥东攻湖州，掩护李秀成攻打杭州。3月中旬李秀成率精兵偷袭杭州。浙江巡抚罗遵殿不擅布兵，下令兵士死守。各路救援清军畏葸避战，到达杭州附近，见太平军势大，远遁躲避。李秀成于是在清波门外挖掘地道至城墙下并埋上地雷，3月19日晨，城墙被炸塌数丈，太平军攻入了杭州城。浙江巡抚罗遵殿自尽。

　　李秀成一举攻下杭州，浙江巡抚罗遵殿战死。听闻杭州被攻占，咸丰皇帝忧愤至极，下诏催促江南大营的和春、张国梁派兵去救。江南大营连忙调集主力赶赴浙江。4月4日，忠王李秀成见调离江南大营清军的战略目的达成，遂在城上多树旗帜，虚设疑兵，悄悄撤出杭州，率部挥师北上。李秀成与陈玉成联手，兵分五路，直扑金陵城下。具体安排是：陈玉成自全椒南下渡江，经金陵镇杀向板桥；李秀成从溧阳、句容直杀向淳化镇、紫金山；李世贤自常州、金坊杀向金陵北门；杨辅清自高淳杀往秣陵关、雨花台；刘官芳自溧阳趋往高桥门。

　　4月18日，安徽郎溪聚齐各路将领，兵分两路回救天京，一路由辅王杨辅清率领，直抵天京南郊的秣陵关；另一路由李世贤率领，攻占天京东南的淳化镇。

　　江南大营号称有绿营五六万众，但虚伍缺额。阎敬铭曾经尖锐地批评说："吾闻江南大营未败时，诸将锦衣玉食，倡优歌舞，其厮养皆吸洋烟，莫不有桑中之喜，志溺气惰，贼氛一动，如以菌受斧。" 5月15日，陈玉成部突破大营，清军苦心经营多年的江南大营再次被摧毁。

江南大营统帅和春、张国梁等败逃江苏丹阳。李秀成紧追不舍，指挥太平军全力攻克丹阳，击毙江南大营帮办张国梁。两江总督何桂清逃往上海；和春继续败逃到苏州城郊之后，又惊又怕，自缢身亡。李秀成一直追到上海城下。6月2日，李秀成会合李世贤军攻占苏州，江苏巡抚徐有壬战死。

太平军攻打江南大营时，湘军大营驻扎在安徽宿松县，全力准备安庆战役。所部万余，分布在潜山、太湖、宿松一带；李续宜近一万人，也驻扎在桐城西南，掩护包围安庆的曾国荃部。小小皖西一下聚集了这么多兵马，人喧马嘶。

江南大营被攻破的消息传来，曾国藩正和部下在宿松罗家祠堂悼念战死的浙江巡抚罗遵殿。罗遵殿是安徽宿松人，也是胡林翼的好友。前一年，他先从湖北藩司位置调任福建巡抚，数月后又调任浙江巡抚。没想到此番调动，竟遭此噩运。罗遵殿灵堂一派肃杀气象，高高悬挂的挽联由曾国藩亲笔题写："孤军断外援，差同许远城中事；万马迎忠骨，新自岳王坟畔来。"

在曾国藩幕府期间，李鸿章究竟写了多少奏折，如今说不出准确数字，但可以肯定，为数定然非常可观。其中最有名的当推《参翁同书片》。

《参翁同书片》并不算独立文件，而是奏折中的夹片。奏折是正折，清大臣上奏，一件奏折只说一件事。如果还有别的问题要说，就写成片夹在奏折中，因此称夹片。清单称为单，也是奏折附件。奏折用纸折叠而成的册子，俗称"折子"。附在奏折中兼奏其他简单事项的附片不再具官衔，开头用"再"字标识。一个奏折，最多只能夹三个附片。夹片与如今的公文附件有点儿相似，又不完全一样，里面往往有极为重要的内容。《参翁同书片》，就是清史中的著名"夹片"之一。

翁同书是安徽巡抚。1859年（咸丰九年），捻军联合太平军进攻翁同书驻节地定远县城，翁同书无力抵御，退守寿州。次年太平军围寿州，赖团练竭力抵御，始得保全。翁同书不能妥善处置境内团练首领间的矛盾，当地团练首领之一苗沛霖和其他团练首领相互仇杀激成大变，反攻寿州。翁同书为招抚苗沛霖，答应将他的几个仇人杀害，将他们的首级交给苗沛霖祭灵雪仇。但是，苗沛霖目的达到后，并不投诚，最终导致寿州失守。曾国藩忍无可忍，决定上章弹劾。

翁家一门鼎盛，翁同书父亲翁心存翰林出身，官至体仁阁大学士，入值上书房。翁同书的弟弟翁同爵、翁同龢，一个曾为督抚，另一个为状元。对权位如此高的翁家，曾国藩为了什么斗胆参一本？翁家人与曾国藩相安无事，并不

见恩怨情仇，据说只是出于曾国藩对朝廷耿耿忠心，是个人性格使然。

翁同书大事决策处置失当，被调回京城，打算另作安排。翁同书回京后仅十天，曾国藩递上奏折《参翁同书片》，强烈指责翁同书在任安徽巡抚时对曾参与地方镇压捻军、后对割据一方抗清的苗沛霖处理不当、临阵脱逃、弃城而去、向上级谎报军情等数条罪状，要求朝廷对其予以严惩。

节选奏折如下："前任安徽巡抚翁同书，咸丰八年七月间，梁园之挫，退守定远。维时接任未久，尚可推诿。乃驻定一载，至九年六月，定远城陷，文武官绅殉难甚众。该督抚独弃城远遁，逃往寿州，势穷力绌，复依苗沛霖为声援，屡疏保荐，养痈贻患，绅民愤恨，遂有孙家泰与苗练仇杀之事。逮苗逆围寿，则杀徐立壮、孙家泰、蒙时中以媚苗，而并未解围。寿城既破，则合博崇武、庆瑞、尹善廷以通苗，而借此脱身。苗沛霖攻陷池，杀戮甚惨，蚕食日广，翁同书不能殉节，反具疏力保苗逆之非叛，团练之有罪……军兴以来，督抚失守逃遁者皆获重谴，翁同书于定远、寿州两次失守，又酿成苗逆之祸，岂宜逍遥法外？应请旨即将翁同书革职拿问，敕下王大臣九卿会同刑部议罪，以肃军纪而昭炯戒。臣职分所在，例应纠参，不敢因翁同书之门第鼎盛瞻顾迁就。是否有当，伏乞皇上圣鉴训示。谨附片具奏。"

这篇奏折全文不足六百字，写得谦恭敬上、言辞诚恳、入情入理，历数翁同书忠奸不辨、误用歹人，贪生怕死、弃城而逃，措置失当、连失两城等罪状，反驳他"颠倒是非，荧惑圣听"的种种狡辩之言，令其无继续辩解余地。尤其是"臣职分所在，例应纠参，不敢因翁同书之门第鼎盛，瞻顾迁就"句，为文章之眼。先亮明上奏者的身份，明确上奏者职责，接着把翁家门第摆出来，表明上奏者完全是为朝廷着想，不敢徇私害公。将朝廷可能因翁同书之"门第鼎盛"而想"瞻顾迁就"、从轻发落的后路彻底封死，也使那些想帮忙援救的人有口难开。

此片写得老辣，皇上阅后，感到问题严重，经王大臣会同审讯，翁同书被判死罪，因父病重去世，两宫皇太后眷念两朝老臣翁心存，罪减一等，发往新疆军台效力赎罪。据说《参翁同书片》出来，即被各大衙门幕友争相传抄、广为传颂奉为圭臬。难怪后来有人将此奏折称之为"天下第一奏折"。

"天下第一折"体现了曾国藩意愿，但并非曾国藩亲笔，而是由幕僚李鸿章代笔起草的。这表明，李鸿章写奏折的本领比老师曾国藩老辣。曾国藩在多种场合对李鸿章赞赏有加，"少荃天资于公牍最近，所拟奏咨函批，皆大过人处，将来建树非凡，或竟青出于蓝，亦未可知。"

第
二
十
三
章

祁门：两江总督署陷入"锅底"

1858 年（咸丰八年）8 月，清廷诏曾国藩与胡林翼共图安徽。曾国藩提出图皖方针："必先围安庆以破陈逆之老巢，兼捣庐州，以攻陈逆之所必救。"次年盛夏，曾国藩奉旨抵南昌，住陶家花园。8 月接寄谕，令湘军进击皖南。抚藩以下文武官员，送至滕王阁。此后，曾国藩再未到过南昌。

离开南昌，曾国藩抵达宿松。宿松位于安徽西南，长江北岸，大别山南麓。西北与湖北黄梅、蕲春毗邻，东北与太湖县接壤，东南与望江县相连，南与江西省湖口县、彭泽县隔江相望。在宿松，曾国藩开会。会议以牢骚话开头。仗打到这份儿上，即便只会打仗的将领们也看出了路子，朝廷的真实想法是湘军在长江中游与太平军鏖战，绿营在金陵地区集结，硬仗由湘军打，胜利果实由绿营摘。湘军越打越强，绿营却屡战屡败，特别是这次江南大营惨败，明显是指挥失误、官兵怕死造成的。朝廷肯定会调整政策。江南大营一破，太平军必定会重新集结人马，将主攻目标对准金陵上游，意味着湘军的压力会继续增大。

根据"剪除枝叶，并捣老巢"方针，曾国藩决定发动安庆会战，与陈玉成决战皖北，以夺取战争主动权。为此，曾国藩制定了四路进兵计划，并始终贯彻执行之，甚至因不救苏州、常州而受到清廷朝野上下的责难也不为所动，终于在 1860 年（咸丰十年）6 月将安庆严密包围。

指挥靠前，是一条作战法则。曾国藩决定将大营移至靠近前线处。问题是放在哪儿？曾国藩思虑再三，打算把大本营扎在祁门。估计事先没有派人踩点，

只模模糊糊听了一耳朵。祁门是徽州六县之一，坐落在大山里，向来号称"九山半水半分田"，全是山。而李鸿章第一个反对。据薛福成《庸庵笔记》，李鸿章说："祁门地形如在釜底，殆兵家之所谓绝地。"祁门四面环山，只有南北两条大道贯通。这是一个盆地状的地形，老营设在盆地里，就像在一个锅底，最危险。人家前后大道一堵，逃都逃不出去，这就是兵家所说的绝地。

李鸿章建议将兵营设在长江南岸的东流，距安庆上游七八十里地，九江下游二百多里地。晋代陶渊明任彭泽县令时，曾在东流种菊，古称"菊所"、"菊邑"。太平军据安庆达十年，七下祁门。如果把湘军指挥部放在濒临长江的东流，由于湘军水师力量强大，足以击退来犯的太平军水营，相对安全些。

曾国藩的主意已定，不听劝谏。据薛福成《庸庵笔记》，李鸿章鼓动同僚吵七八火地找到曾国藩，七嘴八舌地提意见。曾国藩奔拉下脸来说："尔等如此厌恶祁门，是不是害怕了？若胆怯，可各散去！"话说到这个份儿上，谁也不好再说什么了，胳膊拧不过大腿，李鸿章只好憋一肚子气上路了。

1860年（咸丰十年）7月3日，滂沱大雨中，曾国藩从宿松开往皖南。途经闪里镇那天，恰好是咸丰皇帝生辰，曾国藩在行辕中为皇上祝寿。第二天，曾国藩到历口，经伊坑、花城、石谷里，28日到达祁门县。

祁门县地处安徽南部山区的西南部，地势北高南低，黄山西段横亘北部，牯牛降海拔一千七百多米，为全县最高点。县境大部分低山丘陵与河谷盆地相间分布。率水河，阊江，为主要河流。率水河默默无名，但却是名闻天下的新安江、富春江、钱塘江的源头，因而被称作"三江源头"。如今，祁门县是地级黄山市下辖的一个县，徽州六县之一，徽州文化发源地之一。位于安徽省最南端，与江西省交界，因城东北有祁山，西南有阊门而得名。

阊江流经祁门县城，清婉南流，经景德镇至鄱阳县，与乐安河合流，称为鄱江，徽饶古道的一段，瓷土、木材、茶叶，都是从这条水道往返于徽赣。祁门县人和景德镇人相互做小本生意，常把祁门的土产运到江西换大米。

在祁门，曾国藩大营设在城东敦仁里的洪家大屋。敦仁里是人字形巷弄，洪家大屋坐落于里弄中心，是清代徽派民居，坐北朝南，为二进二层砖木结构。有大小屋宇数十间，承恩堂居中，后有养心斋，左有承泽堂、思补斋，右有荆奕堂、笃素堂，三世大夫第，前设谷厂和又新书屋。房屋均连成一体，房房相连，屋屋相通。现除三世大夫第、谷厂和又新书屋外，其余均保存完好。其平面布局、构架、木作、砖雕都独具匠心，占地面积近两千平方米。

洪家大院最初主人洪炯。道光间以廪贡生身份在江苏镇阳县任学正，后来在广州经营茶叶，英国人喜欢"安茶"，介于绿茶与红茶间，颜色乌黑，称"乌龙"。林则徐任钦差大臣到广东查禁鸦片，与英国联络人之一就是洪炳。据说1841年（道光二十一年），洪炳买下县城豪宅承恩堂，几经扩建。如今洪家大院已是过眼烟云。石板路、砖雕门楼、厚实的木梁、古朴的石础，即便只剩部分的洪家大屋，规模仍令人惊叹。进入大厅向里走，沿木梯上楼，楼板、墙壁，都是取自当地的厚实木料，墙上还残留绘画，民族风格浓郁。

在洪家大屋，曾国藩撰写对联："虽贤哲难免过差，愿诸君谠论忠言，常攻吾短；凡堂属略同师弟，使僚友行修名立，乃尽我心"。西花厅称思补轩是曾国藩居处。由于常有太平军袭扰，他在日记中写道："一夕数惊，无日不在惊涛骇浪之中。"据说他在床头悬一宝剑，随时准备在城破时自刎。

在祁门，曾国藩主要是部署防务，查视营垒，巡视岭防，督战徽城。白天繁忙的军务停歇下来之后，晚上在堂前凝神屏息端坐一会，白天的喧嚣和烦躁如尘埃般慢慢落下，内心的涟漪也如微风掠过后的湖面一样，重新归于平静。

曾国藩到了祁门，前后左右看地理形势，也有点后悔了。果然如李鸿章所说，这里形如锅底，有兵家绝地的意思。按照曾国藩敢于反省、勇于认错的精神，这时候他还不是没可能改变初衷。这次曾国藩虽略有悔意，还是把大营扎在这里。

曾国藩到达祁门后，下令裁撤四乡团练。祁门西北皆山，县城地势形同釜底，若是太平军占据山上，居高临下，城墙形同虚设，提出"守城不如守山"，并"议撤城之半为碉，以资守御"，打算拆毁城墙，用城墙砖在山上建碉堡。乡绅有人认为有伤风水。曾国藩与当地士绅做了一笔交易，由他上奏朝廷，增加祁门县科举文武学额，并在方牍中批示，"撤尽西城门，永远发科名，东南留一角，科名永不绝"。满足了当地士绅的要求之后，在祁门县四境关隘设碉建垒，在县城北门建碉两所，西门建碉一所，城西桃峰山亦建垒一座。

曾国藩在祁门滞留之前，战争形势有了较大变化。1859年（咸丰九年），洪秀全的堂弟洪仁玕到天京，洪秀全立刻封为干王，全权主政。洪仁玕打算干出点实绩，谋划拔掉围困金陵七年的江南、江北大营。他与太平军后期的主要将领李秀成、陈玉成等人商议，制定了围魏救赵、奇兵突袭奇计，引围困天京的清军主力出营救援杭州，然后杀回马枪，倾太平军全力连破江北、江南大营。

江南、江北大营，有清廷依赖近距离围困太平天国核心的清军。湘军不被当主力，曾国藩连实职都弄不到。江南、江北大营一破，除湘军外，朝廷无可用之兵，胡林翼断言："朝廷必以江南事付曾公，天下之事可措手矣！"就是说，

江南半壁江山的事，只有曾国藩可以作主了，朝廷马上就会对曾国藩委以重任。

曾国藩在祁门刚落脚，1860年（咸丰十年）7月，朝廷任命他"署两江总督"，也就是代理两江总督（同时按惯例加兵部尚书衔）。8月委授两江总督，又加"钦差大臣督办江南军务"。将杨岳斌、彭玉麟统率的湘军水师拨归曾国藩节制调遣。看来军机处偷懒了，把与太平军作战事，不管三七二十一，几乎堆到他头上。

曾国藩被任命为两江总督，是清廷内部斗争的结果。据薛福成《庸庵笔记》，江南大营被破，两江总督何桂清临敌逃走，咸丰皇帝急得寝食俱废，与肃顺商量选人取代何桂清。肃顺提出选汉员充任，咸丰皇帝提出胡林翼。肃顺进言："胡林翼在湖北措注尽善，未可挪动。"咸丰皇帝说，可让曾国藩任湖北巡抚，顶替胡林翼，将胡林翼调去两江。肃顺说六年前曾经让曾国藩做湖北巡抚，几天后又撤销任命；如今再次任命，显得皇上恩德不重，不如直接以曾国藩为江督，曾国藩、胡林翼二人感情甚洽，二人合作，东南的事一定可以做好。咸丰皇帝采纳了这个建议，曾国藩遂得到了他盼望多年的封疆之职。

肃顺的建议不仅见诸于史书、笔记，据传，肃顺还曾写信给胡林翼，让他不要为未做江督而介意，与曾国藩团结合作，共图大业。胡林翼又将此信转给曾国藩看，曾国藩自然感激肃顺。但认为肃顺不该在上谕未达时给胡林翼写信，不仅违反朝廷定制，也是肃顺在拉山头。本来汉人做地方大员犯忌，会有不少权臣反对，而肃顺敢于任用汉人是明智之举，却拉拢汉官做依附，实在非国家之福。所以，他明知肃顺在暗送秋波，但假装不见，未与他有私下往还。

有个插曲，足以说明曾国藩做人准则。他接到上谕后，幕僚提醒说，是肃顺的举荐，皇上才决心让他担当两江总督的，建议给肃顺写封感谢信。而他觉得自己担任两江总督是朝廷的任命，不是哪个人的原因，只给皇上折子，以谢龙恩。咸丰皇帝驾崩，慈禧太后联系恭亲王奕䜣发动宫廷政变，杀肃顺后，在肃顺家找到口密封的大箱子，装各地命官给肃顺的效忠信，却没有曾国藩只言片语。这让慈禧太后对曾国藩有了好认识，确认曾国藩是忠于朝廷的大臣。

接到上谕那一刻，曾国藩长吁一口气。朝廷此番决定对湘军有利，兄弟们会有些名分。他担心太平军在苏南势头正旺，让他督办江南军务，压力可想而知。在家信中，他流露出这种情绪：担当此重任，深感害怕，担心跟前任一样遭受失败，让家人蒙羞。这样的事，真不知是祸还是福，只有辛勤做事，报效朝廷。

长期以来，两江总督和直隶总督并列，为天下最重要的两大总督。就太平天国战争形势而言，两江总督可谓天下第一。清朝实行督抚制，每一两省或三个省，与巡抚衙门并列有总督衙门。全国分二十三个省，每省设一名巡抚，是主管一省民政的最高长官。总督权力比巡抚大，但与巡抚没有隶属关系，总督和巡抚对上直接听命于皇帝。不同的是总督管数省，侧重军事，巡抚只管一省，侧重民政。全国设八大总督，分别为：直隶、两江、闽浙、两湖、陕甘、四川、两广、云贵总督。浙江事实上归闽浙总督管，两江总督管辖江苏、安徽、江西三省。

总督通常被认为是封疆大吏，并无制约巡抚的权力。总督和巡抚同居于省城，相互不买账，明争暗斗，是清代地方政治痼疾。从表面看，这种委任制度很不合理，却符合中央集权需要，为的是防止出现强有力的地方领袖。

督抚集行政权、人事权、军权于一身，下属仰其鼻息。曾国藩说，我在地方任职多年，深知各地督抚权力，一言可使鸡犬升天，一言可使人终身沉沦。各级官员都揣摩他的心思，手下的官员谁也不敢违抗。侍郎衔和总督都是正二品，但为方便节制辖区内文武官员和军队，一般总督带两个加衔，两江总督是加衔总督，从一品。两江总督，正式官衔为"总督两江等处地方提督军务、粮饷、操江、统辖南河事务"，总管江苏、安徽和江西三省军民政务。清初江苏和安徽两省同属江南省，初时总督管辖江南和江西政务，因此号两江总督。

两江总督署位于金陵城正中，明汉王府旧址。当年朱元璋为笼络人心，封陈友谅子陈理为"汉王"，建汉王府。明成祖朱棣当权后，迁都北京，将这里赐给儿子朱高煦。朱高煦封汉王，它还是为汉王府。入清，它成为了行宫。曾国藩担任两江总督，也不可能到金陵的衙署上班，那地方这会儿是洪秀全天王府。

两江正当南北接合部，以长江为纽带，"包络江淮，控引河海"，上下呼应，是重要税收来源地，两江征收的漕粮占全国漕粮总数一半以上。两江地区文化之发达，天下独步。因此"国家鼎建两京（北京和盛京）之外，分省一十有四，而江南最为重地"。除直隶以外，"能与天下相权衡者，江南而已"。

祁门县洪家大屋成为临时两江总督署。这里距安庆不远。曾国藩初来乍到，不可能考虑别的，而是如何尽快攻占安庆，这是他的中心任务。在考虑完成这一中心任务时，一件突如其来的事情打乱了他的节奏。

第二次鸦片战争是1856年至1860年间发生于中国本土，英法联手进攻清朝的战争。第一次鸦片战争之后，英法两国逼迫清廷修改条约，趁太平天国运动之际，以"亚罗"号事件及西林教案事件（这两件事英法均不在理，前者是广州水师扣住了一艘名为"亚罗"号的中国船，抓捕了船上海盗，后者是广西衙门处决了一名强奸多名妇女的法国传教士）为借口，联手进攻清朝政府的战争，被英国人称为"亚罗号战争"。又称英法联军之役或第二次中英战争。因为这

场战争可以看作是第一次鸦片战争的延续，所以也称第二次鸦片战争。

第二次鸦片战争如同第一次鸦片战争，进程像羊拉屎，沥沥啦啦的，今天这儿打打，明天那儿闹闹。曾国藩担任两江总督仅仅数月，当秋英法联军攻占天津，直逼北京城下，在京东八里桥把京师精锐打得落花流水。咸丰皇帝逃往热河途中下圣旨，命曾国藩、胡林翼派遣鲍超率三千精兵北上"勤王"。

接到命令后，曾国藩左右为难。他与胡林翼正施行对太平天国的"四路进剿"，鲍超率领湘军中的游击部队在策应。陡然调开鲍超的队伍，战略计划将落空。更重要的是，被困祁门的曾国藩已经通知鲍超放弃在皖、赣交界地区所有的军事行动，火速南下救援；倘若他中途转向，北上勤王，后果难以设想。

曾国藩不愿湘军主力被抽走，又不敢抗令，决定开个小会，集思广益。多数幕友主张派鲍超北上勤王，少数人认为"将在外，君命有所不受"，反对发兵。鲍超属下全是步兵，日夜兼程，也要俩月才能走到京师。届时北京必已被攻占。

李鸿章别出心裁，提出英法联军已在北京城下，破城只是朝夕。湘军千里迢迢北上救援，远水解不了近渴。英法联军打进北京，无非和大清朝廷"金帛议和"，不可能和满洲人抢着当皇上。真正威胁王朝统治的是太平军。救君父之难是为臣者义不容辞的职责，公开反对有犯上嫌疑，可采取拖延办法，过几天再上奏，说鲍超是战将，不够担当援兵重任，请朝廷于曾国藩与胡林翼之间选择一人为主帅，统兵北上，护卫京畿。奏折来往需时，曾国藩所接圣旨已在路上走了数日，这里再耽搁数日复奏，等奏折送达热河皇帝手上时，又要数日，在这一来一往一个多月时间里，形势肯定发生了变化，已经不再需要湘军北上了。

李鸿章的点子，反映出他做人的一贯风格，品位不高，间或赖皮赖脸耍滑头，但有时的确管用。按着这个思路，曾国藩上奏说，知道朝廷的危难，"且愧且愤，涕零如雨"，但是鲍超率军勤王，远水救不了近火。"此次北行，专言君臣之大义"，重要的是表明心迹，不要管有没有实效，建议勤王之师应由自己（或胡林翼）统带，人数也应增加，以纾解大难。

祁门之围能否解除，尚未可知，曾国藩却建议由自己代替鲍超，率兵北上帮皇帝解围。以荒唐言奏折回复荒唐的圣旨，是为人臣者必修的功课。咸丰皇帝的年纪虽然小点，但并非无道昏君，看到了曾国藩的覆奏，心下自有几分明白，不再指望曾国藩的勤王大军。随即，朝廷便有新命令下来：和议已成，援兵无需北上。这个上谕帮助曾国藩解围了。不用说，李鸿章这个主意不仅帮了大忙，而且让曾国藩看到了李鸿章的政治手腕，尽管有时候赖巴巴的。

勤王这种事，百年不遇。曾国藩遇到现实问题是保住徽州。太平军如袭击祁门，必经徽州。宋徽宗宣和年间，改歙州为徽州，府治歙县，历宋元明清四代，统一府六县（歙县、黟县、休宁、婺源、绩溪、祁门）。这一带地处"吴头楚尾"，山高林密，开发较晚。汉代前人口不多，晋末、宋末、唐末及中国历史上三次移民潮，给皖南徽州送来了大量人口，山多地少，出外经商是一条出路。由此，徽州成为徽商的发祥地。徽商最早经营山货和外地粮食，还利用丰富的木材资源用于建筑、做墨、油漆、桐油、造纸，这些是外运的大宗商品，茶叶有祁门红、婺源绿名品。外出经商主要是经营盐、棉（布）、粮食等。

曾国藩派李元度去徽州负责防务。李元度1821年（道光元年）生在湖南平江县沙塅村，靠父亲磨豆腐、母亲纺纱织布为生。母亲识得些诗书，李元度自幼跟母亲识字，十八岁考上秀才，二十三岁成为举人，做过黔阳县教谕，相当于县教育局长，也就是如今的正科级。次年调到湖南郴州任州学训导，掌管一个地区的教育。郴州相当于地区，搁到现在，大体能套上副处级。

太平天国运动势头高涨，李元度没心思去学政衙门办理公务，辞官回到老家，在平江征集五百名乡勇，稍加训练，直奔衡阳。对于这样一位慷慨高歌之文人，曾国藩大为激赏。与其他湘军人物不同，李元度留下一幅画像，瘦巴巴的，虽是半身像，也能感到此人个头偏矮，气质懦弱，萎靡不振，就像个受气包。

李元度不是纯幕僚，湖口之战后，由文员改为将领。1858年（咸丰八年）他带领七百人固守江西玉山、广丰两城，为湘军攻占江西全境起到重要辅佐作用。曾国藩上奏请赏，获得道员记名，加按察使衔，赐号色尔固楞巴图鲁。两年后补授浙江温处道道员，不久调任安徽徽宁太广道员，加布政使衔。

曾国藩与李元度有精神层面的联系。在靖港，湘军遭到闷头一棍。曾国藩沮丧之极，准备自杀谢罪。他写了遗嘱，交李元度保存。曾国藩跳河被救起后，李元度形影不离，"宛转护持，入则欢愉相对，出则雪涕鸣愤"。困守江西的日子里，能倾力辅助曾国藩的，也只有李元度等极少数人，回老家奔父丧期间，曾国藩写信说：在籍经常念及足下，"有三不忘焉"，"足下当靖港败后，宛转护持，入则欢愉相对，出则雪涕鸣忿，一不忘也。九江败后，特立一军，初志专在护卫水师，保全根本，二不忘也。樟树败后，鄙人部下别无陆军，赖台端支持东路，隐然巨镇，力撑绝续之交，以待楚援之至，三不忘也。生也有涯，知也无涯"，此三不忘者，"鄙人盖有无涯之感，不随有生以俱尽"。曾国藩提议把侄女许配给李元度的儿子，要"缔婚姻而申永好，以明不敢负义之心"。

但是，李元度政治上糊涂，文人气重，曾国藩与两江总督何桂清关系很僵。

1860 年（咸丰十年）6 月，何桂清心腹王有龄就任浙江巡抚，浙江兵微将寡，浙兵不任战斗，清廷从王有龄之请，将李元度交浙江巡抚王有龄差遣委用。王有龄奏保实授李元度为浙江温处道道员，假以笼络，使他从湘系中分裂出来。

曾国藩当然不允许何桂清挖墙角，强把李元度从浙江召回，领兵驻防徽州（今歙县）。徽州是皖南通往浙江、江西的要道，如失守，祁门就失去了屏障。临行前，李元度拍了胸脯：长毛撼山易，撼平江勇难；有平江勇在，徽州城决不会缺一角！话说得挺悲壮，然而李元度没有估计到太平军十万之众攻打徽州，更没有估计及到守城部队出了内应。李元度接防第九天，太平军进攻时，违反曾国藩自守指令，擅自出城迎战，结果一触即溃。而在这时，徽州内应打开城门，太平军蜂拥而入，李元度几濒于死。后经奋力突围，余部才逃出城外。

徽州陷落，湘军大本营丧失前哨阵地，直接暴露在太平军面前。最让曾国藩恼火的是，李元度逃生后不回祁门大营，而是在浙赣边游荡，打算重新投奔王有龄，后来虽然回到祁门，但并不束身待罪，不久又私自离去。

曾国藩一气之下，决定具疏弹劾，以明军法。李鸿章受命撰写弹劾文书，却炕蹶子，拒绝起草这份文件，理由是李元度的失败原因是曾国藩用人不当。在李鸿章看来，李元度没有过错，不过是豪言壮语多，执行能力差。曾国藩深知李元度的短处，却派他领数量不多的部队防守徽州，兵败后又严词纠参，毫无道理。况且李元度有恩于曾国藩，于公于私都不能做得这么绝情。曾国藩则认为私情不能代替军纪，如果不究李元度失城之罪，将来人人效法，军纪还如何维持？坚持弹劾。两人谁也说服不了谁，难免情绪失控。李鸿章说："恩师一定要弹劾他，门生不敢起草！"曾国藩说："你不起草，我自己会写！"李鸿章说："若这样，门生留在这里已经毫无意义，只能离恩师而去了！"气头上的曾国藩也失去了冷静，说："随你便！"李鸿章再不说话，卷铺盖就回家了。

如果说"祁门移军"之争只停留在工作层面上，那么，因李元度事件而产生的对立，曾国藩和李鸿章两人针尖对麦芒，谁也不让谁，就明显意气用事了。两人已把话说死，谁都不愿先服软。据《异辞录》记载，曾国藩的祁门大本营正受到太平军的极大威胁，李鸿章的离去自然使曾国藩大为恼火，他不仅觉得李鸿章不明大义，不达事理，而且认为李鸿章在自己困难时借故离去，是一个"难与共患难"之人。此事也使李鸿章愤怒异常，他对人说：自己原认为曾国藩是豪杰之士，能够容纳各种不同意见和各种人物，如今才知道并非如此。

1860 年（咸丰十年）10 月 19 日，曾国藩上《徽州被陷现筹堵剿折》，参劾李元度在徽州不能作数日之守，李元度因此被革职。

据曾国藩定下的湘军营规：营地务必靠近水边，以解决饮水和运输问题，水师和陆军最好能同处驻扎，便于互相接应。此前大营驻地选择宿松（近长江）、湖口、建昌（近鄱阳湖）。而祁门边上只有一条小河，水师无法停泊，只好停靠在一百多公里外的长江，运兵运粮不方便。可怕的是，"环祁皆山也"，从军事地理的角度看，湘军大营驻扎于斯，像瓮中待捉的鳖。

1860年（咸丰十年）12月1日，突然传来消息，李秀成率两万人由羊栈岭窜入，谁也不曾料到他会从这个方向进来。李秀成目的是断湘军悍将鲍超、张运兰的粮路。但羊栈岭距曾国藩祁门大营仅六十余里，曾国藩身边仅有三千人。

曾国藩曾在靖港自杀未遂，在湖口战败，再次自杀未遂。在祁门，太平军打来，他又一次想到自杀。三次自杀，技术细节上有些改进，这次他早就写了遗嘱，静待太平军到来。欧阳兆熊曾简练评价曾国藩的"一生三变"，说他一开始是个拥护程朱理学的激进分子，出山治军后变成现实主义的法家信徒，最后，升华为讲究"与时迁移，应物变化"的黄（帝）、老（子）之学的忠实拥趸。若就三次自杀的不同表征来看，欧阳先生的话有道理。

曾国藩料定难以活命，等着太平军攻来时自杀。手下幕僚慌作一团，有的打算"死在一堆"；有的打起行装，准备逃命。然而，李秀成不知曾国藩在祁门，在休宁与鲍超打了一仗，就自动退走了。鲍超回祁门拜见曾国藩时，幕僚们像见到亲人，一齐迎出大营门外。鲍超见到大帅忙下马行礼，曾国藩冲上去抱住鲍超激动地说："不想仍能与老弟见面！"说着说着竟流下泪，不能自持了。

曾国藩令鲍超驻守渔亭，张运兰驻黟县，共同守祁门。十天后，太平军分兵三路向祁门方向进发，但不知曾国藩大营在祁门。进攻景德镇的一路是黄文金，初战被左宗棠楚军打伤，只得退走。随后，李世贤率部攻占景德镇，总兵陈大富战死。刘官芳攻至距祁门二十里的历口，朱品隆率兵防历口，刘官芳退走。

李世贤占景德镇后，乘胜攻向祁门，在乐平被左宗棠阻住。曾国藩组织张运兰、娄云庆部八千余人主动进攻太平军占领的徽州城，连日攻战无功，反被太平军自城内杀出，打得攻城湘军四散逃命，曾国藩退回祁门，在家书中说："自十一月以来，奇险万状，风波迭起。文报不通者五日，饷道不通者二十余日。"

恰在此时，左宗棠楚军打败李世贤部。李世贤败走浙江，诸军随之退去。曾国藩驻兵祁门，危机四伏。1861年（咸丰十一年）4月6日，曾国藩向东流转移。到达东流后，将指挥部设于长江靠岸停泊的大船上。

　　如今，洪家大屋残迹仍存。清人喜欢在墙壁上题字，不像如今西方年轻人在墙上涂鸦，而是抒发些什么。洪家大屋分别留有湘军题壁和太平军题字，太平军题字在承泽堂外墙上，为"太平天国粤东前营叶高"十个字，墨笔手书。湘军题壁在屋内承恩堂的左墙上，文字较多，内容涉及较多古代人物与事件，多是对忠君之士的推崇。能在总部题字，当有一定身份。有人初步考证后，认为此字迹与李鸿章写的字有一定相似之处，疑为李二先生所题；也有人认为是胡林翼所题。不管怎么说，敌对双方的墨迹同在一处，而且不互相涂抹，实为罕见。

第
二
十
四
章

两位前任翰林的重大内耗

何桂清，昆明人。自幼聪明勤奋，悟性高。十五岁中举。1835年（道光十五年）
乙未科殿试，十九岁高中第二甲第四十九名进士，朝考之后选翰林院庶吉士。
次年散馆，授职翰林院编修，可谓科举考试中幸运的少年得志者。

清代，中举平均年龄三十岁左右；中进士平均年龄三十七岁。云南偏远，
中举和中进士的平均年龄比全国平均年龄略高。何桂清却远低于全国平均年龄
中举和中进士，即使与科举考试中的另一位幸运者曾国藩相比，也略胜一筹。

曾国藩二十三岁中举，二十七岁考中第三甲第四十二名进士。相比之下，
何桂清殿试总名次第五十二名，曾国藩殿试总名次第一百二十七名。朝考后，
曾国藩虽被选为翰林院庶吉士，授职是最低等的翰林院检讨。考核干部比拼硬
件条件，曾国藩比何桂清年长五岁，何桂清中进士却比曾国藩中同进士早三年。
他俩同在翰林院工作，低头不见抬头见，然而，没交情。

升迁上，曾国藩像头等幸运儿，十年七迁，从七品蹦到二品。而比起何桂清，
他自叹弗如。何桂清比曾国藩还要"穆"，很早就担任河南乡试副主考，贵州乡
试正主考。以后顺风顺水，一路升迁。从1851年（咸丰元年）起，何桂清的任职
情况与曾国藩有点相似，也在六部中的几个部担任侍郎。而且，他蹦的地方比曾
国藩多，兼管钱法堂事务，南书房行走，顺天乡试覆试阅卷大臣，顺天武乡试较
射大臣，实录馆副总裁，经筵讲官，会试副总裁，覆试阅卷大臣，大考翰詹阅卷
大臣，考试荫生阅卷大臣，江苏学政。这些岗位都是曾国藩没有呆过的。

1852年（咸丰二年）春，何桂清出了次大风头，疏陈军事，抨击封疆大吏软弱，侃侃而谈，咸丰皇帝觉察到他能力非凡。两年后，何桂清升浙江巡抚。1857年（咸丰七年）春署理两江总督，夏季实授两江总督。

何桂清当封疆大吏时，曾国藩正以在籍侍郎身份带着湘军打仗。按说，两个人不会有工作接触，翰林院那点淡如水的工作联系早就撂到脑勺子后面去了。但是，看似不搭的两个人却因为粮饷问题发生了尖锐冲突。

1855年（咸丰五年）春，曾国藩部水、陆师大败于九江、湖口，他自己则逃奔南昌。太平军三克武昌。翌年春，石达开自武昌率军还攻江西，略取八府五十余州县，湘军被打得七零八落，曾国藩在南昌坐守危城。

何桂清自任浙江巡抚，对曾国藩兵败丧师了如指掌。何桂清与曾国藩不一样。穆彰阿垮台后，曾国藩在京没有铁杆老上级。何桂清尽管也是穆彰阿提拔起来的，却善于活动门路，早就与军机大臣彭蕴章意气相投。

彭蕴章是苏州人，学历举人，花钱买了个内阁中书，后成为军机章京。军机章京是军机处办事员，称"小军机"。从嘉庆始，军机大臣往往从熟悉业务的"小军机"中遴选。咸丰皇帝刚执政，他成了军机大臣。曾国藩部被困江西，何桂清不断写信向他密报军情，"浙江为邻封所害"，"南昌城外一二十里即有贼"，"江右误于涤生之胆小，竟是坐观，一筹莫展。"直接影响到清廷对曾国藩的看法。

在浙江当知县的许瑶光说：1855年（咸丰五年），"曾节相事机不顺，坐窘豫章，遣大吏郭筠仙商饷于何桂清。时王壮愍（指王有龄）为杭守，以全善之区而丝毫未允，阳借金陵为推辞，实因来函有'平昔挥金如土'一语芥蒂共间。"江西不给他粮饷，曾国藩向邻省浙江筹措粮饷，本来应该嘴巴甜一些，柔声细语的央求人家，他却责备浙省"挥金如土"。何桂清、王有龄当然拉下脸来，分文不给。据认为，这是曾国藩与何桂清发生矛盾冲突的开端。

1856年（咸丰七年）8月，石达开部大败李元度于抚州城郊，败兵溃窜南昌，南昌风鹤警传。曾国藩才奏《抚州老营被贼扑陷折》，何桂清却抢先将抚州湘军溃败情况密报清廷。清廷申饬曾国藩说："抚州湘军溃败已久，未见曾国藩等及时入奏。早已听说各路发匪回转金陵，而江西失守郡县，并无一处收复。现据江、浙各省奏报，"皆言天京内乱，杨逆已为韦逆所杀。又闻杨逆被杀后，石逆不服，逃出金陵，断不肯再返金陵，金陵不肯更助石逆。着曾国藩乘此贼心涣散之时，赶紧克复数城，使该逆退无所归，自不难穷蹙就擒。若徒事迁延，劳师糜饷，日久无功，朕即不遽加该侍郎等以延误之罪，该侍郎等何颜对江西士民耶！"

何桂清在浙江巡抚任内，每月接济江南大营军饷六万两。自皖南划归浙江管辖后，江南大营派至皖南作战的邓绍良部亦由浙江提供军饷，邓部发展到一万七千余人。在清廷看来，何桂清是能臣。何桂清的自我感觉良好，也不谦虚，向彭蕴章及京中好友吹嘘："东南半壁，似非鄙人不能支持……若将江、浙兵勇归弟一人调度、两省大吏能筹饷接济，定能迅奏肤功。"

两江总督怡良曾与林则徐共事，是勤勤恳恳的老吏，1857年（咸丰七年）春告病乞休，由于彭蕴章等力荐，清廷任命何桂清为两江总督。何桂清每月接济江南大营军饷四十余万两，大米一万余石。大营军饷充裕，弁目勇头使用洋枪。何桂清到任四十五日，江南大营连陷溧水、句容，进围天京。何桂清致书京中好友等说："弟在大营作用，都中所传，皆是事实……向来大营不与督抚通信，有之，自弟到任始。所以幕友、书办皆以为奇，尤奇在事事会商办理。"

清廷本来就看不上曾国藩，何桂清崛起，就更不把曾国藩当回事了。当年初秋，令曾国藩在籍守制，不许回江西前线掌兵权。这表明清廷把长江上游战事责之官文、胡林翼，把攻陷天京的希望寄托到何桂清与江南大营绿营兵身上。

1858年（咸丰八年），曾国藩东山再起，重新掌湘军，何桂清却依旧不把曾国藩的湘系放在眼里。当年夏季，曾国藩率领湘军自江西进入安徽，与胡林翼合作，进犯安庆。按理，这时曾国藩与何桂清集团不应发生什么矛盾了，但是，形势的变化，二者却在争夺浙江地盘的问题上，发生了明争暗斗。

浙江介于江西、江苏之间。何桂清当上两江总督后，如果控制了浙江，也就同时控制了皖南，太平军西征大军于数年前攻取安庆，安徽巡抚移驻皖北，对皖南鞭长莫及，清廷将皖南划归浙江巡抚管辖。能与两江总督辖区江西声气相通，进而控制江西。再则，浙西杭、嘉、湖地区是富庶之区，与江苏接壤，是大营的重要饷源基地。这是何桂清处心积虑图谋控制浙江的原因。

湘军自1858年（咸丰八年）秋攻陷九江后，至年底几乎全部攻陷太平军占领的各府州县。曾国藩、胡林翼认为，如果夺取浙江，既足以控制皖南，防止太平军从皖南楔入江西，震撼湖北、湖南，又可以解决部分军饷问题。这样，曾国藩与何桂清围绕争夺浙江控制权而矛盾斗争激化起来。

恰在此时，清廷任命胡兴仁为浙江巡抚。胡兴仁是拔贡出身，湖南保靖人，为曾国藩办过粮台，湘系人物。他出任浙江巡抚，何桂清大为不满，痛骂他是个"昏天黑地"的人物。由于何桂清倾轧，胡兴仁在位仅一年下台。

清廷接着任命罗遵殿为浙江巡抚，这又是何桂清看不上的人。罗遵殿是安徽宿松人，与何桂清同为道光十五年进士，没有进翰林院，在基层工作，后擢

湖北安襄郧荆道，檄所属治团练，楚北民团自此始。他在湖北做官，为胡林翼所激赏，拔擢为布政使，是湘系官僚。罗遵殿出任浙江巡抚，何桂清大为不快。

两江总督辖制江苏、江西，何桂清对于江苏巡抚人选特别在意。他相中的是杭州知府王有龄，挤走江苏巡抚赵德辙，企图以王有龄继任巡抚。而朝廷却简派徐有壬为江苏巡抚。徐有壬是直隶宛平人（宛平县治在北京丰台区卢沟桥一带），道光九年进士，是个老资格，授户部主事，升郎中，咸丰初年任湖南布政使，因为粮饷事和曾国藩干过架。不打不成交，两人后来关系不错。也就是说，两江总督何桂清与曾国藩的好友搭班子，自然憋着一口气，与徐有壬配合不到一起。

1860年（咸丰十年）春，为击破江南大营，李秀成用"围魏救赵"计，进攻杭州。那时，李秀成作为新秀，知名度低，清军误把他的名字写作"李寿成"。后来李秀成"以此名显天下"，清方开始互相提醒：要提防"忠逆"。高级知识分子评价人比较客观，往往从实际本领着眼，不大带个人憎恶情绪。后来，李鸿章在江苏与李秀成对敌，与人书称其为"忠老"，曾国藩写家书，也禁不住要表扬李秀成："弃浙江而解金陵之围，乃贼中德意之笔。"

不过，李秀成的这份"德意"差点被洪仁玕剥夺了。洪仁玕被捕后，亲笔供词写道："忠王三次面求画策。予曰：'此时京围难以力攻，必向湖、杭虚处力攻其背，彼必返救湖、杭，俟其撤兵后远去，即行返旆自救，必获捷报也。'乃约英王虚援安河，而忠、侍王即伪装缨帽号衣，一路潜入杭、湖二处。"

什么意思？李秀成平生最得意的一笔是表面打杭州，实际平灭江南大营。而洪仁玕却说点子是他的。1859年（咸丰九年）4月，洪仁玕到天京，投奔阔别八年的洪秀全。入城不过二十天，洪仁玕便迭受封爵，从干天福、干天义，一直做到开朝精忠军师顶天扶朝纲干王。洪秀全当时说："内事不决问干王，外事不决问英王，内外不决问天王。"太平天国诸人如陈玉成、李秀成对洪仁玕这次擢升极不满，"众口沸腾"，颇有"孔明进而关、张不服"的架势。洪仁玕既然自比诸葛亮，不得不在众人面前露一手，于是就有了"画策"。李秀成从头到尾瞧不起洪仁玕，因此佯取杭州、回解京围计划，由洪仁玕传给李秀成，令人怀疑。

许瑶光当时是浙江宁海知县，曾得到一份太平军会议纪要，李秀成召集诸将在芜湖开会，定自广德、泗安攻入浙江，"以破杭州，分我兵势"，待江南大营调出援军赴杭，太平军将转头杀回天京，将城围攻破。李秀成被捕后亲笔供词说："京城困如铁桶一盘。我在外四路通文，各而肯从我意，任我指陈。我非一心去打杭郡。见和、张两帅困我主及我母亲（在）京，知和、张两帅军饷具出在苏、杭、江西、福建、广东，此是出奇兵而制胜，扯动和、张两帅江南之兵，我好复兵而回，救解天京之谋。"说得很明白，"策"是李秀成自己"画"的。

自李秀成入杭州被围，一个月内，罗遵殿不断向北京奏请援军，同时也向胡林翼、曾国藩求助。湘军自安徽或江西赶往杭州，最快也要一个月，肯定来不及。唯一可救杭州的是江南大营。和春令张玉良率军万余驰援。张玉良经过常州，何桂清指示他到苏州后听候江苏藩司王有龄的指示。张军至苏州，王有龄请张玉良视察苏州城垣，留二日，然后请张玉良赴援湖州后再上杭州。由于张玉良被延误数日，谭绍光攻破杭州，罗遵殿和妻子、女儿一同喝毒药自杀。

稍后，张玉良领兵到了杭州外围。李秀成根据前订计划，离杭之际，耍了个花招，援军齐集，张玉良望见城头遍插旗帜，不敢贸然行动。待援军入城，李秀成已行军百馀里，进入天目山直奔广德而去。张玉良犹不知是计，反因捡得一座空城，大喜过望：浙江省城失陷，不过九日，便被"克复"，这可是一件大功！手下将帅士卒更高兴，不但可因复城获保举，且能以"搜捕馀匪"为名对杭州居民劫掠。据当日身在杭州某人目击："闻得髪匪尽退，尽出所有之兵掠取民间，不分大小店铺、贫富居民之家，无物不要，口称：非吾等打败髪匪，尔等身家性命安得存全？如是者兵民抢夺约有十日"。由之，当李秀成会同杨辅清、李世贤等人发动对江南大营的总攻，这些援浙之兵帮不上大营的忙了。

李秀成主持，太平军各帅在苏、浙交界处建平开会，最后一次确定明日分兵攻营的军事布置。江南大营副帅张国梁虽是名将，与李秀成各路大军"两并交锋"，自午后三点战至七点，大败而归。英王陈玉成亦自安徽渡江而来，自此十馀万太平军分兵"十数路"，同时对江南大营各要点开展强攻，天京城内也派出数支人马夹击，江南大营溃，天京解围。此役另有收获：清营"存银十馀万，军火局内所存枪炮火药铅子等项不计其数"，尽归太平军。

罗遵殿自杀后，清廷任命王有龄为浙江巡抚，在争夺浙江地盘的第一个回合中，何桂清集团如愿以偿地夺到了浙江这块地盘。何桂清、王有龄得意之余，继续在罗遵殿的恤典问题上做文章，向曾国藩湘系示威。

罗遵殿死后，清廷循例给予恤典。但是，何桂清、王有龄唆使御史高延祜奏劾罗遵殿在太平军进攻杭州时"一筹莫展，贻误生民"。清廷撤销了罗遵殿的恤典。在曾国藩、胡林翼的支持下，罗遵殿的儿子罗少村在杭州觅得其父遗骸，运回安徽宿松原籍。曾国藩致书罗少村说："得来书，知已抵丧次，应少停住，候料理就绪，择日由舟次扶榇至宿城一宿，次日至乡，仆出城八里郊迎，设席路祭，府县迎毕，至城设祭。次日，均送出城外，到乡后一切布置，仆再至乡恭吊。"曾国藩耳目甚多，周腾虎、赵烈文等分布于苏、常一带，对何桂清、王有龄阻滞张玉良救援杭州，了然于心。曾国藩送给罗家挽联中说："孤军失外援，差同许远城中死；万马迎忠骨，新自岳王坟上来"。在挽联中骂何桂清、王有龄阻滞张玉良救援杭州的军事行动。张玉良到达苏州时，支援杭州并不算晚，从苏州到杭州最多不过三日路程，如果不是何桂清、王有龄有意阻滞张军行动，李秀成攻克杭州前一日，张玉良军可以抵达杭州，罗遵殿的悲剧有可能避免。

丧事办完后，忽然传来罗遵殿被撤销恤典的消息。曾国藩更为不平，写信给胡林翼说："罗淡翁事，鄙人亦甚悲悯不平，以效死弗去慷慨赴义者为罪为非，则必以弃城逃避者为功为是矣。待皖南时势稍有起色，当从阁下及官、骆之后，四衔会奏，为淡翁申理，兼表其生平廉洁之操，敬求大笔主稿为之。"胡林翼致书罗少村说："令尊'明德正人，愠于群小。屈于人者，将申于天也'。

罗遵殿是清廉好官，任外吏二十年，廉介绝俗，家仅土屋数椽。直至同治初年，诏允曾国藩之请，念罗遵殿历官有声，追赠右都御史，予骑都尉世职。

当时清廷倚何桂清为柱石，但曾国藩心胸偏狭，决不肯吃半点亏，时刻图谋报复。不久围绕着李元度的进退问题，与何桂清集团斗了一把。

徽州失守，曾国藩把李元度撤职除名回家吃老米。李元度憋憋屈屈地窝在平江老家。何桂清当然知道这事儿，打上了李元度的主意。太平天国侍王李世贤率军攻徽州，李元度不逃往祁门大营，败窜浙江开化，明显倾向王有龄。1861年（咸丰十一年）3月，王有龄奏调李元度援浙。李元度立即在家乡募勇成军，取名安越军，表明与湘军公开分裂。为争取李元度，胡林翼上奏，力图恢复李元度按察使衔，赏加布政使衔。李元度置之不理，仍旧保持安越军的名称。

杭州被围期间，李元度率安越军十五营来到浙赣边境，受左宗棠节制。王有龄在杭州被围，呼救不迭。曾国藩指示左宗棠"舍浙守江"。从此左宗棠在浙赣边境徘徊不进，勒马观变。12月29日，太平军攻取杭州，王有龄穷蹙自杀。

1862年（同治元年）1月23日，清廷以曾国藩推荐的左宗棠为浙江巡抚。左宗棠就任浙江巡抚后，擢李元度为按察使。这下触动了曾国藩，再次参劾李元度：该员治军一味宽纵，多用亲族子弟。平日文理尚优，带勇非其所长。朝廷不仅准了曾国藩奏折，还降旨解散安越军，将李元度"发往军台效力"。军台是设在新疆、蒙古一带的邮驿，专门负责西、北两路军报和文书的递送工作。李元度这次实际上被发配到大漠边关当邮递员去了。后来经过左宗棠、沈葆桢、李鸿章等联名奏保，皇上才收回成命，李元度得以免遣戍边，放归乡里。曾国藩为什么非把李元度参劾落职，逐回原籍不可？原因很简单，早先他对李元度有"三不忘"的友谊，是因李元度出死力以维护湘系。现在李元度却明目张胆地从湘系分裂出去，投到他的政敌何桂清集团一边去。为了保持湘系的固结不散，所以就非从重参劾李元度不可了。这充分表现了曾国藩专横跋扈的军阀性格。

如果说李元度第一次被革职是对丢失徽州问责，那么第二次遭弹劾，许多人觉得有些过分，认为曾国藩心胸狭窄。曾国藩与浙江巡抚王有龄早有嫌隙，李元度原属湘军，改换门庭，投奔王有龄，曾国藩不能容忍。李元度一门心思将功补过，不料犯了官场大忌。他除了自认倒霉，也觉得冤枉。

从杭州返回平江，李元度途经鹰潭，与朋友赏月喝酒，喝得酩酊大醉，苦闷和委屈涌上心头，即兴赋诗："我不识开辟至今曾历几中秋？又不识金乌玉兔东驰西骤何时休？问天天不语，问月月当头。前有千秋后万世，我生此际微如海粟浮如沤。长江滚滚难洗今古愁！"

再看看何桂清，他的命运比王有龄更糟糕，也更难堪、难看。

何桂清身为两江总督，坐镇常州，率领数万清军围剿太平军。他的对手是李秀成及陈玉成、李世贤、杨辅清等著名将领率领的十几万太平军。在江浙一带，太平军转战江浙，摧毁江南大营，夺取临安、孝丰、安吉、江阴、句容、丹阳等地。清军名将张国梁等毙命于太平军之手。

何桂清惊慌失措，不知该怎么办。这时，几个马屁精出昏招，江苏布政使薛焕、总理粮台查文经等禀请何桂清退驻苏州筹饷。这番说辞给了何桂清逃跑的托辞。两江总督临阵脱逃，朝廷不会允许。何桂清先将父亲和两位爱妾秘密送走，然后在城内张榜告示，表示要死守常州，禁止常州市民迁徙，封锁各城门，准备抗敌，暗地里却准备了带着亲信，轻车简从，准备溜走。

不知什么人走漏了消息，城内百姓听说总督大人要逃，意味着常州没有坚守的主心骨，无数家庭面临灭顶之灾。城内有头脸的士绅竟然浩浩荡荡组织了数百人，手执香烛赶赴辕门，扑通通跪倒一大片，哭着跪请何桂清留下共同抗敌。何桂清又羞又怒，眼见着城外太平军步步逼近，情急之下，不管不顾，令亲兵开枪，当场打死十九人，打伤数十人，而后从常州狼狈逃窜。他一路逃到苏州，到了城下，强硬的江苏巡抚徐有壬不让他进城门。

6月2日，太平军攻取苏州，江苏巡抚徐有壬跳水自尽。此前徐有壬上《参奏督臣弃城逃窜疏》，得达圣聪，系出毗陵周毅甫之手，语甚激切。咸丰皇帝听闻何桂清临阵脱逃，大为愤怒，下令革职严审。但这时英法联军占领北京，咸丰皇帝也是临阵脱逃，逃到承德，战乱之余，顾不上处置何桂清。

徐有壬死后，何桂清的亲信薛焕继任江苏巡抚，侨设官署于上海。朝廷虽有革职拿问的命令，但何桂清与薛焕、王有龄密谋，王有龄、薛焕一再奏请准许何桂清留营效力。彭蕴章因保荐何桂清，缺乏知人之明而失去军机大臣职位，但依旧受到朝廷尊重，他的潜势力仍然存在。

1861年（咸丰十一年）11月18日，曾国藩在《查复江浙抚臣及金安清参款折》中复奏说："薛焕'带勇非其所长，株守上海一隅，其所援引之人，类多夤缘之辈。薛焕偷安一隅，物论繁滋，苏、浙财赋之处，贼氛正炽'，该员'不能胜任，应否降革之处，出自圣裁'。曾国藩要求替换薛焕的意图已十分明确。

次年春，曾国藩派李鸿章率领淮军东下，到沪不久，由李鸿章接替薛焕为江苏巡抚。至此，何桂清集团的地方势力被铲除净尽。李鸿章就任江苏巡抚后，立即拿着恭亲王奕䜣的手令，与上海租界巡捕房洽谈，逮捕何桂清，解送北京。

从常州逃跑到此时，何桂清先已"潜令心腹，以重赀入都，遍馈要津，凡有言责者，鲜不受其沾润。自谓布置停妥，放胆而行，于同治元年春到京"。1862年（同治元年）5月，何桂清被投入刑部监狱。

辛酉政变，两宫皇太后垂帘听政，慈禧太后崭露头角，亟需树立威信。此时有人重提何桂清案。负责总办秋审的刑部郎中余光绰是常州人，家乡人深受祸害，十分憎恨何桂清，认为仅依据封疆大吏失守城池斩监候，秋后处决律不够，必须考虑何桂清杀死常州士绅十九人，重伤几十人的情况，拟判斩立决。

刑部拟定何桂清的罪名，"拟斩立决"，经大学士六部九卿翰詹科道会议，对刑部的判决无疑义。现在只等着把何桂清拉到菜市口行刑了。而在这时，清廷出面了，借口"一品大员，用刑宜慎"，明明有意为何桂清网开一面。

为什么会出现这种情况？何桂清长期为官，摸朝廷胃口。他始终支持江南大营的绿营兵，遏制曾国藩湘系势力过分扩张，这一举动符合清廷心意。数年前，何桂清与桂良、花沙纳到上海签订了《通商善后章程条款》，体现了洋务派首领恭亲王奕䜣的意志。太平军克苏州后，何桂清上奏《事势紧迫请求外援折》，明确提出"借夷兵助剿"。这一建议与洋务派奕䜣、文祥、桂良的观点相吻合。这些是当权派奕䜣有意搭救何桂清的根本原因。

清廷命令臣下就何桂清量刑轻重问题"各陈所见"后，上疏申救何桂清的十七人，而领头的是大学士等祁隽藻。他是德高望重的三朝老臣，可见何桂清集团支援势力的雄厚。后来，刑部审讯时，何桂清居然振振有词地辩解说："退至苏州者，从江苏司道之请，欲保饷源重地也。因引薛焕等四人禀牍为证。"他临阵逃脱，居然是给部队弄粮饷去了，而且还有几个封疆大吏愿意出面作证。

疏救何桂清的人愈多，曾国藩愈要置何桂清于死地。清廷令他查复何桂清，他在复奏中，忍不住扯到了案子之外，把多年的牢骚话倾诉些许："臣在外多年，忝任封疆，窃见督抚权重，由来已久，黜陟司道，荣辱终身，风旨所在，能使人先事而逢迎，既事而隐饰，不特司道不肯违其情，即军民亦不敢忤其意。十年七月，嘉兴大营将弁联名数十具呈，请留何桂清在苏，暂不解京，求臣转奏，由王有龄移咨到臣。臣暗加察访，不过亲近军中数人，并非合营皆知，是以未及代奏，而王有龄已两次具奏。观营员请留之呈，则司道请移之禀，盖可类推，无庸深究。"他挥舞起理学杀手锏，杀与不杀，态度明确："疆吏以城守为大节，不宜以僚属之一言为进止；大臣以心迹定罪状，不必以公禀之有无为权衡。"

12 月 17 日，何桂清在菜市口被斩首。

何桂清被杀，反对诛杀的朝官不敢拿曾国藩怎么样，只能对余光绰翻脸，"旋撴他案劾之，撤销记名御史暨京察等，竟废不用"。据薛福成《庸庵全集续编》，彭蕴章重新入阁，署理兵部尚书，随即上《密陈事务六条》，称："大旨谓楚军遍天下，曾国藩权太重，恐有尾大不掉之患，于所以诋楚军、削曾国藩权者，三致意焉。"这就埋下了日后曾国藩、曾国荃兄弟遭到政治打击的种子。

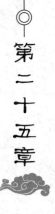

第二十五章

漫长的安庆之战，打了一年半

　　安庆位于安徽省西南，长江中下游北岸，东与池州、铜陵隔江相望；南与江西九江相连；西接湖北黄梅、蕲春、英山三县；北接安徽六安市、巢湖市、庐州。安庆旧称怀宁，地襟带吴楚，北界清淮，南临江表，处于淮服之屏蔽，江介之要衢，"分疆则锁钥南北，坐镇则呼吸东西"；向为四塞之国兼五达之衢，与下游金陵相呼应，为防御金陵军事安全之西方门户，从兵要地志角度看，所谓"万里长江此封喉，吴楚分疆第一州"。当然，古人说的话往往过分。

　　今日安庆，只是座老城，文化上没有过人之处，而当年为庆祝乾隆皇帝的八旬寿辰，徽州盐商江鹤亭在安庆组织"三庆班"进京参加祝寿演出。这个徽班以二黄调为主，兼唱昆曲、吹腔、梆子，诸腔并奏。北京祝寿演出规模盛大，第一次进京的三庆徽班即崭露头角，引人瞩目。随后又有四喜班、和春班、春台班进京，即所谓的"四大徽班进京"，揭开了中国京剧史的序幕。

　　自1760年（乾隆二十五年）至1938年（民国二十六年）的一百七十多年里，安庆是安徽省会所在地，与徽州并称为安徽省两大代表城市。安徽的省名，即是安庆和徽州各取一字。安庆自被太平军占领，是仅次于天京的政治中心。

　　1860年（咸丰十年）夏，太平军二破江南大营和东征苏州、常州之际，曾国藩和胡林翼统率湘、鄂军水陆师五万余大举入皖，陷太湖、潜山、石牌（今怀宁），直逼安庆。打安庆的部队逐渐聚拢。曾国荃所部八千人开到安庆城北，在安庆三面深挖长壕两道；杨岳斌率湘军水师封锁安庆南长江水面。

曾氏五兄弟，除了老大曾国藩，其他哥儿四个才能平平，曾国荃略高于其他三兄弟，主要有股狠劲儿。曾国荃比曾国藩小十三岁，生于1824年（道光四年），字沅浦。十六岁时跟父亲去京师，1842年（道光二十二年）离开京师，回到原籍，1847年（道光二十七年），他以府试第一人入县学，不久举优贡。

1856年（咸丰六年），湘军困江西。曾国荃活动吉安知府黄冕，劝捐募勇三千人，火速援救，连陷安福等地，进围吉安。太平军凭险死守。曾国荃挖壕筑垒，长围久困。挖壕围城这种偏方也不知是从哪儿学来的，却分外好用，每战都以挖壕围城取胜，因此有了"曾铁桶"的外号。

曾国荃不像哥哥曾国华和弟弟曾国葆那样殒命沙场，也没有被大哥曾国藩的身影遮蔽，与太平军打过不少硬仗恶仗，刀口舔血不止一两回，拎着脑袋出生入死不止一两天，功名并非得自侥幸。杀人犹如吸毒，一旦杀红眼，杀顺了手，杀上了瘾，视杀人为赏心乐事，这样的战将便无异于恶魔。

曾国荃率部攻破吉安城。曾国藩看到了曾国荃带兵打仗的才能，认定可担大任，自此把曾国荃的吉字营视为嫡系。曾国荃手下将士大都是亡命徒，攻下一城，曾国荃命令放假三日，任凭烧杀抢掠奸淫。

曾国荃的文字资料给人的印象是脾气火爆、孔武有力，像《三国演义》中的张飞或《说唐》中的程咬金。但画像与想象相去甚远，长脸，尖下巴，留着稀稀拉拉的胡子，神情萎靡，像个没有大出息的读书人。

曾国荃的名头是读书人，做事却不像读书人，贪财，能占的便宜绝不会撒手。据曾国藩的女儿曾纪芬讲，曾国荃每攻下一个城市，总要请假回家置田盖房，大约也是衣锦还乡，炫耀武功。相比之下，曾国藩在军中十几年，权倾朝野，却从来没有为自己营建过屋宅。这可以说是兄弟二人的不同之处。

左宗棠暮年奉命督师福建，到了江南，当时曾国荃任两江总督，两位故人久别重逢，执手相看，须发皆白，不禁感慨万千。左宗棠笑道："老九还认得我吗？我可认不出老九。老九的哥哥死了，我便是老九的哥哥！"两人先商谈公务，颇为融洽，然后私下聊天，湘中方言称之为"打几句良心讲"，也很投契。左宗棠提了个饶有趣味的问题："老九一生得力何处？"是要他介绍点成功经验。曾国荃毫不忸怩，爽快答道："挥金似土，杀人如麻！"好个八字方针，左宗棠拊掌大笑，当即夸赞："我早就说过，老九的才气胜过哥哥！"

曾国荃那时是道员。清代各省设道员，正四品，或有专责，专责者有督粮道或粮储道；又有管河道和河工道，简称河道。官则有的单设，多数为兼任。其他如驿传道、海关道、屯田道、茶马道等，一般由当地同品级官兼道员。大

体相当于现今的省厅，交通厅、卫生厅等。当然，曾国荃的道员职衔不过是奖励政策的产物，朝廷给他一纸任命，告诉他，你相当于道员。其实，曾老九恐怕未必知道道员这个官是干什么的，只知道身份现在相当于道员。

按照曾国藩和胡林翼的计划，曾国荃的部队只从北面围安庆，杨岳斌的水师也从南面封锁长江，而消灭陈玉成主力部队的任务，由清军完成。安庆之战是太平军和湘军的战略决战，这仗打完，太平天国注定大势已去，双方都使用主力作战。湘军先后动用军队超过十万，太平天国动用的军队大概五六十万人，湘军攻城主力部队大概只有四万人，外围还有些部队。

天京考虑怎么救安庆。太平天国后期主要三个人，第一是陈玉成，第二是李秀成，第三是洪仁玕。陈玉成年轻，依仗部队能打，和清军、湘军周旋；李秀成的心思不在安庆，想巩固江苏，危急时再救安庆；洪仁玕想先在上海购买几十艘洋人小轮船，架上火炮，从水路突破长江防线，想法不错，从洋人手里买船也办得到的，实际上实现不了，原因是他没有钱。太平军曾经拥有很多银子，后来扩建宫室或买粮食、招兵买马，花光了，这点在湘军攻占天京后被证实，而清廷却始终认为太平天国很有钱，担心太平军花巨款购买洋人的船，迅速组建起能够制服湘军水师的舰队。为此，李鸿章在担任江苏巡抚时，打算先下手组建一支洋船舰队，结果被美国几个骗子骗走了一百多万两银子。这是后话。

曾国藩和胡林翼围攻安庆的目标明确：一是占据太平军腹地，以便进围金陵；二是吃掉太平军中坚陈玉成所部。他们在安庆战役具体兵力部署上，以曾国荃所部围城，以杨岳斌所部锁江，而把多隆阿、鲍超、李续宜等军置于外围，目的是吸引陈玉成的大部队援救安庆，而以主要兵力在外围与之交战，聚而歼之。

曾国荃率湘军陆师八千人，目标是安庆北面的集贤关，与提督杨岳斌部湘军水师四千余人担任围城任务；多隆阿、李续宜率湘鄂军两万人驻扎桐城西南挂车河、青草塥，阻击太平军援军。

枞阳镇西南一隅与安庆市毗邻，北与无为、庐江县接壤，东南与铜陵、池州市隔江相望。今天从安庆去枞阳镇，车程四五十分钟。太平军自从占领安庆后，十分重视枞阳镇。据枞阳县志记载，1857年（咸丰七年）初，李秀成、陈玉成在枞阳镇望龙庵召开军事会议，是为第一次枞阳会议。会议后，陈玉成自枞阳向东，恢复无为、巢县，攻占庐江后抵桐，与李秀成夹击清军，桐城围遂解。次年夏季，陈玉成、李秀成会同各镇守将黄文金、李世贤、韦志俊等百余人于枞阳望龙庵召开会议，共商军机，誓约会战，为第二次枞阳会议。会后，各路大军依议行动。秋季破清军于浦口，冬季大破湘军于三河镇。

1860 年（咸丰十年）夏，杨岳斌，彭玉麟统领水师围攻枞阳太平军；曾国荃部从孔城攻枞阳，攻克后，驻扎白鹤峰。当秋，曾国荃筹款修筑枞阳长河堤，在关帝庙前筑横堤，使长河水倒灌十余里，以利水师守枞阳。陈玉成率兵围攻枞阳，与湘军水师大战于莲花池，失利，退至七里头、松茂岭，后撤走庐江。湘军水师作战能力远超太平军水营，攻陷枞阳镇，从南边封锁了安庆。

安庆北面地貌多样，山地、丘陵、洲圩湖泊各占三分之一，有多处可进入市区，其中主要是集贤关，有一条进入市区的通道，有人说是安庆"北大门"，这种说法站得住脚。集贤关既然名为"关"，当有座城门楼子。现在那儿没有城门了，有从北面进入安庆的高速公路，曾经设集贤关收费站。

唐明浩在《野焚》中说，"为再次猛攻集贤关，曾国荃作了充分的准备。他调集了大小火炮百余座，抬枪、鸟枪上千杆，火药五万斤，炮子一千箱，集中吉字营精锐八千人，针对着集贤关外、赤冈岭下四座石垒，布置了一个三面合围的火力网。炮火猛轰了三天。"按照描述，湘军像美军在太平洋战争中岛屿作战的炮火准备一样，持续数日炮轰。这种说法值得商榷。

最早的炮是铜铸的，样子像石臼，臼炮是曲射炮，口径大，身管短，装在木轮车上拉着走。十五世纪，欧洲臼炮无膛线，前装，发射球形实心石弹。抛石头砸人，威力不可能大。炮弹从实心石弹到实心铁弹，这个转变是什么时候完成的，不可确考。元代，炮弹通常是实心铁丸，靠弹丸撞击敌人的人、马、车辆，达到杀伤效果。清军采用前膛炮，炮弹前装。鸦片战争时，清军使用的火炮还是康熙年间那种，大炮按斤算编制，什么八千斤、五千斤之类，计算基数都是火炮自身的重量，连炮口的口径都不算，也就无从考虑弹丸杀伤力。

炮弹不能爆炸，仅依靠火药产生的推力把抛掷出去，威力有限。早就开始研究可爆炸的炮弹。宋朝"霹雳火球"包裹在皮革或纸张内，用投石机抛射。明朝出现了利用炮弹爆炸后产生的飞溅破片及高温射流杀伤敌军的新式炮弹，称"开花弹"，原理跟榴弹近似，那时工艺落后，开花弹带有火药引爆的引信，通常为中空芦管，内置药捻，装填前根据射击目标的距离裁剪长度。发射开花弹时，先从炮口点燃炮弹上的引信，再迅速点燃火门上引信（引爆炮膛内的发射药）将"开花弹"射出。这样的发射非常危险，因为点燃发射药产生的火焰从炮弹跟炮管的间隙窜到炮弹前方，极容易引燃开花弹自身暴露的药捻，导致炮弹提前爆炸甚至炸膛。但"开花弹"从原理上来说，毕竟算得上是榴弹的先祖了。

内部装填炸药的炮弹在鸦片战争之前产生，1823 年法国将军约瑟夫·佩霞发明。炮弹落地爆炸，是因为炮弹装触发式引信，弹体受到一定撞击就会爆炸。

这种炮弹大清造不出来。很难说湘军使用过欧洲那种弹头弹壳一体炮弹。这种火炮刚研发出来不久，技术上远不过关，在欧洲战争中还没有放开使用。太平天国战争期间，在华英军、法军对抗太平军时，在浙江作战时用过几次，事故不断。唐浩明笔下的吉字营使用"炮火猛轰了三天"集贤关的说法，未必成立。

攻占集贤关后，湘军从地面和水面包围安庆，往下怎么打？湘军还是采用城市攻坚的老办法，曾国藩叫"结硬寨，打呆仗"。曾国藩如果搞体育，肯定笨手笨脚，动作协调性不会好。他崇尚"守拙"，不喜欢灵巧东西，不大相信四两拨千斤。在他的概念中，找不到"四两"在哪里，也就无从去"拨"那个"千斤"。

自古打仗要扎营，曾国藩制定扎营之规与古代兵家不同。湘军每到一地，先看地形选择扎营地点，最好背山靠水，然后要修墙挖壕，墙高八尺厚一尺，用草坯土块组成。壕沟深一尺，壕沟挖出来的土必须要搬到两丈以外，以防敌人填沟。壕沟外是篱，篱五尺，埋入土中两尺，两层或三层。搭篱笆防敌军马队。湘军开到新地，无论寒雨，立即挖壕沟，扎营时间有严格规定，一个时辰完成，对湘军来讲，这种土木作业本来是本行，士兵本来是农民，在家也挖土。营垒的防御墙靠近内侧叫子墙，士兵站这里，墙外一层是篱笆，防马队，再外是壕沟，防步兵。当时火炮很少，火炮控制力很小，防守更有利。太平军占了很大地方，湘军执行进攻任务，但是通过"结硬寨"把进攻任务转变成防守任务。

湘军士兵不怕干土方活，土方活儿干得越多，活命可能性就越大，干起来分外卖力。是年秋，曾国荃督军在安庆城外掘长壕两道，两道长壕分工明确，前壕围城，后壕拒援。湘军驻扎一天就挖一天壕沟。被湘军攻打的城市，城墙外围地貌被挖的壕沟改变，在家乡种地和在湘军作战，做的事都是挖土，干的就是本行。这个办法很有效，一道加一道地挖，城市被壕沟围得水泄不通，就看城里的粮食能坚持多久。断敌粮道、断敌补给，方法笨，但有效，这就是"打呆仗"。

湘军军营里每天做七件事，有三件事是指派士兵按规定时间站到子墙上。如第一条规定，五更即起派三成部队站墙一次，等到放醒炮，大家全起来了，部队整理完了，墙上的部队才可以下来，这是防止对方偷袭。第五条规定，灯时派三成部队站墙上，部队全部作业完毕，还要换百分之十的部队站在墙上防止夜袭。

正如茅海建教授总结的，曾国藩打仗的奥秘，就是用世界上最笨的方法打世界上最聪明的仗。湘军的"结硬寨"办法使得太平军干着急。太平军骁勇能战，但是只要碰到这种路数的部队，就一点办法也没有。太平军希望跟湘军野战，在旷野中打运动战，而湘军很少使用野战，躲避运动战，就是守着最要紧的地方不动，看你怎么办。湘军的办法，大战术就是围敌打援，不停地包围城市。

"结硬寨，打呆仗"的方法，是从攻城不利的教训中总结出来的。胡林翼头一次打武昌，带士兵往上冲。冲了三个月，伤亡三千多，这个数字在中国近代史中并不很可观，但是湘军承受不起。因为湘军是子弟兵，三千多人伤亡，可能使得几个村庄的青壮年全都拼光，对于带着乡亲打仗的军官来说，精神压力吃不消。湘军死不起人，武昌之战三千人伤亡后，三河之战则战死六千人。此外没有重大伤亡，靠的是慢慢来，用很长的时间获得最终胜利。

安庆由叶芸来、张朝爵率两万五千余太平军官兵驻守。叶芸来是参与金田起义的老兄弟，隶属于英王陈玉成部。叶芸来的儿子叫叶彪，突围之后加入忠王李秀成所部，后来离开太平军，隐居在太仓沙溪镇西老七浦塘南岸一带，他们所居地后形成街市，并取名"太平街"，贩酒致富。

相比之下，安庆的"城防副司令"张朝爵命大。初为东王杨秀清麾下部卒。后逐步升迁，安庆城陷，乘小舟走脱。后来回到天京，封力王。据说直至天京被湘军攻破，他依旧逃了出来，后来不知所终。

为保住安庆，陈玉成和李秀成制定更大范围的"围魏救赵"，约定两军会攻武昌。按照他们的设想，就湘军而言，武汉的重要性大于安庆，武汉危，曾国藩、胡林翼不得不回军自救。那样一来，湘军的安庆之围也就自然化解了。

陈玉成这招，曾国藩和胡林翼似曾相识。李秀成曾率领大军进攻杭州，其实是虚晃一枪，目的是将江南大营兵力调出，而后从杭州迅速回兵，一举荡平了江南大营。人允许上当，不允许两次上同一个当。这一次，曾国藩和胡林翼洞若观火，只有冷笑，他们只认准了安庆，绝不会再次上当。他们的决心是，即使太平军进攻北京，就是皇上亲自告援，他们也会抓住安庆不放手。

太平军紧锣密鼓的准备"五路救皖"，计划以二破江南大营的部队为原班人马，以陈玉成、李秀成两军为主力，李世贤、杨辅清、刘官芳三军为牵制力量，由大江南北并进。具体部署为：英王陈玉成率军从长江北岸西进，经皖北入鄂东；忠王李秀成率军从长江南岸西进，经皖南、江西入鄂东南；辅王杨辅清、定南主将黄文金率军沿长江南岸趋赣北；侍王李世贤率军经皖南入赣东；右军主将刘官芳率军攻祁门，当然，他未必知道曾国藩的大营在祁门。

五路中，陈玉成所部和李秀成所部为主力，取钳形攻势，预定于次年春会师武汉，以调动围攻安庆之敌。其他三路主要是牵制皖南和江西湘军，并伺机歼敌。计划的确是不错，却在几路的协调上出了大问题。

11月下旬，陈玉成联合捻军龚得树等部，共约十万余人，沿江北进至桐城西南挂车河一带。那时。在安庆外围的湘军与鄂军不足四万人，陈玉成于12月上旬试图直接救援安庆，为多隆阿部、李续宜部所阻。

1861年（咸丰十一年）3月，陈玉成率部西进，仅用十二天，连下英山，霍山，3月18攻克黄州。当太平军接近武昌对，城内清军慌作一团，主管粮台的阎敬铭上吊自杀。驻守安撤太湖的湘军将领胡林翼，心急如火，料定武昌必失。陈玉成想的不错，武汉是湘军的后方基地，抄你的老窝，你不能再揪住安庆不放了吧？想法对，但是，让一个意外情况搅黄了。

3月22日，陈玉成在黄州会见英国公使馆参赞巴夏礼。巴夏礼少年时到澳门学汉语，成为中国通。第二次鸦片战争中，巴夏礼作为英法联军中的谈判代表，与清军在北京东的通县张家湾谈判，被清军捉拿，受够了凌辱，恨透了大清朝廷。按照陈玉成的设想，在第二次鸦片战争中，英法联军把圆明园都焚毁了，事情做绝了，与清廷的关系很难挽回。英国宣布对太平天国战争持中立立场，应不偏不倚。没想到，这时的情况与太平军过去打武汉相比发生了重大变化，根据清廷与英国政府签署《北京条约》，汉口规定为开放商埠，巴夏礼向陈玉成传达了英国政府决定，不准陈玉成在武汉用兵。陈玉成不愿和洋人翻脸，留下赖文光驻守黄州，自己去攻向湖北北部，等待李秀成南路大军。后来总不见李秀成部到来，因安庆吃紧，于1861年（咸丰十一年）4月，回师救援安庆。

那么，这时李秀成在哪儿呢？很久以来，李秀成与陈玉成是两股劲儿，两位青年统帅一直没有统一思想，李秀成满门心思建立以苏州为中心的天地，认为巩固江苏是长治久安之策，对进攻武汉不积极。落实到行动上，则慢慢吞吞。李秀成前锋迫近武汉，得知陈玉成听信巴夏礼的"劝说"，已回师东援安庆，便干脆停止进军，接着率所部撤出湖北，折入赣西北。

现在回过头看，如果太平军真的把武昌打了下来，湘军会不会动？尽管曾国藩和胡林翼商定的是咬住安庆不放松，但是，如果武汉告急，湘军肯定会动，因为杨岳斌的水师那时已经开始动了，李续宜也已经开始动了。

双方都没有真正的险招，不是比谁聪明，而是看谁傻，谁傻头傻脑地一条心干下去，谁干到底谁就干成了。从这个过程中可以看到湘军的基本特点，也可以看到曾国藩的思维特点。在那个时代，很多时候还是笨点好。

陈玉成带着部队白跑一趟，1861年（咸丰十一年）4月下旬弃鄂回皖，经宿松、石牌，于4月27日进至集贤关，逼近围安庆城的湘军曾国荃部，旋又分军扎营于城东北的菱湖，与城内守军相呼应。

与此同时，天京当局鉴于陈玉成、李秀成"合取湖北"以救安庆的计划未能实现，也得变阵了，决定派轻易不出门的干王洪仁玕、章王林绍璋率兵直接援安庆，定南主将黄文金在进军赣北失利后，也率部自芜湖西援。

5月初，安庆会战拉开帷幕。陈玉成从湖北战场率军进援，驻军集贤关与菱湖之间，逼近围城的曾国荃部。洪仁玕、林绍璋统太平军两万余，自桐城南援安庆，进至安庆北的新安渡、横山铺、练潭一带，连营三十余里。

曾国藩急调湘军鲍超部六千人自江西景德镇赴援。胡林翼调成大吉部五千人往援，并提出"南迟北速"，先打洪仁玕、林绍璋，后对付陈玉成的作战方案。

多隆阿熟知地理形势，用木板堵积河水，以大队主力正面迎战。太平军与湘军在安庆外围展开激战。多隆阿督兵万人进攻洪仁玕、林绍璋，打疯了。黄文金合林绍璋等督军三万进攻新安渡、挂车河，亦为多隆阿所败，退守桐城孔城镇。驻新安渡的太平军一万余人前往救援，多隆阿以三营步兵迎面接战，以五营步兵从侧翼攻击，以马队绕到后面夹击。太平军前后受敌，伤亡甚众。

5月6日，多隆阿于新安渡北岸在太平军进攻方向设伏。太平军来攻，以疲弱之卒佯败，太平军进入伏阵。洪仁玕下令由马踏石渡河，半渡之际，多隆阿在上游开启河闸，河水徒涨，伏兵亦起，太平军前阻河水，其他三面皆受攻击，虽突出包围，但伤亡很大，撤回天林庄，不久又撤至桐城东面的孔城镇。

5月19日，陈玉成率数千人绕道赴桐城，与洪仁玕、林绍璋会商进军事宜。多隆阿闻讯，派兵追击，使断后的黄金爱部太平军伤亡千余人。

5月24日，陈玉成合林绍璋、洪仁玕、黄文金等部两万余人，分三路从挂车河、新安镇、青草塥往攻多隆阿大营。多隆阿侦知，"乘其布置未定，先发制人"，派出马队多起，于阵地外围设伏，又将主力分为五队，以前三队分迎三路太平军，另派两队为预备队，未等太平军布好阵势即发起攻击。正当双方接战处于相持状态时，多隆阿预伏的骑兵突然横杀而出，冲乱了太平军大阵。多军主力乘势猛攻，太平军又被打得大败，陈玉成等北退桐城。

安庆战役，可视为曾国藩和胡林翼联手给陈玉成下的套。胡林翼说："不以得城为喜，以破贼为功。总思打援为先着，不欲使其内外受乱也"。可见湘军要通过安庆战役消灭太平军有生力量。曾国荃一军围安庆的同时，鲍超、李续宜、多隆阿三支部队以及长江水师紧密配合给陈玉成部以致命一击，多隆阿在挂车河一线的阻击，粉碎了陈玉成和洪仁玕援救安庆守军的行动。

陈玉成救援安庆无望，将所部四千精锐置于安庆城外要地赤岭冈，这支部队中有相当多两广籍太平军，战斗力远胜以两湖人和江浙人为主的李秀成所部。

安庆战役中盘时，曾国藩在大营当起菜农。每天下午，他一身短打扮，扛着锄头进入菜园，锄草、松土、浇肥。在给曾纪泽的信中，他对这段生活怡然自得："吾现在营课勇夫种菜，每块土约三丈长，五尺宽，窄者四尺余宽，务使芸草及摘蔬之时，人足行两边沟内，不践菜土之内。沟宽一尺六寸，足容便桶。大小横直，有沟有浍，下雨则水有所归，不使积潦伤菜。四川菜园极大，沟浍终岁引水流，颇得古人井田遗法。吾乡一家园土有限，断无横沟，而直沟则不可少。吾乡老农，虽不甚精，犹颇认真，老圃则全不讲究。"

在战争面前，时间仿佛停滞，生命就像泡沫一样脆弱而短暂。在东流大营，前方的消息像走马灯似的传来。终于，曾国藩没有心思种菜了，心急如焚，食不下咽，整夜都无法合眼，皮肤病也因为火急火燎，瘙痒得更厉害了。

在安庆，守城的太平军渐至弹尽粮绝，而攻城的湘军也面临饥饿，他们的粮路被外围的太平军切断。时间一如既往地漫长阴晦，食物储备变得越来越少了。白天在阵地周围遮天蔽日的乌鸦，喑哑地鸣叫，如鬼魂般在阵地上游荡。是战壕里出现了成群的老鼠，向所剩无几的食物发动攻击。

5月19日，陈玉成留下刘玱琳守集贤关附近营垒，自率军退走桐城，与外围的洪仁玕等共商退敌之策。陈玉成犯了个大错，仅留八千人守集贤关内和菱湖两岸各垒，留四千人守集贤关内赤岗岭四垒。那时不宜分兵，而陈玉成的暂时离开，使一万余人的部队分散了，各自为战。

曾国藩利用陈玉成离去之机，命令鲍超、成大吉包围集贤关，日夜猛攻，争取在陈玉成返回之前攻克。命令曾国荃包围菱湖太平军，割断菱湖与集贤关刘玱琳部的联系。刘玱琳手下有四千人，号称"百战精锐"。陈玉成南征北战，所历战斗无数，很大程度依靠这支精锐。并不奇怪的是，曾国藩对刘玱琳也怀着异样心情，就像对待一个老熟人，在书信中称刘玱琳为"玱琳先生"、"玱翁"，毫不掩饰地说"敬爱玱翁"，表示对刘玱琳的敬畏，而且以湘军中缺少这样的将才遗憾。他下定决心，要利用这个难得时机消灭刘玱琳部。

6月8日，清军向太平军阵地赤冈岭（集资关以北五里左右，现称陈家岭）发动进攻。我没有去过那里，网上有今日赤岗岭的照片，土壤发红，这大概是地名来由，山不高，林不密，附近星星点点分布着建筑物，还有小洋楼什么的。今天很难想象，当年这里发生几乎决定太平天国命运的激战。

在赤岗岭，鲍超、成大吉集中一万精兵，没占到便宜。刘玱琳指挥作战点水不透，部队或伏或战或火器或肉搏，毫不慌乱。但枪弹火药一点点耗尽。湘军大队人马轮番攻击，攻垒部队是鲍超所部，这支部队专打猛仗，尽是不要命

的汉子，经年的血战，已不知生死为何事。一天内冲杀不断，四个堡垒攻下三个，

6月9日又打了一天，堡垒仍未被攻破。因枪弹用罄，刘玱琳于当夜率八百战士突围，为大水所阻，湘军追赶而至，杀死六百。据枞阳县志记载，刘玱琳率数百人突围，被湘军穷追，在马踏石（今官桥乡连城村）、黄马河遭到多隆阿兵伏击，损失惨重，刘玱琳被杀害，据说是被肢解的。刘玱琳所部八千被消灭，曾国藩与胡林翼认为，该役的重要性胜过塔齐布攻下岳州，李续宾破九江。

陈玉成兵走桐城，闻知湘军包围攻击刘玱琳，后悔不该率兵突出，立即回救。结果为多隆阿阻挡，既救不了刘玱琳，也回不了安庆，成为安庆失守、太平军由相持进入被动挨打防守阶段的军事转折点。

安庆东北角有一个地方叫菱湖，安庆的太平军守军和陈玉成的部队都能够隔湖相望了，但杨岳斌的部队把菱湖从水上截断，还是打不进去。

7月7日至8日，曾国荃和湘军水师配合，将陈玉成留在菱湖两岸的十八垒全部攻破，太平军八千官兵全部被杀。这段时间，战争的激烈、残酷，超过湘军以往参加的任何战斗，一月内，仅在集贤关内外，太平军死亡一万多人。

如今，菱湖公园是安庆两大公园之一，位于安庆市中心，方圆五平方公里，水面（有大小五个湖泊）大致为两平方公里。1986年在湖畔出土了十七件太平军的兵器，交中国历史博物馆和安庆博物馆保存。如果说菱湖公园位于安庆市中心，那么战斗早就在安庆市中进行了，湘军何须要攻打安庆？只有一个解释，早先安庆市很小，菱湖在市区以外，湘军打的安庆是不包括菱湖的"小安庆"。

菱湖北岸十三垒与南岸五垒互通声气，南岸五垒又与安庆北门石垒互为犄角，相互声援，这条垒链是安庆与外界最后的交通线和补给线。对付太平军的连环守垒法，曾国荃的办法没有创意，仍旧是挖壕沟的把戏。曾国荃一面开挖内外两条深壕将北岸十三垒包围隔离，一面将营垒延伸到安庆北门，意在切断安庆城内外的联系，以便将城外十八垒各个击破。菱湖南岸五垒被迫撤到安庆城内，菱湖北岸十三垒更加孤立，加上弹尽粮绝，处境十分艰难。

夜幕降临时，十三垒中的太平军准备游过湖来与南岸太平军会合。几千人集体夜游动静不小，被湘军水师巡逻队发现，湖面上立即响起枪声，在湖水中游动的太平军都成了湘军的移动靶，水面上登时漂起密密麻麻的尸体。

在湘军陆师强攻下，正准备接着跳水的几千名太平军被湖中那些漂荡的同伴们的尸体摧毁了抵抗意志和侥幸逃生的念头，纷纷向湘军缴械投降。

太平军被围年余，粮弹将绝，出城降敌者日众。太平天国战争期间，不少在华洋人对拜上帝教认识模糊，参加了太平军，还有洋人同情太平军，将粮食

运过去。曾国荃发现后，不得罪洋人，派兵守在航道上，当洋人运粮船开来，以高于太平军的价格将粮食收买，致使安庆城内太平军完全断粮。

陈玉成亲临前线，把军队排成扇形，十路挺进，对安庆最后一次救援。每人背负一束茅草，冲到壕沟前，一面砍杀，一面用茅草填沟。湘军据垒顽抗，集中炮火密集轰击。太平军前仆后继。壕沟里的尸体一层压着一层，和茅草混在一起，把壕沟填平。安庆城守将吴定彩，趁陈玉成攻击清军后壕之机，带领一批精锐将士，打开西门，绕过清军壕沟，向东猛攻清军新垒。曾国藩命令督战部队排在营垒的后万，对后退者格杀勿论，以阻挡太平军前进。

自 8 月 25 日至 8 月 30 日，血战五日，仅在长壕内外就战死万余名太平军。据曾国藩心腹幕僚赵烈文的《能静居日记》，在这几天的战斗中，湘军火药用了十七万斤，枪子用去五十万斤，可见战斗何等激烈。

然而，太平军终于没能突进湘军挖掘的内壕，城内守军几番冲击也未能突围，外围的太平军与湘军也连日苦战，虽互有杀伤，终未能解安庆之围。

8 月底，由城外马山直抵北城门城墙根的地道挖通，湘军用炸药将城墙下的地道塞得满满的。9 月 5 日，曾国荃下令点火，随着一声巨响，北城墙被炸出个豁口，自叶芸来以下一万六千多人已饿得奄奄一息，失去抵抗力，眼睁睁看着湘军冲过来，大刀向头上砍来，有抵抗举动即杀，投降者万余人。

如何处理这么多降兵，湘军将领多认为多是"悍贼"，留下后患无穷，杀了最干净。这么多人如何杀？湘军将领朱洪章在《从戎纪略》中称，俘虏十人一组，分投几个营所，"自辰至酉万余贼尽行歼戮，乃往销差"。

安庆一战，死难太平军三四万人。湘军以为太平军城破后以百姓之衣服之，凡可疑者尽杀，金银衣物被抢掠一空。这座市民城市经历浩劫，已开始吃人肉，人肉价五十文一两，割新死者肉四十文一两。城破时，千万人流离失所；随身携带财宝的在路上被打劫。断垣残壁冒烟，田地和家畜而被杀害的百姓的骸骨在大雨之中泛白，与死去的牲畜的骸骨混杂在一起。

曾国荃因为部下杀了那么多人，心里不安，写信给曾国藩，说不想干了，日后回家种地算了。曾国藩比弟弟心里有数，复信说："既已带兵，自以杀贼为志，何必以多杀为悔。"又说，杀死那些造反的"贼人"，"虽周孔生今，断无不力谋诛灭之理。既谋诛灭，断无以多杀为悔之理"。

安庆之战中，曾国荃为湘军立下大功，清廷授以"智勇兼施"四个字，赏加布政使衔，赏穿黄马褂。曾国荃这个人相当实惠，对于清廷授予什么职衔赏穿什么褂子之类，并不在意，在意的只是钱财。进入安庆城后，他毫不含糊，将英王府的所有财富据为己有，装上船只，运回湖南老家。

安庆之战时，胡林翼已重病缠身。在湘军攻破安庆不到一个月，终因心力憔悴而病死在武昌，终年仅五十岁。临死前，胡林翼被朝廷加封为太子太保，可惜路途遥远，封赏消息在他死后的第二天才到。

关于胡林翼死因，薛福成在《庸庵笔记》中是这样说的："楚（湘）军之围安庆也，文忠（胡林翼）曾往视师，策马登龙山，瞻昕形势。喜曰：'此处俯视安庆，如在釜底，贼虽强，不足平也！'，既复驰至江滨，忽见二洋船鼓轮西上，迅如奔马，疾如飘风。文忠变色不语，勒马回营，中途呕血，几至坠马，文忠前已得疾，自是益笃。不数月，薨于军中。盖粤贼之必灭，文忠已有成算，及见洋人之势方炽，则膏盲之症着手为难，虽欲不忧而不得矣！'也就是说，胡林翼的心很重，满腔满腹地盼着自己的国家尽快发达起来，见到洋人洋船在中国神气活现的，心里受不了，气得吐血，把旧疾诱发出来了。

安庆被攻陷第七天，曾国藩由东流前往安庆，大本营设于前英王府内，在三年多的时间里，在此指挥湘军转战江浙等地，直至天京被攻陷为止。

安庆保卫战中，太平军不乏投降湘军的，有两个人值得说说。

程学启，安徽桐城南乡人，世代务农。幼年丧母，由族人程惟栋之母养育成人。1853年（咸丰三年）秋，太平军攻占桐城。那时皖北大旱，遍地饥荒，军锋所至，从者纷纷，仅桐城参加者即数千。程学启也参与其中，随军移师安庆，结识了庐江人丁汝昌。程学启于太平军中转战皖西，屡立战功，累晋弼天豫。自行募兵乡里，得卒五百为一营。辅佐叶芸来守城，叶芸来认为程学启为皖人，人地相宜，甚为倚重，以妻妹配之为妻，笼络为心腹。湘军围攻安庆，程学启受命带队扼守安庆北门外石垒，屡挫湘军之攻势。桐城人孙云锦献计：程学启事养母甚孝，湘军将程学启的养母拘入湘军大营，逼令她化装为丐妇入程学启营，伏地痛哭乞程投降。程学启为个人前途计，有降意。叶芸来对他有所提防，每日使人登城观察程营动向。闻听丐妇化装入营之事，大惊，以壮士八人持令箭招程学启入城相见。程学启自是知道事情不妙，如若进城，不免身首异处。急中生智，接下令箭，招手下八十二人，持械骗开营门，直奔安庆北门外三里处曾国藩之弟曾国葆之营。安庆守军派兵追杀，程学启等叩湘军营壁门，大呼曰："我来降，追者在后，故不能释兵。信我，可开壁相迎，不信，亦请发炮相击，免使我死贼手也！"曾国葆闻之，遽跣足出视，传呼开垒门纳程等入内，追兵无果而退。

安庆城南沿长江，东及东北近菱湖，西及西北靠皖河，唯有北门通集贤关为陆路要冲。曾国荃于此修筑内外两道壕沟，湘军营垒驻扎于两壕之间隙地。外面那道壕沟是抵挡太平军援军的，曾国荃派程学启带千余名湘军驻在壕外，以挡太平军之锋。壕内列炮屯，濠上架木梁，每日给薪米于壕外程部，即给即撤梁，壕外所部取薪米为当日之食。程学启痛苦得不行，夜卧则涕泣，几欲自裁。后来他想明白了，为消除曾国荃的疑虑，战辄请先。孙云锦以全家性命担保他绝无反心，而叶芸来杀了他留在城中的妻子和幼子泻愤，并将头颅悬于安庆城头。程学启断了骨肉之情，立誓"灭贼以报国家"。献北门穴地攻城之计，并亲率部卒由炮眼杀入，攻陷北门外护城三垒，断绝了守城之军的陆路粮道。安庆战役结束后，曾国荃保奏程学启为从三品游击之职；赐带花翎。随后，程学启参与攻占无为州、运漕镇、东关等城隘的战斗，累立战功，擢为正三品参将。

丁汝昌 1836 年（道光十六年）生于安徽庐江北乡石嘴头村，少年时父母饿病而死。太平军打到安徽后，参加太平军。7 月初，程学启深夜率丁汝昌等三百余人翻越城墙，向集贤关湘军训导曾贞干投降。曾国荃对这批降军有疑虑，每逢战斗，令他们居于前列。不久，程学启、丁汝昌为前导，攻破安庆北大门外的太平军营垒三座，断绝安庆北面交通，使守城的太平军处境更加艰难。

安庆战役后，丁汝昌入淮军刘铭传部，不久升营官，后任马队参将、副将。因对捻军作战有功，授总兵，加提督衔，赐协勇巴图鲁勇号。后朝廷"裁兵节饷"，他僻居乡间数年。后面谒李鸿章，留北洋水师差遣，去英国购置超勇、扬威两艘快船。后授天津镇总兵，1888 年（光绪十五年）授北洋水师提督。丁汝昌的发迹史不光彩，有奶便是娘，始参加太平军，终则弃之。后来他经营北洋舰队，既无才又无德，大大影响了北洋舰队的素质，埋下了甲午海战失败的祸根。

在太平天国诸王中，没有哪位像陈玉成这样才貌双全，一位外国记者在天京见过陈玉成，说陈玉成是他见过的"最漂亮的中国人"。而这位"最漂亮的中国人"却被一个最丑陋的中国人杀死了。坑死陈玉成的人叫苗沛霖，本书不愿意过多论及此人，只说一句，此人的诸方面行为实在肮脏，包括他的长相。

安庆失陷后，陈玉成退守庐州，派陈得才、赖文光征豫陕。在最困难时，陈玉成制定了宏阔计划，这就是进军中原，"由汴梁直取燕京，共归一统"。打进河南，是洪秀全在定都天京前雄心勃勃的想法，可惜未能执行。陈玉成到了最危急时，打算铤而走险，一路向北，进军中原，却被叛徒出卖了。

1862 年（同治元年）5 月，多隆阿围攻庐州，陈玉成弃城北走，打算同远征的西北军会合。正在他准备动身时，盘踞在寿州的苗沛霖诱劝他前往寿州，许以帮助他攻河南。他不听部下劝阻，决意去寿州，中计遭擒。那时苗沛霖已暗投清军，由于这个脏货多次投降、多次反水，清军对他已不再相信了。这次，苗沛霖为了向清军表明投降的决心，不惜拿陈玉成成全自己。

陈玉成被苗沛霖送往清帅胜保营中。胜保是满洲镶白旗人，举人出身，咸丰初年与钦差大臣琦善等在扬州立江北大营，会办军务。赴安徽追击太平天国北伐军，后被授为钦差大臣，因久攻高唐不克，被遣京治罪，遣戍新疆。太平天国北伐军失败后，始被召还。《被掳纪略》载：陈玉成被押往胜保的营帐中，左右叫跪。陈玉成大骂："尔胜小孩，妖朝第一误国庸臣。本总裁在天朝是开国元勋，本总裁三洗湖北，九下江南，尔见仗即跑。在白云山踏尔二十五营，全军覆灭，尔带十余匹马抱头而窜，我叫饶你一条性命。我怎配跪你？好不自重的物件！"胜保想以荣华富贵诱降，陈玉成喝道："大丈夫死则死耳，何饶舌也！"胜保将陈玉成押赴京师，6月4日，在河南延津凌迟处死陈玉成。时年二十六岁。

陈玉成部被歼，皖北沦入湘军之手，太平天国的江山就去了一半。这话不是别人说的，而是陈玉成自己说的。有人觉得英王对自己估计过高，话说得太大太满。而从实际结果看来，还就是这么回事。

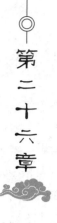

第二十六章

李鸿章率领淮军入驻上海

安庆之战后，曾国藩进驻安庆，把陈玉成英王府作为湘军大本营。他刚进驻，就接到北京送来的紧急公文，报告咸丰皇帝于 1861 年（咸丰十一年）8 月 22 日在热河避暑山庄驾崩，六岁的皇子载淳即皇帝位，以载垣、端华、肃顺等八人为赞襄政务大臣，八位顾命大臣中，有号召力的是肃顺。慈禧太后对顾命大臣非常不满，而肃顺也不会做人，因为鸡毛蒜皮的事情呵斥过叶赫那拉氏。

从承德回京时，慈禧太后以皇帝年幼不能全程护送先帝梓宫为由，随灵柩走了一天，决定和载垣、端华等七大臣提前回北京，肃顺护送梓宫。

叶赫那拉氏回到北京，迫不及待地接见恭亲王奕䜣等。奕䜣手捧盖有玉玺和先帝印章的圣旨，宣布解除肃顺等职务，逮捕载垣、端华；又命令将景寿、穆荫、匡源、杜翰、焦祐瀛撤职查办，派醇郡王奕譞在密云逮捕护送梓宫回京的肃顺。慈禧太后禧发布上谕，历数载垣、端华、肃顺等人罪状，下令将肃顺斩首；载垣、端华自尽；另外五大臣被革职或充军。接着载淳登基，1862 年改为同治元年，东、西太后垂帘听政。加封恭亲王奕䜣为议政王大臣，军机大臣领班。所谓"同治"是指由两宫太后共同治理朝政，慈禧之号也是从这时开始使用的。。

曾国藩不矫揉造作，更不会玩儿深沉，惊惶或沮丧时，脸上会立即显露出来。在战败时几次闹腾自杀，就是实例。1861 年（咸丰十一年）12 月 15 日，肃顺在菜市口被砍头的消息传来，曾国藩中夜不眠，"为之悚仄忧皇。"

曾国藩一辈子抱过两条大粗腿，一条是穆彰阿，另一条是肃顺。时人概括说，"曾侯始起由穆鹤舫，大用自肃豫庭。"穆彰阿和肃顺都完蛋了，却没有株连到他。朝廷谕旨督办江、皖、赣、浙四省军务，巡抚提镇以下均归节制。比肃顺当政时所授权力还大。曾国藩仍深感"权太重、位太高、虚望太隆，悚惶之至。"

肃顺死后，二十六岁的慈禧太后掌权，没有发生重大人事变动，曾国藩的心逐渐平静下来。在祁门，因为曾国藩弹劾李元度一事和李鸿章闹翻了。但他们毕竟是一对老师生，事后想想，不同程度地产生悔意。李鸿章走后，继续关注老师的安危，力劝离开祁门，曾国藩最后还是听从了李鸿章的建议，移师东流。

李鸿章想再回曾国藩幕府，但需要个台阶。湘军进攻安庆获胜，他赶紧写信致贺。曾国藩一看便知，这是李鸿章回心转意的试探，捐弃前嫌，写信邀其回营："若在江西无事，可即前来。"李鸿章在江西无所事事混了大半年，好马也吃回头草，重新回到曾国藩幕府。半年后，曾国藩派他回安徽家乡组建淮军，驰援上海，稍后推荐他出任江苏巡抚，开始了他的一生事业。

第一次鸦片战争刚结束，三十岁出头的英军马德拉斯炮兵部队上尉巴富尔一夜间成为大英帝国的首任驻沪领事，在上海县城的一条小街里租了五十四间民房。上海开埠是急就章，仅是个小县城，连城市架构都没有，转眼就成了中国最重要的通商口岸。大批外国商船从海路进入黄浦江，大批洋人到上海做生意。洋人最初租房子住，形成了"华洋混居"局面。

洋人把自己当回事，不愿意和中土老百姓隔邻隔壁过日子，打算另外开辟居住区。巴富尔与上海道台签约，规定北以苏州河为界，南以洋泾浜为界，许英国人向中国土地所有者商租地。1845 年（道光二十五年），上海道宫慕久与英国驻上海领事签订《上海租地章程》，上海英租界建立，扩张至两千八百二十亩。

巴富尔卸任回国后，阿礼国担任驻沪领事，报告伦敦，英国驻沪领事馆不能在老城里混了，得在外滩风光风光，遂拨出款项，在李家场建起大而堂皇的英国驻沪领事馆。1849 年（道光二十九年）夏季，英国驻沪领事馆迁入新址。

1849 年（道光二十九年），接替宫慕久的上海道台麟桂与法国第一任驻上海领事敏体尼商定划法租界，南至护城河，北至洋泾浜，西至关帝庙诸家桥，东至广东潮州会馆，沿河至洋泾浜东角。法租界隔护城河和城墙与上海县城相望，北面又与英租界以洋泾浜为界。美国租界虽然没有明确地确定界址，但美租界也大体有了雏形，在虹口一带"沿黄浦江以北三里之地"。

太平天国在金陵立都后，英法美三国政府宣布中立。西方舆论含糊地将太平军称为"叛军"。这种提法很圆滑。在欧美传统观念中，"叛军"并不一定

是贬义词，如果他们认为当政者是应当推翻的，"叛军"倒成了合作伙伴。

刚起步的上海，核心是洋人居住的租界，租界周边是棚户区。租界靠着列强庇护，以中立为标榜，收罗了大量从江浙逃难过来的地主豪强。有钱有势的逃难者既是旧体制的得利者，又是捍卫者，上海租界是他们最后的护身符了。

上海从起步就定位为商业城市，由于商业习气熏陶，这儿的人普遍实惠，不仅缺乏政治观念，甚至没有立场。经历了鸦片战争，清廷对英国恨之入骨，而在上海，清廷的态度不好使，上海官绅要求助于有驻军的英国人，而英国为了维护在上海的商业利益，也要想办法。这样一来，两股政治力量相互妥协，共同筹备组建了中外会防局。这是一个半官方机构，幕后是上海衙门，包括流落到上海的江苏巡抚衙门，而出头露面的是乡绅，任务是保住上海。

上海在金陵东边，两地不算远，上海只是东海边的"蕞尔小城"，在清廷和曾国藩、李鸿章等人眼里，资历太浅，积淀太薄，摆不上台面。在小农经济的思维框架内，清朝政府对海洋、对东部沿海地区历来没有概念，颇为轻视。

租界当局为了侨民安全，防止"叛军"打上门，在英法美三国领事主持下，全体外侨举行大会，通过举手表决方式，决定招募一支由英国侨民和美国侨民组成的义勇队，设立一个由英国人和美国人组成的联防委员会。

大会结束后，侨民在租界边界开掘壕沟，义勇队如期募集，开始军事训练，起初称"英国人和美国人义勇队"，后来称万国商团，最初只有几百人，全部为租界内的洋人男子，后来雇佣部分印度士兵和放哨巡逻的中国人。万国商团军装结合了美军和英军特点，戴美式软帽，着黄色服装，由于不授衔，不佩带领章肩章。最高指挥机构为总司令部，设总司令一名，副总司令若干名，设下轻骑队、美国骑兵中队、野炮队、轻炮队、工程队、步兵队等（万国商团于同治年间划归工部局，二十世纪三十年代编制达到一千五百人。1943年解散）。

1853年（咸丰三年）秋，刘丽川为首的小刀会在上海起事，英国和美国义勇队宣布中立。清军将领吉尔杭阿率部赶赴上海镇压小刀会，英国和美国义勇队也不与之发生往来。他们的底线是，双方愿意怎么打就怎么打，但是不要打到租界里来，如果给侨民造成伤害，就动枪动炮还击。

小刀会占领了上海县城，租界在县城城墙外，清军只有通过租界才能打进去，而租界当局不准清军过境。清军无法攻打城里的义军，只得在河边驻扎下来。1854年（咸丰四年）4月3日，侨民在租界西界构筑掩体，数名兵勇看见一对洋人夫妇手拉手散步，觉得有辱斯文，大加嘲讽，双方发生口角。兵勇本来就对不让通过租界憋气，趁势撒气，把洋妇打伤，引发兵勇和侨民冲突。次日，英国兵船炮击停泊在苏州河黄浦江口的水师炮船，水师炮船除一艘逃脱外，其余被扣。英国兵船及美国兵船涌出陆战队，配合万国商团进攻清军，英美兵船溯苏州河西上配合行动，是役清军死伤三百余人，洋人死四人。战斗过程中，一名英军士兵不慎摔跤，沾了一身泥，《北华捷报》记者采访到这件无足轻重的小事，灵机一动，将此役称"泥脚之战"，排版时误为"泥城之战"，以后将错就错定名"泥城之战"。此役是万国商团成立后的第一次战事，租界当局认定倚靠租界的商团武装足以保证租界安全，此后作战这天被定为上海万国商团"建军节"。

这时的上海，薛焕和吴煦的地位举足轻重。他俩先后担任苏松太兵备道。苏松太兵备道职掌是控制苏州、松江、太仓三府军务和政务，处理涉外的军事、外交、政治、经济事宜，主官为正五品。薛焕和吴煦都不是正途，而是纳捐得官。

太平天国运动之前，两江总督府在金陵，江苏巡抚衙门设在苏州。太平天国在金陵立都，两江总督府名存实亡，象征性工作班子搬到常州。待李秀成部攻占常州，两江总督府和江苏巡抚衙门都迁到上海县城里。

巡抚是省最高首长，除非和总督同驻一城，几乎一手遮天。总督是省行政机构中文官中品秩最高官员，赋有节制管辖区内满洲八旗驻防军以外所有军队的权力。两江总督府并不在上海，清方镇守上海的主将为署理江苏巡抚薛焕，全军不足四千，处处分防，捉襟见肘。不过苏南尚有地方枪船、团练武装，归驻节常熟的江南督办团练大臣庞钟璐节制，这些游杂武装骚扰太平军后方，阻断水陆运输线，劫杀零散官兵，但无论如何，仅凭清方力量，守不住上海城。

1860 年（咸丰十年）初夏以来，咸丰皇帝陷入执政中的最危重局面：英法联合舰队搭载着联军逼近大沽口，大沽口炮台在凄风苦雨中严阵以待。京师那边，英国和法国政府已与清廷彻底翻脸，在上海是不是还留有余地？自从太平军东进，奕訢最担心的不是李秀成部推进到哪里，而是英法美三国公使的反应，在密旨中要求薛焕和吴煦摸清美英法三国公使每日每时的动静。

薛焕接到密旨后，派细作搞定了外交使团的一个秘书，探听到英国驻华公使普鲁斯、法国公使布尔布隆联名给李秀成写信，申明于前不久发布的保卫上海租界和县城的公告不包含政治动机，对于英法政府来说，上海仅是口岸，这个口岸目前正用于向北方转运军队，不得不保卫，希望李秀成予以理解，英国和法国此举并不意味着要放弃中立立场协助清军进剿太平军。

细作打探来的情报吓了薛焕一大跳，匆忙让人把吴煦叫来。他俩的脾气和禀性不相投契，对吴煦做事瞻前顾后、投机取巧，薛焕颇看不上眼。但是自从

太平军东进，二人成了难兄难弟，一块焦躁，一块不安，一起唉声叹气。二人迅速交换意见，得出一个结论，夷人就是夷人，什么损事都做得出来。英国和法国政府很可能有政策转变，协助李秀成部占领上海，而后共同分享大清东南。

上海官绅以保护双方共同利益为诱饵，游说在沪的英法租界当局改变中立立场，和清廷联手，共同阻止太平军进攻。理由简单，就是陈述一个事实：清廷维护列强在华利益，一旦这个政府被推翻，列强的在华利益将得不到保障。

8月18日，李秀成部攻占徐家汇天主堂。它的基址为徐光启墓地，正名为圣依纳爵教堂，为双尖顶哥特式教堂建筑，可同时容纳两千多人礼拜，是上海最大教堂。按说洪秀全杜撰的拜上帝教和西方人文宗教没有一星半点关系，两者的"教义"相差十万八千里，只是洪秀全硬要往耶稣教贴，太平军对行经之处的教堂予以保护，也没有破坏徐家汇天主堂。这里距离上海县城西门十来里地，太平军旋即以徐家汇天主堂为出发阵地，抵达上海县城的西门和南门。

曾国藩说："上海一隅，论筹饷则为上腴，论用兵则为绝地。"经过薛焕、吴煦和上海外交使团协商，调整了守备力量：法军三百人驻扎上海县城中的城隍庙，协防东门、北门；法军派出二十五人驻扎城外徐家汇，保护法国人建立的天主教堂；英军九百人守卫上海县城西门、南门。上海英法驻军一千二百余人，包括法国海、陆军，英国皇家陆战队和锡克雇佣兵，由英国卡恩尼克将军统一指挥。

李秀成部打到徐家汇了，停止攻击，在炮火射程之外等候。李秀成在上海县城里布置有内应，由于内应被清军捕获，李秀成不愿强攻，遂引兵往苏州撤退。薛焕和吴煦松了口气，觉得英法军队和清军并肩作战击退长毛，正当这二位官员弹冠相庆时，驿马飞传的京师战报吓了他们一跳，太平军撤离上海县城的同一天，英法联军攻占天津大沽口炮台，炮台守军遭到屠戮。

薛焕和吴煦的脑瓜子乱了，在京师那边，英法联军正在打清军，而在上海这边，英法联军却在和清军并肩作战，共同保卫上海。往后的局面越来越糟，英法联军攻占京师。《北京条约》是英国强迫清廷订立的结束第二次鸦片战争的不平等条约。1860年（咸丰十年）10月24日，由奕訢与英国全权代表额尔金在北京签订。条约除确认《天津条约》仍有效，增加了扩大条款，包括开天津为商埠，准许英国招募华工出国，割让九龙司地方一区给英国，《中英天津条约》中规定的赔款增加为八百万两。战争结束了，焚烧圆明园那把大火却仍旧在燃烧。火焰很热，而这把火却令清国所有官员都感受到彻骨寒凉。

《北京条约》签约后，英国即表示扶助清廷镇压太平天国，支持洋务派领袖奕訢当政。这种形势产生了一个名词，叫"借师助剿"。法国专使葛罗表示："所有该国停泊各港口之船只兵丁悉听调遣"。俄国把以前答应送给清廷的一万支枪、若干门炮运到中国。美国则要求为清军代运漕粮。是否借用外兵，清廷讨论，少数人反对，恭亲王奕訢等欢迎"中外同心以灭贼为志"。

1862年（同治元年）初，李秀成占领丹阳、镇江、常州，上海四周彻夜火光不绝。上海英、法等国领事馆、买办、逃沪苏、常士绅筹商会防策略。中外会防局成立。冯桂芬为拟定华、洋兵《会防章程若干条》。就《会防章程》看，中外会防局是清军与英、法军等联合防守上海的联络、参谋、情报、后勤机构。潘曾玮北上，利用其父、已故大学士潘世恩及其侄潘祖荫在官场的影响，游说总理衙门，敦促朝廷于1862年（同治元年）2月批准中外会防局成立。

上海官场认定，能够阻止李秀成的只有英法驻沪舰队和陆战队。李秀成攻占苏州后，苏松太兵备道吴煦坐不住了，希望法军协防嘉定、太仓、昆山等地。而法国仅仅同意协防上海，而不会向太平军主动出击。吴煦去找英国驻军，得到的也是差不多的答复。英国和法国干任何事情都有代价，不会白出工。英法驻军守城期间的所有军费均由上海中外会防局承担。上海中外会防局还要力所能及的做一些事情，包括捐款购买用于保卫上海的枪炮。

应江苏巡抚薛焕、苏松太兵备道吴煦、上海知县刘郇膏请求，英国驻华公使普鲁斯、法国公使布尔布隆连衔发布通告："余等与驻沪海陆军将领完全同意，不使上海遭受任何暴动和抢劫，同时上海内城亦在保护之列，不使其遭蒙外来攻击。"这份中英法联合声明表明英法国政府在中立立场有限松动，也是对李秀成的警告：李秀成只要到上海，别管是租界还是上海县城，洋人就会动手。

从松江到上海不过百八十里地，如果不遇有力阻击，太平军一天即可从松江开赴上海。上海人心浮动。为了尽快收复松江，要紧急购置洋枪，苏松太兵备道衙门没有购买洋枪的钱，因此需要会防局动员富绅掏腰包，捐助购枪款项。

湘军攻陷安庆，天京最后屏障不复存在。洪秀全难以承受这种压力，得知安庆失陷那一刻，下令夺取一个重要据点，弥补安庆失陷的损失，李秀成率军入浙江，与李世贤所部会合，军锋直指杭州与宁波。

李秀成、李世贤的动向飞传京师。京师和上海绷紧了弦。别看杭州是浙江省会，战略价值不及宁波。宁波是东海商港，与广州并列为全国最主要海港，宁波风头大盛时，上海还是名不见经传的小县城。上海开埠不到二十年，从与外洋联系的重要性来看，丢失宁波与丢失上海差不多。

从这时起，有二十多万浙北和苏南难民涌入租界。租界本为避免"华洋杂居"

容易引起冲突而建立的洋人居住区，大量难民涌入了洋人居住区，打破了"华洋分居"的格局，又重新回到"华洋杂居"的局面。难民中不光是财主，多为小手工业者，撤家舍业避难，租界顿时多了大把廉价劳动力；难民中有相当一部分是江南富绅，携带的现金成为补充租界经济发展的资本。

老天爷如此戏弄人，由于逃难者携带大量资金涌入，上海经济反倒开始腾飞了。英法美三国领事馆不可能想到难民潮会带来经济腾飞，只觉得难民搅乱了侨民平静的生活，要求租界当局尽快想办法解决。而且舆论一致认为，这种乱糟糟的局面与太平军攻占了松江切切相关，当务之急是尽快收复松江。

上海是新辟城市，没有经历过场面，居民素质极低，远没有古城居民那种沉着和淡定，都如同支楞着耳朵的兔子，只要有点风吹草动就会乱套。尽管列强同意必要时出兵保卫上海，上海官绅还是不踏实。李秀成、李世贤统率太平军进攻浙江，东南震动。上海官绅买办惴惴不安。江苏巡抚薛焕自从侨署上海以来，自保不暇，遑论反攻苏州。距离上海最近的是安徽的湘军。逃沪的苏州、常州士绅与上海的买办把保卫上海的希望寄托到两江总督曾国藩的身上。

11月18日，逃沪苏州、常州士绅冯桂芬等派钱鼎铭等乘美国轮船乞师，敦请曾国藩出兵淞沪。钱鼎铭，江苏太仓人，父亲钱宝琛为湖北巡抚。他是高干子弟，却不是公子哥儿，小刀会起事，他在籍募勇从官军镇压。他后来为官时没有什么业绩，毕生的最大功绩是把李鸿章请到了上海。

钱鼎铭坐轮船溯江赴安庆，面谒曾国藩，所携乞师书信深切婉至，大略谓吴中有可乘之机、而不能持久者三：曰乡团、曰枪船、曰内应是也。有仅完之地、而不能持久者三：曰镇江、曰湖州、曰上海是也。并建议若以奇兵万人，"以执事之威，挟疾雷迅霆从天而降之势，各路兵勇民团，人人奋发，内外应合，即一万可抵十万之用。"曾国藩读后大为动心。钱鼎铭在座次力陈"东南百姓阽危状，且言上海中外互市要地，百货骈集，榷税所入，足饷数万人，若弃之资贼，则东南无转机矣。往复数千言，继以痛哭。"钱鼎铭的绝招是强调上海富有，可为湘军提供大量军饷。用曾国藩的话说是"上海为苏、杭及外国财货所聚，每月可得厘捐六十万金，实为天下膏腴"。对时感缺饷的湘军，不啻是一大诱惑。

钱鼎铭来到湘军大营当日，曾国藩即与李鸿章久谈，"商救援江苏之法"。"钱鼎铭涕泣哀求"，摆出"不得大兵同行即不回乡"姿态，又以世谊通家身分造访李鸿章，再次言之以情，动之以利："沪滨商货骈集，税厘充羡，饷源之富，虽数千里膄壤财赋所入不足当之。若弃之资贼可愧也。"李鸿章被钱鼎铭说动，劝说曾国藩速下决断，曾国藩承诺："期以来年二月济师。"

曾国藩做出东援承诺后，统帅人选及赴援路线等问题颇费筹计。筹计诸环节中，首要环节是领军统帅人选，这一方面源自湘军"以将择兵"的组军惯例，另一方面鉴于上海僻处海隅的实情，非文才武略能当方面大任者不足以膺此重任。

最早出面申请赴援的是湘军盐运使衔将领吴坤修，在曾国藩与李鸿章"商救援江苏之法"的次日，自请募兵六千赴江苏上海一带救援。曾国藩认定他不是李秀成的对手，婉言拒绝。曾国藩首先考虑的是曾国荃。

统帅前往上海的人须能领兵打仗，而且能打恶仗；去沪须与洋人打交道，故此人须手腕灵活；盘踞上海的江苏巡抚薛焕是曾国藩的政敌何桂清的死党，必须撵他下台。领兵前往上海的将领势必取代薛焕为江苏巡抚。曾国藩选中的是曾国荃。论官衔，曾国荃是布政使，升巡抚是循序渐进；论军事，他有扎硬寨，打硬仗的本事。只是处事才能欠缺些，可以派李鸿章同行，为他排难解忧。

曾国藩给曾国荃去信说："上海富甲天下，现派人二次前来请兵，许每月以银十万济我，用火轮船解至九江，四日可到。余必须设法保全上海，意欲沅弟率万人以去。已与请兵之官商订，定渠买洋人夹板船数号，每号可装三千人。现已放二号来汉口，不过放五号来皖，即可将沅弟全部载去。目下专主防守上海一隅，待多破庐州、鲍破宁国后，渠两军会攻金陵，沅弟即可由上海进入苏常。不知沅弟肯辛苦远行否？"曾国荃的答复却令人失望，他回信表示"不愿往上海，恐归他人调遣，不能尽合机宜，从违两难。"

12 月 25 日，曾国藩致书曾国荃说："浙江危急，上海亦有唇齿之忧，务望沅弟迅速招勇来皖，替出现防之兵，带赴江苏下游，与少荃、昌歧同去。得八千陆兵、五千水师，必能保朝廷膏腴之区，慰吴民水火之望。"

一个偶然因素使曾国藩改变派曾国荃领兵前往上海的初衷。1862（同治元年）年 1 月 7 日，清廷上谕称："战场上勇多于兵，湖南弁勇又常居十分之七八。用兵之道，择将为先；求将之道，当量其识之短长，才之大小，以为器使。何地无才？不必湖南之人充勇，湖南之人始能杀贼。嗣后各直省督抚及各路统兵大臣，务当认真选将，就地取材，各就各省按照湖南募勇章程妥为办理。"这道上谕使曾国藩意识到，朝廷对湘军忌讳已甚。如果曾国荃领兵赴沪取代薛焕，则曾家兵权更重，曾国藩遂断然变计，决心不再规劝曾国荃了。

事实上，从沪绅安庆请兵之初，曾国藩就考虑到了李鸿章。此时，朝廷对曾国藩的保举已降旨："道员李鸿章既据察看其才可胜重寄，着照所拟，即饬督带水军，并再由曾国藩拨给陆军六七千，驰赴下游。薛焕现在办理通商等事，一俟可以移交，再降谕旨，或令其专办外国事宜，分别交替。"

御旨提出"曾国藩拨给陆军六七千"，而李鸿章提出，像恩师当年招募团练建湘军，回老家征召一批民间武装，组成军队，前往上海解燃眉之急。曾国藩令他回合肥招募军队，仿照湘军的营制编练另一支军队，称为淮军。

湘军宗派浓重，李鸿章在湘军任幕客，压抑感重。据刘体仁的《异辞录》载："李文忠在曾军时，颇受湘人排挤，毕生心中不免有芥蒂。致先文庄书于左文襄则曰：'湘人胸有鳞甲'。于彭刚直则曰：'老彭有许多把戏'。把戏二字，即欧美政客手段。"湘军宗派门户如此浓重，为什么竟容许成立一支淮军?

湘军出省作战以来，弁勇死亡相继。各路湘军回湘招募补充伤亡，湖南人力消耗已甚，兵源枯竭。曾国藩曾致书原湖南巡抚骆秉章说："湘中弁勇，早取夕取，网罗殆尽，不特将领难得，即招募精壮勇丁，亦觉难以集事。"何况安庆战役后，湘、楚军伤亡重大，尚须回乡搜罗炮灰。以湖南兵源情况论，不宜招募大量湘勇，另组新军。这是曾国藩属意于李鸿章组建淮军的主要原因。

两淮民风强悍，"兵、匪、发、捻"交乘的皖中腹地，民间但凡有势力的纷纷结寨，自保图存。曾国藩认为，打下太平军后，尚须"削平"捻军。北方生活，非湘人所宜。淮勇生长北方，刚劲斗狠，风土亦宜。筹建淮军，将代替湘军"为中原平寇之用"。值得强调的是，他牵头组织淮军，首先在执行朝廷就地招募的命令，足以避免慈禧太后与枢臣对他的猜忌。

安徽各路豪强早就拉队伍了，李鸿章通过张树声招募合肥西乡三山诸部团练。接着又通过庐江进士刘秉璋与驻扎三河的庐江团练头目潘鼎新、吴长庆建立联系。潘鼎新、吴长庆自幼为同学，同为李鸿章的父亲李文安的门生，一呼而应。

这时淮军只有五个营，分别以潘鼎新、刘铭传、张树声、吴长庆和张遇春为各营管带。曾国藩为增强淮军实力，从湘军中调了八个营给李鸿章。此八营加上原来五营，淮军正式组建起来。这样，中国近代史上一直充满传奇色彩的军队在那充满传奇色彩的统帅领导下成立了。毫无疑问，这是李鸿章以后发家的主要政治资本，是李鸿章在官场上青云直上的主要政治原因。

1862年（同治元年）春节后，淮军最早的部队开赴安庆集训，3月3日，李鸿章陪同曾国藩在安庆校阅淮勇，标志着淮军正式成立。

李鸿章还令三弟李鹤章回合肥招募旧部团练。淮军以淮河流域人为主，兵勇由将官招募，凡欲立军，由统领挑选营官，营官挑选哨弁，哨弁挑选什长，什长挑选勇丁，皆与湘军同。首批四营淮军抵达安庆后，曾国藩亲自召见各营将领，加以考察，对李鸿章的高效率赞誉有加，还亲自为淮军订立规章制度、操练兵马。这支新兴部队毕竟还很单薄，为了充实它，他从湘军各部抽调了十个营的兵马，慷慨交给李鸿章，其中就包括李鸿章的安徽老乡程学启的两营兵马。

程学启曾经是太平军将领，曾国藩不敢信任，这种人的品性无法放心。程学启在湘军中没有地位，日子憋屈。增援淮军，曾国藩干脆把他不相信的部队故作慷慨地送走了事。李鸿章对曾国藩这点小九九洞若观火，接收程学启部后，一反恩师的做法，对程学启信任有加，多方鼓励，十分倚重，程学启感激涕零，立誓效忠，最终成为淮军最强悍、最敢拼命的部队之一。

曾国藩认为薛焕不善治军，失去沪上士绅、买办的支持。李鸿章赴沪代表湘系与上海士绅、买办合流，并且将与洋兵联合作战，无论就公事、私谊而论，曾国藩必须加强淮军的实力。淮军仅四营，由淮上团练改编，没有经受过大仗恶仗，应付不了长毛，于是从湘军各部调兵借将，其中整营拨归淮军的有春字营和济字营，程学启开字两营，湖南新勇林字两营以及后到的熊字营和垣字营，附带送给李鸿章作为"赠嫁之资"的亲兵两营。李鸿章初建淮军就有了十四个营。

曾国藩认为"上海僻处东隅，论筹饷为要区，论用兵则为绝地，假使无洋人相助，发匪以长围裹我，官兵若少而弱，则转瞬又成坐困之势，若多而强，则不宜置此无用武之地。"即是说曾国藩之是否出兵上海，关键在于是否有"洋人相助"。这涉及到"借夷兵助剿"的问题。

4月，上海士绅耗费租金十八万两银子，租用英国轮船前往安庆，将淮军分批装载东下。太平军已经将上海围困了数月，如何冲破太平军的包围安全地把部队从太平军眼皮底下运达上海，成了李鸿章那几天焦虑的问题。从陆路直接进入上海显然不可能，如果从水路直接进入，必须要有外援。用外国火轮运送中国士兵这还是第一次，英国为了不和太平军正面发生冲突，让淮军的士兵全部躲进火轮底舱。轮船加速通过太平军层层把持的镇江炮台时，人多舱小，密封不透，在运输过程中有一名淮军因缺氧死亡。这名死亡的士兵引起了不小恐慌，但为了谨慎期间，包括李鸿章在内都小心翼翼地躲在舱底。

4月8日，道员李鸿章率军两千抵达上海。5日2日，淮军六千五百人全部到沪。淮军乘轮东下时，有英国兵舰护航，"太平军隔岸相望，无可奈何"。由于济字营留防池州，因此乘船入沪的淮军共计十三个营，大约九千人。

上海是江南财富集中之地；淮军抵达，正值太平军第二次大举进攻，能否守住上海并徐图发展，是摆在李鸿章面前的最大考验。李鸿章"以练兵学战为性命根本，吏治洋务皆置后图"。上海官绅组建的中外会防局，指望外国雇佣军抵御太平军，对洋人百般献媚，对淮军不以为然，面对这群来自乡下的兵勇，一个个衣裳褴褛，自由散漫，粗话连篇，当地的官绅失望极了，"皆笑指为丐"。

面对这种情况，李鸿章激励将士说："军贵能战，待吾破敌慑之。"李鸿章头脑活络，此前不是没有见过步枪，而在上海，首次见识了华尔洋枪队，对洋枪洋炮的威力艳羡不已，惊叹"其落地开花炸弹真神技也"。他甚至还请熟人开后门，偷偷溜上停在黄浦江上的法国军舰，近距离偷窥洋人的"坚船利炮"。

这一看真是让李鸿章感到震惊，李鸿章顿时明白泱泱华夏之所以败给西洋的原因了，洋人部队纪律严明，训练有序，整体化和科技化程度高。淮军原本以湘军为蓝本，但"十里洋场"的直观教诲，使得土包子李鸿章大彻大悟，认为湘军没有什么可学的，"未一年尽改旧制，更仿夷军"。他不惜斥巨资，购入洋枪洋炮，首先给手下骁将程学启部装备了一支百多人的洋枪队。当年9月，淮军便已拥有来复枪一万多枝、二十六磅大炮多门。李鸿章将西洋阵法、号角、口令引入淮军。开始，没文化的农民不懂得如何使用洋枪洋炮，更听不懂洋教练口令，李鸿章让外国教官手把手教，发生了在演练中走火引爆弹药炸死二十多人的事故。

淮军到沪未及一年，"尽改旧制，更仿夷军"，转变成装备洋枪洋炮，并雇请洋教练训练。李鸿章采用兼收并蓄措施，扩充实力，不到半年内，淮军迅速扩军至五十个营头，约两万人，此后更急剧膨胀。在军费上，李鸿章采用"关厘分途，以厘济饷"政策，以关税支付常胜军、中外会防局及镇江防军军需，而以厘金协济淮军，随着军事进展和军力的壮大，厘卡层层添设，从而确保饷源。

不久，李鸿章的淮军在上海与太平军打响了第一仗。对于此仗，李鸿章做了精心准备，虽然他对子弟兵有足够信心，但进入上海的第一仗关系到自己的声望，关系到这支部队是否能在上海站住脚，甚至关系到整个战局的发展。

1862年（同治元年），上海地区瘟疫流行，围城的太平军缺医少药，半数以上的将士染上瘟疫，战斗力大打折扣。李秀成决定以进为退，趁军心还没有混乱之际，先打下虹桥振士气。两军对阵时，李鸿章命手下搬来一张胡床，冒着太平军的炮火端坐桥头。第一轮攻势，李鸿章派张遇春率领春子营作为先锋攻坚队，谁知上去没多久，张遇春便慌慌张张败退下来。他退回虹桥桥头，正好撞上稳坐在那里的李鸿章，李鸿章眼也没抬，厉声说："拿刀来，把他项上的人头剁了！"张遇春闻听此言，心中大惊，紧忙转身率军重又冲了上去。

与太平军相比，装备洋枪洋炮的淮军优势渐渐显露出来，经过一番苦战，淮军初战告捷。首战告捷，淮军信心爆涨，李鸿章更是踌躇满志，而西郊大捷使整个上海滩瞠目结舌，对土头土脑的淮军刮目相看。

8 月到 10 月，淮军两次与太平军正面交锋。淮军是刘铭传部和程学启部，太平军是慕王谭绍光部，地点分别是上海西区的北新泾和四江口。刘铭传和程学启打仗有不要命的劲头。而且，这时候的淮军各部，都有自己的洋枪队，两场战斗都获胜。李鸿章不无得意的写信给曾国藩："有此胜仗，我军可以自立，洋人可以慑威，吾师可稍放心，鸿章亦敢于血战。"

初步站稳脚跟后，李鸿章从"察吏、整军、筹饷、辑夷各事"入手，以巩固自己的地位。李鸿章首先拿吏治开刀，用意明显，就是搭建自家班底。

李鸿章赴沪前，江苏巡抚薛焕还在台上，曾国藩则推荐李鸿章担任江苏巡抚，内里的原因也简单，薛焕被认为是何桂清死党。有的文章对薛焕的评价较高，说他在饿殍遍地的中国率先推行洋务，在江苏任上，除使上海由一个经济落后的小县城发展为经济繁荣的大埠外，还率先在上海创建了一支使用先进武器的军队，让中国告别了冷兵器时代。这话有些过分。薛焕最早见奏朝廷，为上海防务而"购买巨舰大炮"。但他是被形势推着往前走了两步，自己没什么主见。

李鸿章到上海不到一个月，4 月 25 日，清廷以李鸿章代替薛焕为江苏巡抚。署理不算实授，半年后实授，次年兼署通商大臣，"从此隆隆直上"，开始了他在晚清政治舞台上纵横捭阖的四十年。薛焕虽卸任江苏巡抚，仍以钦差大臣管理东南沿海及长江沿岸通商交涉事务，隶属总理各国事务衙门，驻节上海，督办洋务，不久觉得他难负重任，调到大后方，进京署礼部左侍郎，继改调工部右侍郎。

麇集上海的有英、法、俄军，薛焕所部水陆师、淮军，军队相互间的关系如何处理？特别是薛焕所部五万左右的清军，见敌即溃，行同盗贼，应如何处理？怎样处理好与洋兵的关系？怎样处理好淮军本身的装备、训练与作战问题？怎样处理好与洋兵等联合作战的问题？对以上这些复杂的问题，曾国藩象对子弟一样，不厌其烦地对李鸿章作了详细指示。

李鸿章起用郭嵩焘、丁日昌、冯桂芬等一批务实肯干的洋务派官员，同时建立了不同于湘军幕府，以务实干练、通晓洋务为基准的淮军幕府。

在太平军与湘、淮军搏斗时，双方将领都不是纸糊的灯笼。曾国藩有意发展淮军，使之成为湘军兄弟部队。淮军是他扶植起来的，发展淮军，关键是军费。曾国藩把上海税捐收入交给李鸿章，致书李鸿章说："上海所出之饷，先尽沪军；其次则解济镇江；又其次乃及敝处。"李鸿章正是依靠上海雄厚的财力，两年间将淮军扩编至七八万名，淮系与湘系、淮军与湘军几乎双峰并峙了。

曾国藩害怕淮军入沪后与驻沪英法联军搞不好关系，发生不必要的冲突，因而瞪着眼睛说瞎话。英法联军明明把圆明园烧了，曾国藩却说这帮洋鬼子进入北京之后，"不毁伤我宗庙社稷，目下在上海、宁波等处助我攻剿发匪，二者皆有德于我。我中国不宜忘其大者，而怨其小者"。

　　1861年（咸丰十一年）洪秀全曾答允太平军不进攻上海、吴淞附近百里以内之地，声明以一年为期。一年过去了，李秀成从杭州移军进击上海。驻扎上海的英军、法军宣布"保卫"上海三十英里半径以内。曾国藩认为，英军与法军入内地作战并未得到总理各国事务衙门指示，因而坚持"会防"而不"会剿"。

第二十七章

华尔洋枪队和白齐文事件

1859年（咸丰九年）的年中，美国的汤森德·华尔和亨利·华尔兄弟远渡重洋，到上海闯天下。汤森德·华尔的来历，流传着两种说法：一种说法是，他是穷困潦倒的美国流氓，抢过邮车，被警方通缉，他还参加过法军，在克里米亚战争中晋升为中尉，在中美洲组织过雇佣军，吹嘘自己与意大利民族英雄加里波第共过事。此说见诸于同治年间的上海报纸和市井言论。另一说见之于萧一山先生的《清代通史》，在这本影响很大的书中称，华尔"在本国陆军学校毕业，服役为将官，以小罪去纽约，潜匿上海"。综合有关史料，华尔于1831年生于马萨诸塞州塞勒姆的爱尔兰移民家庭中。诺维奇大学肄业，1851年在一艘从旧金山驶往上海的三桅帆船上任大副，首次来华，受雇于一艘在长江航行的火轮船，任大副。在这个位置上没有久留，即参加了法国外籍军团，以少尉军衔参加过克里米亚战争，有一定军事知识。脱离军队后，短期回国帮助父亲经商，随后再次来华，在清军外海水师炮船"孔子"号担任管带。

华尔兄弟到达上海后，使劲巴结有钱的华人，混得斯熟。一个与华尔兄弟有密切联系的叫杨坊，浙江鄞县人，早年在宁波绸布店当店员，后来因赌博欠债流浪到上海，混出人样后，开设泰记钱庄，捐得候选同知头衔，拥资百万，名噪沪上。上海小刀会起义活捉苏松太道吴健彰后，他伙同美商裴福洋行将吴从囚禁地偷出，藏于租界内新银号钱庄。第二次鸦片战争期间将从洋商处了解的英法联军意图转报清廷。翌年太平军进军上海，他亲自出面，要求法军代守

上海城。

列强使用的坚船利炮和来复枪给中国人留下的印象太深。十九世纪五六十年代初，清军乃至太平军购买和使用西洋武器几乎同步。从那时起，中国从冷兵器与火器并用，让位于火器，而火器尚未成熟。非洲狮捕杀羚羊，凭借的不仅是利齿，还要有迅捷的奔跑以及相应的战术。清军与太平军开始犯了同样的错误，以为买来一副狮子的牙齿就可以像洋人军队那样打仗了，买其器未用其人，因而人和器的统一难以达到西洋军队那样的纯熟境界。

新式武器装备出自西方科学技术，绝非孤立，要军队实行新的编成，新的训练办法，新的管理办法和新的战略战术，所以雇佣洋人组织洋枪队十分自然。商人出身的上海道台吴煦和候补道杨坊，与洋人打惯了交道的实权人物，没有那么多忠君意识，头脑中的实用主义远远超过皇权思想。他们明知道咸丰皇帝不允许私人招募军队，但为了上海安危，敢于一反习常的道德准则，斗胆一试。

洋枪队的酝酿过程无可考证，一般看法是，1860年（咸丰十年）6月2日，忠王李秀成率领所部攻占苏州的同一天，吴煦出面，杨坊出资，流落上海的美国人华尔募集了一百余人，成立洋枪队，军官中的一部分是从驻扎上海的英军中挖的，还有些"国际烂仔"。后人一般认为，洋枪队主要兵员是菲律宾人，实际上，洋枪队士兵初为中国人，初战被为太平军陆顺德部击败，回去整编时才招募了部分菲律宾人，主要是流落到上海不想返乡的一帮子菲律宾水手。后来菲律宾水手组成华尔的贴身卫队，洋枪队的作战骨干还是中国士兵。

杨坊是买办，华尔拉起洋枪队，购买洋枪的第一笔钱是他资助的，后来随着洋枪队打胜仗，为了留住华尔，他把女儿嫁给了华尔。在那时，中国人嫁女"事鬼"，无异于汉奸，杨坊顶着巨大的社会压力，殊非易事。

华尔洋枪队建立之初，朝廷屡次下谕解散。清廷对英法联军恨之入骨，听说和洋人联合搞洋枪队，当然不承认。山高皇帝远，上海我行我素。要命的是，英国同样反对成立洋枪队，理由是洋枪队破坏了"中立"形象，说不出口的原因则是华尔代表的美国利益，他们深感不快。慑于英方威势，吴煦不得不三次宣布解散洋枪队，但每次都只是做做样子而已。

李鸿章看好华尔，是出于生意头脑，希望他能为淮军代购枪支弹药。华尔答应通过上海英租界走私枪炮给淮军。英国严格控制把军火出售给清廷，华尔此举激怒了蛮横的英国人。他们派出密探，严密监视华尔的一举一动，将华尔捉拿归案。而在会审过程中，华尔抛出了王牌，原来他已成为中国公民，领事馆成立的治外法庭不能审判他。华尔在娶了杨坊的女儿后，的确加入了中国国籍。

华尔先后三次被英方逮捕，但每次都在雇主帮助下成功逃脱，最初的一年多时间里，他就像个逃犯，而洋枪队则是名不正、言不顺的私生子。直到1862年（同治元年）前后，这种尴尬的状况才彻底得到改变。

华尔洋枪队于1860年（咸丰十年）7月15日袭取松江，这是洋枪队的处女战。历史上有"苏松财赋半天下"的说法。苏是苏州，松即松江，苏州和松江的税赋几乎占了全国的一半。有关专家认为，松江是上海的根。

松江位于上海市西南，地处黄浦江上游，东与闵行、奉贤为邻，南、西南与金山交界，西、北与青浦接壤。距上海市中心不到四十公里。广富林在松江城西北六公里，是佘山镇的一个村落。在直线距离上，沪昆高速公路松江段将广富林板块与市区相连，开车到徐家汇仅需四十分钟。而轨道交通九号线至徐家汇也只需一小时左右。现在松江成为上海市的组成部分。而在当初，松江是上海附近的一个县。从地图上看这个县的位置，就像北京市属的通州或昌平。

陆顺德部抵达松江后，小试牛刀，将华尔洋枪队击溃，华尔灰头土脸地逃回上海后，重募三百余人，大力整训。而在陆顺德这边麻痹了，提出先取宝山、再与忠王主力会攻上海。李秀成复书赞同。陆顺德率队于7月15日出北门，欲攻宝山，进至泗泾、七宝一线，遭到民团蒋鹤部阻击受挫，被迫撤退。

陆顺德率部出城时未闭城门，也未侦知离城不远的黄浦江驻泊着清方已革苏州知府吴云、候补州同应宝时所率船队，附近米市有华尔洋枪队的八十人，吴云侦知城中空虚，当夜以洋枪队四十人为前锋，水陆兵勇数百为后队，潜入松江南门偷袭，守军猝不及防，退往青浦。陆顺德部不到两千伍卒，留守松江县城二三百人，大部分从松江北门撤出，没有遭受损失，只不过丢了一座县城。收复松江首功当记在吴云头上。但史家素来留心热闹事体。吴云是败军之将，下野没落之人，纵然带着二百多名船工在黄浦江畔不声不响地操练，亦难进入史家视野。相较而言，洋枪队如此抢眼，美国流氓当头，菲律宾人当枪手，夜袭松江，乒乒乓乓枪声大作，陆顺德残部望风逃窜，一串热闹把所有的风头都抢了，没人再会注意到吴云。史载1860年（咸丰十年）7月17日华尔洋枪队"光复"松江。

松江的陷落打乱了太平军既定部署。由于松江失守，对宝山的进攻不得不搁置，太平军只能暂时把精力集中在对青浦、嘉定二城的守卫上。更严重的是，清方在城中意外截获了李秀成致陆顺德的两封信函，从而得知城中内应之事，并因此加强了侦察和戒备，这给战役的发展造成了极其严重的预后效应。

清方被此次意外胜利所鼓舞，1860年（咸丰十年）8月初，上海绿营将领

李恒嵩部在华尔洋枪队配合下会攻青浦县。青浦守将原是英王部将赖文光，由于英王对进攻上海态度消极，将赖部调离，由周文嘉接任，周爵位绫天豫，为天国六等爵中第五等级，所率兵力有限，一面坚守，一面飞书忠王告急。

忠王得知青浦告急，立刻率轻骑往援，此役清方兵力，整个上海清军兵力也只有四五千人；太平军方面，守将周文嘉部估计连老弱只有数百人，而忠王从接获告急到抵达青浦，当是精锐轻骑，兵力不会太多，考虑到此后进攻上海时连同陆顺德部也才三千余人，这支骑兵当在三千人左右，由于全系精锐战兵，战斗力较强。清方所受损失，据忠王称"杀死洋兵六七百人，得洋枪两千余条，大炮十余条，洋刀三百余口，舟只数百余条"。据当时上海洋人报纸报道，洋枪队死伤三分之一，华尔身受五伤，炮船全部丧失，而清军损失未见记载。

薛焕听到败报后，接二连三地向清廷上奏，希望署理两江总督的曾国藩和负责浙江军事的杭州将军瑞昌派兵援助，曾国藩那时正在围攻安庆，推诿不至，瑞昌则奉清廷谕派张玉良援沪，但张部受阻于嘉兴城下，未能赶到。

薛焕紧急请求清廷调扬州李若珠部水师、淮扬镇总兵曾秉忠长龙船三十艘，及瑞昌部浙江兵四五千人赴援，清廷转饬照办，实授曾国藩两江总督，希望他设法兼程急进，救援上海，但曾秉忠部由于降将薛成良忽然在苏北叛变，耽搁了行期，浙江兵则被嘉兴城牢牢牵制住，不能前进一步，曾国藩更是百般推诿，不发一兵一卒。无奈之下薛焕只能乞求英、法帮忙巩固城防。

对江苏巡抚薛焕来说，收复松江是个意外的胜利。他一边向朝廷奏报清军收复松江并杀死"千余贼"，一边趁着收复松江的余兴，令李恒嵩率部会同洋枪队攻占青浦。青浦在上海西部，黄浦江上游，从青浦县城到上海九十里，与松江到上海的距离差不多。青浦也在太平军控制下，从西边威胁上海。上海报纸鼓噪李恒嵩率领"万余人"进攻青浦。而当时上海地区的清军兵力只有四千余人，上海报纸极力夸大李恒嵩部人数，不过是为攻占青浦虚张声势。

华尔被太平军击伤，白齐文领洋枪队退守松江。据上海英文报纸说，洋枪队死伤三分之一，华尔身受五伤，炮船全部损失。人数和炮船损失相对接近事实。但说华尔身受五伤，未免夸大其词。估计是《北华捷报》记者信手写来的。

李秀成的军队打到上海附近，与英军、法军有战斗，武器差距立即显现出来。太平军仅有少数洋枪，更差的是重火器。榴弹炮用抛物线吊射，称"过山炮"，意思是能从山的这边打到山那边，不用肉眼看见，也能命中目标。太平军炮队在旷野放炮，每放一炮，炮位就暴露了，联军斥候从城墙垛子间看得一清二楚，记下太平军阵地方位和炮位附近方位物。联军事先测量过县城以外各个方位物的距离，用几个参数计算出炮弹发射距离。联军炮兵队施放炮弹，头几发就能大体找准太平军炮位，再经过两次精确校正，即八九不离十的击中太平军火炮阵地。这一手是缺乏数学知识的太平军炮队难以想到的。

华尔担任洋枪队首领时，配合英法联军与太平军作战。那次，李秀成把英法联军包围在上海附近的嘉定县城里。联军司令史迪弗利下令联军立即放弃防御，放火焚烧城门，而后向南门集中。这一手相当冒险，放弃各门防御，放手让太平军涌进来，闹不好得全军覆没。由于放弃防御的同时在各门纵火，又使得太平军难以迅速进城，即便涌进城门，在浓烟中也判断不明守军去向。

史迪弗利的命令迅速传达下去。不大会儿，县城里到处是火光，联军各部跑步集中到南门附近。火光熊熊，太平军一时摸不清联军的位置。部分太平军伍卒忙着扑灭大火。趁着这个当口，联军得以从南门撤出，排成作战队形，上千条来复枪逼向南门外面的太平军，一次次齐射，杀出一条血路，终于和从上海方向赶过来的联军会合，而后连夜撤往上海。联军突围成功，但损失也不小。据罗尔纲先生的《太平天国史》，联军被李秀成所部"斩杀千余名"。

攻占嘉定后，李秀成所部转而进攻青浦。青浦之战的史料有些混乱。据罗尔纲的《太平天国史》，联军与常胜军从松江赶赴青浦，营救法尔思德率领的常胜军之一部，被李秀成所部击溃，而后太平军在追击中生擒法尔思德。而西方有历史学家称，华尔率部将法尔思德营救回了松江广富林镇营盘。

李秀成所部一路扫荡，打下泗泾之后，剑锋直指常胜军的广富林镇营盘，华尔吓得躲到松江县城里。李秀成打疯了，打出了天朝的威风，连战连克，把清军与联军的营寨一百三十多座全部扫荡干净，片甲无存。

直至太平天国灭亡，李秀成被生擒，回顾起这段时光，仍回荡着豪情。对他来说，快马快刀醋洒淋漓斩杀洋鬼子那段时光，是金子般的日子。曾国藩幕僚记录中留下了李秀成一句话："那时洋鬼并不敢与我见仗，战其即败！"

历经了第一次鸦片战争，又历经了第二次鸦片战争，清廷的文武百官何曾见过这样一位在洋枪洋炮中反复冲荡的民族英雄？何曾见过这样一位让洋鬼子闻风丧胆的大将军？但是李秀成所部并没有打下松江县城，不是打不下来，而是天京那边战事紧急，不能在松江恋战了。

1862年（同治元年）6月，李秀成在苏州召开会议，认为天京城池坚固，伍卒编制整齐，如得到必要补充，还可扛一阵子。议定以粮食、弹药援助天京，仍然依托富庶的苏福省养精蓄锐，两年后再与清军决战。这个方案兼顾了回援国都和保全苏福省两方面需要，如能顺利实施，天京太平军凭借坚韧防御拖着湘军和清军，李秀成则抓紧经营苏福省，把给养搞上来，兵精粮足后再驰援国都，将是另一种成色。李秀成为了保证他的计划成功，把母亲、妻子和儿女全都从苏州送到金陵，意思是让天朝留做人质，如果做不到就杀他全家。

天王洪秀全为之震怒。湘军都打到家门口了，李秀成却要两年后才全力回援，朕要你全家命做甚？！洪秀全严诏，李秀成不能不立即率主力回援。

每个人都有个性，只不过有的彰显，有的隐晦。李秀成那样的年轻统帅是血性方刚之辈，固然执行洪秀全成命，心里憋屈。李秀成在被湘军俘获后，之所以会在几日内挥毫疾书，写了数万字的自述，无以抑制地要在临刑前倾诉自己的苦心孤诣，用一番"多余的话"了却自己那番莫大的憋屈。

8月，李秀成分三路救援：北路由李秀成与李世贤率主力军径攻围京清军；中路由陈坤书等领兵攻安徽芜湖金柱关，断清军粮道；南路由杨辅秀、黄文金、胡鼎文攻安徽宁国，牵制敌援。李秀成留下坚守苏州的军队，把主力带走了。

一段时间以来，上海官场患了"宁波恐慌症"。太平军攻占宁波，把官员吓得够呛，以为太平军会水陆两路攻上海。李秀成回援天京的消息传出，上海松绑了。华尔率洋枪队从松江出发，攻陷青浦。

白齐文率常胜军抵达宁波。8月11日，在英法兵船支援下，皇家水师上校丢乐德克率领两千五百人攻占宁波以西的余姚县。丢乐德克麾下除白齐文率领的常胜军之一部，还有"花头勇"千余人。"花头勇"即兵勇扎花头巾。不是小姑娘那种花花绿绿的头巾，头巾颜色较杂，清方称中法混合军，法国称法华联队。

1862年（同治元年）夏，浙江巡抚左宗棠和驻扎宁波的法国舰队司令勒伯勒东、宁波海关税务司法国人日意格等协商，招募中国士兵约一千人，派法军军官训练，用洋枪洋炮装备，在宁波组成法华联队，勒伯勒东任统领，日意格为帮统，前线指挥员是法国炮兵上尉达尔第福，军饷由宁波善后局供给。攻占余姚是"花头勇"打的第一仗，以后又转战奉化、上虞等地。法华联队在后来的战斗中取得了一定战绩，高峰期扩充至一千五百人，清廷命名为"常捷军"。

8月26日，镇守苏州的太平军又一次出击，前锋一直打到大马路西边的静安寺附近。但这次出击仅仅是虚张声势，没有在上海附近更久逗留，旋即回收苏州。这是太平军在上海最后一次逞威，以后就是固守苏州了。

9月，浙江巡抚左宗棠向江苏巡抚李鸿章求援，请派常胜军主力进入浙江，肃清宁波附近长毛。老左张嘴了，李鸿章立即下令常胜军进入浙江作战。

宁波市江北区西北部慈城镇，三面环山，历史上为慈溪县治所在。在慈城镇小北门外的乱石山冈上，几块高高竖起的石碑，是长国人志气，灭洋人威风的象征。名噪一时的常胜军头头华尔，就是在这里被太平军击毙的。

华尔命丧黄泉，却阴魂不散，尽管常胜军打长毛有功，在解散前的两年多时间内，帮助淮军打过近百仗，攻克城池五十余座，但面对这个骄横跋扈，越发不听话的畸形怪物，李鸿章总是疑忌交加，欲罢不能，从与它打交道的第一天起，就想去掉这个心头之患。他耳朵边的声音常是"好自遣散之"。在尊王攘夷、夷卑夏尊的大清王朝，出现这样一支由洋人指挥的雇佣军，着实令人费解。李鸿章能如愿以偿地敲响这个"磨难星"的丧钟吗？

第二次鸦片战争后，清廷想明白了，英法联军固然是敌夷，但不是主要敌人，太平军是要推翻清廷，才是主要敌人。英国、法国希望在军事上支持清室，但他们毕竟是西方国家，出兵要考虑遵奉国际游戏规则。正好在这时冒出个洋枪队。华尔洋枪队迎合了列强的心理。英国慷慨地支持华尔，帮助他购买最新式的武器，其中包括优质的来复枪和野战炮，吴煦等一帮雇主又加温加沸，制造了华尔以五百洋枪兵，打败十万太平军的神话。

李秀成后来在《自述》中这样反省江南战事的逆转："苏、杭之误事，洋兵作怪，领李抚台之银，攻我城池。洋兵见银，打仗亡命。"他的话有些含糊，但不管怎么说，这位著名太平军统帅感受到了洋枪的威力。

1862年（同治元年）2月，薛焕正式下札，命名该军为常胜军。不久太后，同治皇帝诏书隆重钦赐"常胜军"名，敕封华尔为副将，御颁三品顶戴花翎。8月，常胜军发展达到顶峰，人员超过一万两千名。

李鸿章带着淮军刚到上海时，实力不强，他要用华尔与上海的其他国家的洋人搞关系，帮助淮军走向现代化道路。李鸿章没有热乎多久，就感到常胜军渐成尾大不掉之势，它由洋人军官指挥。洋人军官不把中国政府放在眼里，李鸿章担心这样下去，洋枪队越来越无法控制。

李鸿章主持晚清外交数十年，处理了一系列涉外事件。1863年1月（咸丰十一年）发生的白齐文事件是李鸿章初崛政坛，作为封疆大吏处理的第一件涉外事件。此事对李鸿章以后主持外交产生了深远影响。

白齐文，1836年出生在美国南方的北卡罗纳来州新伯恩城，父亲曾在拿破仑麾下当军官。白齐文年轻时曾当过邮务员，干过报纸编辑。他觉得平淡无味，便辞职不干，开始漂泊流浪。他游历过澳大利亚、印度等国，后设法到上海。在上海结识了美国人华尔兄弟。上海式微，华尔提出建立洋枪队的建议，得到上海官绅赞成。洋枪队组建之后，华尔任统领，白齐文和法尔思德任副统领。

1862年9月，洋枪队统领华尔在浙江慈溪战死，白齐文受英国水师提督何柏推荐并且获得英国、法国公使支持，被总理衙门任命为常胜军统领，受李鸿章节制。这就使李鸿章面临着怎样同一个桀骜不驯的洋人打交道的问题。

最初，李鸿章对白齐文曲意笼络，企图使之为己所用。然而，白齐文个性强，不像华尔那样容易驾驭。李鸿章上奏说，白齐文恃有英国势力袒护，肆横、跋扈、狂悖，难以指挥。为此，李鸿章商请驻华英陆军司令士迪佛立，恳求他调走白齐文，改以英国军官代白齐文管带常胜军。李鸿章还抱怨，白齐文带领下的常胜军开支庞大，并指责白齐文及部下干预松江民政、劫掠乡民等不轨行为。但士迪佛立说他无权答应这一请求。由此李鸿章和白齐文的关系逐渐紧张。

1862年9月常胜军配合淮军攻占青浦、四江口。此役常胜军出力颇多，而李鸿章有意排挤白齐文，把功劳归于程学启和淮军，使白齐文不满。随后，白齐文和李鸿章的争执趋于白热化。李鸿章命令吴煦、杨坊督带常胜军助剿金陵，白齐文以两个月未发放军饷为借口迁延时日迟迟不肯启程。吴煦再三致书杨坊，督饬白齐文赶雇轮船整备枪械，驰赴金陵援剿。白齐文置之不理，从上海回到松江，将城门关闭。后经参将李恒嵩劝谕，白齐文回到上海，表示不愿赴金陵，准备辞去差使。杨坊责以大义，白齐文不听，怫然回到松江。

常胜军的饷银由中外会防局发放，由于拖饷，身为管带，白齐文承受了很大的压力。1863年（同治二年）1月15日，白齐文带人赴上海杨坊家中，杨坊是中外会防局的委员，也是召集人，负责支饷。白齐文将杨坊打伤，并将银四万余元抢去。李鸿章闻讯，当即以劫饷殴官、不遵调度之罪宣布撤去白齐文常胜军统领之职，并悬赏五万两缉捕之。白齐文则声称，他奉旨统领常胜军，江苏巡抚无权处分他，他的革或留与否，应听候谕旨定夺。

1863年（同治二年）2月，白齐文赴京，向英国、美国驻华公使及清廷申诉要求复职。美国驻华公使蒲安臣极力袒护白齐文，声称恭亲王奕䜣听信了李鸿章的一面之词，并以白齐文是美国人为由，拒绝李鸿章按照中国法律惩治白齐文。李鸿章针锋相对地指出，白齐文禀文愿为中土编氓，已获旨准，违法犯科，自应照中国之法治罪，以杜后患。对于白齐文的复职要求，李鸿章严辞回拒。

白齐文撤职后，李鸿章着手整顿常胜军，他与英军驻华部队司令士迪佛立将军反复辩论，于1863年（同治二年）1月签订《统带常胜军协议》。此时淮军势力大增，洋枪队作用下降，为免除后患，李鸿章决意裁抑洋枪队。中英签订的《统带常胜军协议》是有关洋枪队最正式的、代表中英政府意愿的文件。

其要点是：1. 常胜军应由中英官员各一人会同管带。中国方面的官员经派定为李恒嵩；至于英籍官员，则暂行推荐奥伦上校充任，但一俟戈登上尉奉到必要的授权，当即接允。英籍官员的品级应为镇台。2. 往上海周围三十里半径以外出征，须事先征得联军的同意。3. 军法、军需及粮台等项均委由中国人主持其事。4. 军饷应按期拨付，由两位联合管带发放。5. 兵额应裁减至三千人，如关税短绌，可裁减至三千人之内。6. 外籍军官的额外津贴，应即取消。7. 军队及管带均归李鸿章节制，所有军火接济亦由李鸿章购办。

这份协定于史有证。细看，字里行间透露出李鸿章那种既善于妥协又善于往回找的风格，以及绵里藏针的个性。常胜军领导权事，李鸿章一度打算实行双管带制度，即中英各出一名管带。李鸿章为了推行双管带制，同意史迪弗利推荐的戈登上尉在条件成熟时担任常胜军管带。从当时的情况推断，李鸿章很可能对戈登上尉闻所未闻。奥伦上校仅是过渡人物。戈登上尉一出场，立马滚蛋。由于这是李鸿章个人与史迪弗利将军个人间的协议，不会拿到外面，可怜的奥伦本人未必知道自己的可悲处境。但事后双管带制度没有执行，戈登上尉倒接过了常胜军。看来老谋深算的清朝大吏也有让人算计的时候。

常胜军的一切费用开支概由中方承担，包括军需、军火、饷银及其他。对军火采购，李鸿章对谁都不放心，亲自抓。常胜军费用不再用上海会防局从民间募集的资金，改为从上海海关关税中截留。后世认为上海会防局对洋枪队提供经常费不过是幌子，经常费出自关税。在常胜军官兵闹饷之前，经费当出自上海会防局从民间募集的资金。李鸿章处置白齐文时，为防止再度欠饷影响常胜军士气，决定由官方承担这笔费用，而官方又没有这笔巨大的额外开支，因而最终确定从关税中截留。这种事后人难以想像，但是战争年代的非常措施，所有事情都要服从打赢战争这个总目标。截留关税供养军队，确实罕见，为了不给上海海关造成更大压力，李鸿章在很短的时间内大力整编常胜军，出手果断，一刀把华尔时代清廷确定的六千人编制砍了一半，仅保留三千人，而且李鸿章认为连三千人也多了，"如关税短绌"，还打算进一步裁减。

李鸿章在上奏《整饬常胜军片》中说，协议的目的在"渐收兵权"，"于调停笼络之中，仍寓裁制控驭之道"。协议双方盖印后各执一份，并上呈一份在总理衙门备案。显然，洋枪队此前的归属是协议的基础。假如洋枪队过去是由美国或英国控制，就不会有此协议产生。李鸿章有再大的本事也不可能将一支洋人统辖的军队归属自己节制。协议只不过进一步明确了洋枪队的雇佣性质。

李鸿章要收拾白齐文，而白齐文并非胡闹，承受着巨大内部压力。马士和

宓亨利在《远东国际关系史》中有如下记载："常胜军的情形已经非常不稳。他们对白齐文将军所受的待遇提出了措辞强硬的抗议，签字人计有校级军官九人，上尉二十九人和其他军官十三人。他们郑重声明，如果白齐文将军被处死——像外间传闻的那样——他们就绝不再为中国当局服务。"常胜军军营里的"民主气氛"，后人很难想像。由于主官被罢免，五六十名军官排队签署抗议书。在清军和团练中，何曾出现过这种欧洲文明培育出来的景象。

随后几天，松江广富林镇营盘发生了自洋枪队成立以来最严重的哗变。关于这次哗变的起因，有不同的说法，马士和宓亨利认为是多数官兵不想离开松江广富林镇营盘以至闹事。这是缺乏常识的看法。昆山和松江都在上海附近，两地条件差不多，官兵不可能因为调防哗变。这次哗变当与白齐文鼓噪有关。

关于这次哗变的后果，马士和宓亨利在所著《远东国际关系史》一书中提供了几个数字："军队深为不满，并且以哗变来抗争。祸首被枪决，于是大部分士兵丢下武器潜逃，以至兵力从三千九百人锐减到一千七百人。戈登于是把在昆山俘获的两千名太平军悉数予以收编。"

白齐文被免职后，几经努力想官复原职，均被李鸿章拒绝。忿忿不平的白齐文转而于1863年7月初从上海赶到苏州，投奔太平天国，报复对他的"不公"。到苏州后，太平天国慕王谭绍光接见他，将他的名字改译为"白聚文"，成为太平天国的"洋兄弟"。当月下旬，他回到上海，招集旧部，陆续前往苏州，转为太平天国服务。8月初，他约定曾在清军小炮船"高桥号"当船长的钟思和其他几个人在青浦抢夺"高桥"号小炮船，驶回苏州，为太平军服务。

跟着白齐文走的有多少？罗尔纲在《太平天国史·洋兄弟传·白齐文》中说"只有不到一百名的欧洲人"。萧一山在《清代通史》中说"一二百名欧美退职军官"。两个数字差不多，似乎罗尔纲先生说的更准确，即不到一百人。

李鸿章在江苏巡抚衙门接到禀报时，不觉得事情有多严重，后来接到线报才知道事情不简单，原来是常胜军前管带白齐文带着一大帮常胜军现职军官倒戈，临行前拽上了水师管带乔尼斯，拐走了长江水师的一艘战船。

白齐文倒戈，引起在沪西人哗然。《北华捷报》的一篇评论说：戈登是英国人，而常胜军的洋人底子是华尔和白齐文培养起来的美国人，其中许多人忠于白齐文而厌恶戈登，绝大多数人扬言要抛弃戈登，加入白齐文的队伍。

英国驻华军队最高长官柏朗（清廷授提督衔）给清廷的信中说："戈登完全受制于以前为华尔所雇佣而现在与白齐文所勾结的军官，白齐文用金钱收买他们，并从常胜军中拉去了许多人，经英国政府批准供给戈登的大炮、枪械、子弹等军火，因而也有落入叛军手中的危险。如果失掉这批武器，我便没有比这更猛烈的大炮、枪弹来抵挡叛军和保护上海，那么上海的情势便危险极了。"

李鸿章在密奏中称上海情势危重，请清廷采取严厉措施：首先令戈登对常胜军内部加紧控制，柏朗亲自出马去常胜军昆山军营。其次，驻上海的西方各国领事馆禁止本国人偷偷帮助太平天国，并且同意李鸿章的请求，准许清军营卡对私运军火以及没有护照的洋人"查拿捆办"。再就是禁止外国商人出售枪炮。

李秀成率大军从安徽六安回撤，解苏州之围，渡江后，从江阴固山至无锡城外连营数十里。李鸿章下令：李鹤章所部进驻常熟王庄，刘铭传、郭松林、吴建瀛、滕嗣武、张树声、周盛波分道出击，黄翼生率水师助战。李鹤章兵临顾山，周寿昌进驻张泾，备无锡之援。血战二日，太平军死者万余。李鸿章令程学启率水陆十三营，在李恒嵩清军与戈登常胜军配合下攻取花泾港，逼吴江震泽下之。

吴江在江苏最南部，与浙江搭界。李鸿章亲率太湖水师，溯吴淞西巡，以太湖沟通江浙。又令程学启至吴江，与水师、常胜军进攻夹浦，攻陷太平军沿湖石垒，从而得以进逼太湖东岸，与苏州城的娄门相距不过数里。

就在这时，白齐文带着一艘英国武装汽船投诚了。太平军苏州守备司令是慕王谭绍光。对他来说，白齐文倒戈的意义并不在于带回来的是一条大船，而在于投诚者曾经是太平军最凶恶的的敌人，现在成为太平军的组成部分。"高桥"号汽船来的正是时候，在苏州外围的攻防作战中，越来越倚重于水上力量，而这块是太平军的弱项。太平军中的"洋兄弟"伶俐于上海附近俘获常胜军的"萤火虫"号轮船以及船上的军火，驶往无锡，献给李秀成，得赏银两万元。

李鸿章听到消息后，火冒三丈，立即出具告示，不拘军民及洋人等，有将白齐文擒斩者，立即赏银三千两。英国和美国驻沪领事就李鸿章出示悬赏擒斩白齐文一事照会李鸿章，称此示有违和约，请将赏格收回另议。李鸿章照复美国领事，称白齐文为中国之官，自应照中国法律办理。

太平军有一条规定，清方叛将不得带兵。显然，是怕再次谋反。因此，白齐文投降太平军后，谭绍光挑选了两千多人交他训练，但只是教头，不是指挥员。白齐文不服气，到天京谒见忠王李秀成，想要一支归他指挥的部队。李秀成对他非常热情，却未答应他独立指挥的要求，命令他只带领原有的小队人马。

李鸿章向朝廷报告说："现在苏州贼势亦蹙，吴江复后我军进步较快。惟白齐文回沪，闻已密投苏贼，招募外国流氓百余人陆续投往，并有代购洋枪炮情事，英国文武各官皆走相告。"他强调已经札行美国驻沪领事，要其尽量抓捕、解办白齐文，"并商令戈登、程学启等严为防备，通饬前路营卡一体查拿"。由于清方防备严密，白齐文几次为太平军大批购买军火的努力均未能成功。

无权独立指挥部队，只能指挥自己那支不到一百人的洋兵和"高桥"号小炮轮，白齐文的能力和作用备受限制。眼见局势对太平天国不利，他向李秀成提出放弃苏州、天京，集中力量全力北攻的建议。这确是太平天国当时挽回败局的正确战略，李秀成在苏州召开的军事会议上提出，但被洪秀全拒绝。

太湖古称震泽、笠泽、五湖等，地跨江苏、浙江两省，地质上为长江和钱塘江下游泥沙堰塞古海湾而成。它西南纳苕溪、荆溪诸水，东由浏河、吴淞江、黄浦江注入长江，湖面通称三万六千顷，湖中大小岛屿四十八个，连同沿湖的山峰和半岛，号称七十二峰，以洞庭东山、西山、马迹山、三山、鼋头渚为最。

10月初，程学启部猛攻宝带桥。郭松林、李鹤章、滕嗣武、张树声等分路进攻。李秀成令白齐文带"高桥"号汽船和配属的长龙炮船，围攻无锡大桥角清军军营。太平军初期获胜，缴获十五艘清军炮艇，"高桥"号汽船炸炮击毙清军数百人。由于清军大批增援，"高桥"号汽船被清军敢死队焚毁。

白齐文的部下经不起折损，而无锡大桥角一仗如同风雨过庭院，落下个残花败柳。阵亡十几人就不消说了，剩下的七八十人之中，胳膊腿尚完好的仅一半，剩下三四十人都是伤员。白齐文意识到，"高桥"号汽船沉没，剩余人员不成气候，在这儿干下去的话，几十人日后只能打散分别安插到各个部队中。简而言之，白齐文用以作战的本钱大体上赔光了，于太平军意义不大了。

白齐文请示后，谭绍光同意他们离去，1863年10月中旬给他们发盘缠、路凭，对自愿留下的则"相待如初"。对他的要求，谭绍光担心他们在路上会被李鸿章俘获杀害。对此，白齐文回答说，戈登保证他平安回到上海。白齐文走时，谭绍光以隆重军礼相送，用轿子和卫队将他送到前线两军相交处，同时还给戈登写了一封信，说明白齐文病重，希望戈登能将其平安送到上海治疗。这一切都使白齐文深受感动，到上海后他就在英文《北华捷报》上发表文章，声明自己"直到此刻为止，仍然没有丝毫背叛太平天国的意念"。

白齐文从昆山到了上海，不久被中央巡捕房逮捕。依照领事裁判权，这是美国驻沪领事下达的命令，由中央巡捕房执行。李鸿章立即得到消息，派人疏通美国驻沪领事署，坚持要杀这个叛徒。但是，如何处置滞留中国的美国人，不是巡抚衙门说了算的，而是美国领事说了算。其实，美国驻沪领事也坐蜡。在太平天国战争中，美国政府宣布严守中立，在清军与太平军间不偏不倚。如果一个美国人因为参加了太平军而受到美国领事惩处，美国政府就毫无中立可言了，而是明显偏袒清廷。对于这个盘子，中外舆论看得一清二楚，也都在盯着。因此，美国驻沪领事署采取了独特处置方式，将白齐文遣送日本，规定不准来华。

白齐文在日本呆不住，病好后曾两次返回上海，两次被美国领事强送回日本。1864 年春，他从日本潜回中国，因上海严密防范，这次他从宁波登陆。此时天京告急，白齐文暗中招募队伍、租雇轮船，想解天京之围。消息传出，清方大为紧张，他的意图终未实现，天京不久被清军攻陷。1865 年春，白齐文听说太平天国余部、侍王李世贤驻兵福建漳州，于是投奔前往。但在距漳州咫尺之遥的厦门附近，被已得消息的厦门海关俘获，送清军郭松林部关押。与他同时被捕的还有他的翻译中国人细仔和英国人克令，一行被押送福州监狱。

听说抓获白齐文，李鸿章与时任闽浙总督的左宗棠出了口长气，认为去掉心头之患。1865 年 6 月 25 日，船行至浙江兰溪县汇头滩时突遇大风大浪，白齐文、细仔、克令及负责押送的中国官兵"舟覆溺毙"。

当时有人认为，李鸿章怕美国公使执行领事裁判权，不严惩白齐文而设此毒计。上海洋人和报界认为白齐文是被害死的，《松沪从贼纪略》中谈及此事时写道，白齐文被"闽关获之，送郭军门松林行营，郭不敢杀，械送过桐江，舟覆而死，或曰，亦委员以计杀也"。李鸿章在给朝廷的《拿获白齐文片》中咬牙切齿地说："查白齐文穷凶极恶，叠次甘心助贼，情罪重大……此次由郭松林营中拿获，若当时作为对敌杀死，可省葛藤。该提督等因系洋人及税务司公同盘获，无法消弭，既经解闽讯办，恐未便即予骈诛。"

或许是考虑到白齐文添了太多麻烦，不愿破坏与中国政府的关系，美国政府并未深究白齐文死亡真相，自愿放弃领事裁判权。此案就此了结。虽然很多因素表明很可能是李鸿章等设计杀白，但毕竟还没有找到最终证据，认定白齐文确是他们所杀。喧嚣一时的白齐文事件终于画了个句号。

上海危及时，上海官绅主张"借师助剿"，曾国藩认为只宜借守沪城，切勿遽务远略，洋兵保卫上海可以，若由洋兵助剿金陵、苏州、常州，则超出通商口岸范围，绝对不可。李鸿章带淮军去上海时，曾国藩要他"会防不会剿"。朝廷的想法和曾国藩一样，既用洋人之力，但不得不于裁制之中仍寓羁縻之意。可见，清廷对洋人所持的态度也是要在利用中控制、笼络而不能予其全权。

曾国藩的言论和清廷的谕旨对李鸿章的影响很大。李鸿章到上海后在与洋人打交道的过程中，一言一行是遵循师意和顺从朝廷旨意。洋人坚持助攻苏州时，李鸿章深知英酋之意欲为中国克复一二省城，难保非为通商要挟张本。因此，如提督必调兵助攻，仍先与要约克复后立即退出，由臣妥筹布置，不得别有要

求。后来，他还抱怨洋兵助剿苏州，何必倾英、法沪上之师以来此争功喧客夺主，实觉无谓。但是，为了镇压太平军又不得不借洋兵助剿。可见李鸿章既要利用洋人又害怕洋人侵权，以及要在利用中控制洋人的思想和曾国藩的思想和清廷旨意如出一辙。当常胜军的势力已成尾大不掉之势时，清廷命李鸿章、薛焕预为裁制华尔之常胜军。当白齐文不听李鸿章调遣时，清廷令李鸿章派镇将接替他。当白齐文殴官抢劫饷银时，清廷谕令李鸿章将白齐文迅速交出，无得任令含糊了事；白齐文三品顶戴职衔著行褫革，由该抚讯明惩办，以肃军纪。

上海官绅的毛病是哄着洋人干活儿，为了活儿干得像样，人家怎么说怎么是。李鸿章则与上海那些老油子官绅不同，反对挟夷自重，主张对洋人采取在利用中控制在控制下利用的办法。在白齐文事件处理上，他坚决反对美国公使蒲安臣和美国驻上海领事馆行使治外法权，表明他的外交手段已颇为成熟。

第二十八章

苏州杀降：淮军的一节外交课

　　1863 年（同治二年）1 月，中英签订《统带常胜军协议》。这是有关洋枪队的正式文件，代表了中英两国政府的意愿。文件规定洋枪队管带"均应归中国抚台节制、调遣"，而且明确无误地提出了一位常胜军洋人管带人选，这个洋人名为戈登。那么，戈登是何许人？什么来路？

　　查理·乔治·戈登生于 1833 年，父亲是皇家炮兵中将。他在军校毕业后，加入皇家工兵部队，军衔少尉，后投入克里米亚战争，专事侦察俄军战壕走向。这个活儿相当危险，观察对方战壕须把身子探出战壕，容易成为狙击手的靶子，他在火线上呆了五年，至 1859 回国。第二次鸦片战争爆发后，他来到中国。由于来得晚，没有参加攻陷大沽口炮台战斗，也没有参加八里桥之战，更没有赶上抢劫圆明园那出大戏。他抵达北京后，目睹英法联军火烧圆明园的尾声。大千世界的复杂性正表现在这里，作为虔诚的天主教徒，他在日记中强烈谴责英法联军火烧圆明园的野蛮行径。他的部队在北京驻扎了一年多，然后移驻上海。这时，他三十岁。之前的经历中难以找到值得书写一笔的事，后来他成为大英帝国的"英雄中的英雄"（英国首相格拉斯通语）。

　　戈登接手常胜军之前的常胜军管带是英军的奥伦上校。1863 年（同治二年）2 月中旬，常胜军从松江出发，带了十几门英国新式火炮，两天后抵达太仓县城。奥伦下令将新式火炮部署在距太仓西门城墙外一百六十码处。奥伦放话：破城后允许士兵掠夺四十八小时。在别的军队，这话足以吊起士兵胃口。破城后允

许兵勇掠夺，是清军解决欠饷问题的传统办法。而在常胜军另当别论，奥伦这一决定让不少洋枪队老人嗤之以鼻。

2月15日上午，常胜军开始炮轰。十七门新式火炮发送"慕松炮弹"。这种炮弹是从地雷演变来的，相当于用炮筒把地雷抛射到城墙上，威力相当大。下午二时，城墙被炸开一个缺口，常胜军兵勇蜂拥而入。但调度不得法，在缺口处拥堵住。太平军的反击炮火照着缺口一通猛轰，拥塞在缺口的大批兵勇倒下。

太平军伍卒趁势冲出城墙缺口，直奔常胜军炮阵地。炮阵地距城墙很近，却没有步兵保护，炮兵队见太平军伍卒冲来，惊散。太平军试图把新式火炮拉回去，奥伦才想起动用预备队。预备队冲上去，太平军伍卒炸毁所有新式火炮，安然退回城墙，随即用沙袋堵住缺口。失去火炮，奥伦管带没有办法往下打了；兵勇遭到迎头一记闷棍，士气也就完了，一个个垂头丧气的。奥伦只得打道回府。

常胜军不是没有打过败仗，却从来没有这么丢脸过，头一次投入使用的新式火炮让太平军连锅端了，进退毫无章法可言。战场上不讲潜在能力，统帅有没有能耐，评定标准只有一个：打胜了还是打败了。老兵见过世面，通过太仓之役看透了奥伦管带，人品不错，心地善良，不想整谁也不打算坑害谁，但是一点实际指挥能力也没有，充其量是个谙熟图上作业的参谋军官。

戈登是史迪弗利的姻亲，1863年（同治二年）3月被任命为常胜军管带。此前的常胜军管带华尔认为自己是"陆军少将"，副手白齐文和法尔思德是"陆军上校"，即便这三位美国人自封的军衔不作数，那么后一任常胜军管带奥伦是正经八百的英军上校。而戈登不过是一名上尉。史迪弗利的猫腻玩儿大了。史迪弗利声称自己不搞裙带关系，而戈登的任命却是裙带关系的典型产物。

戈登初入松江广富林镇营盘，不受欢迎，与他目空一切的样子直接有关。身为英国皇家炮兵中将的公子，他自视甚高。他出身于贵族，保持着不少贵族习惯。他才三十岁，却端着中年绅士的架子，喜欢拿一根精致手杖。手杖造成的恶果之一是取代了手枪。作为常胜军管带，规定出门必须要携带手枪，当初华尔、白齐文和奥伦枪不离身，而戈登有了手杖就什么都不带了。

1861年10月，戈登在给英国的妹妹写信说，我喜欢这个国家，这份工作，以及这份悠闲自在，在英国，我们地位卑微，在中国，却位高权重。

这位自认为位高权重的英国青年军官有些矫揉造作。入世未深的年轻人管辖三千人的军队，包括一大帮兵痞子和兵油子，得拿出派头，否则压不住台面。他接手的是刚经过整编的军队。白齐文被罢免，奥伦上校接手后，李鸿章对常胜军进行了大刀阔斧的整编，六千人裁为三千人，整编出来六个步兵队、一个炮兵队以及一个兵船队。罗尔纲在《太平天国史》中没有采用"队"的提法，而是称为"团"，也就是说，三千人的部队编出六个"团"。但是，后世一个加强团就有三千人。所以三千人编为六个"团"，并不合适。

戈登还有一支"舰队"。在江南水网地域作战，兵船队配备装有火炮的船舶，主要任务不是在水面作战，而是运送步兵队和炮兵队。也有些常驻上海的西方记者把这支小小的兵船队称为"常胜军舰队"。

戈登率领常胜军第一次出战是打常熟。这个地方距离松山广富林不远，北临长江，晋代置县，附近河汊密布，便于舟船行驶。

戈登的对手是李容发。生于 1847 年（道光二十七年），一说本姓周，湖北江夏人，一说广西藤县人。史料中，清廷大员各说各的。苏松太兵备道吴熙称李容发是"伪忠王假子"，李鸿章则说李容发"系伪忠王李秀成之子"。李容发到底是李秀成的亲儿子还是养子，无须细究，只是太平军中确有不少优秀将领，不仅战绩彪炳史册，而且很有魅力。李容发即其中之一。

罗尔纲在《太平天国史》中用浓烈笔墨赞颂李容发："他的英勇善战，已博得众口称誉，他的容貌俊美优雅，他的语音十分轻柔、委婉动听。他的体形虽然柔弱，可是一种伟大的革命热情却在他身上激起了英雄的气概。每当驰上战场的时候，那种叱咤风云，千军辟易的雄姿，即便是最英勇的战士也都为之黯然失色。他从来不知道什么是危险和恐惧，他几乎从婴儿时代起，就已经成为一个兵士，习惯于危险和战争。他是从革命战争的生死搏斗中成长起来的少年英雄。"

李容发随李秀成转战苏、浙、皖三省，1863 年（同治二年）初，清军围困常州、嘉兴太平军。按照太平军作战的路数，救援某地，往往不直扑某地，而是直扑清军另一痛处，压迫清军回援解救，再伺机行动。这是经过长期战争考验的颇为老辣的战法。为此，李容发率军穿越清军后方，威胁无锡，包围常熟，企图逼迫清军北撤对常州之围，南缓对嘉兴之进，回援无锡与常熟。李鸿章果然受到震动。但是他毕竟长期跟着曾国藩，学了几手，很会算计，绝非小小李容发能轻易调动的。他看出了李容发的打算是解常州、嘉兴之围，因此对两地依旧围困，而派常胜军去解常熟之围。这就是常熟之役的由来。

福山距常熟十八里，与江北狼山对峙，被称为由江入海的钥匙。常胜军在福山登陆后，当夜太平军水鬼携火箭、火弹、喷筒、钩镰，潜入船队，火攻泊于福山的兵船，烧了不少运炮米艇。有的炮弹没有卸船，在大火中爆炸了。

常胜军带着十几门重炮、一大堆炮弹及辎重上路，非得乘船，否则大炮在

泥泞翻浆的土路拖拽，一天走不了几里。运送重炮的米艇被烧，往后的麻烦就大了。战争到了这步，洋炮的作用远大于洋枪，常胜军所倚重的大炮和炮弹没有船舶运输，不能随着步兵行进，直接影响了后面决战。

这是戈登出任常胜军管带之后的第一仗，对手是太平军中闻名遐迩的少年英雄李容发。这是他们第一次，也是最后一次对决。

虞山在常熟县城西北，由西向东，形如卧牛。东端伸入县城，旧有"十里青山半入城"之说。南山以岩石为胜，北山以山涧著名。两军对峙，拉开架势准备打，指挥部设在战斗队列之后。史料表明，李容发在指挥位置上讨巧，有意站在山高处，把常胜军布阵看得一清二楚。相较而言，工兵出身的戈登哪懂这种窍门，只是准备在缺乏炮火支援的情况下和太平军死磕一场。

英军教官训练出来的常胜军排出战斗队形，分左右两路推进。左路是第四步兵队，右路是新编第六步兵队，虽然炮兵队在福山过不来，戈登却自信，即便没有炮火支持，洋枪也足以击垮使用长矛大刀抬枪鸟枪的太平军。只要两军接近到一二百码左右，这边一阵阵来复枪齐射，那边一片片倒下，仗就算打完了。

李容发站在高处，对坡下态势看得清楚。常胜军分左右两路推进，他下令步军主力不惜代价向常胜军左右两路的中间地带穿插。他的步军出动了，旗手举着旌旗走在前面，伍卒在后面紧随。两军接近时，太平军步军突然发起，猛冲过去。这时太平军不完全用大刀长矛作战，长期转战中缴获或采购了一些洋枪，配以抬枪、鸟枪，也有一定火力强度。

太平军步军穿插到常胜军左右两路之间，把戈登的既定作战计划打乱了。随即冲出太平军大队骑兵，卷杀过来，逼近时分为两路，一路冲击常胜军左路侧翼，一路杀向常胜军的右路侧翼。这就是李容发用兵的高明之处。若论兵器，太平军比常胜军相去甚远，双方要形成对射局面，太平军必败无疑，只有按照古代兵书教诲的，避其锋芒，以己之长，克彼之短。李容发就是这样打的，根本不容常胜军展开战斗队形在近距离齐射，就在常胜军左右两路的间隙坚决果敢的插进步军，搅了戈登的局，再充分发挥马队的机动性，破其侧翼。这种中国古代智慧培育出来的战法，岂是戈登能想到的。

常胜军左右两路之间本来穿插进太平军步军，而太平军马队又在常胜军左右两路侧翼反复冲荡。常胜军老兵屡经战斗，却都是排出队形步步推进，没有遭遇过这种打法，很快支持不住，开始动摇，接着后撤。而只要撤退开始，前沿指挥员稍微把持不住就会形成溃逃，也就是通常所说的兵败如山倒。

山坡上，李容发拿起一杆大旗，忽啦一卷，马队和步军追杀溃逃的常胜军，向着戈登所在的方向掩杀过来。步兵一队是洋枪队的老底子，是华尔在世时最钟爱的，过去由白齐文亲掌，白齐文走后，由法尔思德亲掌。步兵一队毕竟屡经战阵，迅速展开队形，一阵阵来复枪齐射，太平军马队人仰马翻，追兵的势头总算被扼制住了。就这样，顷刻之间，两个少帅之间的决战结束了。

西方记者报道说，这是自洋枪队成立以来遭受的最惨重失败，几乎全军覆没，不堪再战，而且此役后，常胜军的士气再也没有恢复过来。美国作家威尔生在所著《常胜军》一书中有相对冷静的评述："这是戈登上校所遭遇的最不如意的事情。他对于手下军官未能适当地使用预备队，以及忽视了侧翼的防御，非常的愤怒，认为是败北的主要原因。反观太平军，乘其不备，攻其不意，虽然作战中使用的仍然是长矛大刀，却能够包围常备军并将其击溃，实属不易。"

淮军最终攻克常熟、太仓、昆山等地。在扫清苏州外围后，李鸿章制订三路进军计划，中路程学启统率，由昆山直趋苏州；北路李鹤章、刘铭传从常熟进攻江阴、无锡；南路则下攻吴江、平望，切断浙江太平军增援的道路。

太平天国的主要兵工厂在天京，有典炮衙、铜炮衙、典铁衙、铅码衙、红粉衙、战船衙、弓箭衙、旗旌衙等，制造各种枪、炮、刀、矛、弓箭、铅弹、火药、战船以及旌旗等。除了天京之外，曾在汉阳设铸铁局、火药局。硝是制造火药的主要原料之一，太平军在多处设土法上马的煎硝厂，方法是将数十口大缸埋于土中，取旧砖敲碎研细和烟或灰，入缸以水淘之，然后并熬成硝。

李秀成在昆山设立炮弹厂，延聘欧洲技术专家到该厂指导制造炮弹。昆山还有铸铁厂。这两个厂的存在，使得昆山成为天京之外的天朝最重要军火基地。防守这个军事重镇的是忠王李秀成所部七千人和慕王谭绍光所部四五千人。

昆山炮弹厂建在昆山县城西北的玉峰山脚下，占地百余亩。玉峰山，高过七八丈，周边不过三四里。山形如马鞍，民间俗称为马鞍山。其脉自太湖东西两山迤逦而来，万顷平畴，一峰独秀，素有"真山似假山"的说法。

程学启引兵去打昆山，按本意先拿下昆山炮弹厂，再了结昆山铸铁厂。但炮弹厂和铸铁厂岂容清妖鹰犬染指。忠王所部和慕王所部都不是好惹的，程学启引兵数千到了玉峰山左近，刚安营扎寨，随即被太平军困住了。

程学启犯了兵家大忌，孤军深入，李秀成和谭绍光形成关门打狗之势。论资历，淮军比不得清军；论作战，淮军比不得湘军。程学启的不幸不是撞到了枪口上，而是撞到了炮口上。他领着数千淮军偏偏去打炮弹厂。太平军困住淮军后，每天就近从炮弹厂拉来刚造出来的炮弹，往程学启的营寨里发炮。淮军的日子没法子过了，屁股大小的地方，既突不出去，又没有地方躲，一天到晚

被炸得鬼哭狼嚎的。程学启近乎绝望时，戈登率领常胜军杀到了，对围困淮军的太平军发起攻击，前有步兵队来复枪齐射，后有炮兵队轰击，没多久就打通了进入淮军营盘的道路。程学启所部匆匆忙忙往外打，与援军会合后一起冲了出去。

戈登把程学启从包围圈中捞出来的日子是 5 月 27 日。对于程学启，这天恍如重生之日。在玉峰山下被困，就像当初湘军围困安庆时，他在壕外脸都熬绿了。这次他的处境更悬，营寨的木栅被炮弹炸得七零八落，却在最后关头盼到了救兵，又一次大难不死。他对戈登感激涕零，愿结金兰之交。尽管戈登觉得好笑，还是完全按照中国江湖规矩，和程学启拜把子，成了结义兄弟。

戈登率领常胜军与淮军共同驻扎在河边。过去戈登不了解江南地理形势，直到驻扎河边，才注意到这条河不宽，两岸植柳，不像大自然中形成的河流。他随口问问这是条什么河，居然是闻名遐迩的京杭大运河。

自从隋朝以洛阳为中心开凿大运河后，这条人工水路成为中国南北运交通大动脉。这种状况维持了唐宋元三朝，元朝统一中国后，以北京为大都，为充分保障大都，对大运河做了手术，将大运河拉直为京杭大运河。它北起通州，南至杭州，经河北、山东、江苏、浙江四省，沟通海河、黄河、淮河、长江、钱塘江五大水系。从大都通过大运河南下，通过大都到通州的通惠河，通州至天津的北运河、天津至临清的南运河、临清至台儿庄的鲁运河，台儿庄至清江的中运河，清江至扬州的里运河（邗沟）。最后一段是从镇江至杭州的江南运河。

元室对大运河截弯取直的的做法过于实际，尽管航程缩短，却因急功近利得罪了老天爷，把弯曲的大运河没有的毛病诱发出来。元末，黄河泛滥，洪水退去后，淤泥堵塞了运河，如同动脉出现了血栓。朝廷征调大批农民疏浚河道，而竣河的农民发动了起义，江淮地区陷入战乱，各路起义军各占据了一段大运河，运送粮食的通道被彻底阻断了，断粮的王朝没有力量弹压起义，终于覆灭。

明朝迁都北京，将大运河作为南北交通通道，船只往来如梭，漕运船最多时达一万两千艘，船工超过十二万人。除漕运船外，还有众多官船、商船和民船。南方出产的丝绸、茶叶、瓷器和北方出产的豆、麦、梨、枣等土特产，通过大运河交流。明代出现的三十多座新兴商业城市，十之八九分布在大运河沿线。

入清，京杭大运河仍是漕运主要水道，但自太平天国起事以来，金陵附近成为战场，京杭大运河全程运输中断。没有漕运的粮食，京师就要饿肚子，清廷不得不改由海上运输粮食。京杭大运河仍在使用（直至咸丰末年，大运河尚有漕运船两千五百艘，称"剥船"，江西承造一半，两湖承造另一半。清廷对承造剥船补贴少，分摊到造船任务的省份得往里贴银子），只不过分段使用就是了。

苏州位于昆山以西、太湖以东。清军、淮军和常胜军攻占昆山之后，戈登即带领二千多人和两艘装甲轮船，配合淮军和清军攻陷夹浦、吴江，太湖水师控制住多半个太湖，就从东西两个方向上挤住了驻守苏州的太平军。

常胜军的主要活计在上海周边，作战不主动，太平军打到哪儿，常胜军去哪儿。1862 年（同治元年）冬季，常熟太平军守将骆国忠投降。李鸿章乘机率淮军发起收复苏州、常州战役，常胜军为配合淮军作战而出动。

1863 年（同治二年）3 月，李鸿章率领淮军携手常胜军以上海为根据地向西进攻太仓、昆山，继克。随后，又调转马头，向北攻克江阴、无锡等城池，从太平军手中夺得这几个地方以后，李鸿章把最后目标投向了江南重城苏州。

李鸿章令刘铭传攻江阴。刘铭传部是淮军中的洋枪队，不仅为湘军所无，而且武器的先进程度不在常胜军之下。编修刘秉璋和道员潘鼎新别军攻枫泾镇，从浙江嘉善赶来的援军，与刘铭传、刘秉璋三路并进，卒克枫泾镇。

枫泾镇位于大运河和枫江交汇处，自古是水陆交通要道。枫桥在苏州阊门外，因张继《枫桥夜泊》闻名，南边不远是六朝古刹寒山寺。宋元之际，枫桥市肆闻名遐迩，清初成为粮食集散地，粮船达数千艘，舟楫往来，商旅云集，有"枫桥塘上听米价"之说，那时通过枫桥镇的米价就可以看出全国米价行情。除粮食行，尚有布业、丝绸业、银楼钱庄业、典当业、洋广货业等，是个热闹的所在。太平天国后占领苏州后，十里枫桥塘几成废墟，老枫桥被毁。

太平军增援部队从嘉兴、平湖过来，据西塘，约三四万人。刘秉璋由枫泾镇逼西塘，水师来会，英军马格里率炮队配合，遂克西塘。太平军遁嘉善。刘铭传围困江阴，李鹤章调集张树珊、郭松林部会攻，先平沿江木城石垒百余，后以炸炮轰击，江阴城内有内应者，遂克之。

在一系列战斗中，常胜军与淮军配合作战，淮军为主，常胜军为辅，偏师太湖东岸，充分发挥武装汽船威力。为作战方便，指挥部从昆山前出吴江。

忠王李秀成会同侍王李世贤自无锡率部前来增援苏州，集中无锡、溧阳、宜兴等太平军八九万众，船千余艘，出运河口，而自率精锐数千踞后宅，连营并进，为最后之谋。李鸿章令等坚立营垒固后路，乘间击袭，令程学启横出敌后，下蠡口。李鹤章复约诸军滚营前进，分攻坊前梅村，平太平军十余石垒。唯独李秀成所据石垒，终不能克。于是清军一路从蠡口下浒墅关，克虎丘，追至阊门。

苏州外围之战，是围绕两座桥进行的。李秀成对宝带桥沦于敌手深为不安，

下令攻宝带桥，不克。程学启和戈登常胜军在水师配合下，攻占五龙桥。这一仗几乎成为终结苏州外围之战的标志，自此苏州太平军军势渐蹙。

9月底10月初，李秀成大战竟日，被刘铭传、李鹤章部所败。程学启加紧攻击，直逼阊门。苏州之围遂成。10月中旬，淮军总攻，娄、齐、葑、盘四门外的太平军十余里营垒有的被淮军攻破，苏州之战的"收官"之战迫近了。

截止11月中旬，苏州攻防态势是：太平军约十万，城内四万多，无锡城内有两万人，无锡和苏州之间数万。进攻苏州的是程学启率领的淮军两万多人，戈登率领的常胜军三千一百人，法华联队四百人，太湖水面上有两艘武装轮船。李鸿章坐镇刚拿下的常熟，统辖着数万清军，作为压制李秀成的大预备队。

李秀成见城危势孤，不时以间道入城，与谭绍光计议，而后趁夜缒城而出。11月下旬，李秀成见无法摆脱回援天京诏令，只能出胥门，挥泪而走。

自从李秀成集结大军分三路救援天京后，苏州至无锡的防御由谭绍光主持。谭绍光不仅忠勇，而且勤勉，脚踏实地，兢兢业业。他在盘门以北，东到娄门建立了几十座营垒，又在娄门外垒石筑城，作坚守计。

说起苏州，人们自然会想到城里的粉墙青瓦、城外的小桥流水人家以及缓缓流淌的并不清澈的小河，河畔夜夜回荡的温婉的"水磨调"。本书写至此时，尽力揣摩那时苏州的样子，很难把明山秀水的江南古城与大战将临的严酷气氛联系起来。事实是，那时的苏州残破不堪，原有的近百万人口仅存二十来万。这座东南名城已成为一个决战场，一座作战双方都豁得出去的城市。

戈登不懂中国文化，也不打算懂；不了解苏州源流，也不打算了解。在他看来，攻打苏州跟攻打任何一座县城差不多，只是苏州的城墙更高些。仅此而已。

戈登带人到苏州娄门外面看地形，满脑瓜子想着把重炮架设在哪里，从什么地方撕开太平军防线。而中国人一个劲地揉着眼睛。他们不敢相信，前面就是风光曾经如此绮丽的苏州，座座营垒相连，森严壁垒。单独的营垒没什么，而连接起来，和城墙组成的体系，仿佛就被赋予了生命，像怒不可遏的天神。

苏州这块骨头很难啃。细作从天京发回线报，说回援天京的李秀成部下啧有怨言，责怪洪秀全发出一串急诏。其实李秀成不想回援天京，称在苏州坚守两年后再回援天京为时不晚。李秀成不是吹牛。设防如此坚固，只要粮草充足，守个三几年不成问题。常胜军就是拼光了也拿不下来。

坐镇常熟的李鸿章思量，除了李秀成一股，苏州城外援已尽，可以攻城了。史载，苏州攻城战斗是10月19日开始的。

最初几天，程学启率领淮军以西洋炸炮，猛攻娄门。常胜军稍后投入攻城战斗。11月27日，戈登夜袭苏州城东北角外面的一个栅堡。这是他观察了几天才确定的进攻点。细数他接任常胜军后的几仗，万分侥幸，还没有哪座城市是攀登云梯打下来的，如果有攀云梯的事，也都落到了拜把子兄弟程学启头上。程学启一声令下，安徽老乡就抱着云梯冲到城墙根下，做顶雷的事。但这会儿的程学启在率部在猛攻娄门，顾不上给戈登当马前卒了，戈登只得亲历亲为一把。

木城是用很高的木栅围起来的营垒。当夜，月黑风高，常胜军兵勇弯着腰摸过去，木城黑压压的像在酣然大睡。待兵勇摸到几十米处，天兵天将骤然醒来，一阵猛烈射击。木栅外面死伤累累。这次夜袭彻底砸锅。

次日，戈登不用步兵队攻打木城了，而是用简单方法，用大炮轰击。二十门大炮整整轰了三个小时。木城就是木城，不是砖头砌的，禁不起炸炮的轰击，木栅被炸得七零八落，敞开了一个个口子。戈登下了一个决心，不上步兵队，就用炸炮把木城炸得一个守军不剩，用炮弹把木城里面的土地犁一遍。他看到太平军的防御工事大部分被摧毁，太平军终于放弃了木城，撤入苏州城内。

戈登看到太平军撤退，萌生出一个大胆念头，何不占领残破的木城，作为攻打苏州的前沿基地。长毛没有像样的炸炮，占了他的窝，他又能怎么样？嘁！

次日，戈登一声令下，步兵队冲入木城。戈登拔腿跟过去，进入残破木城，用老练的工兵眼光目测从此处到苏州城墙的距离。他手下的兵油子了解太平军，不屈不挠的太平军不会让对方占这种便宜。卒长每走一步都经过算计，每一步退让都暗藏着杀机。城门突然打开，一股太平军伍卒涌出来，直奔木城。

戈登慌了，太平军伍卒风一般卷进来。常胜军遭遇了太平军运用娴熟的惯常战法。太平军没有那么多来复枪和炸炮，为了不让对方发挥火力优势，力求短兵相接，在混战中取胜。护卫把戈登团团围住，边射击边后撤。这伙太平军领头的光脚，穿薄单衣，挥舞短刀，奋勇当先。戈登认识他。戈登事后说，狮子从来不穿鞋，那家伙就是暴怒的狮子。《北华捷报》上报道了这位勇士的形象，也就是戈登所说的那头不穿鞋的狮子："在残破不堪的木城里，这个人既没穿鞋，也没穿袜子，就像普通士兵一样奋勇作战。他就是慕王谭绍光！"

在戈登处境最险时，太平军身后枪声大作，常胜军两个步兵队冲过来，把身陷重围的戈登解救出来。这是戈登在中国遭遇到的最大险情，他活了下来，而常胜军伤亡惨重，经过清点，战死的英籍校级军官达九人，分别是琼斯、毛勒、威利、切尔、科斯迪、雅卡、卡尔、威廉、格兰斯福特。

据威尔生著《常胜军》，次日，为挽回大大低落的士气，戈登发表文告："本指挥员对于昨日战斗中奋勇作战之诸将士表示无限欣慰与热烈祝贺。敌人等之

顽抗其阵地之坚强难攻，遂使得本队军官与士兵等不幸遭受重大伤亡。本指挥员对于军士等之伤亡，殊深扼腕，并自信此类惨事决不使其再现。"

这次失败对戈登震动很大，发表文告后，他在军帐里一通狂饮，而后坐在行军床上发了阵呆，而后忽地站起来，右手食指勾了勾，意思是通事陪他出去。别说在军帐里，就是在县城里，戈登晚上也从不出门。况且现在仗打得正热闹，到处潜伏着险情，这种时候出去干什么？

十几乘人马出动，直奔程学启营。程学启不知从哪里听说的，康熙年间大将军出征允许带侍妾二至三人，淮军打下安庆后，大掠两天，抢了大量女子。他从里面挑了两个最水灵的，走到哪儿带到哪儿。有人把这件事告诉了李鸿章，李鸿章一笑置之，"只要能打胜仗，别的什么都不说了。"

本书不妨假设一个情节：程学启在娄门外打了一上午，这时疲惫地躺在澡盆里，两个侍妾在给他擦洗身子，戈登一撩军帐帘子进来了

程学启仍在洗濯，"通事，告诉戈老爷，他的拜把子兄弟对他的造访倍感荣幸，我眼下这熊样子你们看到了，不便起身迎接。有话就说吧。"

戈登对通事说："把我的话告诉他，这几日作战中，我部官兵死伤人数超过历次作战。如果淮军指望常胜军收复苏州，就错了。我也观察了淮军作战，别看用炸炮不停轰击，无损城内长毛毫发。太平军只要在娄门外的那座长七码的桥上稍作抵抗，就可以把淮军攻城部队击溃。一句话，硬攻苏州，前景不容乐观。"

程学启听了口译后，说："戈老爷的意思是硬攻苏州是打不下来的，让我们淮军找点偏方。什么偏方呢？就只有从长毛内部找叛徒啦。"

戈登说："是这意思。这几天常胜军伤亡惨重，仅英籍校级军官就被打死九个。这样打下去，常胜军全报销了也拿不下苏州。我的意思是，打苏州最好的办法是从长毛内部瓦解。我隐约听说程将军和你的几个部将是从长毛那边反水过来的，和守备苏州的长毛将领过去就认识。"

程学启一指，"通事，告诉他，他的拜把子兄弟已经派人与长毛叛将接触了。"

通事与戈登低声耳语，而后问："李巡抚知道这件事吗？"

程学启说："若问李抚台知道与否，李抚台梦寐以求，求之不得！"清代巡抚别称抚台或抚军，由于程学启与李鸿章有深交，故如是称呼。

和后人所想像的不一样。守备苏州的太平军并非铁板一块，而是被不合理且误事的作战体制制约着，像个临时拼凑的大拼盘。

李秀成离开苏州后，把指挥权交给谭绍光。谭绍光手下有八大金刚，分别

是郜永宽、汪安钧、周文嘉、伍贵文、张大洲、汪花班、汪有为、范起发，都是两湖人。太平天国后期封爵很松，这八个人都受封了，郜永宽封纳王，汪安钧封康王，周文嘉封宁王，伍贵文封比王，张大洲、汪花班、汪有为、范起发都受封天将。他们的部队占苏州守军的四分之三。在太平天国后期的作战体制中，八王都有独立指挥权，可以自行其是。这种体制或许能调动各自积极性，但是由于缺乏统领一切的绝对统帅，容易把作战整体搞散，难以形成坚强有力的拳头。

苏州有六个城门，八大金刚把守着胥门、阊门、齐门、娄门四个城门。苏州主将、慕王谭绍光是坚决抵抗的，但是他对八大金刚的心态吃不准，只能推着他们向前走。说糙点，是哄着他们干活。

程学启的部将郑国魁也是从太平军反水过来的，与郜永宽是旧日相识，知道此人有二心。郑国魁报告程学启，程学启让他和郜永宽联络。这两个人是怎样挂上钩的，至今无考，反正他们谈了，郜永宽将打算合盘托出，而且定下来下一次的正式会谈地点。郜永宽只有一个要求：让说话管用的洋人在场。

程学启说："郜永宽打算投降，可是又怕投降后我们翻脸杀了他们。谈判时，你作为常胜军管带到场，以洋人的身份保证不杀他们，当对谈判有利。"

戈登满口答应下来："不成问题。到时候我去就是了。"

程学启说："现在就是时候。我和郜永宽约定了，今天晚上在洋澄湖见面，戈老爷最好也一起去。"下午，他们就驰马前往洋澄湖。

洋澄湖，又称为阳澄湖、阳城湖，在江苏吴县、昆山、常熟三县之间，有带状圩地两条，将湖面分为东、西、中三部分。该湖以出产大螃蟹著称。

他们赶到时，天快要黑了，湖边停着一条画舫，有二三十个护兵，持枪紧张地守望着。一个陌生人在画舫上，看样子是郑国魁。

天黑透了。一阵急促的马蹄声传来。片刻十几匹马驰至，跳下十几个太平军伍卒。为首的那位不打招呼，一猫腰钻进画舫。他就是太平天国纳王郜永宽。

画舫立即向湖深处划去。画舫桌子上摆着丰富的饭菜，几个人大吃大嚼起来。由于有要事相谈，没有上酒。会谈双方都是领兵的，事关上万条人命，没什么可寒喧的。狼吞虎咽吃罢饭，饭碗和筷子一扔，用袖口抹抹嘴，即刻开谈。

月亮就像长明不息的天灯，高高悬挂在夜空，轻纱般的云絮袅袅飘过，仿佛笼起一片轻烟。月光流泻，湖面染上了朦胧的青色。已是冬季，很冷。画舫里生着两个大火盆，不大管用，由于画舫四面透风，湖面的冷风一阵阵地刮过来。

通事相互介绍后，郜永宽说："有常胜军管带在这里就好。请转告戈登先生，我和程学启、郑国魁早就谈过了，我们怎么内应，怎么受降，都谈妥当了。他

们都答应，我们投降后，不但不杀，反而委以重任。不是我们不相信程将军和郑将军，由于他们都听命于李鸿章，我们信不着李鸿章，所以需要洋大人作保。"

戈登说："你明确地告诉我，我应该怎样帮助你，我非常乐意效劳。"

郜永宽说："八王都是领兵打仗的，屡屡挫败清军，在清廷那里挂着号。我们只有一个担心，害怕投降之后，李鸿章会杀了我们。既然戈登先生在这里，而且是常胜军管带，请戈登先生出面对李鸿章说说，让他不要杀我们。"

戈登说："自从太平天国起事以来，清廷对洋人的态度已大大转变，连朝廷都害怕洋人，更别说江苏巡抚李鸿章了。只要洋人不让李鸿章动手，李鸿章绝对不敢不听我们的话而残酷地对待太平军降将。"

郜永宽的表情开朗了，"有常胜军首领担保，就解除了我们的顾虑，我们和程将军所要谈的只是怎么受降了。"

戈登问道："你们投降，除了保命之外，还有别的要求吗？"

郜永宽想了想，"如果我们不降，苏州城够你们打几年，劳民伤财不说，还会血流成河。我们投降了，一切都解决了。我们的要求不高，在苏州划出半个城让我们掌管。兵祸把苏州毁了，我们再辛勤劳作把苏州恢复起来。"

不妨就郜永宽这番话做个注释。苏州失陷后，李鸿章在奏折中说："臣驻苏州，偏察贼中城守，布置极有条理。"可见苏州防御极为坚固。

戈登听完传译，轻轻拍了拍巴掌，"倒是个好的想法。我可以代表洋人支持你们，这个意思你们对程将军说了吗？"

郜永宽说："我们对程将军说了，他满口答应。"

通事忍不住提示道："程将军，光你答应还不行。这么大的事情，必须呈报李巡抚，得李巡抚点头才算数。"

程学启轻描淡写地说："无须过虑。抚台大人只求百姓平安。苏州要这样打下去，我们强攻，他们死守，了无宁日，结果跟屠城差不多了。抚台大人说了，只要投降，要半个城管着，就管着好了。"

戈登沉思了一会儿，说："中国有话，口说无凭，有书为证。其实，这句话在全世界通用。告诉纳王，如果对我在洋澄湖的一条船上说的话将信将疑的话，我很快就会给他写信的，信上会明确写上我的保证和我的想法。"

听完传译，郜永宽连连拱拳，"请戈登管带尽管写信来好了。但是信送到哪个城门切切留意。把守娄门和胥门的是我的部下。娄门战事紧张，有信就送到胥门好了。别的门千万不要送，要是慕王的人把信截获了，就全都泄露了。"

如果八位长毛王真降，慕王谭绍光怎么办？戈登对谭绍光有人格上的敬重。

戈登与谭绍光更深一层的交易，只跟威廉上校嘀咕，别人都不知道内里。太平天国战争结束后，大英博物馆举办戈登事迹展览，公布了戈登与谭绍光的书信。实际上，谭绍光屡次通过戈登给太平军购置枪炮，至于戈登目的何在，是要吃居间费，还是为了帮助太平军，后人就不了解了。

戈登回到营寨后，就给郜永宽写信。写完后，给八个"长毛王"写了一封信，总共两封信，让通事即刻翻译成中文，誊清一遍，而后连同戈登的原文信件一并让人送到郜永宽指定的胥门。

12月1日，中午时分，程学启带着护卫来到常胜军营寨，进了主帐就大呼小叫的："拜把子兄弟，好事好事。纳王派人送信来了。"

通事迎上去问什么信。程学启说，郜永宽写来的，八位长毛王定了。明天请我们暂且不要放炮，他们约上谭绍光上娄门城楼，了望我们的部署，届时伺机把谭绍光推下城墙，让埋伏在城墙下面的清军擒获，而后他们就开门献城。

通事传译后，戈登的脸色明显阴沉了。

程学启有些惊异，"怎么？戈老爷听了后不高兴？"

通事看着戈登，"大概戈老爷想起太仓诈降了。那回也是，说的话都差不多，黄文英把主帅蔡元隆约上城墙看我方部署，而后当着我方的面杀死蔡元隆，取得我方信任，派兵进城纳降，结果在城里中了埋伏，李瀚章几乎全军覆没。"

程学启说："这回不会啦！洋兄弟过虑啦。李瀚章上了次当，我们不会再次上当了。说好了，八位长毛王杀死谭绍光后，开城门献城，但是我们不进城，而是太平军伍卒放下武器，列队出城。这就无所谓中埋伏了。万无一失啦。"

尽管程学启的话，戈登一个字也听不懂，却仍旧皱着眉头仔细听着，直到通事把意思对他说完，他的眉头才舒展开来，说道："告诉程将军，我们明天和淮军一样，暂时不用炸炮轰城，等着看守军将领在城墙上自相残杀。"

多日来，娄门左近终日炮声隆隆，12月2日，炮声沉寂了。残破的城墙内外出现了罕有的寂静，听惯了炮声的双方官兵很不适应。

戈登到娄门以外，进入程学启的指挥所。这里用沙袋码了一丈多高，遮蔽的严严实实。观察前方时，得站在桌子上，才能看出去。

沙袋掩体后，戈登和程学启并排站着，用望远镜从观察孔望出去。

娄门上方的城墙被炮弹轰击的百孔千疮，一段城墙就像个大麻子。城墙垛子基本上没有完整的，大部分用沙袋替代。沙袋的后面是巡游的太平军伍卒。

戈登和程学启看了一个时辰，举着望远镜的手都酸胀了，不要说慕王和纳王等人没有出现，城墙上甚至连个当官的都没有。

直到午后，娄门城墙上没有任何变化，巡游的伍卒走来走去的，慕王和纳王连影子都没有。怎么回事？戈登满腹狐疑。他猜测只有两种可能：一种可能是慕王察觉了，提前下手，将纳王一伙内应一网打尽；另一种可能是纳王一伙改变主意了，决心与苏州城共存亡。他认为出不了这两种可能。二者必居其一。

戈登的判断，从情理上是说的通的。实际上，这天上午，苏州城里发生的事情，在戈登判断的两种可能之外。

慕王谭绍光觉察到纳王郜永宽与其他七王有异动，像在捏咕什么。自李秀成驰援天京后，谭绍光是镇守苏州主帅，但无法节制诸王。诸王部队占苏州守军的四分之三，而且都有独立指挥权。苏州六个城门，他们把守着四个。胥门是纳王郜永宽看守的。谭绍光最不放心的是郜永宽，在胥门安插了一个心腹，截获了几封信。这些信显现出，戈登和程学启给郜永宽打保票，让他率部投降。

谭绍光即便掌握了确凿证据，却由于势单力薄，不能拿郜永宽怎么样。于是，他把郜永宽等八王召集起来，企图晓以大义，让他们回心转意。

上午，郜永宽等八人都穿着行礼时的冠服齐集慕王府。尽管战争条件艰苦，谭绍光还是拿出最好的东西招待八王。这顿饭有一种独特的气氛，不仅饭前有祈祷，而且饭后也举行了宗教仪式。

在太平天国《天条书》中，要求日常各种生活行动祷告，定有祈祷词和奏章。食饭谢上帝的祈祷词为："感谢天父皇上帝，祝福日日有衣有食，无灾无难，动得升天。"在慕王府"最后的午餐"上，严格说当配以鼓磬鸣钟等，郜永宽等八王应该是跟着慕王念了这段祈祷词，再齐吼一声："杀尽妖魔！"而后一起动筷子。至于饭后的祈祷，本书没有查询到相应仪注，大概与礼拜日颂赞差不多，即慕王率八王跪地，慕王念道："天父上主皇上帝老亲爷爷：情因恭承天命，现下小子谭绍光与众兄弟镇守苏州，理宜虔具香茶，敬奉天父上主皇上帝，酬谢天恩，恳求天父上主皇上帝祝福众小子日日有衣有食，无灾无难，一当十，十当百，百战百胜，杀尽妖魔，早归一统安圣心，共乐太平之春，永享荣华之福。"

而后，八王齐往慕王殿，依次坐在高台上。谭绍光坐在首席，慷慨激昂一番，力图动之以情，晓之以理，竭力奉劝诸王团结一心共渡难关。谭绍光先是一介农夫，后是一介武夫，在戎马生涯中锤炼出一定智慧和胆略，仅此而已。很难想象，大军压境之际，他的一番空空洞洞的话能产生多大的号召力，况且八王谋反之心已然铁定，任是说什么也没用了。

随后发生的大致情况是：席间发生了争论，先拌嘴，遂发生激烈争执。康王汪安钧佩带短刃，被长袍遮挡，看不出来。汪安钧吵架吵急了，一把脱掉长袍，露出腰间短刃。谭绍光喝问："你想做什么？"汪安钧抽出短刃，刺向谭绍光的颈部，众人一拥而上。谭绍光一人哪里对付的了八人，挣扎时衣兜里掉出来几封信。叛将将谭绍光杀死后，割下首级，让伍卒送入淮军程学启营。

戈登下午从娄门回到营寨。程学启突然派人找他，让他马上去。他匆匆赶到程学启处。程学启巴嗒着嘴，没有说话，只是打开一个竹筐。

戈登一看，居然是谭绍光首级，捂着嘴转身跑了，到旷野里呜哇一通呕吐。

郜永宽派人送慕王首级时约定，守军于当夜打开齐门，列队出齐门投降。事后有消息说，并不是所有太平军都投降了，有二十个营没有出城受降。这件事后来成为程学启的一个把柄。

当夜，戈登没有去齐门外参加受降，而是昏昏沉沉地睡了一夜。第二天，他进入苏州城。护卫队扈从左右，他在马背上看着，昔日如此秀丽的城市已是面目全非，除了放下武器的太平军散兵游勇在街头游荡，几乎见不到一个百姓。

戈登赶到慕王府，把卫队留在门外，只带着通事进入大门。府邸不大，却收拾得干净利落。不久前，戈登来苏州和白齐文谈判，慕王把他安排住在自己的府里居住。这里是慕王的指挥部，终日兵来将往的，根本就不是慕王的家。他们在里面转了转，兴许能找到个把人，问问那一幕悲剧是怎样发生的。但慕王府已是人去院空，主子被叛徒砍掉了脑袋，男女老幼全都跑得无影无踪了。

京师王府大差小不差，正殿都在二道门内。仪门内是慕王殿。据戈登后来在日记中说，他进入慕王殿时，里面还没有经过任何清扫，郜永宽等八人走的时候是什么样的，这时依旧是什么样。戈登进殿后吓了一哆嗦，一个没有头颅的遗尸躺在那里，从黄龙袍看，是慕王的身子。他在高台旁边转了转，看到地上有两封信，拾起来，原来是他写给纳王郜永宽。看来他写给郜永宽的劝降信都被慕王谭绍光截获了，在郜永宽一伙杀谭绍光时，从他的衣兜里掉了出来。

戈登日记没有披露当时的想法。后人从这两封沾着慕王血迹的信却能品出酸涩的滋味。谭绍光揣着这样两封信召集八王，足见处境悲凉。他已掌握郜永宽等谋反的确凿证据，完全可以将叛徒抓起来，及早处置，整肃内部，趁势把分散在八王手中的权力收回，而后率领全军同心同德守备苏州。他却没有这么做。为什么呢？原因只有一个：他下手稍有不慎，只要有一个漏网，回营一招呼，部队就会骚动，而在弦已经绷得很紧的情况下，只要有一点小乱，就会引发大乱。只要部队一乱起来，清军就会乘虚而入，苏州城的失守就在顷刻之间。

戈登回营后，手下拿来个扎子，让通事翻译给戈登听。这个扎子是李鸿章亲笔写的，称苏州长毛至今没有完全投降，还有部分死硬者在负隅顽抗，常胜军切切不可麻痹大意。令戈登领常胜军回昆山静候，如有异常，即刻出动弹压。

历史实情是，当程学启带领淮军在苏州城里肃清不愿意降清的太平军，慕王所部两千多人被尽数诛杀。尽管如此，李鸿章扎子里仍潜伏着一个不可理喻的矛盾：既然不愿降清的太平军正在抵抗，理应常胜军出动，李巡抚为什么会让戈登回昆山呢？这个问题，戈登并没有多想。他太累了，能轻省一会儿算一会儿。

12月4日，戈登在昆山营寨里待命。在同一时刻，郜永宽等八人骑马出城，去清军营谒见李鸿章。为这次会见，郜永宽等在头上下了番功夫。清朝入关之后，下达薙发令，留头不留发，留发不留头，强迫汉族男子像满族男子那样，削发垂辫。洪秀全反其道而行之，立国之初就宣布留发易服，男子前额的头发不用剃去，将头发挽成髻子，用丝绳捆扎。事至如今，郜永宽等八人去见李鸿章之前，不再保留"长毛"造型，都薙发了，每人脑后重新垂着根猪尾巴。

但是，他们的着装没有变，根据太平天国冠服制度，凡喜庆朝会等大事得戴角帽穿礼服。天王角帽称金冠，诸官角帽叫朝帽，纸骨制作，雕镂龙凤，粘贴金箔，冠前列花绣冠额，中列金字王号。袍服分为黄龙袍、红袍、黄马褂、红马褂数种。黄龙袍规格最高，但界限卡得很松，从天王、诸王以至国宗、侯、宰相（不是通常意义上的每朝就一个的宰相，而是一种官职名称，天朝宰相有一堆）都可以穿黄龙袍。因之，郜永宽等八人都着黄龙袍。

李鸿章数日前从常熟赶到苏州督战，大营设在市郊一条无名小河边。营寨中有一个很大的军帐，李鸿章就在这顶军帐中会见郜永宽等八人。

往下这段，清人叙述中有多种版本，各说法不一，但有一条一致：郜永宽等八人的衣着太扎眼。八件黄龙袍，黄灿灿一大片。尽管八个人都薙发，依旧穿着"长毛王"全部行头，在李鸿章和程学启的跟前晃来晃去，让清的鹰犬们心里添堵。有消息说，郜永宽对薙发有所抵触，最后一个剃头。

郜永宽等与李鸿章会面时，为什么仍着"长毛王"行头？身为降将，他们不想穿这身衣服刺激谁，而昔日"长毛王"行头却又分明表明他们仍与太平天国有瓜葛。只有一个解释，在当初谈判投降条件时，郜永宽提出，日后划出半个苏州城交由他们管理。对这些条件，程学启和戈登都同意。在降将看来，他们管理的半个苏州城相当于一个小小的独立王国，可以按照自己的意愿行事。郜永宽等八人以为，李鸿章认可了他们的条件，所以才穿上"长毛王"的行头，表明他们此番来，有接受半个苏州城的身份，或者说，让李巡抚兑现前约。

李鸿章对"长毛王"的行头不动声色，让手下拿出八顶红顶花翎，一一给他们戴上，说："你们现在做我大清的官了，好好干，共同立功。摆酒。"

清军兵勇把好酒好肉大盘子大碗的往上端，郜永宽等八人席地坐下，交杯换盏，大喝大嚼，好不畅快。席间，李鸿章推托有事，让诸位稍候，旋即出帐。郜永宽等八人全不在意，围着程学启猛灌，要闹个一醉方休。

这时，只听帐外一声炮响，一帮手持利刃的清军涌入。郜永宽等八人酒已上头，有些懵懂，不知道是怎么回事。程学启喊道："全给我砍了！"

清军兵勇挥刀一拥而上。郜永宽等八人方知中计。在这场屠杀中，史料中漏出一个殊难可贵的情节：八人来赴宴，都没带家伙，只有郜永宽带着把左轮枪。情急之下，他一把掏出来对准程学启的脑袋。刹那间，举着刀的清军兵勇怔住。郜永宽的二拇哥只要一动，程学启就完戏了。这时，八王中的一位哭嚎道："我们全中计了，难逃一死。就是杀了个程学启又有何用！"郜永宽想想，也是，遂长啸一声，把枪扔了。这个情节只能是亲历者所叙，而且就是程学启本人。

随后的一幕就不消说了，清军兵勇一阵乱刀。八个前长毛王被砍杀，身首异处，头颅和尸身全部扔进了小河。那条河叫泥洼河。

这就是太平天国史中有名的"苏州杀降"事件。它也是清史研究中的一个小热点问题。它直接涉及到的中国清代官府的信用问题，信义问题，品格问题，引起了中外史学界的长时间关注。

"苏州杀降"是谁的点子？李鸿章的头等大事是攻城掠地，拿下苏州是真章，别的都无所谓，长毛王整编就算了。程学启极力主张杀，理由是太平军有二十营盘踞在胥门、阊门、盘门、齐门附近，留下是祸根。李鸿章还在犹豫，因为那二十营长毛归顺只是早晚之事。程学启称："自古杀降者不得好死，然不杀此八人，苏州城终不可得。他们要留下半个苏州呀，我们就是拿下苏州也不得安生。程某宁可负降将不可负朝廷。"这番话把李鸿章说动了。

后来李鸿章在《复乔鹤侪方伯书》中披露了同意杀降将的心境："其时悍夷挟持于城外，忠逆徘徊于境上，内有降人数十万，凭陵省会，为肘腋患，为左右袒，鄙人昼夜焦思，寝食俱废，少一濡忍，可忧甚长，乃放胆为之，自谓可谢江浙数百万被害之生灵矣。"至今读来，仍然能感受到李鸿章那时的压力之大，想用快刀斩乱麻的方式了却后患。抑或说，不能说李鸿章没有杀降之心，他本来就想尽快了断，加上程学启一蹿叨，就"放胆为之"了。

郜永宽等八人被杀后，郑国魁不干了。郜永宽等八人投降是他牵的线，遂找到李鸿章大哭大闹，称当日程学启对天发誓诅咒的不杀降将，却又如此负约，以绝食自尽相挟。李鸿章后悔了，让人把程学启叫来，指着鼻子说："你程学启是个什么人，你也是长毛的降将，九帅当初是怎么对你的？你现在又是怎么对别的降将的？"几句话正戳到程学启的肺管子上。他啥话也不说，出门就走，打马狂奔回营，放出风来，老子不在淮军干了。淮军的人马上禀告了李鸿章。

李鸿章是滑头，得到信儿后半晌没言声，随后东看西看的，一撑身子起来，说军帐里憋得慌，出去转转。点了轿子出门，走着走着随意扫一眼，哎？这不是程将军营寨吗？下去看看。遂下轿，步入程学启军帐，哎呀呀，偶尔路过你这里，看看咱们小程子如何。接着谈天说地外加嘘寒问暖。喝了一杯热茶，巴嗒巴嗒嘴，而后起身，上了轿子。慢悠悠又走了。程学启生是一点脾气也没有，即刻将"老子不在淮军干了"的话收回。

苏州杀降一事就像一股疾风，嗖地一下子，就从李鸿章大营刮进常胜军营盘。戈登得知后是什么反应？如果是小说，可以加些描述，比如脸憋的酱紫，大喘气儿什么的。但是，戈登的反应比小说家所能描绘的要强烈得多。

戈登叉着腰坐在行军床上，好像挺平静，但谁都看得出来，他心里憋的那股火能把营盘点着。平日，他除了端着绅士派头时有几分稳当劲，在很多情况下是毛毛躁躁的。而在这时，他却显得沉静，一边回忆着，一边张了嘴，声音低缓且带着好听的膛音，用后世语言说，有些性感。"洋澄湖那个月光如水的晚上，纳王郜永宽他们根本就信不过李鸿章和程学启，是我以常胜军管带的身份担保李鸿章和程学启不会杀他们，他们才最后定下来投降的。是不是？"

通事说："是我把你的话翻译给纳王的。你当时说连朝廷都怕洋人，洋人说话了，李鸿章没有胆量杀害降将。程学启也随声附和。是你给纳王吃的定心丸。"

戈登显得很平静，"八个长毛王吃了我的定心丸，信以为真了，第二天就杀死慕王，随后献城投降。而他们在投降次日就被杀了。是谁骗了他们？是李鸿章和程学启欺骗他们？不是。李鸿章和程学启本来就要杀他们。那么是谁欺骗了他们呢？当刀砍向他们的脖子时，他们只会认为是那个洋人欺骗了他们。纳王郜永宽身首分家的那一刻，只能认为是那个洋澄湖画舫上的常胜军管带欺骗了他！"

通事说："情理上应该是这样的。不管他们是进了天堂还是下了地狱，在天堂或者地狱里首先诅咒的就是你。"

"他们应该诅咒我！"戈登的怒火终于压抑不住了，"是我欺骗了八个长毛王，是英国人戈登、常胜军管带戈登欺骗了八个长毛王呀！"

通事低下了头，"其实我知道，从你写给纳王的信件也看出来了，你是真心给他们担保的，没想到李鸿章和程学启如此背信弃义。"

戈登扳住通事的双肩，"通事知道这些管用吗？天堂或者地狱里的八个长毛王知道吗？我在这些冤魂前面能够证明自己的清白吗？"

他匆匆蹬上马靴，拿起手杖，对通事说："中国有句话叫逼上梁山。我也被逼上梁山了。我现在明白了，为什么郜永宽等人献城后，李鸿章匆忙下令常胜军回昆山，老狗怕我阻止杀降，才把我支开的。常胜军离开苏州，这老狗就下手了！去，马上把步兵一队队长威廉上校和炮兵一队队长安德森中校叫来，传达我的命令，步兵一队和炮兵一队向苏州开拔。现在就动身。"

通事问道："去苏州做什么？"

戈登一顿手杖，"去苏州捉拿李鸿章和程学启。"

通事急忙问："捉拿李鸿章和程学启做什么？"

戈登冷笑道："我要让他们办两件事：第一件事，把苏州退还给太平军。战争应该是公平的，诈降不对，诱降也不对，用诱降方式卑劣占领的地方要退出来；第二件事，他们要向世人公布，我戈登没有欺骗八位长毛王，而且强烈谴责杀降，是你李鸿章和程学启欺骗了八位长毛王，而且残忍地杀害了他们。两个卑鄙的小人，他们只有两条出路：要不就自杀以谢天下，要不就辞职！如果这两条路他们都不愿意走，那就走戈登给他们设计的第三条路：处决！或者，消灭！"

威廉上校和安德森中校来了。戈登即刻向他布置了任务。当天，常胜军步兵一队和炮兵一队出发了，戈登乘坐着"海生"号装甲轮船打头阵，行至半途又被劝阻回来。西方研究太平天国史的学者认为，戈登怒气冲冲回到昆山后，当即给李鸿章写了一封信，要求李鸿章辞职，同时把苏州交还忠王李秀成。

稗史中有一种说法更邪乎，称戈登带着部队到苏州，没有折回昆山。《湘军记》载："戈登日持手枪，造营门觅鸿章，欲击之，鸿章避不见，遂率其军与学启绝之而去。"看看，戈登义愤填膺，拎着手枪跑到苏州去了，堵着门要和李鸿章拼命。李鸿章吓得避而不见。戈登没有逮着李鸿章，遂宣布与程学启绝交。

情况没有《湘军记》中说的那么严重。但是，戈登准备和清军开打却是真的，这是李鸿章向皇上吐苦水时说的。李鸿章《骈诛八降酋片》密奏云："戈登因臣先调常胜军回驻昆山，未予入城之功，忽生异议。先曾谓纳逆不应杀慕逆，兹又谓不应杀纳逆，声称即带常胜军与官军开仗，经道员潘曾玮、总兵李恒嵩劝止。"李鸿章密奏折子写得不够意思，称"开仗"的起因是，戈登由于所部在昆山，没能参加很给自己长脸面的苏州城入城仪式，从而生出怨恨。

戈登之所以率军走到半途又掉头返回，原因出不了两个：一方面是有潘曾玮、李恒嵩等人在途中劝阻住，苦口婆心把戈登拦了回去；另一个方面是戈登自己想明白了，觉得这么闹闹不出个名堂，干脆用别的手段收拾李鸿章和程学启。

李鸿章四处躲，连营房都不敢回了，几天后才敢重新回来。梁启超不大瞧得起李鸿章，就此评论道："夫杀降已为君子所不取，况降而先有约，且有保人耶？故此举有三罪焉。杀降背公理一也，负约食言二也，欺戈登负友人三也。戈登之切齿痛恨，至欲手刃其腹以泄大忿，不亦宜乎？而文忠生平好用小智小术，亦可以见其概矣。""小智小术"道尽了李鸿章的为人。

1862年（同治元年）冬，英国参赞威妥玛致函总署："近日官兵得胜之仗，常有事后乱杀之行。即如洋枪队，彼日离沪不远之地，随将二千多犯全行杀毙，实使人生异心。盖贼众十分之中，真贼不过二分之多，其馀全裹胁小民。前当河面差使之时，每进金陵一日，伪称干王贼匪洪仁玕有云：'官兵似此乱杀，实为天国太平之益。不然，则上海一带地方，我军自难久驻。今因该处义兵不信清官，所以未肯投诚，实乃上海迤西之义军不散之故'"。

滥杀降众，适足坚其必死之心，不利于统战。威妥玛采访清军劣迹，传达洪仁玕的意见，是劝清廷剿抚兼施，收效更快。清廷从善如流，发布明谕："果能于城池未下之先诚心归顺者，无论其从贼之久暂，均一律准其投诚。将军械、马匹呈缴后，该大臣等酌留所部，令其随同剿贼。倘有不愿随营，即饬地方官递送回籍，或妥为安插，毋令失所。携带资财，不准兵勇抢夺；如兵勇利其资财、私行杀害，即按军法从事。本管官不行查办，一经发觉，即着该大臣等从严参办"。

明令不准杀降，且要尊重降人意愿，或"随同剿贼"，或"递送回籍"，或就地安置。而且分级负责，落实到人，兵勇杀降，"按军法从事"，其主管则"从严参办"。这条法令发布于同治元年末，苏州招降在次年十月，不存在未奉明令的借口。然则，杀降已经不仅是军事处置失措的问题，而是违法行为。

杀降不仅是反人性行为，而且直接增强了此后军事行动的难度。投降与受降，就是一种契约；杀降，则是单方面违约；违约，则再无信用可言。商业上失去信用，最坏的结果无非不做生意；军事上失去信用，则此后不论强弱悬殊到何种程度，敌军都不会投降，而是抱着必死的信念与己决战。

杀降不仅是违法行为，更是有伤阴骘的缺德行为。李鸿章受降，固然要遵循上述原则，郜永宽等投降，无疑将上述原则当作保障。戈登居间作保，他们可以"挟洋自重"，无疑更让他们确信自身安全及降后待遇俱有保障。

由于心中有愧，江苏巡抚衙门为八王举丧。场面大，设佛事，李鸿章亲自凭吊，还哭了，史料留下"泣数行下"四字。郑国魁扶着郜永宽的灵柩恸哭，喊道：

"杀你者自有人，我没有骗你呀！"八位降将入土，李鸿章多少摘脱了自己，郑国魁的良心得到一点慰籍，唯独程学启在劫难逃，既无法摘脱，更无从慰籍。他横下一条心，杀就杀了，谁能怎样。自然而然，他成了千夫所指。

为什么郜永宽等人还是被杀了？据李鸿章的说法，主要是条件没谈妥："官军入城查探，降众实有二十馀万，其精壮者不下十万。郜云官（即永宽）等歃血立盟，誓同生死。献城后，遂占住阊、胥、盘、齐四门，于街巷各口堆石置卡，隐然树敌。又添招苏城附近贼党陆续进城。坚求准立二十营，并乞奏保总兵、副将官职，指明何省何任。……传令该酋等八人来营谒见，讵郜云官并未薙发。维时李秀成尚在望亭，距苏甚近，郜云官等皆系忠逆党羽，诚恐复生他变，不如立断当机。登时将该伪王、天将等骈诛"。

李鸿章把八王说成诈降，随时准备和李秀成相呼应。但是无法解释一个重要问题，那就是八王是郜永宽等是头一天中午杀了慕王谭绍光，足见真心投降。

史载，12月9日，驻华英军司令柏朗将军（清方称"柏朗提督"）和英国驻沪领事馆代理副领事梅辉（李鸿章密奏中称"梅辉翻译官"）匆忙从上海抵达苏州，就"苏州杀降"以及由此引发的戈登闹事等事，与李鸿章全面交涉。

本书写作时，无暇查询柏朗的资料。此人于情节无关紧要，反正是个板板正正的英国标准将军，表情严峻。现在可以想象，他比普通英国男子瘦点，比普通英国男子高点。他当在忠王府里与李鸿章会面。

忠王府在娄门内，是在拙政园基址上改建的。很难说它是李秀成个人府邸，更大程度上是李秀成的指挥机关所在地。据有关文献考证，府外原有东西鼓吹亭和两座辕门，府中央是一座四方形五层高的望楼，据传是守卫苏州的司令台。府分为三路，以中路最为宏伟，包括二门、正殿、后轩、后殿等，这一组建筑大部分出自太平天国匠人之手，至于东路、西路和后花园，是拙政园老底子。自从天王洪秀全下令建立以苏州为中心的苏福省后，这里实际是苏福省省府。李秀成恐怕没有在里面住过，因为直到苏州陷落，忠王府也没有最后竣工。

李鸿章占据苏州后，相中未完工的忠王府，作为临时江苏巡抚衙门。柏朗将军和代理副领事梅辉当在这里会见李鸿章。具体地点应在二门内的正殿。

李鸿章在《骈诛八降酋片》密奏概括了和柏朗"辩诘"过程。柏朗上来就指责"苏州杀降"不道德。李鸿章解释说，自从他担任江苏巡抚后，先后招降了太平天国降将吴建瀛和骆国忠，准前者带一千旧部，准后者带两千旧部，条件是必须撤出所据城市，两个降将照办了，就给他们兑现了。苏州八降将坚持不退出苏州，而且要拿半个苏州城，只得将他们杀了。苏州城里有

二十万百姓，如若对降将不采取强硬措施，无法安置。柏朗说，英国人打仗是不杀降将的，戈登答应不杀降将，而你们杀了，戈登将来回国后，无法面对英国人民。你们无论如何要认个错，让戈登将来回国后有个说辞。李鸿章的回答强硬："'苏州杀降'是中国内部的军政问题，即便杀错了，也是中国人杀错了中国人，跟你们洋人认个什么错？"柏朗说，你要是固执己见，问题就不在你我之间了，这件事将由英国驻华公使和你们的总理各国事务衙门协商解决。会谈遂不了了之。

柏朗说这事要到总理衙门去交涉，不是吓唬人。当时西方给战俘以人道待遇的价值观已较为普遍，后来随着国际红十字会的成立及其形成的日内瓦公约，不杀降已成国际"公例"。李鸿章与戈登之争，乃中西价值观念的差距。

李鸿章没有和洋人打过交道，也不摸洋人的深浅，心里犯嘀咕，为此给恩师曾国藩打了个招呼。《李鸿章上曾国藩书》云："苏城复后，加以降众二十万在，遣散安置，煞费心力，戈登及柏朗拨弄是非，横腾口舌，鸿章心绪恶劣，不欲告人。柏朗二日来苏，怒不可撄，谓其代英国君主与官商众人与我说理，要鸿章备文认错，方有办法。鸿章笑云对：'此中国军政，与外国无干，不能与汝认错。'一怒而去。"柏朗、梅辉和李鸿章谈不拢，在苏州呆了两天就回上海。随后李鸿章上奏《筹处置常胜军片》："戈登暂驻昆山，声称不归臣调遣，臣兵力可敷防剿，亦无须该军协助，但冀总理衙门与英公使议定妥法……使彼无所挟制。"

伯朗一怒而去。驻上海的外国领事馆官员参与进来，代表列强及驻沪所有外国侨民签署了一份严厉谴责李鸿章的决议，指责他杀降是对人性的彻底背叛，并警告说列强因此事可能不会再帮助清廷，并且撤回帮清廷打仗的军队。

这时，常胜军找到了纳王养子郜胜镳，他只有十来岁。戈登乘坐"海生"号装甲轮船到苏州，特意下榻在纳王府，通知立即把郜胜镳领来。郜永宽死后，这孩子跟着郑国魁住在淮军军营，连吓带怕，好多天没有正经吃过饭，面黄肌瘦。

戈登见到后，一把搂过来，拍拍孩子的脸，嘟囔了一会儿。嘟囔的是什么？郜胜镳肯定不懂，因为是英语。通事也没听清，因为声音太小。戈登宣泄了一会儿情感，下令："给他洗澡，换上最好的衣服。我把纳王养子收为养子，日后我回国要把他带走，让他受到全世界最好的教育。"

郜胜镳收拾利落了，穿着新衣新裤新鞋，领了出来，戈登把他放在马背上，自己也上了马，带着四十人的护卫队上了街。这支不大不小的队伍在街道上慢慢行进。戈登骑在高头大马上，马鞍子前面是个穿戴花花绿绿的半大小子。前后左右扈拥着肩扛来复枪的护卫，很是扎眼，不少人跟着看。

这支队伍到了忠王府前面不走了。戈登不下马，搂着郜胜镳在马背上。谁都看得出来，这是戈老爷跟李老爷叫板呢。人越聚越多，议论纷纷。大部分人为戈登的壮举叫好。对于戈登的这次示威，李鸿章没有响应，但是在《骈诛八降酋片》密奏中流露出了内心的不安，称戈登"乃又招去纳逆义子郜胜镳，及久从苏贼之广东人千余名，意殊叵测。"

而后，戈登带着郜胜镳乘"海生"号装甲轮船凯旋而归。但事情没过去，柏朗在上海以至北京频繁活动。李鸿章在《上曾国藩书》中说："恐总理衙门无力了此公案，故愿受朝廷之罚，不欲开岛人之衅。顷闻柏朗回沪纠商，各国领事，尚有附会，却颇澹然，洋商多以杀降酋为是，大约纷纭可渐解矣。"

柏朗在外交使团和总理衙门都活动了，响应不大，许多洋商以为，降将要另立山头，杀了也就杀了，没必要小题大做。总理衙门没搭理这事儿，也不会因为"苏州杀降"而惩处李鸿章。李鸿章刚柔并济，弄得柏朗和戈登没脾气。

李鸿章认为，戈登并非真心疼七降将，反应如此激烈，是在做秀，真实动机是觉得赏银一万两太少了，不过是拿"苏州杀降"说事。再加些赏银，看他还闹不闹？没过两天，江苏巡抚衙门的人来到昆山营盘。一把押运来六万两赏银。追加的赏银运过去后，常胜军营盘里果然消停了一些，戈登也没再来苏州找事。

李鸿章认为是银子起作用了。其实并非如此。萧一山先生在《清代通史》中认为，真正弹压住戈登的是淮军不怵常胜军。李鸿章在《上曾国藩书》中称："唯戈登利心颇大，常胜军霸住要挟，不知又耗多少财力。其实该军除炸炮外，攻剿不若我军，屡称对仗，迄未动手，鸿章与诸将亦甚不惧怯也。"

戈登动辄要出动常胜军和淮军开打，而淮军将领认为，淮军除了炸炮比常胜军略逊一筹，别的一点不差，若要真动起手来，未必打不过常胜军。当年华尔洋枪队横，是由于华尔洋枪队清一色洋枪。经过几年各路军火商的大倒腾，大家都使上洋枪了，谁怕谁？淮军的腰杆一挺，戈登反倒发蔫儿了。

到了这步，李鸿章给了戈登一个台阶，就"苏州杀降"事出了个文告，内有这样几句话："戈总兵因不在当场，未及得悉其中原故，颇疑此事办理与前议不合，兹恐中外人等犹持传闻之说，未深悉本部院与戈总兵之用心实有不同而同之处，必须晓谕一番，然后共得明白。"不难看出，这份文告绝非李鸿章对戈登的认罪书，而是声明劝降时曾经与戈登商量过，而在杀降时，戈登并不在场。对于这份文告，戈登视如珍宝，觉得中国官府总算还了他一个清白。日后他返回英国时特意带上。至今存在伦敦大英博物馆中。

文告一出，昆山营盘一片欢腾，洋人军官和中国兵勇都觉得戈登是大赢家。

这不，追加的六万两赏银到手；李巡抚虽然没有认错，起码为戈登管带说了几句公道话；戈登认养郜胜镳，天主教没有白栽培，培育出来一颗仁慈的心。

常胜军洋人军官均出身工农，与华尔、白齐文厮混了一路，对英国贵族少爷若即若离。戈登听说杀降后义愤填膺大发作，对破坏信义的人打算举兵诛之，令洋人军官对戈登刮目相看，打心眼里觉得戈登仗义，透着江湖上为人所称道的古道侠肠。他们觉得过去对戈登看走眼了。那时还没有产生"素质"这词儿，如果有了这个词儿的话，他肯定会向戈登竖大拇哥，说戈老爷"素质"高。

其实，戈登不再提"苏州杀降"，主因既不是朝廷追加的一大笔饷银，也不是李鸿章发了个文告，而是清方不了解的其他原因。这些事情当时捂得很严，日后才让英国史学家说出来。让戈登闭嘴的主要原因来自英国，或者说英国政府伸出来一个巴掌，捂住了戈登那张臭嘴。

英国政府不赞赏戈登展现个人花活的表演，反觉得过分作秀。针对戈登威胁要和清军开仗及收养郜永宽的慈善演出，英国政府采取了几方面举措：令柏朗将军将常胜军置于自己指挥下，制约戈登可能做出的狂妄之举；戈登从工兵少校晋升为工兵中校的命令暂时不予公布（戈登回国后才予以公布）；取消1863年1月9日颁布的准陆军军官在中国中央政府军队任职的枢密院令。由于戈登汪洋恣肆的即兴表演，今后英国陆军军官不再在中国军队中任现职，任现职的限期回国。戈登的风头影响了所有英军陆军军官在中国的事业，也包括他本人。另外，取消1862年8月30日颁布的准"李泰国—阿思本舰队"招募兵员枢密院令。即便是马后炮，也算从侧面做友好姿态。这条即便与戈登没有直接关系，也有间接关系，戈登的闹事让曾国藩、左宗棠、李鸿章都很不舒服，英国政府在"吸血舰队"问题上一步退到底，起码让直接处理这个问题的李鸿章日子好过一点。

苏州陷落时，李秀成在哪里？清史中的一种说法是，对郜永宽等八人的投降打算，李秀成已有所察觉，却无力制止。郜永宽等八人不忍加害于忠王，忠王在叛将下手前夜匆匆离去，把烂摊子甩给了慕王。临行，忠王握住慕王的手说："事已破败到如此地步，苏州之事只有让老弟受累了。"挥泪而去，从胥门城墙缒出，由苏州西去，乘小轮船毁无锡西门桥而出，驶回天京。

苏州是李秀成江南防御体系的核心。苏州陷落，太平军在江南地区的防御急剧收缩，而淮军挟占领苏州之威，步步进逼。1864年（同治三年）初，李鹤章合围无锡，昼夜环攻，破东北南三门守营，一拥登城，黄子澄率五六千人突围，不成，被擒。此后嘉善、平湖、海宁和乍浦相继沦于敌手。淮军从六千人发展到近七万人，清军跟在淮军屁股后面打得颇为顺手，几乎没常胜军多少事了。

程学启率部进军浙江嘉兴，嘉兴无险可守，太平军却守了两个多月。据《清史稿》载，程学启从嘉兴几个门同时猛攻，"寇拼死抗拒"，城墙被地雷和大炮轰塌时，"贼争负土填城缺"。太平军后期像这样拼命的不多，多数闻风而降，但苏州杀降让他们意识到投降也是死路一条，除了拼命没有活路。

1864 年（同治三年）1 月，淮军发起总攻，总兵何安泰与洋教练贝雷携炮由中路轰城，轰塌城墙十多丈，太平军拼死抵抗，何安泰爬城时被守军用洋枪击毙。程学启闻讯大怒，亲自带队猛攻，未果；悬重赏募得敢死队数百人登城攻击，登而复却达四次之多。程学启率部击退湖州太平军援军后，亲自率领敢死队再次攻城。拼死从城墙缺口杀入，守军仍死战不退，组织二千余人用洋枪排射入城的淮军敢死队。程学启被洋枪击中头部左太阳穴偏后，立时晕倒，淮军将士蜂拥入城，终于攻克嘉兴。程学启被抬回大营，终因伤重不治，死时三十六岁。据说，程学启中弹的地方，在嘉兴城北端平桥附近。此人心狠手辣，朝秦暮楚，是唐末朱温一类人物，如果不被太平军打死，日后必是作乱的枭雄。

自从苏州杀降后，戈登即宣布与程学启绝交，而得到程学启死讯后，又悲不自胜。他回国时带了两面程学启的淮军帅旗。两面"程"字旗至今在伦敦大英博物馆。很难说戈登此举是为了纪念和程学启的友谊。在更大程度上，在昆山解救程学启，是他接手常胜军后打的第一个像样的仗。而且，在此前以及此后，他统辖的常胜军就没有打过像样的仗。

1864 年（同治三年）5 月，淮军进攻常州，常胜军随队而行，重炮支援。苏州杀降，最直接的影响就是常州，淮军打常州很费劲，也用了洋枪、洋炮、重炮轰。死伤很大，而常州的太平军守军不能再投降了。常州终于克复，苏南大局已定，此时李鸿章再也不需要常胜军了，他要卸磨杀驴。

从苏州杀降起算，常胜军有三个月没有受领任务，直到到 1864 年（同治三年）2 月底才从无锡出发，配合郭松林部、李恒嵩部进攻太湖西北的宜兴。宜兴之役简单，主要是清军出力，常胜军上阵后比划了比划，当天就结束了。从这时起到常胜军解散还有三个月。三个月中，常胜军只打了金坛。

而后，戈登主动提出解散常胜军。李鸿章大喜，令手下筹集十九万元遣散费，李恒嵩宣布命令：常胜军官兵三千一百二十七人，分六个步兵团、四个攻城炮队，两个阵地炮队，一个小舰队，江苏巡抚衙门保留洋枪队三百人，由李恒嵩统率，炮队六百人由罗荣光统率。其余人员，兵勇每人遣散费十七两银子，尉级军官每人二十五两银子，校级军官每人四十两银子，即日起领取遣散费。领取之后即可自谋生路。仅用三天时间便打发完毕。对这事，英国驻沪领事"铁头狐狸"

巴夏礼大为不满，但生米已成熟饭，气得骂李鸿章是"全中国最无耻的阴谋家"。

清军总兵李恒嵩宣布，奉上谕，戈登由总兵擢升为提督，赐穿黄马褂，带顶戴花翎，赏银一万两，颁发纯金奖章一枚。对赏银一万两，戈登表示"鉴于在苏州发生的那起悲惨事件，我不能接受与此一事件有关的任何东西，即便是中国皇帝赏赐的也不接受。"提督职衔接受了，回国后可以说自己是清军"少将"。

戈登回国前，赠言二十条给李鸿章，中国要学会自强，否则洋人也帮不上忙；中国一日以北京为都，则一日不可与外国轻开战端，因为北京离入海口太近，中国没有海防，洋军可长驱直入；中国要设立电报，建立自己的水师。他的建议中最重要的一条是，不能战而好为主战之义者，皆当斩首。这是戈登对朝中大臣"好空谈尚清流"作风的回答。戈登最后说，中国人民耐劳易使，果能教练，当可转弱为强。戈登回国后，顶戴花翎不知道扔到哪儿去了，而黄马褂至今在大英博物馆保存着。至于那枚纯金奖章，他熔掉之后，把金块捐给了慈善机构。

从洋枪队到常胜军，是古往今来最奇特的军队。一伙被野心和野性纠合起来的洋人，投入一场中国朝廷镇压农民起义的战争，这支来路不明、七拼八凑的军队，既非正规军，亦非团练，经费来源不明，作战光怪陆离，经历离奇跌宕，扑朔迷离，最终也没修成正果，在为清廷死打硬拼了一场后，最终被清廷毫不留情地抛弃。那些热爱太平军、理解太平天国运动的人，那些不甘于让中国遭受外辱的人，那些真切为中国兴盛寻觅、求索出路的人，将长久诅咒和谴责这支军队。难道洋枪队就没有留下一点东西？还是有的，那就是在大中国的一潭死水中搅动了一下，对洋务运动的兴起，起到了一定推动作用。

第二十九章

两个前任翰林打架，粮饷体系悄然成型

　　沈葆桢是洋务运动的重臣，台湾近代化之路的首倡者。现今常见的沈葆桢肖像摄于台湾，据说由法国人贝托拍摄的。相片上的沈葆桢官服翎帽，神情冷峻地目视前方。很难想象，相片上的人会咧嘴一笑。

　　沈葆桢生于1820年（嘉庆二十五年）。外国研究机构认为，这年中国的GDP占世界总量的百分之三十六。或者说，全世界三分之一以上的产品是中国这个乱哄哄的国家生产的。中国的产出虽然多，但尽是蚕丝、茶叶什么的，科技水平落后，没有什么快船大炮来复枪的，不足以抵御外辱。

　　史载，沈葆桢祖籍河南，南宋时迁至浙江，清朝雍正年间迁至福州。论起来，他应当算福州人。有一篇文章这样描绘福州和童年的沈葆桢：福州是一块不大的盆地，四面都望得见起伏的钢蓝色山脉。波光粼粼的大江穿城而过，城区四十多条内河蜿蜒交错。这里空气湿润，微风习习，暖烘烘的阳光之下，繁茂的树木四季不枯。夕阳西下，开元寺的晚钟响起的时候，温一壶老酒，调一碟螃蟹酱，煎一盘咸带鱼，两碗冒尖的地瓜干饭，这就是惬意的小日子了。福州人的宴席之上汤汤水水甚多，传说多喝汤的人讲究情义。大致上这里的居民通情达理，性格温和，似乎有些智者乐水的意味。沈葆桢幼时胆怯柔弱，夜色之中倏忽的飞鸟或者瓦顶上野猫的嚎叫常常把他吓得尖声惊呼，甚至大病一场。

　　沈葆桢十六岁考取秀才，二十岁与老师同榜中举，随后两度赴京赶考落第。而后他就结婚了。他的婚事与绝大多数家庭不一样。

　　沈葆桢的母亲林蕙芳是林则徐的六妹，或者说林则徐是沈葆桢的舅舅。沈家在福州宫巷，林则徐母亲家在文儒坊，林则徐家先是在左司营，后迁文藻山，离三坊七巷都不远，彼此算邻居。远亲不如近邻，走访起来相当方便。沈葆桢十一岁那年，父亲沈廷枫中举，赴京应礼部试，把沈葆桢带到金陵，林则徐在那里担任布政使。沈廷枫把儿子留在金陵，独自北上应试，未中，返家时拐到林则徐那里将儿子带回。沈葆桢随舅舅一家在江南读书、生活了半年。这段时间，林则徐可能看上了沈葆桢，第二年即定下娃娃亲。

　　林则徐的二女儿叫林普晴，按说近亲不能结婚，那时不讲究这些，她嫁入清贫的沈家，相夫教子，侍奉公婆，针线女红，勤勉度日。为了凑齐沈葆桢赴京赶考的盘缠，典当了金镯子。将门虎女，这种侠气很难从小家碧玉身上发现。

　　科举考试开启了书生加入国家权力体系的栈道，修成正果的标志是满腹经纶兑换到顶戴花翎。这就是踌躇满志的时刻了。沈葆桢二十七岁考取进士，与李鸿章同榜，殿试后入选翰林院庶吉士。这大约就是仕途的开始了。学而优则仕，是无数书生的梦想。仕途就是手执权柄。权柄形式千奇百怪，但是，权力隐含了主宰他人的快感，弄权的快感令人迷醉，那么多大人物因权力而骚动不宁。

　　南方人进了北方人为主的朝廷，有的人往往显得不大会来事。沈葆桢与李鸿章共同师从孙渠田。尽管李鸿章不驯，招惹了一堆政敌，但执弟子礼甚恭，从来不忘赔笑和打躬作揖；相反，沈葆桢经常冷着一张脸，言辞不逊。所以日后江南坊间有"李文忠有礼，沈文肃无情"之说。

　　离开翰林院后，沈葆桢头一个职务是监察御史，"分察百僚、巡按郡县、纠视刑狱、肃整朝仪"，干的事像中纪委，品秩低而权限广。沈葆桢曾数度上书论兵事，颇受咸丰皇帝注目。这时正值太平天国起义爆发，福建、江西一带战火纷飞，沈葆桢到基层做官去了，三十六岁出任江西九江知府。

　　沈葆桢当地方官就不爱惜手中权柄，屡屡顶撞上司，即江西巡抚耆龄。顶撞多了，沈葆桢挂冠而去，理由是母亲年迈，须侍奉左右。数千百姓聚拢起来，力图挽留，却没能挡住他返回故里的匆匆步履。

　　沈葆桢故居在福州南后街，他在旁边宫巷开了间裱褙字画的小店面，叫"一笑来"。后人甚至知道沈葆桢当年自定的润格，例如写对联兼装潢，价格四百枚；写团扇、折扇小楷，每柄四百枚；行书二百枚。如此等等。"一笑来"是沈葆桢丁忧期间开的，店面即是宫巷十一号沈家大院的西花厅。屈指算来，当时的沈葆桢正在江西巡抚任上。堂堂巡抚有什么必要依靠卖字挣几文小钱补贴家用？估计是玩儿，在玩儿中润入一种有情趣的市民生活。夕阳西下，福州南后街绿阴之间叽叽喳喳的归鸟聒噪成一片。这时沈葆桢缓步踱入宫巷那间狭窄而杂乱的"一笑来"。书案上铺好宣纸。他挽起袖子，研墨，提笔凝神。片刻之后一笔落下，宣纸上墨迹四溅，整条宫巷有淡淡的墨香弥散。

一年后，他回到江西，任江西广信知府。广信府位于江西东北，辖有上饶、玉山、弋阳、贵溪、铅山、广丰、兴安七县，府治在上饶。当时太平军已攻下金陵，正乘势向四方出击，广信府是太平军的攻击目标之一。当地兵力有限，为防止太平军的大举进攻，沈葆桢一到任就着手扩大兵力。

沈葆桢到各属县募兵筹饷时，大批太平军来了，试图拿下上饶城。城中无主帅，许多官员收拾细软，准备携家眷出逃。林普晴却说：我决意与上饶城同在！她指着院中水井道："倘若城破，这里就是我的安身之处。"她找到城中守军头领，商议守城之策，打开府库，拿出存粮犒军。守军在城墙上奋战，她率领妇女做饭送上城墙。她刺破手指写血书送给玉山守将饶廷选，饶廷选率部飞驰解围。这即是"血书求援，广信解围"的故事。下得厨房，上得城墙，通常的女流之辈显然望尘莫及。林普晴的端庄贤惠和非凡气度恐怕是沈葆桢恋家的重要原因。

朝廷调任沈葆桢为吉南赣宁道时，他我行我素。他的确想过另一种生活，三十岁之前随大流博取功名，四十岁后必须为自己生活负责。他向后撤步，令人赏识，文韬武略并不影响恋家。古人常说修身齐家治国平天下，治家与治国仿佛如出一辙。而沈葆桢感到二者不同。国是皇帝老儿的，家是个人空间。如果国策与理想格格不入，不如归隐家园。要么为天下苍生尽力，要么转身回家尽孝，没有必要因为放不下手中的那些可怜权力首鼠两端。

在《清史稿》中，沈葆桢是个冷面铁腕形象。从考取进士到封疆大吏，然而高大形象背后似乎拖了一条奇怪的影子。虽然仕途坦荡，可是他动不动就要转身离去，"寻乞归养"，"以亲病请假省视"。英雄性格的另一种表现是，敢于坦坦荡荡地独行，不在乎落寞孤单，如此多的饱学之士飞蛾扑火般向朝廷拥去，沈葆桢却只身走出权力体系的后门，悄然而去。他肯定是一个特立独行的人。

不知道曾国藩与沈葆桢是怎样结识的，前者在江西以在籍侍郎身份领兵打仗，后者在江西担任与现今地市级干部差不多的官员，二人都出自翰林院，惺惺相惜，就认识了。湘军攻占安庆后，大营设于安庆，沈葆桢曾去那儿看望曾国藩。经曾国藩推荐，朝廷任命沈葆桢当江西巡抚，诏书谓之"德望冠时，才堪应变"。任命书上有几句情辞恳切的商量："以其家有老亲，择江西近省授以疆寄，便其迎养。"这话蛮有人情味儿，不知是不是给已故的林则徐面子？

曾国藩之所以保举沈葆桢出任江西巡抚，是因为江西是湘军重要饷源地。他得有信得过的人把持江西，说了归齐，是为了保证湘军的军饷供应。

青史留名是众多大人物的向往。史家有一套臧否人物的标准语言，如民族大义，江山社稷，千秋功罪等。这些叙述多半剔去人物的血肉，他们的方言腔调和马褂上的污迹不见了，饮食或性行为的特殊嗜好不见了。如果企图了解这些亡灵，后人必须挖掘他们内心的犹豫、苦恼、矛盾甚至如何愤愤不平地骂娘。这时可能发现，有些小事或许会将这些亡灵一把拽出发黄的书页。

江西牙厘总局于1860年（咸丰十年）设立，地址在南昌。1858年（咸丰八年）7月，曾国藩再次出山，湘军主要由两湖与江西供饷。1860年（咸丰十年）他担任两江总督后，部队增加，饷需孔亟，遂与江西巡抚商定：江西地丁银由江西巡抚经收，供本省防军饷需；江西全省厘金及部分漕折，由曾国藩经收，供所部湘军饷需。当年夏季，在江西省城南昌设立牙厘总局，委派江西粮储道李桓与候补道李瀚章综理。年底，曾国藩将江西牙厘总局一分为二，一留南昌，一移赣州，分别由李桓与李瀚章经管。留于南昌者仍称江西牙厘总局，简称省局，辖南康、抚州、建昌、广信、九江、南昌七属局卡；新设于赣州者称赣州牙厘局，简称赣局，辖袁州、瑞州、临江、吉安、南安、赣州、宁都七属局卡。

江西牙厘总局设立之初，规定每月向粮台解银八万两，扣除湖口、吴城两分局月解二万两外，实际仅解六万。厘卡人员有人敲诈勒索，刁难商人，致使行商绕道而行，厘金收入减少。而造成这种情况又有两个原因：一是江西卡员多属佐杂人员，操守不佳，身微权轻，不能与地方官对抗；二是主管官员只关心地方利益，不关心前线军饷的需要。曾国藩由此得出结论，江西厘金必须亲自经理，不能委托江西地方官代办。为扭转江西厘金收入日少状况，曾国藩从两方面采取措施：一是派人假扮商人，暗中了解江西商情和各卡经办人员优劣；二是采取组织措施，加强管理。双管齐下，以改变江西各局卡的组织成分与领导状况。

正当曾国藩为江西厘金收入渐旺而高兴时，江西巡抚沈葆桢奏请截留江西厘金，并得到户部批准，由此引起曾国藩、沈葆桢间的厘金之争。多年来，曾国藩为军饷之事经常与江西发生矛盾。1858年（咸丰八年）曾国藩重返江西战场之初，与江西地方官关系较好，而自沈葆桢担任江西巡抚以来，渐渐出现摩擦。

1862年（同治元年）前，曾国藩主要在安徽、江西作战，江西无须太多军队，故将主要收入解送曾国藩粮台，供所部饷需。同治元年以后，曾国荃攻至天京城下，左宗棠进入浙江，鲍超进入苏南，九江镇总兵普承尧溃散，江西成为江、浙、赣、皖四省中兵力最为薄弱地区。特别是杭州失陷后，浙江太平军作战失利，大批转入江西，沈葆桢急忙扩充军队抵抗，为解决日益增加的饷需困难，逐渐截留原定解送安庆粮台的饷银，先不经商议扣留月解安庆粮台四万两的江西漕折银，接着严厉追回经曾国藩奏准并已起解的九江关税银数万两。

围攻天京的曾国荃军饷需匮乏，不仅无银发饷，甚至连米款都难以筹措，有时不得不喝稀粥度日。曾国藩遂撕破脸面，与沈葆桢大闹一场，上奏，摆出志在必得的架式。清廷决定将江西厘金一分为二，双方各得其半，另拨轮船退款抵偿曾国藩所遭受的部分损失。湘军大营的所有人都拿人之常情审视这件事，气愤填膺，纷纷说，如果朝廷设一个"绝无良心科"，沈葆桢一定取得第一名。

曾国藩为此"郁闷殊甚"，写信给左宗棠说："幼丹中丞与敝处大相龃龉，将漕折全行截留，初不省其开罪之由。以中才而当末流之世，处权势之地，固宜丛尤悔而不自知乎？"曾国藩把左宗棠当成心腹和知己，推心置腹，没想到，升任了总督的左宗棠在回信中没接他的话茬，却为沈葆桢打抱不平。

原来，左宗棠和沈葆桢已走到一起。战争形势发展，使他们有了共同利害关系。左宗棠所部在浙江阻挡太平军入赣，为江西起了屏障作用。左宗棠多次带兵入赣剿杀江西境内的太平军。沈葆桢虽然不愿为曾国藩供饷，却愿意为左宗棠供饷，双方因此关系密切，情投意合。在和曾国藩打奏折官司时，沈葆桢甚至把左宗棠带兵入赣高风格不用江西饷银事迹写入奏折，以此贬低曾国藩。

左宗棠站在沈葆桢一边，拒不为曾国藩说话。沈葆桢以开缺威胁朝廷时，左宗棠写信指责曾国藩：现在你的好朋友郭嵩焘升任广东巡抚，而你的敌人沈葆桢却吁请开缺，"一益一损，且幸且惧"。意思是说，反对你的人，你逼得他走投无路。顺应你的人，就步步高升，你的独断专行，已经让人畏惧了。

太平军为解天京之围，大举攻入皖南。左宗棠认为是曾国藩调度不力、防备不当所致，向清廷建议，派杨岳斌来督办江西、皖南军务。建议的实质是要从曾国藩辖区范围内分割出江西、皖南，清廷早就想收缩曾国藩兵权，接到此奏立即批复同意。这显然是对曾国藩权势的一次打击。

曾国藩对此事未置一辞，而幕客情绪激烈，破口大骂。赵烈文在他的日记中说，见左宗棠《请饬杨岳斌督办江西、皖南军务片》，字字为自己表功，句句给曾国藩抹黑："按此折旁敲侧击，复见金陵之兵力甚充，不必视为过重，及曾中堂之用人，未能尽人之长。寸楮之中，凶锋四射，似乎天下舍己之外，更无公忠体国之君子。吁！险矣。"左宗棠以居心正大为恃对老朋友突然袭击，这种事以后还多次发生。这种袭击表面上以大清根本利益为出发点，背后却经常隐藏着强烈的争雄心态。事实证明，清廷选择左宗棠来作为分化湘军的突破口实在准确。在湘军集团中，左宗棠是唯一始终要越曾国藩而上的人。左宗棠的这一举动，正式宣告曾左关系解体。

沈葆桢自恃清白，不太念叨人情世故，不在乎曾国藩上书告状。得罪就得罪了，没有必要动辄就回望来路，故人恩情又有多少斤两？左宗棠转战西北边塞，因为清朝的军事战略布局与李鸿章的产生了重大分歧。左宗棠驰书沈葆桢，期望南北呼应。不料沈葆桢竟然转身与李鸿章沆瀣一气。这段公案孰是孰非如今已不重要，重要的是，种种权力场上的交易谈不上多珍贵。无论是所谓的人脉关系还是时髦的"团队精神"，权力体系的特征即是编织出复杂网络。权力是一种能量的集聚，因而必须是诸多部门的彼此合作，前后呼应。权力场上的单枪匹马走不远。大权在手无非是占据了网络的核心位置罢了。然而，对于时刻企图挣脱权力重轭的人说来，维持权力网络的稳定和平衡显然是累人的负担。沈葆桢决不肯谦卑地低下头来，因飞短流长或者左右掣肘而向别人作揖。许多人觉得沈葆桢为人峻急，独断专行，常常冒犯同僚；其实，沈葆桢没有兴趣揣摩权力场上的形势，得失无不坦然，常无所顾忌地直陈己见，不在乎俗世的恩怨羁绊。出于公心，纵是谬见亦坦荡磊落。无欲则刚，这个句子出自林则徐的一幅著名的对联。如果用这个句子形容沈葆桢，庶几近之。

1864年（同治三年）4月，沈葆桢奏准截留江西厘金之半，曾国藩担心金陵围师功亏一篑，急札饬金陵藩司万启琛与江苏藩司刘郇膏督率当地官绅分别在泰州和上海开捐，要求上海筹集沪捐六十万两以济军饷。7月，湘军攻克天京，清廷迫令曾国藩速裁湘勇，自剪羽翼。曾国藩急需大批款项发还欠饷及湘勇返籍途费，又于是年9月札委苏藩刘郇膏与沪道丁日昌在上海劝捐八十万两，陆续解送金陵善后总局，以应急需。这次劝捐活动可能要继续到次年方能结束。上海虽富，要在一年之内办捐一百四十万两，并非易事。在此之后，曾国藩是否继续劝捐尚未可知，而他的下属官吏的劝捐活动却仍继续进行。

厘金分行厘与座厘两种。征于铺商者称座厘，征于行商者称行厘。开始以征收座厘为主，后来座厘渐渐减少以至停止，成为征收行厘为主。起初按资多少填发执照，后来变成强征，名称也不叫厘捐，明确将厘和捐区分。如自督办徽州军务张芾在皖南地区采取茶厘与茶捐两项并征、统一办理方法，茶捐仍按资填发户部和国子监刊印的空白执照，完全按劝捐办法办理，而茶厘部分则仅给收据而已。

厘金可按劝捐办法办理的唯一例子是湖南东征局。由于东征局系厘外征厘，故对交厘数额较大的商人，照旧按资填发执照，而一般商人仍依征厘办法办理。另外，随着地域的扩大，各省税率多少不同，已不限于百分之一。据《中国厘金史》的作者罗玉东的统计，至同治年间，全国绝大多数省份所征厘金的税率都超过百分之一，一般为百分之二至百分之五，有的省份高达百分之十。

此法虽好，曾国藩在咸丰年间却无法实行。征收厘金必须兼有地方政权。曾国藩客军虚悬，有兵无地，无法广为设局，大量征收。虽在少数几个地方以办理饷盐为名设置厘卡，向邻省私盐商贩加抽税金，却杯水车薪，无济于事。后来曾国藩大规模设立局卡，广征厘金筹饷，1860年（咸丰十年）担任江督后，首先从江西和湖南着手，陆续推广到江苏、安徽，最后及于广东。

征厘最多时局卡遍及五省，月入白银三十多万两，成为近代史上抽厘筹饷成效最著、影响最大的代表。后人谈厘金之害往往首先想到曾国藩。自曾国荃率军攻陷天京之后，曾国藩就陆续停止或减成收解各省厘金。迨至同治四年五月北上剿捻时，除安徽、苏北和江西部分厘卡外，各省厘金大都转交本省经收，曾国藩的主要财源也由厘金收入变为盐课。在这六年之中，曾国藩先后设立或接管的办厘机构有江西厘务总局、赣州牙厘局、安徽牙厘总局、江北厘金局、湖南东征筹饷局、广东厘金局及其数量众多的分局、厘卡。

安徽牙厘总局于1861年（咸丰十一年）在安庆设立，由署安徽按察使万启琛主持。后万启琛赴金陵布政使任，兼理金陵总粮台，安徽牙厘总局由蒋嘉械办理。1865年（同治四年）前后，曾国藩在各省开办的厘金局陆续停解厘金，交由所在省份接办，唯安徽、江苏始终不放。安徽布政使英翰要求将安徽全省厘金交由本省经收，以解决安徽剿捻各军军饷供应。曾国藩只答应将皖南厘金之半解送英翰军中，以解饷需之急。安徽牙厘总局设立之前，曾国藩已在安徽接管一些局、卡，此后又接管皖北盐务厘卡。安徽局卡大致分布于皖南、沿江与皖北三个区域。皖南厘金局设于芜湖，并在徽州、宁国、池州等处设有分局，一些重要县分如婺源等处设厘卡、分卡。这些局卡原由皖南督办军务的张芾于1857年（咸丰七年）设立，三年后由曾国藩陆续接管，1863年（同治二年）复制定新章，加意经营。皖南厘金以茶为大宗，其次则竹木山货之类，仅徽州六县每年即可获厘捐各款六十万两。曾国藩曾将婺源一卡与江西之景德镇、乐平、河口三卡交左宗棠经收，以为进军浙江之饷，后重新收回，由自己派员经理。

江苏厘税以上海所入最丰。早在1856年（咸丰六年）初，曾国藩鉴于各省抽厘筹饷之便，奏请派员赴沪，收厘裕饷，未获批准。后来曾国藩担任两江总督后乃未能在江苏设局征厘，直到同治初年，曾国荃、彭玉麟、鲍超等军陆续

攻入江苏境内，才开始在苏皖边境及沿江一带设立局卡，抽厘筹饷。

江北厘金局初为清军江北大营所设，专为驻守江北的绿营各军筹饷之用。同治三年六月湘军攻占天京后，原有绿营各军及专为他们供饷的江南、江北两粮台陆续裁撤，江北厘金局始由曾国藩接管。同治三年冬，曾国藩委派李宗羲驻守扬州，总办江北厘务，兼理两淮盐务。同治四年十月，李宗羲赴金陵布政使任，江北厘局由新任两淮盐运使丁日昌接管，同治六年二月，丁日昌迁江苏布政使，江北厘局由新任两淮盐运使程桓生接办。该局厘金收入以盐厘为大宗，江西等省厘金停解后，曾国藩仍将之掌握在自己手中，并未交付江苏巡抚。

湖南东征筹饷局，简称东征局，于1860年（咸丰十年）在湖南省城长沙设立，名义上由湖南布政使文格、湖北按察使裕麟负责，实际上主持局务的是黄冕、恽世临、郭嵩焘。东征局还在各地设有分局，分别由黄锡彤、郭征畴、陶桄、彭汝琮、胡镛、黄廷瓒、黄芳、冯晟负责。东征局顾名思义，系专为东征，即向安庆、天京发动进攻的湘军筹饷而设。最初议定，三分之二解江西粮台，协济皖南各军；三分之一解湖北粮台，协济皖北一军。安庆粮台设立后则全解安庆，专供曾国荃吉字等军进攻天京之用。东征局设立之初，曾国藩规定月解银三万两，每月十三日派提饷炮船回湘提守，若有盈余，则随时解送。若不能满足此数，则立即停办。由于东征局的经办人员极为尽力，结果每月会解银钱平均达到五万七千两左右，大大超过定额。同时，东征局还采办谷米、火药，制造枪炮子弹。只要前方需要，东征局得奉曾国藩片纸，即急如星火，连夜赶办。

此外，湖南东征局兼任淮盐在湘行销职能。曾国藩整顿盐政，在江西、湖北等省都设立了盐务督销局，唯湖南接受郭嵩焘建议，以东征局兼理淮盐在湘督销事务，只增添几名查禁粤私人员，不再另建机构。凡此种种，使曾国藩对之极为感激，称所解巨款如"大旱之雨，严雪之炭"，把湘军得以攻占安庆、天京，亦多归功于东征局绅的"垂情扶助"。"每于艰难绝续之交，得东征局饷弥缝补救，俾免决裂，感赖实深。""东征局初立之际，实不料集此巨款，助此大功。今幸各局撤竣，善始善终。感荷大惠，曷有既极。"报答东征局之功，曾国藩对在事各员都进行优保，总人数达四百九十人。他在历举东征局所筹之款对战争的关键作用之后说："斯皆关系最大，论功不在前敌猛将之后，迥非寻常粮台、厘局所可相提并论。"又说："他省纵敦恤邻之谊，断不能如此踊跃。盖其情切于救焚拯溺，其力遂能扶危定倾。"是他一生所办保案中最优厚的一例。

东征局的征厘办法是于湖南厘金之外加抽半厘，实与重征无异，设立之初即遭湖南绅民反对。他们假借湖南名士、岳麓书院山长丁善庆的名义作一长缄，

"力诋不便"，传播远近，几致停办。其后东征局绅亦假借曾国藩的名义作一长函，"痛辨其非"，才把反对派的议论暂时压下去，东征局得以维持。而湖南官绅商民反对东征局的斗争，却从来没有停止过。东征局不仅聚敛巨款，严重阻碍了湖南经济的发展，而且扰害多端，甚有急于采办芒硝，在民间拆屋挖墙之事。故早为湖南绅民所指目，无不望眼欲穿，急盼停办。当同治年间曾国藩北上剿捻之际，不顾杨岳斌等人的奏请和清廷的一再提议，反对将东征局改名西征局，要求即刻裁撤，挽回自己在家乡的声誉。原定半厘之数虽照征不误，却改由湖南省厘金局出据收执，不再用东征局名义。这在曾国藩看来，也就与他不相干了。

广东富庶，未受战乱之扰，无疑是抽厘筹饷的理想之地。曾国藩早就垂涎欲滴，无奈这里非自己辖区，无法向朝廷启奏。不料，1862年（同治元年），正当曾国藩需饷孔亟而江西厘金收入又日渐减少时，清廷就御史朱潮所奏统筹东南大局一折是否有可取之处，令各省督抚议复。曾国藩乘机奏请派钦差大臣赴粤办厘，以济浙、苏、皖之饷。清廷很快批准奏请，委派曾国藩的同年、都察院左副都御史晏端书为钦差大臣，驰赴广东总办厘务，筹办江、浙、皖省军饷。曾国藩奏明拟派李瀚章、黄冕、赵焕联、蔡应嵩、颜培隶、丁日昌、陶庆仍等湘、赣官绅及广东粮储道蒋志章、虎门同知吴赞城随同办理。后因情况变化，湖南之黄冕、赵焕联未能成行，其余各员均按时赶到，广东厘金遂于当年七月开征。

在广东厘金的开办过程中，由于各自立场与利害不同，曾国藩与广东地方官员乃至钦差大臣晏端书，都曾发生过冲突。曾国藩为筹饷成功，则不惜接连弹劾自己的恩人好友。于是清廷进行了频繁的人事调动，直到曾国藩满意为止。最初，开办广东厘金以济江、浙、皖饷，受到两广总督劳崇光的坚决反对，曾国藩在信函中与之往返辩论而无济于事，只好将其奏劾去职，降三级调用。劳崇光于曾国藩本有大恩。怎奈广东厘金乃曾国藩性命交关之事，他也就难顾私恩了。劳崇光走后，清廷任命广西巡抚刘长佑为两广总督，刘长佑未及上任而调赴直隶，遂命钦差大臣晏端书为两广总督。在此之前，清廷已任命黄赞汤为广东巡抚。督抚均为曾国藩的好友，照说广东厘金应该办理顺利了。然而，事实上却并非如此。广东厘金初办之时，曾国藩要求月解饷银十六万两，以八万解浙江粮台供左宗棠一军；以八万解安庆粮台供曾国荃一军。结果，直至同治二年四月，广东厘金仅解送七批，按月计算不过三万之数，四省瓜分，所得无几，使曾国藩徒有隔省抽厘之名，而不获解困救贫之实。故他对此心急如焚，极为不满。而晏、黄二人却稳坐泰山，我行我素，任由曾国藩苦口情切，飞函呼吁，均不为所动。曾国藩贫极生怨，再举劾章。清廷只好于同治二年五六月间将晏、

黄先后调回，任命曾国藩的好友毛鸿宾为两广总督，郭嵩焘为署理广东巡抚。曾国藩对这一任命极为满意，甚感放心，遂将原先派赴广东办厘的江西、湖南人员，除已就任广东按察使的李瀚章外，全部调回，并致函敦请同年胡大任出山，经毛鸿宾调赴广东办厘，充任自己耳目，以防广东地方官私扣厘金。从此，广东厘金收入转旺，每月总额渐渐超过十四万两。曾国藩经过反复斗争，终于得到较为满意的结果。

广东厘金最初全解浙、皖粮台，不许地方扣留。同治二年当地发生农民起义，战事渐繁，广东督抚要求将所收厘金以六成解送安庆粮台，四成留充本省军费。曾国藩不许，经反复协商，议定以三成留省，七成解皖。同治三年六月湘军攻陷天京，太平天国革命宣告失败，曾国藩随之奏请自八月起停解粤厘，以舒邻困。清廷不准，饬令改为七成留省，三成解赴金陵粮台，以尽速遣散驻扎金陵内外的湘勇。同年十月，曾国藩再次奏请停解广东厘金，并得到清廷的批准。曾国藩所以这样一请再请，急于停解广东厘金，意在尽快洗去专利之名。此后，虽然广东厘局照设，厘金照收，却与曾国藩没有什么关系了。实际上，曾国藩这时正需大批款项以遣散金陵地区的湘勇，筹饷依旧困难。但与他政治上的根本利益，即速去广揽兵权、利权之名，以安清廷之心相较，就退居次位了。

曾国藩设局卡，广征厘金，是1860年（咸丰十年）以后的事。自1858年（咸丰八年）6月至1864年（同治三年）7月，共筹集军费银一千八百五十四万多两，钱九十六万多串，其中绝大多数来自厘金，其他收入估计不会超过三百万两。故曾国藩一再宣称："东南用兵十年，全赖厘金一项支持"。所以，不少人认为厘金是清王朝裕饷中兴的根本，转败为胜的关键。曾国藩为保障厘金收入常旺不衰，采取了一系列措施，如禁止兵勇在长江上掳船，以使商人往来无阻；派重兵保护江西腹地及河口等重要厘卡，以使征厘不受干扰等。

无论隔省抽厘还是在自己管辖的省份收厘，曾国藩都不可避免地与所在省的巡抚衙门发生矛盾，受到当地官绅反对，背上"广揽利权"的名声，为清廷所疑忌。所以日后湘军攻陷天京之后，曾国藩即马上将广东、湖南、湖北、江西厘金先后停解，转交当地官员经收，以更为稳妥的饷源取而代之。

最初厘金只作为一种解决军费问题的临时办法，后由于数额巨大，渐渐成为清廷不可缺少的一笔常规收入，所以战后各省都完整地保留下来。厘金之弊不仅在税额的增加，给资本主义原始积累增加了困难，为害更烈的是局卡人员任意敲诈勒索，设计刁难，迫使行商不得不行贿求情。实际上给行商造成的损失，远远超过所捐厘金之数。它对中国资本主义发展的阻碍作用是非常明显的。

直到二十世纪三十年代初，国民党政府才撤销厘金名目，将其税额归于营业税，与当时的各种苛捐杂派统一征收。虽如此，仍算废除了一项弊政。

自古，从皇上到子民，须臾不可离开食盐。由于经营食盐稳赚不赔，从西汉起实行食盐专卖。也就是说，这一块不许民间经营，而是由中央政府垄断，以此作为中央财政的重要来源。官府专卖的食盐称官盐，明朝起由盐商运销。清代沿袭明代盐法。沿海晒盐的成本不高，而官盐在运销中缴纳的各项费用高，层层剥皮，致使最终价格很高，给食盐走私留下了很大空间。私盐是作为官盐的对立面产生的。沿海灶户晒盐，低价卖给盐枭，盐枭运到内地分销摊商，流通环节简单，层层避税，一般情况下，最终价格仅相当官盐的六分之一。私盐为用户所欢迎，官府却因此少了一大块盐课，当然不干。从汉代至晚清的两千多年间，盐业中的官私之争，走私团伙和政府缉私队伍的斗法，延绵不绝，有声有色。

办盐抵饷是曾国藩最初筹饷的另一办法。1855年（咸丰五年）5月，曾国藩奏请自运浙盐行销江西、湖南两省，以所获应交户部之盐课，抵户部应拨该军之饷，故称此盐为饷盐。因江西、湖南本淮盐引地，现因淮盐不通而行销浙盐，故称借销浙引以抽课抵饷。曾国藩奏请在江西樟树镇设立总局，由黄赞汤常驻主持，劝谕绅富措资承运，兼理督销；由前任浙江学政、吏部侍郎万青藜驻扎杭州，督办浙盐外运。此事很快得到清廷的批准。

有清一代，各大盐场营运皆有定法，行销有固定区域，盐船停靠销售亦有固定地点。因其运销单位称为引，故行销地区称引地，销售地点称引岸。两淮盐场分淮南、淮北两大盐场，淮南例行纲运之法，淮北例行票运之法，故淮盐又有纲盐、票盐之分。淮南之盐称纲盐，淮北之盐称票盐，江苏、安徽、江西、湖北及湖南的大部分地区皆其引地。两淮盐政自陶澍始例由两江总督自管，设两淮盐运使常驻扬州（咸丰三年至同治三年间曾一度移驻泰州）协理其事。

湘军攻占九洑洲后，长江航路刚打通，曾国藩就着手整顿两淮盐政，力图重复旧制，从邻省夺回盐利。为此，他将熟悉两江财政和盐法的黄冕调到自己身边，经反复商讨，连续制定和刊布了《淮盐运行西岸章程》《淮盐运行皖岸章程》《淮盐运行楚岸章程》《淮北票盐章程》等盐务新章，设置了一整套盐务机构。他决定，淮南盐场仍行纲运之法，淮北盐场仍行票盐之法，在泰州设立招商总局，总理招商承运各事；在瓜洲设立盐务总栈，总理征厘、掣验事务。同时，在南昌、汉口、长沙，设立盐务销督局或指派代理机构；在大通设招商局，经管招商、抽厘诸务，兼理皖岸督销事项。安徽行销事项由大通招商局和淮北

督销局分理。另，在湖北之武穴设立督销分局，管理远离省城之各点销售事务。为使淮盐畅销，曾国藩还分别在江西之吴城、新城设吴城分局和抚建分局，在各通商要道设立盐卡，加抽捐税以减少邻省私盐入境。结果所得无几而屡酿大案，甚至有的地方发生捣毁盐卡、殴毙卡员事件，迫使曾国藩不得不撤除了一些陆路关卡，只抽船运私商之税，不加负贩私盐之税，以免负贩私盐之家生计断绝，起来而闹事。

同治年间，曾国藩奏称，由于川盐较淮盐价廉质优，楚民久食川盐，已成习惯，川盐侵占淮南引地虽属大纲紊乱之事，又有万难遽变之势。为暂时挽回一二并为将来规复全境之计，将湖北九府一州一分为二，武昌、汉阳、黄州、德安四府先行归还淮南，专销淮盐，不准川盐侵入分寸；安陆、襄阳、郧阳、荆州、宜昌、荆门五府一州仍准川盐借销，淮商可以酌设盐店，拨销零引，以明本系淮盐引地，不可喧宾夺主、一割而永弃之意。同时将原设于沙市之配销局撤销，移至新堤，改为分销淮盐局，并将武、汉、黄、德四府内湖北所设抽收专税之水陆局卡裁撤，务使川盐颗粒不得侵销。曾国藩此奏实为无可奈何，成效如何亦不得而知。但有一点是肯定的，直到曾国藩去世，这块淮盐引地都未能恢复，仍被川盐侵灌。尽管如此，曾国藩仍从淮盐经销中获得巨利，同治八年之中，征收盐课银二千万两有余，几等于他镇压太平军过程中所报军费的总和。

第三十章

湘军攻破天京，太平天国战争结束

1861年（咸丰十一年）9月，湘军攻陷安庆，下一个攻打目标是攻占太平天国国都天京。湘军统帅曾国藩实行"欲拔根本，先剪枝叶"作战方针，也就是先肃清沿江一带太平军，巩固后方，然后再围攻天京。

1862年（同治元年）1月，清廷命曾国藩为协办大学士，统辖苏、赣、皖、浙四省军务。曾国藩下令湘军沿江东进，复令浙江巡抚左宗棠率湘、赣、浙军两万余人全力攻浙，署江苏巡抚李鸿章率淮军六千五百人会同英军、法军阻挡太平军进攻上海，并伺机西攻苏州、常州，置天京于包围之中。

3月，急功近利的曾国荃率两万多人离开安庆急进，连下无为、巢县、含山、河州、太平府、东梁山、金柱关、芜湖、江宁镇、大胜关等地，5月31日在天京城南门外雨花台扎营，彭玉麟则率领湘军水师进抵天京的护城河的口。

雨花台位于金陵城南不过两里，如今是城区延伸部分。公元前472年越王勾践在这儿筑"越城"，成为登高揽胜之地。因岗上遍布五彩斑斓石子，又称石子岗。南朝梁武帝时，高僧云光法师设坛讲经，感动上苍，落花如雨，由此得名。

曾国藩所部驻扎在此，处于孤立突出险境，和太平军脸对脸。曾国藩劝曾国荃暂时后退，以求稳妥。曾国荃却一根筋，认为"舍老巢勿攻，浪战无益，逼城足以致敌。虽危，事有可为。"丝毫没有退兵念头。

曾国荃出自乡间，行为方式像成天撅腚刨土的农民。他用老办法，在城外

深挖壕沟，筑防御工事。太平军领教过曾国荃这种办法的厉害。湘军挖沟，一来断绝太平军与外界联系，粮食和给养运不进去；二来是在挖壕沟的掩护下挖地道，一直通到城墙下面，填入大量炸药，爆炸后把一段城墙炸塌，而后一拥而入。

兵临城下，不知身居天王府的洪秀全怎么想，反正他想怎么说就怎么做的日子过去了。太平天国运动初，洪秀全拥有普渡众生的激情，似乎切断世俗人情关系，把自己交付给想象中的上帝，用理想主义为凝聚力粘合剂。天京事变后，人们虽然仍旧操作宗教仪式，但洪秀全创造的理念已不能主导观念。洪秀全为摆脱孤独，不停地封王，但是做什么都作用不大了，天国隐藏了巨大危机。

天京事变后，太平军思绪混乱，政治动员艰难。过去太平天国领袖的思想工作简单，用往清室身上泼脏水的办法动员群众，把清室妖魔化，断言清室是撒旦魔鬼，鱼肉百姓，还有不着边际的说法："细查满鞑子之始末，其祖宗乃一白狐一赤狗交媾成精，遂产妖人，种类日滋，自相配和，并无人伦风化。"这种谩骂对方的出身不正当而显示自己反叛的正义性，显示出的是不安心理。

"中国有中国之配偶，今满洲妖魔悉收中国之美姬为奴为妾，三千粉黛皆为羯狗所污；百万红颜，竟与骚狐同寝。"这种宣传把自己潜在的欲望归咎于对方，自己不愿承担淫乱责任，假借攻击敌人而把自己的意识投射给对方，让对方负起淫乱责任，越来越缺乏说服力了。太平天国不乏好样的将领，而洪秀全不是好样的领袖。定都天京后，所有攻击对方的行状都在自己身上表现出来，暂且不说他的荒淫无度，他的那种打油诗式的灌输方式越来越丧失说教资格。天京事变的结果，不仅使洪秀全丧失了道德权力，领导集团内部的人性缺陷也暴露无遗。

天京面临城破时，出现前所未有的惊恐，人们心理底线处于崩溃边缘。洪秀全却打肿脸充胖子："我奉天父上主皇上帝命我下凡，创开天国天京天朝，作天下万郭独一真主，任妖一齐飞一齐变，总不脱我天父掌上过，我铁瓮江山，天兵百万千万，妖兵岂能飞人耶？"李秀成劝他"让城别走"时，他声色俱厉："朕奉上帝圣旨，天兄耶稣圣旨下凡，作万国独一真主，何惧之有？不用尔奏，政事不用尔理，尔欲出外去，欲在京，任由于尔。朕铁桶江山，尔不扶，有人扶。尔说无兵，朕之天兵，多过于水，何惧曾妖者乎！尔怕死，便是会死。"

洪秀全把火发到李秀成身上，心理学上称为反转机制，指把某种不允许的冲动、欲念潜意识地转化成强烈的相反形式，以获得超我许可，减轻自我压力。当一种仇恨无法排解，又没有可替代的事物或者人物作为宣泄对象时，这种反转机制就会把自己作为敌人，表面上是一种自恋，实际上隐藏着毁灭的冲动。

湘军进抵天京城下，洪秀全要考虑用什么部队"勤王"。陈玉成已于安徽寿州被苗沛霖诱执殉难，洪秀全急诏李秀成回援。李秀成6月22日在苏州召集会议，商讨救援之策，鉴于湘军气势正盛，决定避其锋芒，先以粮食、弹药援京，两年后决战。会议后，李秀成停止进攻上海，派部分兵力赶回天京，自己仍留在苏州。他舍不得经过血战打下来的一方宝地。

作为一线将领，李秀成掂量得出曾铁桶所部的能力，认为两三万湘军打不下严密防卫的天京，自己在苏州坐镇，既可威胁上海，又可经营苏浙，比困于天京灵活得多。自安庆失陷，太平军在战略上陷于被动，而各地尚有数十万大军，洪秀全若能一咬牙一跺脚，让出天京，从内线转到外线，变被动为主动，重振军旅，仍有可为之望。而他却固执己见，拨拉到碗里就是菜，听不进李秀成的长远打算，但求保住一方天地，终致丧失扭转战局的最后机会。

由于洪仁玕、杨辅清在皖南宁国府作战失利，天京外围形势严重。李秀成没法子了，和堂弟侍王李世贤、护王陈坤书等十三个王爷，被称为"十三王"，各自率领所部，于东坝会齐后，过溧阳，下溧水，越秣陵关。分路进扎东至方山、西至板桥一线，连营数百，对湘军雨花台大营形成反包围。与此同时，护王陈坤书、辅王杨辅清分攻金柱关和宁国府，断湘军粮道，牵制对湘军的援助。

李秀成带领大军号称六十万，其实没有那么多，是吓唬清妖的，估计有二十万人左右，即便这样，也八九倍于曾国荃部湘军。曾国荃部只有两万多人，守在雨花台。曾国藩最小的弟弟曾国葆，因曾国华战殁于三河镇，加入湘军，改名曾贞干，手下五千多人，守大胜关、江东桥一带；彭玉麟水师不到一万人，主要任务是保护粮道。糟糕的是，湘军中疫病流行，病倒病死兵士接近三分之一。面对太平军近十倍的兵力优势，曾国荃等只能拼死一战了。

李秀成率领的援军抵达湘军雨花台大营后濠之外，在方山和板桥镇之间的六七十里建立营垒，置重兵于东西两路。很快，李秀成所部从东西两面攻击湘军阵地，城内太平军攻击湘军恒字营等营垒。

湘军的主要成分是湖南人，而曾国荃把湖南人的范围进一步缩小，他偏爱用湘乡人。曾国藩曾经批评曾国荃"不独尽用湘乡人，且尽用屋门口周围十余里内之人，事体安得不糟，见闻安得不陋？"现在李秀成要打曾国荃部，而曾国荃用湘乡人的好处体现出来了，他的身边聚拢了一帮子能为他拼命的湘乡老乡。

如果曾国荃是足球教练，一定是不大注重进攻而注重防守反击的。在雨花

台之战中，曾国荃完全采取守势，要求部下严遵深沟高垒的"缩营自保"，只在太平军进攻时发炮还击，不得主动进攻。

太平军为了营救都城，急眼了，使用人海战术冲杀，一批批倒毙于湘军枪炮之下。但湘军也有相当损失，都兴阿派遣杨心纯率领清军五营、王可升派出清军三营，分别从扬州和芜湖到雨花台增援，雨花台防线上兵力比前更略有增加，曾国荃对防线略作缩小。太平军打了近十天，伤亡不小，不见战果。

李秀成心里着急，集中洋枪洋炮，展开交战以来最猛烈的攻势。太平军将士头顶门板木片，冒着枪林弹雨死冲湘军营垒。未丧命于枪炮下的太平军把战友尸体推入濠沟，塞填草束，踏尸踩草冲过去。战斗中，曾国荃左腮中弹，一脸的鲜血，仍在营垒四下驰骋，指挥湘军拼死顶住了一轮又一轮的进攻。

双方交战正酣，太平军又添生力军。侍王李世贤率三万大军从浙江赶到，立即投入对雨花台湘军的围攻。太平军上用枪炮，下挖地道，迫使曾国荃不得不从西路抽出曾贞干手下的四千人来援。

李秀成、李世贤所部利用地道迫近湘军工事，爆破打开湘军数个营垒。但湘军已作准备。营墙被炸塌，排炮排枪与箭弩齐发。眼见数千太平军杀入营垒，湘军上下红了眼，不是你死就是我亡，太平军往返冲杀五六次，终不得入。

曾国荃不完全固守，也派兵拔太平军的十余座关卡。曾贞干探知西路太平军有撤退之意，发动对太平军营垒的攻击，西路太平军溃逃，湘军乘胜追击。及后金陵城中的太平军出城以图切断湘军之归路，亦被湘军击败。至此，太平军对雨花台湘军的围攻以失败作结；惟曾贞干因劳累过度病逝。

双方相持到11月4日，李秀成下令撤围，李秀成率部绕道南门入天京，战斗停止。李世贤率部退到秣陵关。所谓秣陵，是古代对金陵的称谓。至此，44天的雨花台大战结束，太平军未能战胜湘军。

湘军在兵力悬殊的情况下成功守住雨花台大营。此次作战，太平军死亡人数约在八千至万人之间，湘军伤亡人数不过数百。雨花台的地道攻防战，湘军以寡敌众，防御成功。十三王回援天京作战失败，雨花台仍旧飘扬着湘军旗帜。

李秀成亲率大军攻雨花台曾国荃大营，是太平天国战争史中最有份量的大戏。这仗打得令人费解。太平军将士不乏拼命精神，只要指挥正确，在兵力差不多的情况下，每攻必克。而在雨花台，太平军数量几乎十倍于湘军，按说当像三河镇大捷那样，吃掉曾国荃两万湘军，但打了四五十天，无功而返。如果李秀成以优势兵力稳扎稳打，先截断湘军粮道，在外围战场稳固推进，再以优势兵力死攻曾国荃营垒，湘军不败也难了。但李秀成打算迅速打垮曾国荃部，赶回他那个苏福省，经营自己那块天地，在湘军各垒前死伤无数，士气大衰。等他想到要断敌粮道时，为时已晚。天京之围不解，他想早日返回苏州的愿望落空。

十三王从苏浙带来的大军，战斗力远不如从前的太平军。金田起义后成长起来的太平军是最可贵人力资源，打了咸丰皇帝整个任期，十年下来，当初那批老兵，有许多业已阵亡，仍存于世的，风光已逝，打不动了。在江浙招募的士卒，作战避实就虚，遇见湘军这种不要命的对手，几个回合下来，除少数骨干分子仍敢战，多数人即使手里有洋枪洋炮，殊死拼搏的斗志也消失了。

李秀成撤围，洪秀全火了，对李秀成"严责革爵"，令其"进北救南"，率军渡至江北，西进湖北，调动湘军分兵回援，缓解京围。洪秀全这手被老谋深算的曾国藩识破，令曾国荃坚守大营，不为所动，另抽援军入皖堵截。

1863 年（同治二年）2 月 27 日，李秀成会同陈坤书渡江，曾国藩已调湘军万余入皖北，李秀成攻无为、庐江、舒城，六安均未得手。在皖南策应的太平军也进攻失利。李秀成于 5 月撤六安围，经寿州东返，渡江时遭湘军拦击，损失甚众，仅一万五千余人返回天京。"进北救南"非但没有实现，反而损兵折将。

湘军乘势收缩对天京的包围，相继进占天京东南上方门、高桥门、双桥门、七桥瓮，西南的江东桥，以及东坝、秣陵、湖熟、淳化等要地。天京城只有太平、神策两门尚可与外联系。至 1864 年（同治三年）5 月，苏南各城被攻陷，浙江全省也基本被左宗棠部湘军占领，天京完全被包围。

天京城里闹起了粮荒。没人知道"甜露"指何物，洪秀全指示全城百姓、大小官员食"甜露"，"现蒙天父降下甜露，继自今大小文武天兵大共变吃甜露不得吃饭。"合城茫然，不知是怎么回事。洪秀全让人割草，分送各馆，始知为草。不知道洪秀全自己是不是以草为食，反正下令部下食草。

洪秀全是怎么死的？曾国藩刊刻的《李秀成自述》称："天王斯时焦急，日日烦躁，即以四月二十七日服毒而亡。"洪仁玕被清军捕获后写的《洪仁玕自述》中说："天王之自杀，更令全局混乱。"曾国藩奏稿中说："首逆洪秀全实系本年五月间，官军猛攻时，服毒而死。"又奏称："有伪宫婢者，系道州黄姓女子，即手埋逆尸者也，臣亲加讯问，据供，洪秀全生前，经年不见臣僚，四月二十七日因官军急攻，服毒身死，秘不发丧。而城里群贼，城外官兵，宣传已遍，十余日始行宣布。"根据上述资料，大多史家认为洪秀全系服毒自杀。

二十个世纪六十年代初，曾国藩家藏的《湘乡曾八本堂·李秀成亲供手迹》影印发行，记述的是洪秀全因病而死："此时大概三月将尾，四月将初之候，斯时我在东门城上，天王斯时已病甚重，四月二十一日而故。""此人之病，不食药方，任病任好，不好亦不服药也。是以四月二十一日而亡。天王之病，因食咁露病起，又不肯食药方，故而死也。"学者认为这一记述可靠，曾国藩刊刻的《李秀成自述》经篡改。赵烈文在《能静居士日记》中说："中堂嘱余看李秀成供，改定咨送军机处，傍晚始毕。"曾国藩把李秀成供稿呈送军机处时说："李秀成之供词，文理不甚通适，而情事真确，仅钞送军机处，以备查考。"可知曾国藩出示的李秀成供稿被改定过。由于他在此前的两份奏稿都谈及洪秀全自杀，所以把李秀成供词中洪秀全病死"改定"为自杀，在情理中。《洪仁玕自述》后半部分中说洪秀全自杀，恐非洪仁玕本意，因为后半部分由外人译出，原稿已失。外人翻译时受《李秀成自述》刊刻本影响，极有可能附和洪秀全自杀的说法。《洪仁玕自述》前半部分，是出自洪仁玕供词原稿，其中有"至今年四月十九，我主老天王卧病二旬升天"。此说应较可信。幼天王洪天贵福在自述中说："本年四月十九日，老天王病死了。二十四日众臣子扶我登极。"自从《李自成亲供手迹》发行后，大多数学者都确信洪秀全是病死的。享年五十二岁。

洪秀全死后，诸王怕乱了军心，秘不发丧，遣女官葬于新天门外御林苑东边山上。然内外已喧传，只得扶洪秀全长子洪天贵福为幼天王，年仅十六岁。

在太平天国最后的日子里，困守在孤城军民的所有憧憬都化为泡影，对于拜上帝教，洪秀全是一盆浆糊，灌输到下面的只能是浆糊一盆。天京军民是在为既有的朴素信念而战，或者说为了结束异族统治的日子而战。他们知道，最后的战斗必将是徒劳的，而投降又有何益？只有拼出一腔热血一条命了。

曾国荃打天京，仍然采取掘地道的老把戏。指挥开掘地道的叫李臣典，是个亡命徒。湖南邵阳人。十八岁加入湘军，初隶王鑫，后从曾国荃援江西，隶吉字营。在吉安南门外，曾国荃受伤，李臣典大呼挺矛进，超擢宝庆营守备。克景德镇，复浮梁，皆为军锋。雨花台作战中，他出了个大风头，搴旗大呼跃而上，诸军继之，掷火弹毁敌楼，城立拔，以提督记名。偕萧孚泗、张诗日等攻夺紫金山，又败诸校场，连克近城诸垒。三年，克天保城，江宁之围始合。他侦知天京城内快要断粮了，建议曾国荃，可以开掘地道了。遂率副将吴宗国等日夜不停地挖地道，十五日地道成。他下令，打进天京后，见长发者、新剃发者皆杀！

7月19日午后，李臣典点燃埋在天京城墙下的三万斤火药。但闻地中隐隐若雷声，约一点钟之久。忽闻霹雳砰訇，如天崩地坼之声。墙垣二十馀丈随烟直上，砖石如雨一般落下。李臣典从倒口首先冲入，众军随之。

他不走运，拿下天京后没几天，朝廷奖赏尚未到，病亡。着加恩赐封一等子爵，赏黄马褂、双眼花翎。诏加赠太子少保，谥忠壮。无论如何，他还是够本儿了，在吉安、安庆、江宁建专祠，画像进入紫光阁，《清史稿》中列传。

朱洪章率长字营、胜字营和焕字营一千五百人从缺口首先冲入，太平军仓促从城头抛掷火药，爆击湘军。朱洪章所部士卒死亡四百多人，总兵王绍羲等将领阵亡。湘军敢死队稍撤，彭毓橘和萧孚泗杀掉几名退后军士，敢死队又从城墙缺口杀进去。朱洪章令部队团团结阵，旋转前进，冲垮一排排太平军，和沈鸿宾、罗雨春所部从中路攻击，在天王府以北。刘连捷、张诗日和谭国泰等部从右路攻击，沿台城杀向神策门。适逢朱南桂等部搭梯攀城攻入城内，便一起攻取仪凤门。左路分为两支，彭毓橘的慎字营从内城杀向通济门，萧孚泗等部夺取朝阳门与洪武门，将防卫城墙的太平军全部斩杀。此外还有罗逢元等部从聚宝门杀入，李金洲所部从通济门杀入，陈湜和易良虎所部从旱西门和水西门杀入。

黄昏，天京九座城门全部被攻破。曾国荃传令关闭城门，防止太平军出逃。与此同时，大抢劫开始了。湘军上层早就放风，打下天京后抢劫数日。这是盛大的节日。"傍晚闻各军入城后，贪掠夺，颇乱伍。余又见中军各勇留营者皆去搜括，甚至各棚厮役皆去，担负相属于道。""时城中伪天王府、忠王府等尚在，余王府多自焚，贼呼城中弗留半片烂布与妖享用。官军进攻，亦四面放火，贼所焚十之三，兵所焚十之七。烟起数十道，屯结空中，不散如大山，紫绛色。亭午，二伪府皆烧"。湘军组织扑救了天王府的大火。曾国荃即刻组织审讯抓获的宫女，得知洪秀全埋葬地点，命令湘勇把洪秀全尸首挖出，拖到长江边上浇油烧掉，将骨灰填进火炮，点烧引信，打到江中。

清人有的记载今天看来稀罕，湘军抓获太平军士卒后，开始不杀，强令当挑夫。"计破城后，精壮长毛除抗拒时被斩杀外，其余死者寥寥，大半为兵勇担抬什物出城，或引各勇挖窖，得后即行纵放，城上四面缒下老广贼匪不知若干。其老弱本地人民不能挑担，又无窖可挖者，尽遭杀死。沿街死尸十之九皆老者，其幼孩未满二三岁者亦斫戳以为戏。匍匐道上，妇女四十岁以下者，一人俱无，老者无不负伤，或十余刀，数十刀，哀号之声达于四远"。

赵烈文是天京劫难的见证人，在《日记》中说：城内"老弱本地人民不能挑担又无窖可挖者，尽遭杀死，其幼孩未满二三岁者亦砍戮以为戏，匍匐道上。妇女四十岁以下者一人俱无，老者无不负伤，或十余刀，数十刀，哀号之声，达于四远。"他在《日记》总结:"自湘军平贼以来,南民如水益深,如火益热。"

曾国藩到金陵后,见"城内自伪宫逆府以及民房悉付一烬。""万室焚烧,百物荡尽,而贡院幸存。""群尸山积","白骨山积","自五季以来,生灵涂炭,殆无逾于今日。"黎庶昌在曾国藩《年谱》中录:"金陵之克,贼所造宫殿行馆皆为官军所毁。"为什么宫室烧毁一空而贡院独存?贡院是考场,里面没有银子,湘军不光顾。宫室民居都有财物可抢,湘军掠后把房付之一炬,毁灭罪证。

天京城内的大火烧了八天,才被一场大雨浇灭。但湘军的抢劫并没有停止。直到一个多月后,湘军仍在城内大抢,甚至互相劫掠,"城中各军尚纷乱不止,兵勇互相掠夺,时有杀伤。本地人有自泰州挈眷来者,兵勇利其妻财,指为余党,掳(掳)其妇女,括其囊箧而去"。

太平军战死人数,各方说法出入很大。曾国藩上奏说十多万太平军无一人投降,所有天京王爷、天将及大小官员三千人都死在乱兵中。李秀成供词则说,金陵被攻占前,军民不过三万多人,太平军一万多人,大部分病饿交加,能守城的不过三四千人。李秀成是天京保卫战总指挥,他提供的数据较可信。

在最后时刻,李秀成的母亲和妻子皆自尽,天后赖氏抓紧最后时机,亟召李秀成入宫,托以幼主,而后自焚。宫女自缢投井者不下数千人。李秀成、林绍璋率亲军千余人,拥幼主洪天贵福出走,往来奔突于各城门,皆不得出,乃乔装打扮成清军兵勇,从湘军用三万斤炸药炸出来的缺口冲出城。

洪天贵福为什么能从缺口冲出去,据赵烈文日记,自炸药崩开缺口,曾国荃就认为大功告成,由战地回老营,其时"衣短布衣,跣足乱发,汗泪交流,甚倦惫也"。手下祝贺,他把他们撵走,入房间倒头大睡。金陵城破,湘军趁势大掠,连守老营的兵勇及喂马杂役都坐不住了,纷纷离开值守,到金陵参加掠夺。赵烈文唯恐惹出大麻烦,把曾国荃摇撼醒,说轰城缺口处出入自便,敌我不分,非得九帅亲自弹压才能封住缺口。曾国荃太困了,翻个身又睡着了。

李秀成、洪仁玕掩护幼主从孝陵卫冲出后,幼主马蹶坠地,李秀成将自己的坐骑让于幼主。形势危急,洪仁玕护送幼主打马驰去(他们去了安徽广德,被黄文金迎入浙江湖州,后被俘,在南昌殉难)。李秀成因为马劣,跟不上,行至涧西村迷路。他遇到八位村人,打听去湖州的路。由于他没有薙发,被村人认出,说可以给你指路,但你没有薙发,走不了多远就会被认出来,最好薙发之后再走。李秀成说:"天朝国破主亡,我若被抓,命当如此;若幸而逃脱,以薙发之人如何面对残存的天朝伍卒。"尽管他说得有理,八位村人还是把他留在村中，其中有个叫陶大兰的，是奸诈之徒，为了讨几个赏钱，悄悄告发。湘军大将军萧孚泗得知，即刻派出马队疾驰涧西村，将李秀成擒获，押赴金陵。

金陵天热，曾国荃摇芭蕉扇纳凉，听说李秀成押解到了，来不及换官服，穿着短褂裤衩，手里拿着把锥子冲入房间，照着李秀成大腿就扎。李秀成却坦然说："老九，你这是何必呢，你不是大清皇上，我也不是天朝天王，你我交战不过是各事其主，都是为本军打仗，你何至于如此恨我？"曾国荃吼道："以湘军围城之苦，伤亡之重，这股气只能撒到你身上！"李秀成高声回道："怎么，只有城门大开放你进来，让湘军屠城，你才会没有气吗？老九，打仗本来就是你死我活的事情，你得想明白了。"几句话说的曾国荃没脾气了。

曾国藩时在安庆，闻讯后星夜赶到金陵，进曾国荃的大营。曾国荃欲将李秀成枷号入狱。曾国藩说："如果是大清的官员犯了罪，可以这么做，而李秀成不是大清的人，是在战场上捕获的敌方主帅，这样对待他，会令天下人齿冷。"遂禁在署中，好生招待，给予笔墨。李秀成用十天工夫写下了"文气浩瀚，叙事质实"（萧一山语）的《自述》，原字数当在五六万字以上，后经曾国藩删改，公布了两万七千八百字。无可否认，忠王在自述中流露出乞降之意，自称"罪将"，表示"楚肯容人，亦而死报。"人无完人，玉无完璧。到了这步田地，李秀成流露出对生命的渴望，并不足怪。毕竟，他这时才四十一岁呀。

曾国藩手下的文武官员众口一词，要求免李秀成死，用"伪忠王"招徕余党。曾国藩并非不惜才不爱才，却提出了二十个字，认为李秀成"权术要结，颇得民心，党羽尚坚，免致疏虞，以贻后患"，力主速杀。

8月6日晚，曾国藩宴请李秀成，既毕，对李秀成叹息："这顿饭是志别也。好汉，好汉！可惜，可惜！"次日，李秀成自刎。这些都不是小道消息，或来自官府线报，或是来自《北华捷报》，或来自官场议论，基本属实。

自天京事变后，李秀成支撑残局达十年，内有权臣，外有劲敌，频年转战，百折不挠，确实是古今少有的真英雄。坊间说，钟山涧西村那七位村民，因为憎恨陶大兰告发，把陶大兰杀了，还把萧孚泗部下一个叫王三清的亲兵淹死了，以祭奠忠王。曾国藩听说后，下令把七位村民抓来，亲自审讯，七位村民毫无隐讳，慨然陈述事情经过。曾国藩听后大为感叹，不但不杀，反而每人赏了一百两银子，七个人谁也不要银子，扭头就大步离开了。当然，这段是野史，不足为凭，很有可能是钦佩李秀成的文人杜撰的。但是，有的事并非出自野史。

抓获李秀成的湘军将领叫萧孚泗，湖南湘乡人，入湘军后，追随罗泽南转战江西、湖北，擢守备。从曾国荃援江西，擢游击。克吉安，擢参将。大战小池驿，赐号勃勇巴图鲁。进攻安庆，战菱湖，以总兵记名。加提督衔。打天京时，破秣陵关。夜袭上方桥，结筏渡河，扼双桥门，擢福建陆军提督。既克天保城，筑炮台山上，距城仅十馀丈，积沙草高与城齐，作伪攻状，潜于其下凿地道。地道成，火发城圮，将士争登，手刃退者数人，士气乃奋，尽从缺口入。天京城破，先擒洪仁达，后擒李秀成。论功，赐封一等男爵，赐双眼花翎。

告密的陶大兰下场很糟。李秀成被抓时身上没钱，萧孚泗怀疑李秀成把钱藏在涧西村了，把陶大兰全家抓到军营严刑拷打，逼问钱的下落，又在涧西村挨家挨户搜查，涧西村人人自危，都跑出去避难，村里一个人都找不到了。

据罗尔纲考证，曾国藩向朝廷抄录李秀成自述时，对原稿做了几处修改：一是李秀成称洪秀全病死，改为服毒而亡，以证明洪氏死于曾国荃军事压力之下。二是李秀成被"奸民"抓获，改为"遂被曾帅追兵拿获"。三是李秀成冲出天京的时间。李秀成的原话是："初更之后，舍死领头冲锋，由九帅放倒城墙而出，君臣舍命冲出关来。"天刚黑，太平军冲出，改到四更减轻了曾国荃的责任。四是李秀成总结了太平天国政治十大失误，第十误原为"误立政无章"。曾国藩改为"误不应专保天京，扯动各处兵马"，夸大了曾国荃攻克天京的首功。

曾经一度幻想当"中国中央政府首任水师大臣"的英国人李泰国，是个不甘寂寞之辈。曾国藩将《李秀成自述》刊刻公布，名为《李秀成供状》。李泰国随即译为英文，在《北华捷报》连载，名《忠王自传》。平心而论，李泰国这个人如果不是好高骛远，想入非非，而是仗着脑瓜子灵光，擅长中英两国语言，在哪家报纸当个记者，或是做些中英文化交流工作，倒是满合适的。

湘军文化层次较高，从军事上和人格上欣赏忠王李秀成。湘军捕获李秀成后，不知道湘军诸将们心里怎么想，但有一点可以肯定，就像赢阿根廷国家队的足球队，依然会赞赏马拉多纳。曾国荃用锥子扎李秀成大腿事传出，许多湘军将领瞧不起曾老九；而在处死李秀成后，众人则"争指目曾国荃"。

战争是残酷的，也应当是公平的。就像李秀成所说，对立双方的将领并没有私人恩怨，不过各事其主。李秀成被处死，曾国荃大捞了一票，湘军"诸宿将如多隆阿、杨岳斌、彭玉麟、鲍超等欲告去，人辄疑与国荃不和且言江宁镪货尽入军中。"这些人对曾国荃成见很深倒是不假，不过多隆阿在克复金陵前两个月即已战死，王闿运把他列出来，恐因与曾国荃的旧隙使然：

打下天京那一刻，意味着太平天国战争结束。固然战斗还没有停止，残部还要肃清，还要打一阵，而战争停止了。

太平天国战争初期，马克思曾经满腔热情地赞颂太平天国："可以大胆预言，中国革命将把火星抛到现代工业体系的即将爆炸的地雷上，直接随之而来的将是欧洲大陆的政治革命。"随着对情况有了更多了解，这位大思想家在《中国记事》中作出新论断："除了改朝换代以外，他们没有给自己提出任何任务，他们给予民众的惊惶比给予老统治者们的惊惶还要厉害。他们的全部使命，好像仅仅是用丑恶万状的破坏来与停滞腐朽对立，这种破坏没有一点建设工作的苗头。""只有在中国才能有这类魔鬼。这类魔鬼是停滞的社会生活的产物。"在马克思看来，清廷与太平天国不过是腐朽与丑恶的对立，两者并无本质区别；太平天国之战不过是屡见不鲜的改朝换代的新尝试；这种局面是当时中国社会生活停滞，未有新的社会生产力和新的社会力量的必然产物。

裁撤湘军，并非打下天京之后的想法。早在天京合围后，曾国藩便认为"用事太久，兵柄过重，利权过广，远者震惊，近者疑忌"。他说："自古握兵柄而兼窃利权者，无一不凶于国而害于家，弟虽至愚，岂不知远权避谤之道。"所以他决心"万一金陵克复，拟即引退，避贤者路，非爱惜微名，而求自全也"。

湘军自创建有很大独立性，朝廷不易节制。曾国藩按照"技艺娴熟，年轻力壮，朴实而有农夫士气者为上。其油头滑面，有市井气者，有衙门气者，概不收用"。兵随将走。弁兵进退弃皆由长官决定，各级军官成为大帅私属，士兵为军官的私兵，军权不再为中央政府所有，而落到统兵将帅手中。兵为将有取代了兵为国有，一改清代世兵制传统，开近代募兵制之先河。

清朝各级武装力量由中央政府供饷，兵权为国家所有。曾国藩编练湘军，除少数款项由户部指拨和外省协济，几乎全部自筹。军饷由国库供应，将士得到口粮和赏赐后会深感皇恩浩荡，而兵饷自筹，军队成为统兵将帅私产；即使由户部指拨和各省协济的款项，亦由统兵将帅发放。当弁兵粮饷名为公费实则出自将帅私恩时，他们感恩图报的对象就只能是统兵各级长官而不是国家了。兵权和饷权合二为一，落到统兵大员手中。各级将官不由朝廷任命，而是各将帅自行选择任命，补授实缺虽必须由朝廷批准，但亦主要决定于大帅的密奏保举，故各级将领名义上是朝廷命官，实际是统兵将帅的私党，因而湘军中讲究私谊死党、同乡同学关系，逐渐发展成为以一个将领为中心的武装集团。

湘军中养成一种风气，不仅外人不能指挥，即使内部亦节节钤束，层层下令。但凡不是招募和选拔自己的军官担任指挥，打起仗来就弃之不顾，致使湘军将领皆不敢带领别人招募的部队打仗。一旦指挥易人，军队就必须另行选募，否则不能作战。这样的军队虽受到忠君教育，但独立性很强。

经过十数年征战，湘军出现了许多弊端。罗尔纲在《湘军兵志》中概括为六点：

一为将士厌苦行间；二为沾染官场习气；三为缺额严重；四为骚扰之事时有发生，以致归民有官兵不若长毛之叹；五为将士以军营为传舍，任意远，投效他处；六为重蹈八旗绿营兵败不相救的覆辙。

湘军对太平军驻地的居民极端残暴。早在湘军出省对抗太平军之前，对起事农民必须"草薙而擒洗之"。出省作战后，湘军的凶恶残暴变本加厉。安庆保卫战期间，曾国荃将菱湖诸垒中出降的太平军七八千人悉数斩杀，事后自己也吓得神魂不安。湘军把好端端的安徽摧残成"烟火断绝，耕者无颗粒之收，相率废业，死亡载道"。攻陷天京后，湘军更是大开杀戒，破坏到了极致。

湘军攻占天京后，曾国藩立即裁撤湘军。有人认为是做给清廷看的，为减轻清廷的戒惧。这种说法属空穴来风。养活庞大的军队是沉重财政负担。清廷赋税主要在华东，而漫长的太平天国战争，偏偏主要在清廷主要赋税来源地进行，把国家财政打得一塌糊涂，本来就应该在战争结束后迅速裁军。不妨举个例子，二十世纪二十年代初，苏俄政权结束国内战争，列宁立即下令将五百万红军裁撤为五万，裁撤了百分之九十九，从而大大缓解了苏维埃政权的经济压力。

必须指出的是，曾国藩那么快就要裁撤湘军，有一层他说不出口，也很难向清廷启齿的原因，那就是哥老会势力在湘军中蔓延日甚。"湖南会匪，其源盖发于蜀，根株最深，蔓延最广，当事者苟幸目前无事，相与漠然置之，属吏承风，益怀观望，或更粉饰其词以闻。"湘军内部早就有结盟现象。而促使湘军士兵加入哥老会的原因则在于名利分配、占有的差距太大。曾国藩虽主要是以"忠义血性"治军，但并不排除以名利诱导，得官的得官，得赏的得赏。

钱学森的老丈人蒋方震是民国年间的军事教育大家，他把湘军下层官兵思想动向与哥老会挂起钩。话是这样说的："湘军，历史上一奇迹也。书生用民兵以立武勋，自古以来未尝有也。谚有之秀才造反，三年不成，而秀才则既成矣。虽然，书生之变相，则官僚也，民兵之变相，则土匪也，故湘军之末流，其上者变而为官僚，各督抚是也，其下者变而为土匪，哥老会是也。"

哥老会在四川称"袍哥"，在长江中下游称红帮，与洪门（天地会）、青帮齐名，是中国近现代史上的著名三大帮会之一。哥老会是下层群众自发结成的社会群体，社会越动荡，反政府力量就越强大。辛亥革命时，革命党人为联络和引导哥老会，大力宣传哥老会乃太平天国李秀成、李世贤等派洪门中人潜入湘军而创立的。这不是捕风捉影之说。李秀成打算用哥老会渗透湘军，分化湘军，不是办不到。湘军都是湖南农民，跟着曾国藩打太平军，而搞到根子上，他们和太平军伍卒一样，都是受到剥削压迫的农民，能跟着曾国藩们跑一阵子，而日子久了，就得想想了，他们到底是在为谁打仗，为谁流血，为谁捐躯？

罗尔纲先生说过，乾嘉间安徽农民受地主阶级欺骗，去打白莲教。自莲教失败，解散回到故乡后，组织捻党。其后发展为强大的反清捻军。中国农民是伟大的革命阶级，历史上即使有些农民曾经受过地主阶级的蒙蔽和欺骗，一旦蟠然觉悟，就会以更仇恨的烈火去烧毁地主阶级。

湘军在攻入天京后大肆烧杀抢掠，所得钱财不少，仍存在着赏罚不一、欠饷过多问题。来自乡间的农民不奢望升官，但发财信念没改变，大功告成之后不能得到实惠，心理不平衡。有的将领处事不公，亲疏远近之分较为明显，使得部分湘军加入哥老会，结盟、闹饷、抗官，乃至起义的事件也就时有发生。

发财的将士思归，没有受利的士兵加入哥老会，曾国藩能想到的唯一办法就是尽快裁撤湘军。他在给朋友的信中说："最要者兵勇十万，欠饷已逾五百余万两，若不急筹遣撤，将来愈欠愈多，资遣愈难，后患无穷。"只有这样，才能保全湘军大节，如湘军成为叛军，他的一生抱负将付之东流。

曾国藩要求裁撤湘军，与湘军攻陷天京后迅速腐化堕落有关。城破十余日，街上经常出现湘军士兵成群结伙火并情景，对外营营官也不客气，不少军官受过士兵抢劫，有的几乎丧命。直到一个月后，"城内各军尚纷乱不止，兵勇互相掠夺，时有杀伤"。指望这样的士兵去打仗，岂非儿戏？曾国藩注意到湘军战斗力急遽下降，在致李鸿章信中说："湘勇强弩之末，锐气全销，宜多裁速裁。"

攻占金陵，曾国藩回到两江总督正经驻地。他很快给朝廷上了本《粗筹善后事宜折》，有两点建言：一是在两江范围内恢复科举；二是经过多年战争，湘军已"无昔日之生气"，马上裁三四万人。朝廷同意了曾国藩的意见。曾国藩立即大告两江：当年 11 月将在两江地区恢复科举，进行甲子科乡试。

两江总督署被改为洪秀全天王府，在战争中被焚毁，亟待恢复。而曾国藩压下两江总督衙门、江宁布政司、江宁知府等官衙的兴建，将经费用在两项建设上：一是重修满城；一是恢复江南贡院。满城是驻扎满洲兵的军营，修复满城是出于政治原因，曾国藩想以这样的姿态消除朝廷对自己拥兵的怀疑，让朝廷知道，自己身为地方汉族大员，对于清朝天子极度尊重。曾国藩清楚地明白一个弱小民族的心理，也明白孤儿寡母统治的恐慌。至于恢复科举，倒是出自曾国藩的真心。作为一个曾经的读书人，曾国藩一直想为天下的学子做点什么，而且，恢复江南贡院，明显地可以笼络江南士子的心，起到稳定局势的作用。

裁撤中，湘军水师改编为长江水师，纳入经制兵。曾国藩直辖的陆师大部被裁撤，只剩鲍超、刘松山两部万余人。在此前后，左宗棠所部湘军被裁四万余人，江西沈葆桢所部除刘胜祥、孙昌国两部外全部裁撤，湖南境内湘军裁去席宝田一部，湖北先裁成大吉一军，后又裁去三十多营计一万余人。各省数十万湘军裁至十万人左右。后曾国荃复出镇压捻军、左宗棠用兵西北，都有所招募，但为数均不过十万人。随着局势稳定，除刘锦棠军保留一部外，又大都被遣散。

裁撤湘军，却没有动淮军。淮军是曾国藩令李鸿章组建的。战事还没有真正平息，捻军活跃，淮军装备好，对北方熟悉，担当围剿任务适宜。湘消淮代，是曾国藩的设想。他告诉李鸿章："目下可使在沪、在常苏之合肥健儿慕义归正，将来可恃淮勇以平捻匪而定中原。"淮军日后还要承担"剿捻"任务，曾国藩早有预见。湘军与淮军，在曾国藩那里清晰地划出一条线，他告诉李鸿章："淮勇气方强盛，必不宜裁，而湘勇则宜多裁速裁。"

湘军已腐败不堪，各将帅仅凭吃空额、克扣军饷就发财，"故一充营官统领，无不立富，家中起房造屋，水面连大舟，四出营利，而士卒恒半菽不饱，人心思乱"。天京一战，是湘军最大的发财机会，也是最后的发财机会，上下似乎对此都有充分心理准备。军官们渴望大捞一把，士兵们渴望填饱行囊。"但愿多得金，还乡愿已足"。在这一共同欲望的驱动下，湘军官兵在天京上演了疯狂而血腥的一幕，连赵烈文都诅咒他们"丧良昧理，一至于此，吾不知其死所"。

金陵作为十朝古都，太平天国经营多年，曾国荃部得到的钱财难以统计。曾国荃是个财迷，不会破室抢金掠银，却有部下孝敬，据说得部下所献明珠一串，其珠"大于指顶，悬之项下，则晶莹的铄，光射须眉。珠凡一百零八颗，配以背云之类，改作朝珠"。"惟知掠夺"的几员大将无一不是湘乡人。

曾国藩得知弟弟纵容部下烧杀抢掳时，加以训斥，而他振振有词地辩解说：立功将士太多，清廷拿来奖励的官职太少，而且很多是虚职，五个实缺，有一万多人排队等着，那么，这些大兵吃什么？拿什么养活老婆孩子？

抢来的财物要运回家，湘军水师船为湘军运送赃物。曾国荃规定，士兵托运的行李，水师无权检查，只有监察部门可以检查。他委任的监察官睁只眼闭只眼，受几坨银子便放行。早在打吉安时，吉字营士兵就用马队护送赃物回湖南；打下九江后，大部分将士走水路运赃，不敢明目张胆用水师船，用民船运送。攻克安庆后，有的将士与洋人火轮搭上线，将金银珠宝一箱箱运到城陵矶，那里有专门的保镖取货，再将赃物送回老家。曾国荃所得金银细软、稀世珍宝盈筐满箱，难计其数。既然是传说，当有较大水分。民间流传曾国荃的吉字营湘军掳掠的金银如海、财货如山，一时间，长江上成百上千艘舟船，满载这些财宝驶向湖南。

有一组粗糙的统计数字：战争结束时，湘军参将、游击和都司一类军官连饷银带掳掠的银子，平均每人十二万到二十万两；守备、千总和把总平均七万到十万两；普通士兵饷银加掳掠所得，每人二万到五万两银子。难怪湘中出去当兵的人，家家盖大瓦房，购置上百亩田产，喂几头水牛。曾国荃的部属带着大量银子还乡，互相攀比，把注重农耕的湘潭搅得乌烟瘴气。

史载，湘军将帅动辄拥赀数百万，广置田产钱庄。不少下级军官和士兵也以劫掠致富，湖南凭空冒出许多"军功地主"。一方面金陵"贼梳那更堪兵栉，父老吞声敢怨嗟"，另一方面是湖南"今日羽林郎，昨日卖菜佣。跃马大道上，煜煜何熊熊"。湖南暴富，湘乡尤富。尽江浙之富补湖南，倾金陵之财填湘乡，中国近代史上一次空前的财富大转移就这样被湘军官兵在血泊中完成了。

湘乡人通过暴力聚敛财富。而文化准备极不充分，面对突如其来的财富，或盖房置地，或随意挥霍。在不长时期内，由于天灾人祸等，流入湘乡的财富大量流失。从咸丰年间到光绪初，湘乡人用近三十年时间聚敛了大量财富。在其后五六十年之间，很大一部分流失了。大多数"军功之家"的财富流失速度要比预想的快得多，长的能维持三四代，短的只不过一二代就结束了富裕历史。

大凡经济落后地区的军队到经济发达的地区作战，往往扮演着掠夺者与破坏者的双重角色：掠夺财富与权力，破坏经济生活，同样地，经济发达地区的军队到经济落后的地区作战，也往往扮演类似的角色。当然，这并不是一个绝对的规律。然而，从中国封建社会的历史来看，却大体如此。

历史野性的一面被湘军表现得淋漓尽致，当成建制的军队全力以赴实施群体劫掠行为时，历史上最可怕的一幕上演了。湘军掠夺财富是群体行为，急剧增加的财富绝大多数集中在从战场归来的高官手中，分配到广大下级军官和士兵手中的并没有多少。至于那些在战争中亡故的人们，他们的家境就更加凄凉了，甚至连抚恤金也被克扣。湘军最初定每名阵亡者给抚恤金六十两，后减半。

据《湘乡县志·兵防志》记载，在曾国荃攻破天京、湘军大批遣散后的第三年，即1866年（同治五年），哥老会众曾两次在湘乡起事。从1867年（同治六年）到1870年（同治九年）间，哥老会众又曾多次在湘乡起事，使官府团练疲于应付。哥老会在湘军中"传衍尤多"，酿成多次哗变。被遣散的大批湘军官兵，把这种秘密结社形式带回湘乡，以湘军遣散官兵为骨干的哥老会势力在湘乡迅速发展壮大，成为与官府对抗的社会力量。

当年成千上万的农民从湘乡走出，加入湘军行列，转战南北，浴血厮杀。

他们脱下了号衣后，不少人立即掉转头把刀枪对准官府。变化如此陡然，原因只能解释为曾为湘军下级官兵的人解甲归田后，社会地位和经济条件没有得到明显改善，存在着继续恶化趋势，逼得他们铤而走险。据《湘乡县志·兵防志》记载，从1862年（同治元年）到1871年（同治十年）的十年间，湘乡竟有八年出现灾荒，其中三年为"大饥"，这也诠释了哥老会起事的原因。

历史往往充满变数，必然中存在着许多偶然因素。十九世纪中后期，湘乡的人文主调是厮杀与掠夺。从清廷来说，它不得不倚重湘军，使湘军伤亡惨重，无疑是对湘乡的极为残酷的人口掠夺；就湘乡而言，它勉为其难地承担了与其偏穷小县身份不符的历史重任，在造就出几位大人物、成全了几个大家族之后，终于也不堪重负，人才无以为继，由煊赫归于平淡，犹如昙花之一现。

学者指出，湘军在中国近代史上扮演了非同寻常的角色。它匆匆登台，黯然收场。湘乡以特有的人文底蕴改写了历史，铸造出短暂辉煌，博取了与它身份不符的无尚荣耀，同时也承担了与它身份不符的巨大牺牲。

战争改造了湘乡，成千上万朴实的青年农民从贫困闭塞的山野中走出，成为半职业军人，在血腥厮杀中诱发出人性弱点，在战场上最大限度地释放生命能量，同时使肉体上和精神上蒙受双重戕害。湘乡改变了战争，为近代战争史注入了地域因素的强大活力，预示着湘军这种"兵为将有"的组建形式将在此后的半个多世纪里继续扮演重要角色，成为中国社会长期动乱的祸源之一。

第三十一章

剿捻：老师暴露短板，学生显露强项

　　曾国藩率领湘军打下天京后，朝廷又给他派了个大活儿，这就是剿杀捻军。而说到剿捻这事，要从一个叫张乐行的人说起。

　　张乐行，乳名香儿，安徽涡阳西北张老家村人，张老家在雉河集西北十二里，家有五百亩土地，兄弟分家，他分得七十亩。他乐善好施，结交江湖豪客，家产散尽，做私盐贩子，啸聚流民，官府莫不敢当。他的文化程度，一种说法是少时略读诗书，另一种说法是一字不识，是睁眼瞎。

　　从皇上到百姓都要吃盐，经营食盐稳赚不赔。汉朝此后，历朝实行食盐专卖制度，清代把全国分成十一个盐区，食盐只能在指定地区按一定数量销售。

　　张乐行家在两淮盐区，淮盐价昂，邻近长芦盐区的芦盐味好，只有淮盐半价，皖豫交界一带贩运私盐活跃。张乐行是"盐趟主"，搏命行当，手下聚了批好枪手，缉私盐巡不敢轻易交锋。据说只要盐车上挂着张乐行的"义裤腿"，一般通行无阻。关于张乐行的模样，连环画上画的像个帅哥，而据当地人说，他身材高大，腰有点弯，是"麻虾腰"，脸上有几点白麻子，平时寡言少语。

　　张乐行故居保存至今，内存张氏大宗谱、张氏小宗图、张慰祖墓碑及张敏行墓碑等。四合院，松柏掩映，有合瓦瓦房十六间，前排堂层五间，后客厅五间，东西厢房各三间。客厅重梁起架，雕梁画栋，明柱走廊，花格门窗。看照片，房舍簇新，觉得没什么意思，也就没有去过。

　　咸丰初，南方爆发太平天国起义。很难说张乐行受到太平军感召，张乐行

的军师叫龚得树，高度近视，称"龚瞎子"。不管官军与太平军打得多热闹，张乐行和龚瞎子仍然走私盐。和盐巡官兵藏猫猫，动不动就打起来，打多了，就不单纯是私盐贩子反抗官军了，而是形同造反。多年后，张乐行叙述起事经过："咸丰元、二年上，我们邀人与河南永城、商丘一带老牛会打仗，互相仇杀，才聚有多人。到三年粤匪窜扰亳境，州城失守后，各乡土匪肆起，我才与龚瞎子、王冠三、苏添幅、韩朗子各竖旗帜，大家抢掳为生。"

1852年（咸丰二年），张乐行的侄子张扬带人在永城掠羊百余头。永城官吏将他们捕获下狱。张乐行与龚得树率万余人，包围永城，将张扬救出监狱，得胜而归。11月，永城冯金标与皖北朱洪占、刘立等十八人联合，号称"十八铺"，拥张乐行为首领，势力波及涡河、沱河流域。即便这样，"十八铺"也与太平军无染，与农民起义不搭界，就是一伙拜把子后相互帮忙的盐贩子。

官府为什么称张乐行为"捻匪"？"捻"字为淮北方言，一股或一伙。安徽早就有游民捻纸，将油脂点燃，烧油捻纸，为人驱除疾病、灾难牟利。这种人被称为"捻子"。早期捻子向乡民募捐香油钱，购买油捻纸。嘉庆末，小捻子数十人，大捻子一二百人，成为贩运私盐的护送者，在安徽亳州、阜阳、河南三河尖、江苏、山东来往，与清廷发生武装冲突。

张乐行这伙捻子是怎么和太平军挂上钩的？1853年（咸丰三年）5月，太平军将领林凤祥和李开芳率军自扬州西进，共两万余人，目标是直捣北京。一路长驱北进，连克安徽滁州、临淮关、凤阳、怀远、蒙城，6月10日到达亳州。

河南永城有个叫苏添幅的，干的事杂，贩羊，开粉坊，卖油。北伐太平军占领河南永城时，苏添幅趁机结捻聚义，占据了永城。次年，苏添幅与张乐行组合起来，组成了一支武装力量，曾经在夏邑击败河南团练大臣徐广缙。同年，苏添幅与张乐行、龚得树率一大帮捻子越闹越大了。

史学界对张乐行评价不一，多年存在截然不同的看法。正面看法是，张乐行是农民起义英雄，率领捻军打击清军。在张乐行的家乡为张乐行和妻子杜金婵立铜像，铜塑的两口子站在高台上，威风凛凛比划身段。反面看法大相径庭，称张乐行是农民起义叛徒，出卖良心，充当鹰犬，屠杀革命农民的小人。

皖豫一带的乡野，衰微破败。汝宁知府刘成忠向朝廷禀报："出城二十里之内，田野荒芜，村舍荡尽，惟见断垣数百堵，矗立于荒烟蔓草之中而已。二十里之外，渐入贼境，城市篱落，依然如昨。"

1853年（咸丰三年），在籍兵部侍郎周天爵前往雉河集招抚张乐行。周天爵是进士。曾任濮阳知县、卢州知府、漕运总督。咸丰初年，因镇压太平军加总督衔，专办军务。因未能阻止太平军发展而被革总督衔，又因镇压太平天国免罪，任兵部侍郎衔。张乐行有没有接受招安，说法不一。一种说法是，张乐行只是酒饭招待，不扯正题儿。周天爵临走时，张乐行对手下一名枪手说："天上这群老鸦呱呱不休，你把当中那只白脖子老鸦打下来。"枪手抬手就是一枪，把那只白脖老鸦打下下。周天爵吓得再不敢说什么，就走了。

张乐行打肿脸充胖子，明明被招安了，还不好意思说。清朝官方文书称张乐行投降周天爵，率"数百人守宿州，仍桀骜不用命"。由于"饷项无着"，被"遣散归籍"。他闲不住，又啸聚徒众数千人，往来于雉河集一带。咸丰皇帝与同治皇帝交接那会儿，清廷失去对淮河流域的控制。捻军首领张乐行和团练头子苗沛霖控制了这片。当时主要是清廷与太平天国角逐，捻子搁在一边，拿不到台面上。

雉河集即安徽涡阳县治，在雉河入涡河口，是捻军发源地。1855年（咸丰五年）秋举行雉河集会盟，来自四面八方的私盐贩子决定组建一个国家，名为"大汉国"，张乐行被推为盟主（当地群众无此说法），并"祭告天地，宣布信条，旗分五色，以正镶递推递广，又有八卦、水花等名目，各旗统将皆听盟主调遣"。

三河尖是坐落于淮河畔的古镇，上通颍亳，下达江湖，位于河南省固始县东北，距安徽阜阳一百里，地处豫皖结合部，1856年（咸丰六年）夏，捻军乘虚袭占商业重镇三河尖，获得大量物资，补充大批人员，士气复振。

1857年（咸丰七年）春，张乐行渡过淮河南征，与太平军陈玉成、李秀成所部在霍邱和正阳关会师，达成协议，即"听封不听调"，接受太平天国领导，配合太平军作战，但不接受改编，作战保持很大独立性。年底，内部出现分歧，以蓝旗将领刘永敬（绰号刘饿狼）为首的部分捻军坚持要回淮北，被张乐行杀死。捻军分裂，大部分旗主返回淮北，只有张乐行、龚得等少数留在淮南，与太平天国保持密切关系。还有一部分捻军，如孙葵心、张宗禹等部，转战南北。

张乐行先后被太平天国封成天义和沃王。当然，太平天国后期的王封的很随意。洪秀全对张乐行印象不错，称他"祯命养飞龙，试自思南国之屏藩，谁称杰士；中原争逐鹿，果能掌北门之锁钥，方算英雄。"相反，李秀成认为张乐行是祸害，在《自述》中认为："我天国坏者，二招得乐行之害"。这话相当含混，由于李秀成直接与张乐行打交道，肯定有不为人知的隐情。

捻军在淮河流域的战斗地区与太平天国辖区连结，既可打开沟通淮北抗清斗争与淮南太予天国革命的"锁钥"，也可挡住清兵南下，成为太平天国北面屏藩，有助于太平军在湖北、安徽和苏北采取行动。

安庆失守，淮南形势恶化，淮北捻军依然强大，陈玉成谋求向北发展。1861年（咸丰十一年）底，张乐行率部返回淮北。随后投入淮北捻军发动颍州战役，激战两月余，被迫撤退，接连受挫，只得退回雉河集、尹家沟一带。

不久，僧格林沁所部清兵扑向皖北，张乐行带少数随从冲出重围。3月23日夜，到蒙城西阳集原捻军首领之一李家英处投宿。李家英暗中派人向宿州知州英翰告密，次日黎明，张乐行被捕，押至僧格林沁军营。4月5日惨遭杀害。

在史学界，张乐行率领的捻军称"前期捻军"。前期捻军失败后，1863年（同治二年）5月，张乐行的侄子张宗禹等在桐城与李秀成相会，仍回皖北。太平天国封张宗禹为梁王，任柱为鲁王，其他将领各有所封，称"后期捻军"。

洪秀全的发妻是赖氏，赖文光是赖氏的弟弟。湘军打天京时，赖文光与扶王陈得才西征河南、陕西。1864年（同治二年），回救天京，抵达湖北安徽交界一带，因天京缺乏粮食而停下，打算秋收后获取一批粮食送进天京。但天京不久失陷。陈得才在安徽霍山兵败自杀，赖文光部大致完整，遂与张宗禹合作，把太平军和捻军合编，太平军将领如范汝增等也相继渡江，加入捻军行列。同年冬，张宗禹、任化邦、李蕴泰、牛宏升推赖文光为统帅，"誓同生死，万苦不辞"。赖文光用太平军的正经路数施教，提出"披霜踏雪，以期复国于指日"口号，战术上易步为骑，以骑兵为主，步兵为辅，以走疲敌，在运动中伺机歼敌。

捻军旗帜反映着一般宗教社会习俗。扩张手段是渗入地方团练，夺取控制权。军事进攻对象通常是圩寨。所谓圩寨，原本是在清廷赞助下建立的防范土匪的城堡。起初它主要是打阵地战，后来吸收了太平军的经验，把重点转向在广阔地区进行运动战。它的流动性如此迅捷，以致一些人认为它的许多胜利的战斗其实是由广阔而分散地区的农民干的。然而捻军并不只是流动的土匪，他们起初是流动抢掠，但到1858年，他们的中心根据地巩固了；人们的组织虽然松散，却很有效率。1863年以后，他们被迫流动，但一直试图返回根据地。

捻军纲领是笔糊涂账。有人认为捻军不像太平天国那样有纲领，另有学者认为捻军有政治纲领，并非打家劫舍的土匪，而是继承了白莲教遗产。但白莲教的政治遗产是什么，至今没有发现文献，只能笼而统之地认为是要推翻清室。从这个角度上看，从张乐行到张宗禹，在建军问题上都没有任何发明创造。

尽管如此，清廷得到的战报是，捻军比太平军更具战斗力，他们反映人民的愿望表现出的敏锐洞察力。夺取了某一城镇，他们小心地避免打扰居民，而去打开监狱，凌辱可恨的地方官。一旦控制一地，重点是筹集粮食给养。他们重视粮食生产，并派遣从前线返回的小分队帮助保卫和收割庄稼。

1856 年（咸丰六年）前，清军对捻作战，政治上和军事上都失败了。神机营明代已有，是京城禁卫军中三大营之一，使用鸟铳和佛朗机炮。清代沿明制，神机营常守卫于紫禁城及三海，皇帝巡行时亦扈从。清末新建的神机营是用西方近代武器装备的军队。如果捻军能越过黄河，那么通向首都的道路将几乎没有阻挡。清廷没办法时，派神机营去保卫通往北京的道路。

僧格林沁是蒙古贵族出身的清军大将。科尔沁旗人，博尔济吉特氏。道光皇帝姐姐的过继儿子，袭科尔沁郡王爵，历任御前大臣、都统等职。咸丰、同治年间，活跃于太平天国、英法联军等战争，军功卓著。第二次鸦片战争初期，他出了中外交战史上最大的风头，在天津大沽口炮台指挥清军，击沉英法舰队五艘军舰，击伤六艘，打死打伤英法联军数百人，舰队司令何伯负伤。清军仅阵亡三十二人，包括直隶提督史荣椿、大沽协副将龙汝元等。但是，随后到来的两万五千人并一百七十三艘军舰组成的英法联合舰队，超过了清军抵抗实力，这是决策者没有充分估计到的。僧格林沁在大沽口被打得一塌糊涂。英法联军从天津进攻北京。僧格林沁企图在京东八里桥阻滞，又被打得丢盔卸甲。

僧格林沁敢打大仗、硬仗，却是没有头脑的莽汉。捻军摸透了他的脾性，挑逗他昼夜穷追，抓住有利战机反扑，或步骑联合作战，打败僧军后，瞬息奔驰而去。1865 年（同治四年）1 月，僧军在河南，一败于邓州，再败于南阳，死伤枕籍。僧格林沁气得暴跳如雷。4 月，捻军入山东曹州，牵着僧格林沁的鼻子跑，拖得部队精疲力竭，士气涣散。捻军每到一处，不出几天，僧格林沁就会到达，有时休整一天后再交战。僧格林沁求胜心切，命令军士们带上干粮，昼夜穷追，几十天不离鞍马，疲惫不堪，两手发软，提不起缰绳了，用布带系在肩上控御坐骑。书上的话是他"命军囊饵，日夜追贼，辄数十日不离鞍马。""手疲不能举缰索，以布带索腕系肩上驭马。贼知僧军疲，益狂奔，或分东西走，牵我军"。

捻军骑兵剽悍，在河南腹地四处冲撞，西距郑州不过百里，打到黄河畔。然后，捻军掉头南奔，南下郾城、西平和遂平，斜插东南，奔赴汝宁，又南奔正阳，向西南斜插，冲向信阳。在河南南端，突然掉头，长驱北上，直抵扶沟，向东北斜插，奔赴睢州，渡过故黄河，再向东北突进，入山东。捻军进军神速，几天内扫遍山东西南角落，驰骋曹州、单州、定陶、菏泽、郓城与巨野。

宋景诗率领两千名骑兵奔赴堂邑，直隶边界向清廷报警。清廷下诏，责怪僧格林沁放纵捻军北上，命令湖北巡抚吴昌寿率部北上河南，接替僧格林沁的部队驻防河南，然后将吴昌寿任命为河南巡抚。

捻军从曹州斜插东北方，奔赴宁阳，南袭兖州，东奔曲阜，再折向南边，杀向微山湖东侧的邹县、滕州和峄州，然后东进郯城，抵达江苏赣榆，前临大海，无路可走，便折向江苏腹地，南下海州和沭阳。

军机大臣们每天盯着地图，目光随着捻军的马蹄东奔西突，来不及做出有效反应。捻军行动总是出乎清廷意料，在沭阳掉转军锋，向西北推进，驰骋邳州和峄州，5月返回山东，来到不久前离开的滕州和邹县，然后西进济宁，再转西北，奔赴郓城，向南北扩展；南起曹州，北到濮州和范县，西起东明和定陶，东至巨野与嘉祥，捻军势力蔓延几百里，令黄河以北的清廷官府震惊。

河南、安徽与山东等省，常有捻军活动，居民为了避免兵祸，修筑圩寨自卫。捻军所过之处，无法得到供给，便在圩寨外面大声呼喊，要求圩民输送钱米，不送就要攻寨。百姓为了图个安身，也会为捻军输送些钱米。

捻军知道僧格林沁部队疲惫，分兵突进，一东一西，诳惑僧格林沁。清廷知道僧格林沁辛苦，要他选择平原地区休养人马，告诫他不要轻敌交战。曾国藩预见到僧格林沁这样疲于奔命，非常危险，说："如此不合兵法，必折大将。"他劝僧格林沁不可久劳，最好休整部队，蓄养锐气。僧格林沁与曾国藩没有私人关系，看不上湘军，说，最会打仗的军队是淮军，其次是豫军，而后是湘军。这话传到湘军大营，湘军将领觉得僧格林沁在与湘军找茬儿。

僧格林沁自负勇悍，哪里肯听劝告，巴不得几天内就把捻军扫平。他率部跟踪捻军，来到曹州，与捻军交战。捻军佯装失败，从汶上渡河，向西南斜插郓城西北水套，联合当地会党，集结十几万骑兵和步兵，严阵以待。

时机终于成熟！赖文光、张宗禹在曹州布下罗网。僧格林沁于5月18日率部到郓城，攻打捻军军营。捻军伏兵四起，清军各部溃退，僧格林沁督师奋力抵抗，斩杀几百捻军。包围圈更加缩紧。清军防守一座荒芜村庄，直到夜晚，得不到粮食。僧格林沁率领几百人突围，战马被长矛刺伤，受惊奔逃。僧格林沁摔下马来，被刺中八处，当即毙命。终年五十五岁。

清廷震悼，派侍卫克兴阿等人偕同僧格林沁世子伯彦诺谟祜赴山东迎灵。山东与河南的督抚将帅遭严厉谴责，只有陈国瑞由于参与苦战，未受责备。清廷失去"国之柱石"，同治皇帝和慈禧太后亲临祭奠，赐谥号忠，配享太庙。

清廷惊慌失措，以为捻军会乘胜攻打畿辅，诏令曾国藩率部北征，并发出羽毛信，催促曾国荃销假入京觐见，招募旧部攻击捻军。曾国藩主动裁撤所部湘军，本来是为了令清廷放心。现在清廷又让曾国藩兄弟起用旧部，难办了。

捻军歼灭僧格林沁军一役，缴获军械、战马无数，声势空前浩大。清廷火急命令两江总督曾国藩携带钦差大臣关防，督军北上剿捻，同时命曾国藩督办直隶、河南、山东三省军务，所由三省八旗、绿营及地方文武员弁均归节制。两江总督由江苏巡抚李鸿章署理，为曾国藩指挥的湘军、淮军筹办粮饷、军械。

曾国藩上《遵旨驰赴皖鄂交界督兵剿贼折》：临阵指挥，非我所长，湘军已裁撤，请调淮军随同出征。他提醒说："僧格林沁、官文同驻蕲、黄，四百里内，以钦差三人萃于一隅，恐启贼匪轻视将帅之心"。话中有刺，在耻笑四百里内大军云集，二个钦差大臣"萃于一隅"而不能解决战斗。

6月2日，曾国藩奏陈"剿办捻匪"万难迅速，原因是湘军、淮军过去在长江流域作战，缺乏马队。现在到中原地区作战，捻匪以骑兵为主，必须添练马队。添统马队须往口外采购良马，教练骑术，练习作战，故添练马队，非短时期内所能办到。湘军已大部裁遣，分驻江南之湘军，愿随北上剿捻者仅止三千余名。原驻皖南的刘松山，兵数不足三千，到徐州后再行招募补充，这等事亦非一蹴即成。淮军归我调遣者，仅有刘铭传、周盛波等军，兵力不足，亦须扩充。为防止捻军跨越黄河，打入直隶，须办黄河水师，非四五个月难以集事。他说与捻军争逐于中原地区，因兵力不足，难有取胜把握，就目前情况论，实无力兼防直隶。

曾国藩总结了僧格林沁的失败原因，指出：僧格林沁统兵追击捻军，日行七八十里或一百余里，步队追赶不及，势必参错不齐。中原地区兵荒马乱已久，僧王行文州县备办供应，州县难以为力，大多避匿。"将士饥饱不匀，有连日不得一飧者，其队伍难整"。湘军、淮军行军伙食自办，每日行军不过四十里或二三十里，因此我非但不能兼顾五省，即如山东、河南、江苏、安徽等省，亦不能处处兼顾。捻匪步骑结合，以骑兵为主，边马放哨巡逻，有时远至百里，行军时以边马断后，"官军见贼必齐队扎营欲战，俄延之间，贼辎重已远，忽边马撒开两边而去，顷刻无踪"。他提出重心设防四省十三府方针。四省十三府，指安徽庐州、凤阳、颍州、泗州；河南归德、陈州；江苏淮安、徐州、海州；山东的兖州、沂州、曹州府与济宁州。只有重点设防，才能改变尾追之局，以"有定之兵，制无定之贼"。设防十三府之地不能平均分兵把关，应以江苏徐州、山东济宁、河南周口、安徽临淮关等地为重中之重，设立大营，大营所在地坚筑强固的工事，每处储藏大米一万石，草料、弹药、军械亦应大量储藏。各大营重兵驻守。一省有警，三省往援，援军粮械取给于大营。十三府之间纵横千里，是捻军经常出没之区，俟其来而击之，是变"尾追之局"，以有定制无定的要著。

在重点设防时，曾国藩令地方官清查农村圩寨，规定各乡村建立圩寨，圩

设圩长，负责办理坚壁清野。坚壁，是指圩寨外高筑墙、深挖沟，凭墙"击贼"。清野，是指人丁、牲畜、粮米、柴草等一切足以资敌的物资，一一搬入圩寨之内，使捻军来后"无可掳掠"。壮丁须勤加操练，闻令即入圩寨固守。

1865年（同治四年）4月18日，曾国藩亲率湘军三千，从金陵北上徐州。当他离开金陵时，张宗禹正在指挥捻军围攻雉河集的皖军。安徽布政使英翰在雉河集围中急连向曾国藩告急求救，曾国藩被迫改变行程，折向雉河集，进驻临淮关，指挥湘军、淮军与豫军等陆续救援雉河集。张宗禹发现仰攻不利，敌方又已援军四集，遂下令撤围。以后，捻军尽量避免攻坚，发挥骑兵优势。

雉河集解围后，曾国藩北上徐州。不知从哪朝哪代起，徐州流传着一首风物歌谣："一文亭，二府街，三道弯，四眼井，五定门，六蟠桃，七里沟，八里屯、九里山，十里铺。""二府"指俩衙门。徐州知府衙门（今彭城路一号）和同知衙门。曾国藩到徐州后，住知府衙门。

捻军打仗，比太平军灵活得多，分两路，张宗禹率领一路打至河南南阳，兵锋扫及湖北襄阳；赖文光、任柱率另路闯至湖北麻城，以麻城为中心，取黄安，南至黄陂、黄州，西至孝感，威胁武汉。曾国藩分兵增援湖北，捻军回河南，捻军东征西讨，纵横自如。曾国藩设计的重点设防，并不能限制捻军的马足。

山东、河南官绅"习见僧王战，皆怪曾国藩安居徐州，谤议盈路"。曾国藩发现重点设防不足以制服捻军，认为贾鲁河、沙河是捻军闯入山东、皖北必经之地，奏陈"各分汛地，层层布置，或渐逼渐紧"，把捻军驱逐至豫西多山贫瘠处歼除。曾国藩摆出千里设防，分兵把关的一字长蛇阵，捻军乘虚而入。沙河、贾鲁河、运河防线初建，沙河、贾鲁河沿河两岸尽是沙土，质地松软，缺乏黏性，河南官绅异口同声反对设防贾鲁河、沙河，认为该两条河万难建立堤墙，徒然劳民伤财。再则设防贾鲁河、沙河，将捻军驱往豫西，是"以豫为壑"。

曾国藩不顾舆论反对，强行在贾鲁河、沙河沿岸构筑堤墙，堤墙一再倒塌，再三修补，勉强建成，而后从重点设防地区抽调劲旅扼守。但这样一来，内线力量削弱。捻军冲破汴南濠墙后，闯至豫东、山东，纵横驰骋，清军防不胜防，疲于奔命。曾国藩倒是能够承认错误，上奏说："今一处疏失，攻败垂成，半由于人力未周，半由于贼势过重。闻讯之余，实胜焦愤。"朝野舆论物议纷起，指责曾国藩糜饷两年，捻势益张。捻军突破贾鲁河、沙河防线的军事胜利，地主官僚的攻讦，使曾国藩血压升高，寝食难安，以至"病盗汗舌蹇之症"加剧。

曾国藩指挥的有豫军、鲁军、皖军，还有僧格林沁遗部陈国瑞军以及李鸿章的淮军。鲁军、豫军、皖军由各省巡抚筹组而成的，地方色彩浓厚，能在本省作战，不愿赴援邻省。捻军动作迅速，行踪飘忽，在苏鲁豫皖诸省交界地区，一日之间，往往跨越二省，各省省军株守本省，往往被捻军各个击破。

曾国藩不善临阵指挥，用兵拙滞，措施不得人心。规定"倡乱"者不仅诛本人，兼及全家，还要毁祖坟，农民反对，开明士绅不以为然。在河南办民团，处处防捻，"农民耕种失时，所入分捐各团赀，生计尤无聊，从莠者日多"。

曾国藩的主力是淮军。淮军知有李鸿章而不知有曾国藩。曾国藩以李鸿章六弟李昭庆率部作游击之师，与捻军角逐。李鸿章听说亲兄弟上阵，吓破了胆，急忙求情，要求以驻守济宁的潘鼎新部作游击之师，李昭庆率部驻守济宁。李鸿章直接干涉曾国藩的指挥权，曾国藩恼怒之余，去信教训李鸿章："目下风波危险，不能遽改。以私事而论，君家昆仲开府，中外环目相视，必须有一人尚在前敌担惊受苦，乃足以稍服远近之心，而你幼泉之才力器局，不必藉诸兄之门荫以成名。以公事而论，淮、湘诸军，若非鄙人与阁下提振精神，认真督率，则贼匪之气日进日长，官兵之气日退日消。若淮勇不能平此贼，则天下更有何军可制此贼？大局岂敢复问？吾二人视剿捻为一事，须如李家、曾家之私事一般！"

曾国藩制定的剿捻政策，可概括为"画河圈地"，在苏豫皖鲁四省建九支辅助部队，沿运河和黄河筑起堤坎、长墙，开挖壕沟。在安徽临淮、山东济宁、河南周家口和江苏徐州设四镇重兵。起初，曾国藩以传统方式运用四镇重兵，一个地区受到威胁时，其他三镇派兵增援。以这样的策略对付流动的捻军没用，被"画河圈地"策略所取代，这一策略限制了捻军流动。

河南、山东官绅欣赏僧格林沁的那种"爆炒式"的快速突击，对曾氏文火炖砂锅看不上眼，"皆怪国藩以督师大臣安居徐州，谤议盈路"。曾国藩在运河、沙河与贾鲁河推行河防，不顾当地士绅的反对，强行在土质松软的河岸上建立堤墙工事，指望能将捻军困死。《清史稿》中说，捻军的大部队从开封以南轻松突破河防，深入山东。舆论一片哗然，指责曾国藩"糜饷两年、匪势益张"，清廷也没给他好脸色，令他痛感"权位不可久处，益有忧谗畏讥之心矣。病假数月，继请开缺，以散员留军效力；又请削封爵，皆不许。"

曾国藩长于自省，对自己用兵长短心里清楚。他剿捻欠效，在《病难速痊请开各缺仍留军中效力折》中这样谈自己的用兵问题："臣不善骑马，未能身临前敌，亲自督阵。又行军过于迟钝，十余年来，但知结硬寨、打呆仗，从未用一奇谋、施一方略制敌于意计之外。此臣之所短也。"

清廷令曾国藩回任两江总督，剿捻由李鸿章取代，这是曾李第一次换位。

其实，不给曾国藩处分，清廷也是无奈。当初调曾国藩北上剿捻，也有调虎离山的想法：湘军虽裁撤，但大量军官因军功被提拔，继续留在各部门，尤其在两江，湘军派几乎垄断官场。将曾国藩调离两江，以李鸿章取而代之，有分化瓦解的考量在内，否则直接起用李鸿章督率淮军剿捻岂不更省事。

曾国藩、李鸿章瓜代后，淮军继续扩军，李昭庆所部一军扩至十九营，名武毅军，并添调魁字二营、亲兵一营、凤字七营。此外，又借调唐仁廉马队三营，合计剿捻兵力达七万人。李鸿章抵达徐州时，捻军已一分为二，赖文光、任柱等率东捻军仍留在中原作战，张宗禹、邱远才等则率捻军入陕西。

李鸿章先倾全力对付东捻军。他仍然坚持采用"以静制动"方针，但鉴于曾国藩分防太广，难以奏效的教训，改为"扼地兜剿"战法，即力图将捻军"麇之于山深水复之处，弃地以诱其入，然后各省之军合力，三四面围困之"。

李鸿章挂帅之初，正值东捻军突破曾国藩原设的贾鲁河—沙河防线，集结于湖北臼口一带，兵力约十万人。李鸿章迅速调动湘淮军各部7万余人，分路进击，意图一举歼灭。淮军松字营在安陆罗家集被捻军击败，统领郭松林受重伤。半个月后，树字营在德安杨家河被捻军歼灭，统领张树珊阵亡。1867年（同治六年）元月，双方主力在安陆尹隆河决战，湘淮军两大主力霆军与铭军原定同时发兵，但两军统领刘铭传与鲍超互相轻视，刘铭传为抢功而下令提前进击，结果遭捻军痛击，部将刘殿魁、田履安阵亡，刘本人"衣冠失落"，坐以待毙。鲍超赶来，从背后发起猛袭，才反败为胜，捻军损失两万余人。事后，李鸿章回护刘铭传，鲍超反被诉虚冒战功。鲍超郁愤成疾，执意告退，所部霆军大部被遣散，只留唐仁廉择精壮，另立仁，字营，并入淮军建制。

1867年（同治六年）春夏之交，东捻军跳出包围圈，突破运河防线，直趋山东半岛。在刘铭传、潘鼎新建议下，李鸿章采取"倒守运河"之策，在胶莱河两岸增设内层防线，调淮军、东军、豫军分段防守。由于山东巡抚丁宝桢不愿将辖地变做战场，消极怠工，疏于防范，结果东捻军在七月间突破胶莱河防线。经过一场激烈争执，李鸿章与丁宝桢协力将东捻军堵御在黄海、运河、六塘河及大海之间的狭窄地带，使捻军"以走制敌"的优势无法发挥。任柱在苏北赣榆战死，随之东捻军在寿光一战损失三万余精锐。赖文光率残部千余人向南突围。1868年（同治七年）1月在扬州瓦窑铺被俘，不久在扬州被处决。

西捻军从东捻军的覆灭中得到了经验，更是像撒了欢的兔子，在北方平原上东奔西跑，生怕被包了饺子。李鸿章使用轮换制，让军队分批对付西捻军，不再像原来那样疲于奔命，努力将西捻军控制在黄河和运河之间，逐渐剿灭。

1867 年（同治六年），西捻军跨过大运河，击败阻截的的清军，从南面威胁北京。如果湖北和陕西的捻军强行进入山西，就能从西面威胁北京。2 月，朝廷发布谕令，表明清廷对于陕西、湖北和河南形势惊恐，任命李鸿章为湖广总督，负责制止捻军在湖北进军，曾国藩和湖南巡抚李鹤年前往徐州，左宗堂立即接管陕西。6 月，战争进入决定性阶段。东捻军主力向徐州运动，然后进入山东，6 月 14 日，清廷谕令各路军队守住山东省界，但是捻军还是突破了运河防线，进入山东。山东成为关键地区。丁宝桢打算从南、北同时进攻，而奉命赶到山东的李鸿章则打算把捻军驱赶到山东半岛的顶端，然后再行剿杀。

7 月，增援的清军涌入山东和苏北，围剿计划付诸实施。清军把黄河和大运河之间地带分割成几部分，防止捻军流动。李鸿章在距山东海滨四十里处筑起封锁线，并请水师派船队北上山东，炮击捻军营地。据逃出的难民说，沿海村庄被烧毁，一片恐慌。李鸿章受命全权指挥山东军队。清军捷报频传。

8 月初，清军控制了局势。李鸿章开掘从莱州到牟平的壕沟，把捻军困在山东半岛顶端。沿黄河、胶莱河、大运河的防御准备就绪，捻军似乎不可能逃脱了，除非从海上逃走，而官员们已接到命令，不得允许任何船只在海岸逗留。然而，8 月 28 日，捻军出人意料地通过清军防线，李鸿章遭到谴责和降职处分，丁宝桢被摘去顶戴，至少有一个战场指挥官被处决。

在随后三个月中，东捻军似乎可以自由流动了。如果李鸿章往南追击它，它就可能同时向北和向西运动。然而，当一支调来的骑兵增援部队到来时，清方的形势有了稳定改善，运河防线加强，补给系统也恢复起来。清廷不相信政府军重新获胜的最初报告，到 12 月，对胜利已不再有怀疑了。清军在潍县附近获得重大胜利，三四千捻军被杀死，剩下的逃走。在随后的几次战斗中，三万多捻军，其中包括赖文光被清军俘获、斩首。最富战斗力的东捻军实际已被消灭。

西捻在陕北立住脚，威胁山西。山西是北京的外围防线、钱粮主要来源区。捻军袭击包头，把清军从黄河防线吸引过来，然后在张宗禹率领下突破黄河防线，进入山西，迫使清军把主要防线退到山西和直隶交界处。从西部尾追捻军的清军被捻军远远甩在后面，清廷命令正在赶往陕西赴任的左宗棠立即到直隶，从东边堵截正向京师逼近的捻军。文祥描述了 1868 年（同治七年）1 月底北京的紧张局势，西捻军沿着太行山脉进入直隶，抵达卢沟桥，同时鲁南的捻军渗入到保定附近。保卫北京的方案已制定出来，规定对一切出入城市的人进行检查。

西捻攻到距天津仅十几里处，幸好天津也有"洋枪队"，才算阻止了西捻军打进天津。张宗禹转而南走山东唐州。天津虽保住了，左宗棠、李鸿章却因

为剿匪不力，被降二级留用，朝廷强令二人在一个月内剿灭西捻军。李鸿章升得还没降得快，刚提了一级一下子又降了两级，官场真不是好混的。

当务之急是剿灭西捻，李鸿章、左宗棠只能打起百分精神应对。而李鸿章和左宗棠的矛盾再次发生，李鸿章要围，左宗棠要追，谁也说服不了谁，幸好朝廷站在李鸿章一边，在黄河、运河修建高墙，防止西捻逃窜。

张宗禹不是傻瓜，看出清军意图，他率领西捻军试图突破运河防线，被刘松山等击溃。他试图从其他地方突围，接二连三地被淮军阻挡，还受了伤。这时的西捻军实力大损，只能在黄河、运河之间打圈圈。河防工事建成，数百里的高墙和绵绵流淌的河水，成为西捻军无法逾越的屏障，而清军也没有给西捻军以喘息的机会，不停地追在后面猛打，这让西捻军的情况越来越差。

李鸿章遇到了新麻烦，来自内部。鸿胪寺少卿朱学勤上疏弹劾刘铭传，告他打着养病的幌子，不参加与西捻军作战，是失职。朱学勤说得不过分，刘铭传是直隶提督，消灭西捻军是职责所在。朝廷不相信刘铭传有病，就是真有病，也只能硬撑着。李鸿章、曾国藩致信刘铭传，说明利害关系，让刘铭传赶快归队。刘铭传只好从安徽出发，带着铭字营到德州待命。刘铭传刚赶到山东，就遇到和西捻军决战。随着清军的包围圈越来越小，西捻军将士感到一片茫然。

6月12日，西捻军想从济阳突围未果，淮王邱远投降，让本来就薄弱的西捻军雪上加霜。西捻军面临的另一个问题是给养的不足。由于朝廷按照李鸿章的建议，采取坚壁清野的方法，断绝了西捻军的补给来源。

李鸿章与左宗棠议定"就地圈围"策，引运河水入减河，引黄河水入运河，分段驻守。西捻军与跟踪追击的湘淮军数次接战，迭遭惨败。好像老天也不眷顾西捻军，连续的阴雨天气，黄河、运河水位激增。大雨使西捻军马队举步维艰，一片泽国里，西捻军以与清军对抗的机动性优势荡然无存。张宗禹率部在德州一带数度抢渡运河未成，适逢黄、运、徒骇各河河水陡涨，处境更难。在转移途中，与淮军主力刘铭传、郭松林、潘鼎新部遭遇，一场激战，西捻军伤亡殆尽，张宗禹等二十余人突围至徒骇河边，不知所终。

捻军在作战中形成独特流动战法，但忽视建立根据地，后期又分两支，被清军各个击破。太平军官兵撇家舍业，而捻军受到乡土观念、安土重迁等农民习性影响，保持着"居则为民，出则为捻"，没有形成东西驰骋的大军。这是捻军不能有力地抗击清军，以致失败的根本原因。

西捻军被平定，李鸿章在第一时间上奏《张宗禹全股荡平折》。这下子朝廷乐了，免除了对李鸿章的处分，赏太子太保衔，命进京入觐。李鸿章长舒了一口气，10 月到北京，第一次见到不曾谋面的主子。他的现场表现让慈禧太后满意，赐予在紫禁城骑马。别小看骑马，要看在哪里骑，在自家院里或大马路上骑马不算什么，在紫禁城骑马就不同了，是朝廷对宠臣的恩赐。

在北京的一个月，李鸿章紧着琢磨一件事，这就是前任的教训。曾国藩攻下天京后，湘军成为朝廷忌讳，只得大部分裁撤。这会儿剿捻战争结束了，淮军怎么办？他拜会了恭亲王奕䜣和重臣文祥，探出口风，朝廷的确对淮军有顾忌。得了，只有裁军了。但是淮军比湘军强，也就是保留下来的稍微多一些。

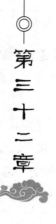

第三十二章

晚年：从内军械所到两个糊涂案

京东有个八里桥，是座老桥，在京通高速公路旁。英国人绘有八里桥之战的铜版画，相当写实。至今八里桥的样子与当年差不多。

第二次鸦片战争中，英法联军快打到北京城了，清廷急眼了，把京中精锐部队都搬出来，打算在八里桥堵住英法联军。结果，数千英法联军把数万清军打得屁滚尿流。过去，京师那帮王爷仅知道洋人手里家伙事儿好，八里桥之战后才知道，洋人不仅海上横，陆地作战武器也不得了。咸丰皇帝吓跑了，恭亲王奕䜣留京与洋人交涉。签订《北京条约》前，英法联军把把炮架在安定门城墙上，不签就炮轰。签约后，英法联军举行入城仪式。奕䜣一看人家的装备，不由大为慨叹：跟洋鬼子相比，清军确实太落后了。没说的，只有学习西方先进科学技术，才能改变挨打状态。从这时起，恭亲王奕䜣成为清廷洋务派首领。

后人很难想象，洋务运动初期，慈禧太后是个大积极分子。她男人咸丰皇帝因第二次鸦片战争失败而驾崩。由于有这段惨痛家史，她对洋器械的先进，有刻骨铭心的认识，对于富国强兵措施，来者不拒，积极支持。对列强环视的危殆时刻，她非常清楚：只有富国强兵，大清才有救。从后来洋务事业的发展来看，有时她对于强兵举措，有企图一蹴而就的大跃进式的癫狂。

曾国藩是怎么转到洋务的？当与李泰国—阿思本舰队有关。李泰国不过是个给大清打工的英国人，阿思本是皇家水师退役军官，大清在英国定制的军舰来华，本是向中国政府交货的，李泰国与阿思本私下捏估协议，严禁中国官员过问舰队事宜。这事把曾国藩气得够呛。他骨子里有股傲气，别看时下中国造不出坚船利炮，显得技不如人，他倒有心试试看，而且觉得这事不难。

在安庆航道处机关大楼北面十几米处，立着一块石碑，表明这一带是1861年（咸丰十一年）9月5日建成的安庆军械所遗址。它不仅是中国第一个近代军工厂，而且是洋务运动的开山之作。

太平天国战争后期，双方越来越依靠进口兵器。曾国藩直言不讳地说，湘军打胜仗的部分原因，"实赖洋炮之力"。湘军攻占安庆后，在容闳建议下，创办安庆军械所。曾国藩的总体思路是从外国购买机器，由中国人仿造。

容闳生于广东香山县南屏村，中国近代史上首位留学美国者。他早先同情太平天国，曾经去天京，向洪仁玕提出建立武备学校及水师学校、颁定教育制度等建议七条，但"未敢信其必成"，对洪秀全授予四等爵位坚辞不受。他跑到了湘军这边，1863年（同治二年），受曾国藩委派，赴美国采购机器。在实际操作中，曾国藩没等容闳购回机器，就着手创建手工生产安庆军械所了。

洋务派的基本主张是"中体西用"。安庆军械所又称内军械所，为什么要加个"内"字？大面的理解是产品供应内部，不面向市场。创办资金来源于湘军军费开支，生产的子弹、火药、炸炮劈山炮、火轮船等武器全部供给湘军及淮军。

这个部门由湘军悍将杨国栋负责，工匠全部用华人，部分从湘军选拔，蔡国祥接收了李泰国—阿思本舰队未成留下的二百名士兵。科技人员有徐寿、华衡芳等。有必要说一句，这两个技术权威是和曾国藩过不去的薛焕输送的。

徐寿，字雪村，无锡开原乡钱桥社冈人。鸦片战争后，随着西方科学技术的传入，一反认为科技是"奇技淫巧"的传统观念，研读格致之学。徐寿与同乡华蘅芳去上海，从外国传教士开办的墨海书馆中买回《博物新编》等一批西方科技书籍自学，掌握了化学、物理、机械、数学多门学科的基础知识。华蘅芳是无锡县荡口镇人。出生于世宦门第，酷爱数学，遍览当时的各种数学书籍。青年时游学上海，与数学家李善兰交往，李氏向他推荐西方的代数学和微积分。曾国藩擢用了他俩，安置在安庆军械所，打算制造一艘蒸汽机轮船。

1865年（同治四年）4月，徐寿，华蘅芳设计建造的中国第一艘蒸汽机轮船试航，曾国藩命名"黄鹄号"。"黄鹄"号造价白银八千两。长十七米，航速六节。自重二十五吨；蒸汽机单缸，缸长二尺，缸径一尺；锅炉长十一尺，炉径二尺三寸许，炉管四十九条，长七尺二寸，管径一寸五；转轴长一丈二尺八寸，直径一寸八。据1868年8月31日上海《字林西报》报道，这艘轮船所

用材料除了"用于主轴、锅炉及汽缸配件之铁"购自外洋，其他一切器材，包括"雌雄螺旋、螺丝钉、活塞、气压计等，均由徐寿监制，并无外洋模型及外人之助。"但是，由于多种原因，这艘船并未正式投入实际使用。

1868年（同治八年）9月，曾国藩调任直隶总督。他12月17日出发，金陵民众拥塞街头，他看到自己拥有不错的人望。三十九天后，他进入京城。次年1月26日与27日在养心殿东暖阁召对，皇帝面西，两宫皇太后坐在黄幔后，问题都是慈禧太后提出的。记录稿很短，慈禧太后问的重点是裁撤，曾国藩回答"都撤完了。"慈禧太后问撤散几多勇？曾国藩回答"撤两万，留三万。"看样子慈禧太后关心的还是汉人部队削减，裁撤了，既省银子，又让朝廷放宽心。

1870年（同治九年）发生天津教案。与天津教案相比，两年前发生的扬州教案，就破坏程度及国内外影响而言，差一大截。天津教案的直接起因，源于武兰珍，他年仅十九岁，以迷药诱拐幼孩。这个人贩子被扭送官府后，为了拉个大背景免除责罚，当堂供称，是教民王三将他迷入法国天主教仁慈堂，由教堂提供迷药，命他诱拐孩童，拐一人付洋钱五元。有些儿童卖给天主教孤儿院，挖下的眼珠与心脏，用于制造迷拐药物。

消息传出，天津民众近万人齐聚仁慈堂外，要求逮捕教民王三，并将仇恨情绪转移到传教士、修女及一切洋人身上。一个由罪犯提供且未经核实的谣传，竟然使得天津士民深信不疑，根源还在于民间长期对教堂捕风捉影的推测。

天津最大的官是三口通商大臣完颜崇厚，内务府满洲镶黄旗人，河道总督麟庆的儿子。武兰珍坚称药物得自法国教会王三。6月21日，崇厚约法国领事丰大业来署提犯人对质。我没有找到丰大业的资料，从表现看，这个洋人没什么头脑，是二杆子。在崇厚署中放枪，崇厚亟起避之。丰大业忿而走出，路上遇到天津县知县刘杰，居然开枪了打死刘杰的随从高升，从而酿成一起血案。

老鼠怕猫，猫怕大象，大象怕老鼠。拿这个关系来套，百姓怕官员，官员怕洋人，而百姓不怕洋人，一拥而上，当场打死丰大业及秘书西蒙。引信点燃了，嗞嗞作响，随后"炸药包"发出惊天爆响：愤怒而失控的民众烧毁了望海楼教堂、仁慈堂、法国领事馆以及十几座英美耶稣教堂，并杀死了沿途所见洋人，包括几名俄国人，冲突持续了四五个小时，事涉法、英、美、俄、德、比、西七国，他们一面联合向清廷抗议，一面麇集军舰示威天津海面。

教案发生时，曾国藩在保定的直隶总督署，刚请病假一月。两天后接到前往天津与崇厚联合办案的圣旨。他拖了几天，7月4日方从病榻上起身。他担心这个任务有可能要他的命。基于这种担心，他给儿子们写了封信：余即日前赴天津，查办殴毙洋人焚毁教堂一案。外国性情凶悍，津民习气浮嚣，俱难和叶，将来构怨兴兵，恐致激成大变。余此行反复筹思，殊无良策。余自咸丰三年募勇以来，即自誓效命疆场，今老年病躯，危难之际，断不肯吝于一死，以自负其初心。恐避近及难，而尔等诸事无所禀承，兹略示一二，以备不虞。

曾国藩 7 月 8 日抵达天津，在他看来，教案背后在于教会受到有关绑架与挖眼掏心的两个指控，首先必须调查这个问题。王三被捕后，曾国藩主张，武兰珍的挖眼掏心的指控，如果是真实的，那么中方不必过于软弱；如果这些指控不成立，就要为严重地冒犯了法国而负责。法国代表罗淑亚坚持说四个问题很严重：侮辱国旗，杀害外交官丰大业，杀害数人，破坏财产。曾国藩就此向恭亲王报告："我中国宣示大信，平情结案，只能酌议赔款以还教堂器物，缉拿凶手以备抵偿各命。彼虽兴波作澜，亦惟忍默处之，不能遽议其他也。"

调查表明，洋人被控所有罪名不实。官方审讯了几百人，其中一百多人在宗教机构工作，没有发现绑架，也没有挖眼掏心的证据。指控基于街谈巷议，与湖南、扬州或直隶类似指控一样得不到证实。

费正清在《中国：传统与变迁》一书中提到，由于清国地方官员作梗，加上西方各国间竞争，条约中有关关税的各种规定实际上无所实行。这就威胁到西方所谓自由贸易。为了确保条约实施，产生了公共租界、海关监督制度等严重侵犯主权的事，迫使西方国家认为必须对条约有关条款进行修正以确保西方人在中国的利益和安全，同时也借机进一步扩大自己的在华利益。这又理所当然地遭到了中国的拒绝。费正清把情况归结为洋人节外生枝，中国人虚与委蛇。所谓虚与委蛇，就是明一套暗一套。这套把戏，清朝要得多了。西方人倒开通，你要打，我奉陪；你要和，我也奉陪。你如何对付我，我就变本加厉地对付你。正如帝国看清了西方真实意图一样，西方也认识到这个帝国不讲信用、出尔反尔的不诚实的特性。这正是十九世纪中后期的历史镜像。

曾国藩多次提出，与洋人打交道，不能要小聪明，要诚实。曾国藩上密折陈述与外国修约事，提出与外国交际重信义，尤贵果决。不可行者，宜与之始终坚持，百折不回；可行者宜示以豁达大度，片言立定，断不宜若吐若茹，稍涉犹豫之象，启彼狡辩之端，异日中国全盛，洋人衰弱，我亦但求保我黎民而别无耀兵海外之心。重信义，尤贵果决，是曾国藩提出的金石之见。

天津教案本因谣言而起，而谣言的起因又是因为法国慈善修女会出钱向当地人购买抚养孤儿。不明就理的群众涌向教堂质询，而害怕群众闹事惯了的天津法国领事竟然开枪恫吓，结果他没打中别人，自己倒先被打死。事情闹到

二十个洋人被打死，教堂被焚毁，七个国家的军舰开到天津示威。慈禧派曾国藩赴天津查办。曾国藩坚持他的诚实态度，如实向国人宣布事情原委，承认了中国人的理屈，同时也拒绝法国人漫天叫价，法国也就不再追究赔款，只要求杀人抵命。这样的处理结果本来正确，但此时的帝国包括士人和百姓，都被爱国的屈辱冲昏了，把对西方的仇恨转嫁到了负责处理此事的曾国藩身上，曾国藩黯然而退。

7 月 19 日，法国要求将知府、知县和淮军将领陈国瑞三人处以死刑。陈国瑞是个出身淮军的混球，镇压太平军与捻军，都有军功。教案发生那天，恰巧路过天津，听到有人闹事，赶到案发现场煽风点火。曾国藩与崇厚建议将知府与知县交刑部问罪，考虑到陈国瑞与该案关系不大，建议将此人的谈判转移到北京。

中国到处都在谈论战争。曾国藩在奏疏中说，必须制止人们大谈战争，因为国力太弱，不能打仗。他个人并不害怕战死疆场，但事实上中国无法打赢战争，只能选择和平政策。天津教案是由无知的乌合之众激发起来的，不能容许发展为战争。这就指向有些机会主义色彩的政策，答应法国所有合理要求，同时对官员的处罚尽可能避重就轻。在写给李鸿章的信中，告诉对方，赫德曾劝他逮捕凶手，让他们得到应有的惩罚，那么府县官员的事情就容易了结了。中国政府最终采纳了曾国藩的意见，但朝廷首先尝试增派人手参与谈判。

曾国藩在写给恭亲王的一封信中说，他既不知道要不要认真对待法国的威胁，也不知道如何审结才能令法国满意。他写道："若指府县拟抵，中国万难办到；若指查办凶手，中国义无可辞。究竟应正法若干人而后可称切实，能指数目否？中国如数办到之后，和局便可定否？此外除赔堂议恤，无他要求否？"他又说，他已审结八名应判死刑的罪犯，还有约二十名罪犯应予处罚。要在规定的时间内凑足一定人数的真正罪犯，是完全不可能的事情。到了规定期限，他会提供名单，并承诺几天后补交一份名单，如此来避免战争。9 月 8 日，他按计划提交了第一份罪犯名单，十五人判处死刑、二十一人判处较轻的刑罚。

朝廷内外一片非议，痛骂"卖国"，连湖广会馆他的题匾也被砸了。清廷不得已调曾国藩下南洋。由李鸿章北上，接任直隶总督、北洋大臣，掌管社交。

这年，李鸿章四十七岁，从出任江苏巡抚以来，他历任两江总督、湖广总督。在湖广总督任上，李鸿章一度奉命入川查办四川总督吴棠被参案。他和吴棠是在皖办团练时期的"金石至交"，又深知慈禧太后对吴棠"圣眷颇隆"，因此曲意回护，以查无实据结案。会武昌后，于 1870 年（同治九年）初，奉旨督办贵州军务，镇压苗民起义。尚未成行，复以甘肃回民起义军入陕，清廷因左宗棠远在平凉不及兼顾，又改命援陕。但李鸿章实在不愿与左宗棠共事，故一再拖延，直至六月下旬才抵西安。七天后，因天津发生教案，列强军舰麇集大沽口，奉密谕"酌带各军克日起程赴近畿一带相机驻扎"，匆匆赶赴直隶。

与曾国藩的极度低调不同，李鸿章入津刻意地极为高调。据法国代领事李蔚海记载，1870 年 9 月 18 日，在大批军队前呼后拥下，李鸿章入津，随即发布措辞严厉的公告，宣示将以铁腕维护城市的稳定。湘军裁撤后，淮军成为国防军的主战部队，装备精良，向天津"暴民"、也向西方列强展示兵威。梁启超说："彼时之李鸿章，殆天之骄子乎，顺风张帆，一日千里。"

不管李鸿章如何神气活现地进入天津，也得谦恭地登门拜见曾国藩。交卸之日，师徒二人对话颇为精采，可钞来作为李鸿章本性和社交思维的印证。

曾国藩说："少荃，你到了此地，是社交第一要冲枢纽。我国势弱，外人方协以谋我。小有差错，即贻害大局。你与洋人商洽，有何主张呢？"

李鸿章说："只是为此，特来叩教。"

曾国藩说："你既来此，当然会有主张，且先说与我听。"

李鸿章说："我没有什么主张。我想，与洋人商洽事宜，不管扯到何处，谈不下去了，我就只同他打痞子腔。"

所谓"痞子腔"，是安徽中部的土话，即嬉皮笑脸、油嘴滑舌之意。李合肥的"痞子腔"是有名的。1896 年的贤能寺里，吴永记录了李鸿章平居和客人讲的一些话，承认他的社交手腕就是胡搅蛮缠，用他的话说，就是打"痞子腔"。

曾国藩以五指捋须，许久不语，而后启齿说："噢，痞子腔，痞子腔，我不懂用痞子腔若何打法，你就试着打与我听听。"

李鸿章慌忙改口："晚生不过信口胡说，错了。还是叩老师指教。"

曾国藩捋须不已，久久才说："依我看来，乃是用一个'诚'字。我想，洋人亦同此情面。贤人说了，'忠信可行于蛮貊'。这话断不会有错。我此刻既然没有着实力气，尽管虚强做作，他也看得清楚明白，那些虚头巴脑的东西都是不顶用的。不如敦朴恳实，披肝沥胆，与他平情说理，虽不克不及占到廉价，也或不至于亏损。不管若何，我的诺言身份，总是站得住的。踏结壮实，蹉跌亦不至过远，想来比'痞子腔'总靠得住一点。"

李鸿章急忙应声道："是是，门生准遵奉老师训示办理。"

李鸿章口口声声称自己要传曾国藩衣钵，不会像左宗棠那样叛出师门。但李鸿章和曾国藩完全是两种德行。天津教案后，曾国藩本着"诚"字，顶着"卖

民贼"的骂名，坐卧不宁；"外惭清议，忸怩神明"，郁郁不乐一年多就死了。相反，李鸿章顶了三十多年"卖民贼"骂名，我行我素，没心没肺地活着。曾国藩说用人要防"二气"，一是湖南人的"土气"，二是江浙人的"官气"。李鸿章这人既不是"土气"，也没有什么"官气"，这个合肥人浑身充盈着"痞子气"。

大清刚结束第二次鸦片战争、平息太平军与捻军，国力孱弱已到极点，一旦与洋人开战，结果怎样？必定"全局瓦裂"，分解成为西方列强希望看到的一块块殖民地。况且天津教案的主要过失在于中方，曾国藩只能在诸多不利条件下减少损失，争取更多的民族生存与发展空间。

处理天津教案，曾国藩也感内疚，但主要不是他个人问题，朝廷有论势者、论理者两派。论理者认为民为邦本，民心不可失，主张与外国开打，以快万众之心；论势者多是主持外交，有守土之责的局中人，认为列强穷年累世好战，且常多国联合，共同侵华，兵力强大，而中国兵疲将寡，缺乏战备，如果开战，侵略联军可能再次打到北京。曾国藩不过是偏听论势者之言，是"拼却声名以顾大局"。纵观中国历代战争中的主和者与谈判者，最后无不落得个汉奸、卖国贼的嫌疑与下场。封建专制集权政体的一个主要特征，就是天无二日、唯我独尊，没有多元化，没有兼容并蓄，没有平等共存，只有征服屠戮、臣服朝贡。

曾国藩写出一份调查报告，指出并无教堂拐骗人口、挖眼剖心、诱污妇女之事，分析了之所以产生种种谣传的原因。在此基础上，曾国藩顶住法国公使要求处决府县抵命、清廷严厉催逼及凶手或藏匿难缉或无人招供等多重压力，作出了自己的判决：府县张光藻、刘杰革职发配；判处二十名凶犯死刑，二十九人军流放；赔偿（包括抚恤）白银四十九万七千余两。

判决方案一经公布，两国四方一片哗然。法国政府提出的条件打了折扣，导致国内不满，以至想调兵前来重理教案；清廷虽认为"舍曾国藩之所办，更无办法"，但为了取悦国人，不得不摆出强硬姿态，造成朝廷似乎对曾国藩的方案有异议的假象；老百姓大骂曾国藩为汉奸、卖国贼；士大夫们一个劲地攻击不已，特别是清议派，不依不饶，主张严惩曾国藩以谢天下，还有人写出对联讥讽曾国藩："杀贼功高，百战余生真福将；和戎罪大，三年早死是完人。"那些诋毁他的天津士民以及贬斥他最甚的湖南同乡，全属不知外情内形，跟着瞎起哄而已，"津人毁之，湖南尤毁之，及询以津事始末，无能知之者"。

梁启超在李鸿章传记中，认为"李鸿章办外交以天津惨案为首"，而曾国藩"外之应付西人，已极竭蹶，而内之又为京师顽固党所掊击，呼为卖国贼，白简纷纭，举国欲杀。于是通商大臣崇厚，恐事决裂，请免国藩而以鸿章代之。明诏敦促赴任，是为李鸿章当外交冲要之滥觞。"

梁启超说，"普法之战顿起，法人仓皇自救不复他及，而欧美各国亦复奔走相顾，且汗且喘，以研究西方之大问题，而此东方小问题，几莫或措意。于是天津惨案，遂销沉于若有若无之间。"他大发感慨道："中国当时之人，无一知有世界大局者，以普法一役如此惊天动地之大事，固咸熟视无睹，以为是李鸿章之声望韬略，过于曾国藩万万也。于是鸿章之身价顿增。"

这段文字与梁启超的其他急就章一样，并不确切。普法战争7月19日开战，9月1日发生色当会战，法军战败，次日投降，9月4日法兰西帝国就被国内革命推翻。这段时间，处理天津惨案的只有曾国藩一人。考诸各种官方文献，天津惨案的善后，是曾国藩在中央的指示下一手完成。李鸿章到任时，基本已经尘埃落定，他根本没有机会力挽狂澜，并展现自己比曾老师更强的才华。

李鸿章在中秋节前一天从直隶省城保定给天津的曾国藩写了一封信："鸿章冒暑远行，莅省后委顿异常，不得不略为休息。兼以初政即犯众怒，嗣后诸难设施。尊处能将凶犯议抵，依限议结。计鸿章到津接事，此外未了各事，必为一力承担。"这封信表明：曾国藩已得出对天津教案的处理意见，李鸿章不反对，因为这样的处理方式很容易"犯众怒"，不愿意沾手，希望曾国藩"依限议结"。

李鸿章撇清自己，为的是今后的工作更好开展，防止"嗣后诸难设施"。毫无疑问，曾国藩已经将最为棘手的惨案问题处理完毕，李鸿章最多只需做个后续的"执行者"，把善后措施落实，根本不必挑任何担子，可以轻装前进。

曾国藩当然清楚朝廷的想法。他在天津教案中做的一切都经过慈禧太后首肯，但此事造成了纷争，朝廷还是习惯找替罪羊。这回的替罪羊是他。由保定到天津处理教案，到接到圣旨，安排他重归两江总督之位，只有两个月。就是这短短的两个月，他的一世英名毁于一旦。他真切地感受到人生的灰凉无趣了。

史料表明，曾国藩在天津教案中的做法，其实是朝廷的意图，却无人敢于直接攻击那拉氏。慈禧太后想趁机压压湘军集团的势头，有意无意地让曾国藩做替罪羊，在社会舆论的猛烈攻击下被动挨打、有口难言。慈禧太后假惺惺地指责他"文武全才，惜不能办教案"，并派李鸿章接任直隶总督，复查天津教案。

李鸿章接办后，仅将原定二十名死刑改为十六名死刑、四名缓刑，其余一无更动。曾国藩奏请将天津府、县官治罪，怕判决太重，复上奏请从轻处分。结果愈判愈重，刑部仅将张光藻、刘杰判为发往军台效力，而慈禧则对张、刘加重处罚，改为发往黑龙江效力赎罪。致使曾国藩都觉得判罪过重，不得不为张、刘二人筹集白银一万四五千两，以求稍作补救，并借以挽救自己的名声，可是被满清玩弄于鼓掌之间。天津教案后的曾国藩，连长子曾纪泽都写信埋怨他。

曾国藩于 1870 年（同治九年）12 月 12 日到金陵。两江总督府正修缮，暂住盐巡道衙门。从直隶总督调任到两江总督，原委是朝廷对于他办天津教案不满，加上两江总督马新贻遇刺身亡，朝廷只好让更熟悉情况的他重回金陵。

两江总督马新贻遇刺身亡是怎么回事？1868 年（同治七年）夏，西捻失败，中原战事结束。不足一月，清廷将曾国藩调任直隶总督，遗缺由闽浙总督马新贻调补。马新贻与李鸿章、郭嵩焘等同年，曾奉旨暂统临淮军，既无出色才能，也无著名战功。若与一般清朝官员相比，也许还算能干，倘与湘淮人物相比，则在三等之外，没有资格顶替曾国藩。他较快提升，主要是清廷的平衡政策所致，湘淮人物身任要职者太多，须有支流旁系参杂其中。

1870 年（同治九年）8 月 22 日卯时，马新贻光在校场检阅操练，三时辰后自箭道回署。这时，一清兵模样的人快步到总督前躬身请安。护卫未及拦问，短衣人已从靴筒中拔出短刀，接连向马新贻猛刺。护卫怔住。刺客本可以乘乱逃走，但见马新贻奄奄一息，丢下刀束手就擒。马新贻由于伤情太重，次日身亡。

刺客叫张汶祥，四十六岁，河南汝阳人，曾经是太平军将领李侍贤的随从，之所以要杀马新贻，是马新贻在浙江当巡抚时执法不公。据张汶祥说，他从太平军回到宁波老家后，发现一个叫吴炳燮的姘居他老婆，霸占他的钱财。人财两空的张汶祥找到时任浙江巡抚的马新贻，想请他公正断案，但马新贻置之不理。张汶祥只好到宁波府告状，虽然妻子重归自己，钱财却分给吴炳燮。张汶祥气急之下狠打老婆，老婆一气之下吞烟自尽。在家破人亡的张汶祥看来，所有的悲剧都是马新贻造成的。同时张汶祥有些海盗朋友被捕杀。另外，马新贻明令禁止张汶祥私自开"小押"（重利盘剥的典当行）生意，绝了张汶祥生路。新仇旧恨累积，张汶祥动了杀心。自此，似乎案件可以下结论，马新贻是被仇杀的。

曾国藩下车伊始，按说紧锣密鼓的是马新贻案。奇怪的是，张汶祥押在牢中，他却没有审讯，直到一个月后刑部尚书郑敦谨到金陵，才会审案件。郑敦谨是道光十五年翰林，算起来比曾国藩还早，仕途一直不顺，在京堂当上刑部主事外放后，调来调去当藩司，虽有政绩，却一直没有提升，同治元年才调为京堂，升侍郎、升尚书。不过他查案有经验，办案铁面无私，有名气。曾国藩之所以在马新贻案件上表现得磨磨蹭蹭，也许是多了一份心眼，毕竟，这是在两江地盘上发生的案子，得由京师的人亲署才行。也许，曾国藩的小心翼翼，正是想避嫌。

曾国藩和郑敦谨将此事的前因后果及处理方案上奏，但朝廷没有表态，要求曾国藩与郑敦谨再细查。因为案件结果迟迟不公布，民间的传闻越来越多，甚至有传言把马新贻的死与桃色事件联系起来，说马新贻跟张汶祥曾经是结拜兄弟，强占了张汶祥的妻子，导致情杀。中国市井文化就是这样，习惯于把寻常事引向传奇。不久，传闻变得越来越政治化了，马新贻的死竟然跟湘军联系上了。有种说法是马新贻因审理江苏巡抚丁日昌之子丁慧衡的随从丁炳殴人致死一案，造成督抚不和，从而招致杀身之祸。也就是说，是湘军杀了马新贻。

传言如此，曾国藩忐忑不安，担心背后有人操纵。终于朝廷批复下来，认定张汶祥"听受海盗指使并挟私怨行刺"，"实无另有主使及知情同谋之人"。有了这样的定论，1871年4月，张汶祥被凌迟处决，以祭奠马新贻。

虚惊一场，曾国藩庆幸这麻烦事没有跟湘军联系在一起。但不久，另外一起突发事件又让他烦透了。1871年6月1日，两个曾经的太平天国叛将、朝廷命官李世忠与陈国瑞在扬州火并，先是大打出手，数人丧命，接着，陈国瑞被李世忠绑架，差点死掉。这一官场丑闻闹得沸沸扬扬，让曾国藩很没面子。提起陈国瑞这人，话就长了。陈国瑞是曾国藩的"老冤家"，曾三次给曾国藩带来大麻烦：第一次是北上剿捻之时，陈国瑞带着手下跟刘铭传的铭字营火并，让曾国藩劳神费心处理了很长时间；第二次跟天津教案有关，在案发现场煽风点火。结果洋人竭力要求给陈国瑞治罪，曾国藩据理力争，才算保住陈国瑞。这次，陈国瑞又是因为与同样无赖的李世忠的宿怨，被李世忠绑架四天，水米未进。

6月28日，处理完这起事情后，曾国藩上《李世忠陈国瑞寻仇构衅据实参奏折》，陈述原委，并建议这两个人都是心术相近的垃圾，李世忠尤为阴狠，这次软禁陈国瑞，情同掳人勒赎行径，应照例严办，罪行不赦；但朝廷既已保全于前，这次仍从轻发落。他建议：将前任江南提督李世忠即行革职，免治其罪，勒令回籍，交地方官严加管束，如再出外滋事，一经查实，即行奏明严惩；对于记名提督前任浙江处州镇总兵陈国瑞，则以都司降补，勒令速回湖北原籍，不准再在扬州逗留，以免滋生事端。朝廷同意了曾国藩的意见。

读书写作时，曾国藩的心情仍旧好不起来，这是心力不济的缘故。他给朝廷连续打了两次辞职报告，阐述自己力不从心，想回湖南老家休养。每次朝廷的批复都不予同意，甚至连个理由或者一句宽慰的话都不给。他给在湖南湘乡老家养病的曾国荃写了一封家信，吐露了心境：我两次在京，不善应酬，遭到了众多朝廷高官的白眼；加以"天津教案"处理结果引起广泛的议论，以后大事小事，朝中有人都有意对我吹毛求疵，那是故意与我为敌啊！

到金陵后不久，天气转凉。曾国藩感受到，这个滨江城市居然如此之冷，阳光下金陵的融融景象只是伪装，骨子里阴冷萧瑟。待在偌大的官邸里，有时候会让人不由自主打起寒噤。这个时候，曾国藩真有点后悔先前的过于勤劳，年轻时过于透支了体力和心力，这使得他的身体，就像是一炷行将燃尽的蜡烛一样。

曾国藩开始巡视了。他登舟沿江而下，巡视扬州、清江浦、徐州、丹阳、常州、常熟、苏州、松江。他在巡行中看到，这些地方在兵燹停息之后，得到恢复。地方官尽管忧心忡忡、唉声叹气，但毕竟有些思路，开始做事了。到上海后，曾国藩看到江南制造总局所属的各厂发展迅猛，竟可以生产铁甲战舰。

1872年（同治十一年）1月2日，曾国藩搬进修缮一新的两江总督府。先前他入主两江就住在这里。此前这里曾经是太平天国天王府。攻下金陵后，他搬进天王府，有人向朝廷打报告说他住进天王府有非分之想。朝廷派人问询，他回答说有"妖气"，自己住进去镇镇"妖气"。这次重归故宅，属下知道他喜欢竹子，特意在总督府内开辟竹园，种植了一大片竹子。

在金陵第二次任期内，曾国藩与李鸿章联合上疏，请委派陈兰彬与容闳挑选聪颖年轻人送往美国及其他西方国家学习技术。过去曾试图派人往海外学习陆军与水师，现在适逢其会，考虑到刚与美国谈判条约，那么可以首先把学生送往美国，然后送往其他国家，学习所有技术。这两位总督已经指令上述两位官员为留学生制订章程，并请求总理衙门认可。资金要从海关收入中获得。

曾国藩在两江总督和直隶总督两个帝国内重要位置上做了十二年。那么，他的积蓄是多少钱呢？他在家信中说积养廉银一万八千两。这点儿积蓄明显与总督级官员收入不符。那么他的收入花到哪去了呢？总督为地方第一大吏，住房、舆马、衣裘、饮馔当然有起码的排场和要求。知县一套官服价值三四百银两。知县如此，督抚更可想而知。清代大员之家往往数世同堂。一旦当官，父母兄弟依靠不说，就连宗族亲戚甚至同乡也要投奔，一个人的收入要照顾少则几十位多则上百位的消费者。曾国藩生活虽俭朴，但由于人口越来越多，开支越来越大，他及夫人都疾病缠身，孙子、孙女辈也经常患病，医药开支大增，搞得担心工资不够花。惟署中所用卉仆姬婢等太多，食口众，则用度浩繁。又兼治病医药，百端奢靡，入少出多，江督岁中进款竟不敷一岁之用。竟将一万八千两养廉银全花光，还借了外债。曾国藩只好命纪泽减少厨房开支，从嘴里省钱。

曾国藩的生活起居和做总督前没什么变化。他不再出入宫廷。每天面对下属，穿衣越来越简单。赵烈文第一次见到曾国藩，"所衣不过练帛，冠靴敝旧"。赵烈文日记中说："涤师来谈，谈次，师脱马褂置榻上，又少坐即去。余取视榻上衣：佛青洋呢面布里琵琶襟，极短而小，盖寒士所不屑衣者。为之太息不已。"

吃的方面，曾国藩更不讲究。一次宴客，客人发现总督请客居然用瓦器："窦兰泉侍御来，予亦陪饮，食鲥鱼止一大瓦缶。兰泉笑曰：大学士饮客，用瓦缶，无乃太简乎？公大笑而已。"根据赵烈文日记所记，曾国藩每顿饭两个主菜三个小菜。曾国藩的女儿曾纪芬说，曾国藩请客，"所至禁用燕菜烧烤之席，僚属皆遵守，相习成风。平日宴客常用之品，惟红烧鱼翅鱿鱼片及豆腐汤等。"

至于住，幕僚方宗诚这样描述曾国藩寝室："惟木榻一，竹床二，竹枕二，此外一二衣箱，无他物也。"这情景在赵烈文《能静居日记》中得到印证："葛账低小，布夹被草荐而已。旁有二小箱，几上陈设纸笔之外，无一件珍物"。

曾国藩给夫人的零用钱很少。欧阳氏月费仅四千铜钱，折银二两，儿媳则减半。曾纪芬回忆说："初文正在日，家中人给月费二缗，尔时物价虽贱，亦苦不足，稍涉奢华之物不能买，亦不敢买也。欧阳太夫人偶唤卖京货之妪入署，且为文正公所诃，他无论矣。"曾国藩不许孩子们穿华丽衣服："余忆幼时所见皆淳朴无华。而余家为尤甚，姊妹姑嫂至一衣递袭，已详前记矣。文正素恶纷华，曾乎书不准穿大镶花边衣五采花裙，盖今日所视为陈旧者，彼时方矜奇炫异也。"

整个总督府只有两位女仆。一位是欧阳夫人从湘乡老家带来的老妪，另一位是大女儿身边的小丫鬟。因为人手不够，欧阳夫人花十多千钱买了名女仆，曾国藩知道后大为生气。"房中粗事亦取办于母氏房中村妪，乃于安庆以十馀缗买一婢，为文正所知，大加申斥。"欧阳夫人设办法，只好"遂以转赠仲嫂母家郭氏"。

既少月费，又无仆人，总督府中的日子怎么过活呢？只有自力更生："文正驭家严肃守俭若此，嫂氏及诸姊等梳妆不敢假手于婢媪也。"曾家女人每天都要体力劳动，从洗衣做饭腌制小菜，到纺线绣花缝衣做鞋，都要亲力亲为。

和曾国藩在一起生活很痛苦，曾国藩以"圣人"标准去约束他们的日常生活，势必造成他们在社交及生活中的种种尴尬不便。我们可以想象，曾国藩的妻子儿女们对这位父亲和丈夫一定腹诽不止。然而，除了偷偷抱怨，拿这位天下最刚强又最顽固的老人，谁又有什么办法呢？如此辛苦的总督府家眷，恐怕大清天下找不到第二家了。当时每晚金陵城两江总督府内，曾国藩秉烛夜阅公事，全家长幼女眷都在麻油灯下纺纱绩麻，成为中国历史上的一幅动人画面。

刚搬进两江总督府，曾国藩拜访吴廷栋，两人相谈甚欢。这位儒学大师已八十岁，是李鸿章父亲李文安的房师，也算曾国藩的师辈，当年曾国藩孤身一人居京城的时候，吴廷栋不仅对他学业有帮助，生活上亦嘘寒问暖。他生病时，多亏了颇懂医术的吴廷栋悉心照顾，才算渡过难关。两人回忆起陈年往事，想起当年京城老友们的文韬武略。曾国藩瞳仁发亮，声音随之高亢。突然嘴唇颤抖，头晕目眩，差点歪倒在地上。随从慌忙将他搀扶到一边，过了很长时间，他的呼吸重新变得平静。这次突然失语，让曾国藩领悟到，自己的时日已不多了。

人的元气，先从脚底溜走。他感到脚不听使唤了。不仅如此，舌头僵硬，口腔里像有块坚硬的石头，好在神志清醒，内心平静，只是恍惚之间，那些鸟鸣狗吠，听起来恍如隔世。自己的身体已成为一间无人的老屋。

3月10日，曾国藩披衣到书桌前坐下，拿笔想写点东西，手颤抖的厉害。他想说话，但发不出声音。家人把他扶上了床，喝了几口水后，他稍稍缓过神，向身边的曾纪泽叮嘱：我死之后，丧事遵照古礼，不要请僧人、道士。

3月12日，一大早就飘着绵密的小雨。午后，曾纪泽搀扶着曾国藩在西花园中蹒跚，父子俩说着话，走进一片竹林。忽然，曾国藩连呼"脚麻"，便歪倒在儿子身上。曾纪泽和随从赶忙把他扶到书房椅子上。他端正衣帽，静静地坐在那儿，一点声音也没有。三刻钟后，气绝身亡。清廷闻讣，辍朝三日。追赠太傅，谥文正。6月25日，灵柩运抵长沙。7月19日，葬于长沙南门外之金盆岭。次年12月13日，改葬于善化县湘西平塘伏龙山。与夫人欧阳氏合葬。

第三十三章

晚清唯一的亮点：左宗棠收复新疆

左宗棠直来直去，凭着他的为人，不管气焰多嚣张，也只能体制外混，充其量将幕僚事业进行到底。他的崛起源于得罪了一位总兵大人，被告到朝廷，却因祸得福，捅了娄子而受到广泛关注，从此一发而不可收拾。

1859 年（咸丰九年），永州总兵樊燮谒见骆秉章。骆秉章让他去见左宗棠，他见左宗棠没有请安，惹得左宗棠发怒："武官见我，无论大小，皆要请安，汝何不然？"樊燮顶道："朝廷体制，未定武官见师爷请安之例，武官虽轻，我也朝廷二品官。"左宗棠最忌讳人家提他的师爷身份，中不了进士才给人家当师爷的。他勃然大怒，一脚踢翻樊燮，大骂："王八蛋，滚出去！"

事实是否真的如此有戏剧性？左宗棠怂恿骆秉章弹劾樊燮确有其事。官场上不知道哪块云彩有雨，樊燮与湖广总督官文关系密切。在官文支持下，把左宗棠告到朝廷，说左宗棠是"劣幕"，嚣张跋扈。一个狗屁师爷敢踢翻二品大员，还了得！朝廷下旨，命逮捕左氏，"果有不法情事，可即就地正法"。

曾国藩闻之，"焦灼极切"，全力托关系帮左宗棠解脱。朝廷将此案交湖北正考官钱宝青审办，钱宝青曾是曾氏门生，曾国藩以座师身份请他设法缓解。在钱宝青的努力下，左宗棠暂时未获牢狱之灾，却深感"侧身天地，四顾茫茫"，无安身之地。思前想后，来到宿松的曾国藩的大营。

曾国藩与左宗棠"昕夕纵谈东南大局，谋所以补救之法"。左宗棠表示，自带一队湘军，以普通小营官自效，万一官文等"必不相舍，山北山南网罗密布，即匿影深山，亦将为金丸所拟"，那他就"策马冲锋"，结束自己的生命。

天下事每每祸福相生。谁也没想到，这次天子亲自问罪，竟成为左宗棠命运的重大转折。除曾国藩外，胡林翼写信向官文说好话，郭嵩焘向肃顺求助。在紧锣密鼓的营救下，出现了戏剧性转机。

"樊燮京控案"前就有人向朝廷举荐过左氏，这次案发，又有多人为左宗棠求情。潘祖荫甚至对皇上说"国家不可一日无湖南，湖南不可一日无左宗棠"。皇上专旨听曾国藩评价。曾国藩回复，左宗棠"刚明耐苦，晓畅兵机，当此需才孔亟之时，或饬令办理湖南团防，或简用藩、臬等官，予以地方，俾得安心任事，必能感激图报，有裨时局。"他不似胡林翼、潘祖荫那样渲染铺张，直截了当为左宗棠谋官，疏中说的"藩、臬"之职相当时下司局长。朝廷于是命左宗棠以四品京堂候补，作为曾国藩的助手，襄办湖南军务。

左宗棠做梦也没想到，援手使他逢凶化吉，遂磨掌擦掌，准备在曾国藩帐下大干一番。曾国藩派他到湖南募勇。他募得三千人，称楚军，并以此为本钱自立门户。湘军众将骂老左忘恩负义，曾国藩不以为意，上奏保举，左宗棠得以脱离湘军序列，率三千楚军入江西，进而转战浙江南线战场。以军功累进升迁。

左宗棠长期作为体制外人物，憋屈多年，在杭州失陷巡抚被杀后，由曾国藩疏荐，任浙江巡抚，督办军务。1862年（同治元年）组成中法混合军，称常捷军，扩充中英混合军，先后攻陷金华、绍兴等地，升闽浙总督。

1864年（同治三年）3月，左宗棠部攻陷杭州，控制浙江全境，旋奉命率军入江西、福建追击太平军李世贤、汪海洋部，次年春灭于广东嘉应州（今梅县）。而后上疏奏请设局监造轮船，获准试行，于福州马尾择址办船厂，派员出国购买机器、船槽，创办求是堂艺局（亦称船政学堂），培养造船技术和水师人才。

平捻结束后，边疆老大难问题摆到桌面上，首当其冲的就是新疆问题。

新疆古称西域，西汉政府在轮台境内设西域都护，从此历届中央政府行使对西域地方的管辖权。1759年（乾隆二十四年），清军平定天山南北，将这块汉代西域都护府、唐代安西都护府的故土重新归入王朝版图。乾隆爷以"新附旧疆"之意，将这块一百六十万平方公里以上的广袤国土命名新疆。

十八世纪六十年代，沙俄入鄂毕河上游，逐步向阿尔泰腹地、额尔齐斯河上游推进。十九世纪前期吞并哈萨克草原，向巴尔喀什湖以东以南扩张。1846年沙俄沿爱古斯河南侵，过勒布什河，占领库克乌苏河以东的卡帕尔。鸦片战争前，沙俄侵占斋桑湖地区和浩罕、布哈拉等中亚小汗国。趁鸦片战争，大清无暇他顾，出兵占领巴尔喀什湖东南的塔拉塔勒河、伊犁河等七河地区。迫使清廷签订《伊犁、塔尔巴哈台章程》，沙俄得到在伊犁、塔城地区的通商，贸易免税，自由居住，传教等特权。沙俄在鲸吞古尔班玛图（今阿拉木图）等地后，强占伊塞克湖和巴尔喀什湖以东以南地区，深入中国境内七百五十公里。1864年（同治三年），清廷被迫签订丧权失地的《中俄勘分西北界约记》，现划入吉尔吉斯斯坦和哈萨克斯坦等国的四十四万多平方公里的中国领土，归属沙俄。

1820年（嘉庆二十五年），阿古柏出生于塔什干附近农村，乌兹别克人或塔吉克人。童年时为男扮女装的舞童，被一名浩罕官吏看中，收为娈童。1860年左右，他成为伯克。1864年（同治三年），新疆民乱，库车、和田、喀什、吐鲁番等地建立地方割据政权，与清兵互相攻伐。阿古柏组织兵变，将司迪尔残部逐出新疆，于次年4月建立哲德沙尔汗国，意即七城汗国，表明一统回部七大城的野心。两年后，阿古柏宣布建立洪福汗国，侵占南疆。

1870年5月（同治九年），阿古柏攻占吐鲁番，收降以白彦虎为首的陕甘回民起义军残部。至次年底，迪化、玛纳斯、鄯善被阿古柏攻克。

阿古柏的老巢在喀什，喀什市古称疏勒，1868年英国承认阿古柏政权，赠送阿古柏大批军火，允许在印度招募工匠回喀什设军工厂。维多利亚女王亲笔致信阿古柏。1870年，俄国派人前往喀什会晤阿古柏，与阿古柏签约，阿古柏遣使访圣彼得堡。奥斯曼苏丹阿卜杜勒·阿齐兹也是伊斯兰教领袖，封阿古柏为埃米尔，洪福汗国在伊斯兰教获得合法地位。1874年2月2日，"英阿条约"签订，除了和"俄阿条约"类似的条款外，还规定双方互派大使。

事情闹到这种地步，新疆居然冒出来一个与英国、俄国保持密切往来的"洪福汗国"。清廷内部出现了截然不同的意见，这就是持续数月的海防与塞防之争。李鸿章反对出兵，"论中国目前力量，实不及专顾西域"，"新疆不复，与肢体之元气无伤"，"徒收数千里之旷地"，"而增千百年之厄漏"，就是打胜了也是得不偿失。李鸿章的观点不无分量，海防之重要是事实。而且直接占据中国伊犁的沙俄属强国，若诉诸武力，胜负难料，搞不好中兴局面因此中断。塞防派的主要代表是王文韶，谦和的白胡子瘦老头儿，而遇到大原则问题，绝无谦和气象。他认为：俄国侵吞西北日甚一日，"我师迟一步，则俄人进一步，我师迟一日，则俄人进一日。事机之急，莫此为甚！"

在议论收复新疆的过程中，左宗棠面临重重压力。"筹饷难于筹兵，筹粮难于筹饷，而筹运转犹难于筹粮。"没有后勤保障，不可能打赢。清廷军备废弛，财政枯竭。西北连年战乱，生产遭到破坏，戈壁纵横，交通阻塞，只能从甘肃、宁夏、蒙古之地筹粮运送，驼载车运，人挑肩扛，困难重重。

1872年（同治十一年）7月，清廷任命左宗棠为钦差大臣，督办新疆军务。那时左宗棠年逾六旬，在致湘军将领刘锦棠的信中说："本拟收复河湟后，即乞病还湘。今既有此变，西顾正殷，断难遽萌退志，当与此虏周旋。"

左宗棠率师进驻兰州，准备采用"缓进速决"战策。"缓进"是用一年半筹措军饷，积草屯粮，调集军队，操练将士。他剔除空额，汰弱留强，减少冗员。为适应西征需要，规定凡是不愿出关西征的，一律给资，遣送回籍。所谓"速决"，考虑国库空虚，军饷难筹，为紧缩军费开支，大军一旦出发，须以迅雷不及掩耳之势，速战速决，力争在一年半左右获取全胜，尽早收兵。

左宗棠申报军费预算前，从一个军人，一匹军马，每日所需的粮食草料入手，推算出全军八万人马一年半用度。然后再以一百斤粮运输一百里为一甲一位，估算出全程的运费和消耗。甚至连用毛驴，骆驼驮运，还是用车辆运输，哪种办法节省开支也做了比较，估算出全部军费开支共需白银八百万两。

主管财政的大臣沈葆桢见西征军费的预算，想摊派给各省，从地方财政收入里抽调，很难一时凑齐，会贻误战机。军机大臣文祥找皇帝陈述利害关系，皇帝御批道：宗棠乃社稷大臣，此次西征以国事而自任，只要边地安宁，朝廷何惜千万金，可从国库拨款五百万，并敕令允其自借外国债五百万。

左宗棠命人筹措军械物资，备办粮草，积极实现"兵马未到，粮草先行"，同时在兰州建立机器局，为西征军修造枪炮。为了对付阿古柏的洋枪洋炮，左宗棠从广州、浙江调来专家和熟练工人，在兰州造出大量先进武器，还仿造了德国的螺丝炮和后膛七响枪，改造了中国的劈山炮和广东无壳抬枪。

左宗棠收复新疆的方略是，对阿古柏立足于打，对俄国立足于谈。左宗棠说："欲收伊犁，必先克乌鲁木齐"。如果乌鲁木齐城克服，"我威维扬"，再大兴屯田以保证长期后勤供应，安抚新疆各部族耕牧如常。如此，"即不遽索伊犁，而已稳然不可犯矣。乌城形势既固，然后明示以伊犁我之疆索，尺寸不可让人"。

1875年（光绪元年），左宗棠将挥师出关，朝廷再度掀起海防与塞防之争。多数大臣认为，自从乾隆爷平定新疆以来，每岁都要花费数百万两饷银，是填不满的窟窿。如今又要竭尽天下财力赡养大军西征，这样打下去，还不如依从英国人提出的条件，允许阿古柏政权独立，只要他答应称臣入贡就是了。如果这样办了，也就不必兴师动众，再去西征，就可以专心全力去治理海防了。

左宗棠慷慨陈词：如果不一鼓作气，及时收复新疆，让它自成一国，无疑患于子孙万代。万一阿古柏无能自立，新疆不是被英国狼吞，就是落入沙俄虎口。如果我们束手坐视，任列强鲸吞国土，丢掉的就不仅是新疆，也将失去西北边防的关卡重镇，使西北边防无以屏障，到那时候，边防的兵力不但不能削减，反而会大大增加。从全局看，对内必将有损国威，丧失民心；对外，必将助长列强的侵略气焰，不利于海防。臣以为罢兵乃是误国之计，绝不可行。

光绪皇帝下诏，授左宗棠为钦差大臣，全权节制三军，择机出塞平叛。1876年（光绪二年）春，左宗棠自兰州移师酒泉，坐镇河西指挥战争。清朝大军挥师西进，铁骑千万里，烽烟滚滚，直奔玉门关外。

西域幅员辽阔，交通不便，运输军粮代价高。自古用兵西域，都把兵精、饷足作为先决条件，兵精则军需少，饷足则军粮丰。左宗棠运输军粮线路有三条：一是从甘肃河西采购军粮，出嘉峪关，过玉门，运至哈密，二是由包头、归化经蒙古草原运至新疆巴里坤或奇台，三是从宁夏经蒙古草原运至巴里坤。

左宗棠事先命西征军前锋统帅张曜驻军哈密兴修水利、屯田积谷。哈密是从西域进入中原的咽喉，这里水渠年久失修，渗水严重，因是砂土地，需用毡毯铺底。左宗棠得知消息后说："开屯之要，首在水利。毡条万具，既所必需，文到之日，即交宁夏、河湟各郡并力购造。"左宗棠大力支持，张曜屯田积粮成绩巨大，1876年一年就收获粮食五千一百六十余石，基本上可以解决该部半年军粮所需。哈密绿洲已是一片安定的田园风光。

左宗棠指挥的西征清军，有刘锦棠所部湘军二十五营、张曜所部十四营和徐占彪所部蜀军五营，包括原在新疆各据点的清军，共有马、步、炮军一百五十余营，兵力总数近八万人。开往前线作战的只有五十余营，二万多人。因行军要经过莫贺延碛大沙漠，流沙数百里，上无飞鸟，下无水草，极难跋涉。粮草可以马驮车载，长途运输，"惟水泉缺乏，虽多方疏浚，不能供千人百骑一日之需，非分期续进不可"。大部队行军遇到的最大问题是人畜饮水难以解决，只有分批分期行进。左宗棠坐镇肃州，命刘锦棠、金顺分兵两路，先后率师出关。他把大军分作千人一队，隔日进发一队，刘锦棠走北路，金顺走南路，到哈密会齐。

刘锦棠率领西征军主力自肃州入新，至哈密行程约一千七百里，很顺利地进入哈密。部队各营到达哈密后，像接力赛似的，把从肃州等地陆续运往哈密的军粮，再辗转搬运，翻过东天山九曲险道，分运至巴里坤和古城（今奇台）。很快，刘锦棠的前锋部队，已占据了距离乌鲁木齐只有不足三百里的济木萨（今吉木萨尔县）。清军大部队严阵以待，兵锋直指迪化。

从河西运粮到阿古柏占据的迪化路程一千七百里，运费差不多是粮食原价

的二十倍，为进抵迪化的数万大军提供粮食，每年仅运费就得多支出二百万两白银，何况阿古柏的巢穴喀什远在三千多里外。财政窘迫的清廷下诏，允许左宗棠借外债。1876 年起，"红顶商人"胡雪岩经手，左宗棠在上海滩向英国汇丰银行先后以高达百分之十左右的年息借款四次，总计白银一千六百万两。借高利贷打仗，实属不得已而为之，左宗棠自己也承认是"仰鼻息于外人"。但终究避免了因财力不济，使得西征大业功亏一篑，也算是两害之中取其轻了。

1876 年 7 月下旬，清军大举西进，连同原驻塔城、哈密的部队，清军已在新疆集结八十余个营的兵力。坐镇肃州城指挥全局的左宗棠手中尚握有二十个营的预备队。阿古柏总兵力达五万人，骑兵约占三分之一。步兵的武器是火枪，骑兵则使用火枪和腰刀，还从英属印度和奥斯曼帝国获得一万多支恩菲尔德 M1853 前装线膛枪和斯奈得—恩菲尔德 M1866 后装线膛枪。前者虽然稍显落伍，但这种线膛枪曾是英军制式步枪，性能可靠，射击精度高，堪称前装线膛枪的完美谢幕；后者则是从前者改造而来，是当时的第一流武器。

1876 年 8 月，收复新疆之战打响。刘锦棠率军直取迪化北方门户古牧地（今米泉）。前往古牧地有大小两条道路可走，大道平坦，但要经过五十里缺乏水源的戈壁。途经黄田的小道虽然水源充分，但阿古柏军队早已在此严密设防，企图迫使清军从大道行军，待到清军人马渴乏之时乘机攻击。清军得悉情况之后将计就计，佯装从大路进兵，待黄田守军松懈大意之后乘夜由小道奇袭，阿古柏军猝不及防，狼狈逃回古牧地，清军初战告捷。

8 月 12 日，湘军逼近古牧地。清军筑起炮台，用克虏伯后膛炮猛轰古牧地城墙。8 月 17 日黎明，南门被开花炮弹轰破，湘军冲进城内展开激烈巷战，以五百零八人伤亡代价，全歼守敌六千余人。湘军乘胜进军，在阿古柏从南疆拼凑的五千骑兵尚在增援路上之时，湘军已于 8 月 18 日光复守备空虚的迪化。收复迪化后不久，刘锦棠却不幸身染重病，一时卧床不起。因此左宗棠另派金顺部攻取北疆各地。至 11 月，阿古柏在北疆的势力已被彻底清除。此时，新疆已经入冬，大雪封山，行军十分困难。清军只得转入休整，从后方抽调人马，补齐前线各部的编制，等待天气好转之后采取下一步行动。

达坂城以维吾尔民歌《达坂城的姑娘》闻名于世。它位于乌鲁木齐通往南疆一条穿越天山的隧道中，清军若要南下须经过达坂城。在 1876 年 11 月到 1877 年 4 月，阿古柏在达坂城建了坚固城堡，守备部队五千人，配备后装线膛枪。在达坂城侧后方的吐鲁番和托克逊，分别有八千五百人、二十门火炮与六千人、五门火炮把守，三城互成掎角之势，妄图凭借天山天险阻止清军南下的攻势。

1877 年 4 月 14 日，刘锦棠率领清军主力三十个营约一万五千余人及炮队离开迪化南下，形成对达坂城的包围。19 日夜，清军猛轰达坂城，炮台、月城和城垛先后被炸塌，清军乘势发起总攻，全歼城中阿古柏军，俘虏了包括阿古柏大总管爱伊德尔胡里在内的一千二百余人，而清军不过伤亡百余人。

经过四天休整，清军继续前进，26 日在托克逊城外与阿古柏军激战。结果就如左宗棠事后所说，阿古柏军虽"火器颇精，洋枪洋炮外亦有开花炮"，但清军仅以九十余人伤亡的代价，歼敌两千余人，缴获战马数百匹，托克逊光复。

同时，从哈密、巴里坤西进的另一路清军二十个营约一万人，在 4 月 26 日兵临吐鲁番城下。慑于清军的强大战力，阿古柏在吐鲁番的守军近万人开城投降。

仅用了不到半个月的时间，清军就彻底打垮了阿古柏苦心经营半年之久的天山防线，全歼其主力部队，使得南疆门户洞开。

1877 年 5 月 29 日凌晨，阿古柏在库尔勒暴死。有说暴病身亡，有说被众叛亲离的部下毒杀。而左宗棠在奏折中称"仰药自毙"。阿古柏死后，他的几个儿子内讧。最终伯克胡里在喀什噶尔继承了阿古柏留下的岌岌可危的"汗位"。

阿古柏政权行将覆灭时，英国插上一脚，提出伯克胡里交出南疆东部，南疆西部将作为"独立国家"向大清"朝贡"，保留阿古柏政权作为俄属中亚和英属印度之间的缓冲。左宗棠得悉后，表示，喀什噶尔就是古代的疏勒，"汉代已隶中华，固我旧土"，清军一定要"尽复旧疆"，"岂容他人饶舌"。清廷支持左宗棠的主张。8 月 10 日，前线清军"克日进兵，节节扫荡"。

8 月 25 日，刘锦棠长驱西进。10 月 12 日，刘锦棠挑选精兵两千五百人为先锋，势如破竹，一个月疾驰两千里，收复库车、阿克苏和乌什，所到之处受到各族百姓欢迎。维吾尔史料记载说："没有一个城镇向皇帝陛下的大军射过一粒子弹。相反，很多城镇的好人还为皇帝的大军做了力所能及的事"。

在清军攻势面前，和阗守将向清军请降，紧接着，十二年前投降阿古柏的前喀什噶尔守备何步云宣布反正，率领数百满汉兵民占据了喀什噶尔汉城。由于伯克胡里的住宅也在其中，因此他的亲眷全部成为何步云的俘虏。

刘锦棠从南北两路向喀什噶尔发起钳形攻势。12 月 17 日，两路清军同时抵达喀什噶尔，伯克胡里只得率残部逃入俄国境内。12 月 21 日与 24 日，叶尔羌与英吉沙尔先后光复，次年 1 月 2 日，和阗被董福祥部克复。肆虐新疆十二年之久的阿古柏势力彻底从中国领土清除出去。

左宗棠并没有参加收复新疆的全过程。胡里率残部逃往喀什，白彦虎率余众窜到开都河一带。左宗棠正欲趁热打铁，挥师追剿拿擒时，突然接到朝廷敕令："廷臣聚议，西征耗费巨款，今乌城、吐鲁番既得，可以休兵。"左宗棠看罢，仰天长叹：而今正当擒贼之机，廷臣竟然圈定作茧之策束我手足。

不久，沙俄和土耳其开战，金顺建议乘虚取伊犁。左宗棠道："此事不可。师出无名，反遭其谤。同年夏季，大军从正道西进，先收复南疆东四城：焉耆、库车、阿克苏、乌什；接着收复西四城：喀什、英吉沙、叶尔羌与和田也相继而下。官军所到之处，南疆各族人民夹道欢迎。阿古柏长子胡里与白彦虎见势不妙，逃往俄国。从此，这场借助英、俄两国支持的分裂祖国的叛乱活动，乃告平息。见此情景，住在山中的布鲁特(今柯尔克孜族)十四个部落，也争相内附。

仅一年多，左宗棠指挥西征军攻克南疆八城，收复除伊犁外的新疆领土，是他戎马一生中最华采的乐章。他自己也不无得意地说："戎机顺迅，实史传罕见之事。"事毕，光绪帝嘉其功，诏封二等侯爵。新疆各族人民为了感念他救民于水火之中的恩德，乃于大小村镇建立左公祠，烧香礼拜。

消灭了阿古柏，左宗棠于1880年（光绪四年）正月上书朝廷，力陈在新疆开设行省的主张。并建议朝廷派员与俄国会谈归还伊犁，引渡胡里、白彦虎等叛匪事宜。朝廷派遣崇厚为全权大臣出使俄国谈判。

崇厚昏庸，以为收回伊犁就解决问题了。在俄国官员的威胁和欺骗下，他擅自签订《里瓦几亚条约》，规定割让伊犁以南和以西大片土地，清朝向俄国赔款五百万卢布，俄商到新疆和蒙古等地经商全部免税，允许俄国经新疆到天津、汉口和西安陆路通商；而换回来的，只是一座三面被俄国包围的空城伊犁。中俄改订的条约从本质上讲是一个不平等条约，一般人很不明白为什么要用一块七万平方公里的地方换取伊犁，更不理解其谋略高在哪里。其实伊犁的重要性是不言而喻的，但鉴于当时的财政难以为继，东南沿海频频告急，用兵日久则危害愈大。

条约签订的消息传回国内，李鸿章主张接受，左宗棠要求修约，把失去的主权收回来。不久，他带着一口棺材从酒泉出发，表示不收复伊犁，决不活着回到关内。哈密素有"嘉关锁钥"之称。左宗棠在哈密生活了四个月，发动军民屯田垦荒，兴修水利，增粮积谷，减轻内地长途调运军粮的困难。

慈禧太后把崇厚撤职，交给刑部惩处，派曾纪泽兼任驻俄公使，去俄国重新谈判。曾纪泽是曾国藩的长子，曾任驻英、法公使。1880年8月，曾纪泽到达圣彼得堡，与俄国外交大臣格尔斯、驻华公使布策会谈。格尔斯称，清廷如不批准以前签订的条约，就只能用大炮来发言了。曾纪泽回答："如果两国间不幸发生战争，中国用兵向俄国索还土地，那就什么地方都可以索取，决不只限于一个伊犁。"格尔斯和布策又提出：俄国守卫伊犁的军费总共为一千二百万元，中国必须予以赔偿。如果你们不答应，就只好开战了。曾纪泽回敬：一旦打起来，谁胜谁败还不一定呢。大清如果获胜了，那俄国也必须赔偿我们军费。

左宗棠准备收复伊犁时，清廷称"现在时事乱亟，俄人意在启衅，正需老于兵事之大臣，以备朝廷顾问"。理由冠冕堂皇，将他从新疆前线调回北京。他将钦差大臣关防移交刘锦棠后，怅然离开哈密。

1881年2月24日，曾纪泽与俄方代表订立《中俄伊犁条约》和《陆路通商章程》。沙俄归还伊犁，割去伊犁霍尔果斯河以西、伊犁河以北大片领土，中国赔偿俄国兵费九百万卢布（折合白银五百余万两）；俄商在中国新疆各城贸易暂不纳税，对于伊犁居民，规定"愿仍居原处为中国民，或愿迁居俄国入俄籍者，均听所便"。曾纪泽尽了最大努力，中国收回了伊犁九城及特克斯一带。

当年林则徐曾经对左宗棠指出，西域屯政不修，地利未尽，以致沃饶之区不能富强。并说新疆南八城如一律照苏（州）松（江）兴修水利，广种稻田，美利不减东南。尤其特别提到，西北地区安全关系国家命运，若不早图长治久安，百十年后必然危及中国大地。会见中，林则徐把自己在新疆整理的珍贵军事、地理、文史等方面资料交给左宗棠，说："吾老矣，空有御俄之志，终无成就之日。数年来，留心人才，欲将此重任托付"。他还说，将来"东南洋夷，能御之者或有人，西定新疆，舍君莫属。以吾数年心血，献给足下，或许将来治疆用得着"按照林公生前嘱托，左宗棠是想在新疆多少实现林公的遗愿的，但在1881年夏，左宗棠调任两江总督兼南洋通商大臣。

1882年（同治八年），左宗棠奏请，趁着西征大军未撤之际，不失时机地建设新疆省，顺应民心，实行切实有效的管理。时任新疆巡抚的刘锦棠，制订了建省的具体方案。省会设于迪化（今乌鲁木齐市）。伊犁仍设将军府，不再统帅全疆的军政事务，政治中心移至迪化。1884年（同治十年）11月16日，是新疆历史上的一个重要日子。户部奏请添设新疆巡抚、布政使各一人，除刘锦棠任巡抚外，又调甘肃布政使任新疆布政使。新疆省正式建立。

1884年6月，左宗棠奉召入京，再任军机大臣。时值中法战争，法国舰队在福州马尾发动突然袭击，南洋水师全军覆灭。左宗棠奉命督办福建军务。11月抵福州后，积极布防，组成"恪靖援台军"东渡台湾。在福州，左宗棠专门到林则徐祠拜谒，在林公像前默默悼念，他以陶澍、林则徐的继承者自居。

1885年9月5日，左宗棠病故于福州。享年七十三岁，谥文襄。

二十世纪与二十一世纪之交，新千年到来时，美国历史学会评介出世界历史上最有名的五十人，其中有六位中国人，包括左宗棠。左宗棠自诩是诸葛亮的学生，而诸葛亮并没有入选这份名单。如何评价人的历史地位？煌煌中华，左宗棠率部收复了古老中国六分之一的国土，虽然打仗不多，但很有成效。这是美国史学界评价的标准。而这个标准，中国人也是接受的。

"五十年"预言和三千年未有之变局

说到曾国藩的身后，不由想起他生前听到的一个预言。

1867 年（同治六年）7 月 21 日晚，两江总督署。

曾国藩与首席幕僚赵烈文聊天时忧心忡忡地说："京中来人云：都门气象甚恶，明火执仗之案时出，而市肆乞丐成群。民穷财尽，恐有异变，奈何？"

赵烈文说："天下治安一统久矣，势必驯至分剖。然主威素重，风气未开，若非抽心一烂，则土崩瓦解之局不成。以烈度之，异日之祸必先根本颠仆，而后方州无主，人自为政，殆不出五十年矣。"

五十年之内，大清将要灭亡。这是晚清最著名的一条预言，很难说赵烈文当时推求易卦了。曾国藩说："然则当南迁乎？"他认为清王朝不会完全垮掉，有可能与中国历史上多次出现的政权南迁、南北分治一样。

赵烈文说："恐遂陆沉，未必能效晋、宋也。"他认为清廷已不可能像东晋、南宋那样南迁偏安一隅，恐将彻底灭亡。

曾国藩反驳说："本朝君德正，或不至此。"

赵烈文答："君德正矣，而国势之隆，食报已不为不厚。国初创业太易，诛戮太重，所以有天下者太巧。天道难知，善恶不相掩，后君之德泽，未足恃也。"

曾国藩无言以对，沉默良久说："吾日夜望死，忧见社稷之陨。"

曾国藩对于大清的忠心，很可能出乎许多人预料。赵烈文知人论世，洞幽烛微，像知晓暴雨来临的蚂蚁，虽风雨欲来，也无能无力，只能坐看大清沉沦以至覆亡。先知是最痛苦的，因为他第一个看见绝望。为了避免见到王朝的崩溃，曾国藩甚至盼望自己早点结束自己的生命。

赵烈文做出预言六年后，曾国藩离开人世。而李鸿章、左宗棠、沈葆桢都还在，不得不提及，张之洞那时刚进入翰林院任编修，将成为晚清最后一位名臣。他们纵然没有亲耳听到"五十年"预言，但所作所为都是在挽救大清的末世。

1872年（同治十一年），李鸿章化解天津教案，任命直隶总督兼北洋通商事务大臣，自此在这两个位置秉政二十五年，成为清廷倚作畿疆门户、恃若长城的股肱重臣。随着李鸿章地位上升，他创建的淮军被派防直隶、山东、江苏、广西、广东、台湾各地，成为充当国防军角色的常备军；而以他为领袖，由淮军将领、幕僚以及一批官僚组成的淮系集团，成为实力最强的洋务派集团。

经过两次鸦片战争，以淮系成员为代表的中国近代知识分子和政界领袖最先认识到，海上东来的西方资本主义列强与中国历史上的周边夷狄之邦不同，而是代表着另一种高于或至少与中华文明不相上下的异质文明。面对"鲸吞蚕食，虎踞狼贪"的残酷竞争场面，淮系早期智囊冯桂芬提出："以中国之伦常名教为原本，辅以诸国富强之术。"李鸿章在实际操作中，则归纳为"外须和戎，内须变法"的洋务总纲。淮系集团在近代中国军事经济政治文化各运作层面上，呈现出特别凸显的对外开放态势。淮系要员多数处于洋务外交第一代，有身临其境的切身体验。在首脑李鸿章感召下，集团中聚集了一流洋务人才，作为继曾国藩湘系集团之后的第二大政治集团，淮系集团比湘系集团在地域上更具有开放性和包容性，对待西学更具趋新意识，在运作层面更注重务实和见成效。

李鸿章后来跟洋人打交道，好像承传曾国藩的衣钵。事实上，两人不能相提并论，他未从曾国藩的花圈上取走一片叶子。曾国藩是忠诚的，李鸿章以身居高位获利；曾国藩那份固执的忠诚，在下一代人手中迅速滑坡。

镇压太平军时，李鸿章深以中国军器远逊于洋人为耻，日诚将士虚心忍辱学得西人一二秘法期有增益。这时，英人马格里投效李鸿章，建议开办大工厂，制造军火。1863年（同治二年），李鸿章雇英国人马格里，在松江的一个庙宇里筹建洋炮局，此后在上海创办了两个洋炮局，合称"上海炸弹三局"。

马格里生于苏格兰，爱丁堡大学医科毕业。咸丰年间随英军来华，充任军医，后来加入常胜军，与管带戈登建立了良好的私人关系，加入中国籍，字清臣，以示对清廷忠贞。苏州发生杀降事件后，李鸿章请马格里出面调解，马格里劝说戈登，有助于苏州杀降事件了结。有意思的是，马格里娶了太平军叛将、原纳王部永宽的女儿为妻，生有三子一女。这里面的因缘际会，就不得而知了。

　　1865 年（同治四年），李鸿章担任两江总督，赴金陵就任，苏州炮局遂迁往金陵。经过马格里的努力，苏州炮局每星期可生产一千五百至两千发炮弹，在当时是具有相当规模的军火工厂。这时，李鸿章遇到疑难问题总是找马格里商量。但当马格里在金陵机器局任职期间组织私人武装卫队时，李鸿章把他降为工头。1875 年大沽炮台试放金陵机器局制造的两门大炮发生爆炸，李鸿章要马格里承认错误，并按中国惯例上书自请严议，马格里对此置之不理，并推卸责任，怒而辞职。李鸿章认为，内地员匠已能自行仿制新式炮弹了，对外人无须如此依赖，便下令撤掉马格里督带金陵机器局之职。此后金陵机器局一直由中国工匠把持，不再任用洋人。在中国缺少自己培养的科技人才的情况下，李鸿章过早辞退马格里，使金陵机器局得不到充分发展。李鸿章未能将处理涉外民事或刑事纠纷时所坚持的民族主义立场体现在处理关系国家根本利益的重大国际交涉上，明于细故而晦于大体，也许是李鸿章成不了真正外交家的根源所在。

　　李鸿章还收购了上海虹口美商旗记铁厂，扩建为江南制造局（今上海江南造船厂）。与此同时，苏州机器局亦随李鸿章迁往金陵，扩建为金陵机器局（今金陵晨光机器厂）。1870 年（同治九年），李鸿章调任直隶总督，接管原由崇厚创办的天津机器局，并扩大生产规模。中国近代早期的四大军工企业中，李鸿章创办了三个。另一个是左宗棠、沈葆桢创办的福州船政局。

　　曾国藩有句名言："办大事者，以多选替手为第一义。"李鸿章是他的"替手"，不仅要扶上马，还要送一程。李鸿章从老师手上接过天津时，曾国藩将该唱的白脸都唱完了，该趟的"雷区"都趟过了，将可能"初政即犯众怒"的事情都做了。曾国藩注重廉政建设，李鸿章则在意干部的能力，对道德情操嗤之以鼻。《清史稿》说李鸿章"才气自喜，好以利禄驱众，志节之士多不乐为用"。看来撰写《清史稿》的人对李鸿章看得较透。但李鸿章"好以利禄驱众"，实在是老师的心传。曾国藩办湘军主要靠"利禄"驱使，湘军所过之处，与土匪洗劫并无二致，只不过，曾老师喜欢把"利禄"包装在"主义"的盒子里，光鲜些。

　　在李鸿章的治理下，天津聚精会神搞改革，成就斐然，官场乃至社会的主旋律是"向钱看"。清国总税务司赫德认为，李鸿章入津就像老鼠掉进米缸，他在写给朋友的信中说：李鸿章被派到天津了，人们以为不论如何他总会强有力地对待天津教案，但是，正如传说的那样，他又在想捞钱。如果受足了贿赂的话，他将不会把问题向解决的方向推进多少。

　　美国传教士丁韪良说："中国人的名字，除了孔子，知名度没有超出国界的，但李鸿章就像孔子，恰如最具基督精神的国王路易十五就像基督一样……总

督的职务按说是要轮流担任的，但李鸿章却是个例外。他作为直隶总督二十多年，其官职像桥墩一样坚固，任凭潮涨潮落而岿然不动。终身任职的希望鼓励他思想丰富的大脑设计出一个又一个改良计划，而一个陌生的流浪者没有勇气这么做。"

李鸿章接过直隶总督关防印信，恐怕没有想到自己要做天津"桥墩"。他创建了淮军和北洋水师两支近代化军队；创办早期的四大军工企业之中的三个：江南制造局、金陵机器局、天津机器局，又插手福州船政局的管理和人才培养；后来办轮船招商局、开平矿务局、漠河金矿、天津电报总局、上海机器织布局等民用企业，率先倡导修建铁路，派遣赴美赴欧留学生、创办新式军事学堂，十九世纪七十年代起到十九世纪末的外交领域，活跃的几乎都是淮系官员的身影。

历史上，中国外交是进贡关系，真正与世界列国平等外交应该从李鸿章开始，李鸿章可以说是中国近代外交的先行者。历史需要反面教材，李鸿章签了那么多丧权辱国条约，不过今天应该客观纪念这位洋务运动老前辈，这位创立多项实业的老前辈，这位开创中国现代外交的老前辈。

李鸿章办外交，在处理国与国的关系方面，起步于日本。办理完天津教案后，李鸿章与日本签订《中日修好条规》。虽然有一纸条约，但是李鸿章心里有数，说日本"日后必为中国肘腋之患"。为什么这样说呢？因为李鸿章那时看出来了，明朝那阵子，倭寇没有一定之规，袭扰大陆则个。而在这时，目标逐渐集中了，大陆这块骨头太大，目标先确定在台湾。

台湾自古是中国领土。即便台湾土著，南下中原人占的比例也相当大。893年（唐景福二年），来自河南固始县的王潮、王审知兄弟攻占福州，逐渐据福建全地。王审知长子王延翰称大闽国王，审知次子王延钧称帝，国号闽。先后定都于福州、建瓯。闽共历六主三十七年。宋以后，不少福建人谈及祖先，都说是从"光州固始"迁来。明清时不少福建人迁至台湾，形成闽台对"光州固始"的祖根认同。据1953年台湾户籍统计，户数在五百户以上的一百个大姓中，有六十三个姓氏的族谱上记载先祖来自"光州固始"。六十三个姓氏户数占台湾总户数的百分之八十一，表明每五户台湾居民中有四户祖地在固始。据闽台移民资料，先祖来自河南"光州固始"的族谱有十六部之多，分布于晋江、莆田、泉州、南安、安溪、永春、漳州、龙海、仙游、长乐、诏安等地。台湾陈、黄、丘、宋、林等十八大姓中，大部分族谱记载先祖为"光州固始"人。

李鸿章与秘鲁签订《中秘通商条约》，与英国签订《中英烟台条约》。前者旨在保护华工；后者是因马嘉理案导致的中英严重交涉。李鸿章在英国公使威妥玛以宣战要挟下，利用国际法挽回决裂之局。他建议，清廷派郭嵩焘赴英国道歉，郭氏遂成为中国第一位驻外公使。但条约也因增开了宜昌、芜湖、温州、北海四个通商口岸，并允许英国人可以进入西藏，损害了中国主权。

李鸿章认为，在追求自强的过程中，必须坚持"外须和戎，内须变法"的洋务总纲，也就是在列强环伺，外侮日甚的环境中，尽最大可能利用"以夷制夷"的外交手段，为中国的自强建设赢得尽可能多的和平时间。

鸦片战争表明，列强都是从水路以战舰而至，以强大火力轰击岸上清军，最后登陆得手。而中国却几乎没有任何海上力量，必须要有一支强大的水师，可保大清无忧。1874 年（同治十三年）12 月，日军入侵台湾，朝廷惊呆了，东夷小国敢欺负天朝，还了得。清廷派沈葆桢作为钦差大臣率舰队赴台湾巡阅，调淮军唐定奎部六千多人分批前往台湾。此事最后虽以签订《中日台事条约》暂时平息，但日本还是于 1879 年（光绪五年）乘隙吞并琉球。

日军侵台，李鸿章再次呈上组建水师折，即著名的《筹议海防折》。经过御前会议讨论，最后决定组建南、北洋两支水师，它们的主帅分别为沈葆桢与李鸿章。每年由户部给每支舰队拨款四百万两白银。朝廷为了巩固海防，尽力了。

1883 年（光绪九年），中法战争在越南境内初起，清廷命李鸿章统筹边防战事。李鸿章则认为"各省海防兵单饷匮，水师又未练成，未可与欧洲强国轻言战事"。中法战争期间，北洋水师在福建海面的马江与水师世界排名第二的法国水师船队开战，半个小时左右，南洋水师全部完了。李鸿章先与法国驻华公使宝海签订协议，继与法驻日公使洽谈未果，后与法国代表福禄诺签订了《李福协定》。随着法军进攻谅山，协议又被撕毁，直至清军在广西和台湾战场分别取胜，李鸿章最终与法国代表巴德诺签订《中法会订越南条约》，结束了战争。法国取得了对越南的"保护权"，时称"法国不胜而胜，中国不败而败"。

这件事极大刺激了清廷，建设水师的想法再次提出，而且，这次是朝廷各派别意见是出奇的一致。主持这项工作的是李鸿章。李鸿章手里没有别的东西，就是出口货物换回的大把银子。规模庞大的北洋舰队有一流的装备，舰船都是世界造船工业最先进的国家生产的。当时英国、德国等国家还没有像现在限制对华军火贸易，基本上是只要你有钱，我就给你最好的舰船。

到 1888 年，北洋水师正式建军，装备了七千吨级铁甲巨舰二艘、二千吨级巡洋舰五艘，加上其他大小军舰，共二十多艘；南洋舰队也拥有了二千吨级主力舰四艘，千吨级炮舰三艘；广东、福建舰队共有千吨级舰艇八艘。四支舰队共计大小舰船八十多艘，这支庞大的水师，居当时世界第四位。但这仍远远没

有实现李鸿章等人的理想。据他们设想，水师主力舰要有二十四艘，而当时仅有七艘。八十年代开始，清廷还以巨资修筑了旅顺、大连、威海、烟台、吴淞、马尾、黄埔等海防基地，装备了最新式的克虏伯自动回转射击大炮，以及深水军港、船坞等配套设施，旅大、威海、大沽等基地的营建，使中国拥有了当时远东规模最大的军港、船坞、炮台防御体系。仅在旅顺一地，就装备了数百门德国克虏伯大炮，成为世界著名军港之一。洋务运动期间，陆军也开始过渡为专门抵抗外国侵略的国防军，这是具有近代化意义的职能转变。

北洋水师成立时，李鸿章怕没人愿意当兵。中国处于传统农耕社会，种地是最本分的事。即便是当兵，也要当在陆地上作战的陆军，站在地面上，心里踏实。没想到，北洋水师成立不久，许多绿营兵，甚至八旗子弟，纷纷要求到北洋当兵。为了能当上北洋的兵，甚至不惜请客送礼，现在叫"后门兵"，当时叫"内有门马"。李鸿章闻报，又喜又惊。喜的是不愁没有兵源，惊的是还是没有明白，怎么有这么多人来争着抢着当水师？其实，答案是北洋水师薪水高。

水师的技术要求高于陆军。陆军可以目不识丁，并且不影响当这个长那个长，而水师不行。北洋水师的军官分为战官和艺官，用现代的话讲，就是指挥军官和技术军官。战官指的各舰的舰长（管带）和大副、二副、三副，艺官指的是各舰的轮机长。《北洋水师章程》规定，无论是战官和艺官，都必须从正规的军校毕业，也就是水师学堂毕业，经过专业学习与训练才能担任。

不经军事院校培训，不能任军官，在中国军事史上是第一次。这项规定堵塞了直接从行伍的士兵中提拔军官的道路，提高了军官质量。士兵也是这样。《北洋水师章程》要求士兵须粗通文字，懂得舰艇知识。舰艇上专业技术兵多达几十种，专业技术都不是一般的农民可以干的。换句话说，这是技术活。

既然是技术活，掌握的人就不多，李鸿章为技术人才到北洋水师中当兵，采用高薪制。《北洋水师章程》解释："水师为护国威远之大计，不宜过从省吝也。中国水师创设，饷力未充，未能援引英国等水师行情待遇。但兵船将士终年涉历风涛，异常劳苦，与绿营水陆情形迥不相同。不能不格外体恤，通盘筹计。"

水师待遇要厚些。厚多少？绿营军官的俸薪细目多，分为俸银、薪银、蔬菜烛炭银、心红与纸张银四种。俸银是正禄，用现在的话，叫基本工资，因以年计，也称年俸；薪银、蔬菜烛炭银用现代的话叫岗位补助与奖金，生活费；心红与纸张银也就是办公费用。绿营提督年收入为两千六百两。绿营士兵的薪水叫作饷，因以月计，又叫月饷。按绿营饷章规定，绿营的兵饷分三等支付，最高二两。

遵照李鸿章的指示，重新修订了水师的薪水制度，将军官的年俸分为两部分：一部分是官俸，即基本工资，占军官总收入的百分之四十；一部分是岗位津贴，叫船俸，占军官收入的百分之六十。水师提督的官俸加船俸合计八千四百两，是绿营提督的三倍多。水师总兵年收入为绿营总兵的将近两倍；水师副将年收入为是绿营副将的二点七倍；水师参将年收入为绿营参将的三点五倍。

北洋水师士兵的薪水有多少呢？一等水手月薪十两白银，一等炮目是二十两白银。技术兵种薪水更高，鱼雷匠月薪二十四两白银，电灯兵月薪三十两白银。北洋水师士兵的薪水要比绿营士兵的薪水高几倍，超过了中等收入家庭水平。于是，才出现人们争先恐后，挖门子盗洞、想方设法地要到北洋舰队当兵的现象。

靠军队起家的李鸿章清楚，只有厚饷可以维持军队。但他无力阻止北洋水师的内部腐败。从水师提督丁汝昌到下面的每一个士兵，都被这个大染缸深深染透。丁汝昌在刘公岛私置很多房屋，租借赚钱。士兵天热不训练，天冷不训练，下雨不训练，下雪不训练，整日吸鸦片，逛妓院。

1880 年赫德向李鸿章建议聘用英国军官担任新式水师教习。李鸿章为求洋法，表示赞同，曾聘用了五个总教习，英国人琅威理就是其中之一。1890 年，北洋水师驶往香港，提督丁日昌因事离舰，右冀总兵刘步蟾撤掉提督旗而代之以总兵旗。时琅威理挂副将衔，每以副提督自居，便质问道：提督离职，有我副职在，何以撤退提督旗，并命令刘步蟾不得下旗。刘步蟾未按其指令办事，琅威理不服，便质电北洋。李鸿章复电以刘为是。琅威理愤而辞职，李鸿章允之。英国公使质问李鸿章，为何不处罚刘步蟾而同意琅威理辞职。李鸿章据理反驳，否认与英国外相约定琅威理与丁日昌平行，谓中国海关呼琅为提督，乃客气用语，琅之官阶是副将，职务是顾问，无特别旗号可言。英国政府于是召回在旅顺服务的英国人诺加，并驱逐在英国水师学校的中国留学生，作为对清廷的报复。

上行下效，鼓励奴才的体制中必然包含着排斥英才的事实。在这种体制中的民族、国家和军队，纵有铜墙铁壁，最终也会被摧毁；纵有匹夫之勇，终究无力回天。资料证明，北洋水师成军以来，军风被各种习气毒化。北洋军舰上实行责任承包制，公费包干，管带负责，节余归己。因此各船管带平时把经费用在个人前途的"经营"和享乐，无暇对船只进行保养和维修。打仗用的舰船不但不保养备战，反而为了个人私利挪作他用。军队参与走私，舰船常年不作训练，这已不是水师的个别现象。由于只对上、对个别掌握着自己升迁的权势负责，而无须对下、对民族国家负责，因此，欺上瞒下，蔚然成风。平日演练炮靶、雷靶，唯船动而靶不动。每次演习打靶，总是预先量号码数，设置浮标，遵标行驶，码数已知，百发百中。不明真相者还以为自己强大无比，不可战胜呢。

1891 年（光绪十七年）6 月，水师提督丁汝昌率领北洋水师主力访日，吸引了众多日本人。李鸿章原想借此次军事访问威慑日本人的野心。可他想错了，他没有考虑到日本人的民族性格，日本人是那种决定什么事情就不惜一切代价完成的民族。北洋舰队回国后不久，日本就出高价迅速购买了十一艘战舰，尤其是"严岛"号铁甲舰，其航速、排水量、攻击力甚至超过了"镇远"与"定远"，至此日本舰队的实力已不在北洋舰队之下，再者，就是加强水师人员训练，日本军人灌输的是武士道精神，平时以击沉"定远"与"镇远"为军事训练目的。

北洋水师 1894 年大阅，"定远"与"镇远"两艘铁甲舰主炮战时弹仅三枚（定远一枚，镇远二枚），只有练习用弹库藏尚丰。李鸿章不是不知："鸿章已从汉纳根之议，令制巨弹，备战斗舰用。"但最终因忙于政治周旋，正事一直没有落实。这样一种军纪和作风，这样腐败和糜烂，一旦打起仗来，如何不败？

亚洲最大的两支舰队，一个以彻底摧毁对方为战略目标，一个以对方为主要防守对象为假想敌，一场海上大战在所难免，所等的只是强盗需要的借口。

1894 年，朝鲜爆发东学党起义，朝鲜国王李熙请清廷驻朝商务总办袁世凯转达北洋大臣李鸿章，请宗主国派兵助剿。李鸿章举棋不定，不出兵等于主动放弃了宗主国权利，出兵会影响列强在朝鲜利益，尤其是日本，日本可能借此机会扩大事态发展。考虑再三，李鸿章选择了出兵朝鲜。

中国军队入朝时，日军以保护侨民为借口，派军入朝。这样，在朝鲜中日两国军队已成剑拔弩张之势，大战一触即发。李鸿章知道，以目前中国的力量，是打不赢这场战争的。是战是和，李鸿章想不出好的办法。而光绪皇帝与清流派极力主战，慈禧太后不愿意在自己万寿庆典发生战事。战与和，让李鸿章进退两难。李鸿章从全局出发，想了一个万全之策，那就是以战促和，靠军事上的胜利迫使日本人求和。这样国家就会免遭战争的涂炭。

1894 年 7 月 25 日，日本袭击中国运兵船，死伤千余。别看年轻的光绪皇帝后来蔫蔫巴巴的，而在那些日子里热情洋溢，8 月 1 日颁布宣战上谕，日本天皇也发布对华宣战上谕。甲午中日战争爆发。

淮军跨越中朝边境，开进平壤，日军人数与清军相当，带的弹药和粮食不多，只要清军在平壤坚守几天，日军就会撤退。而在这时，淮军体制上的弊端尽显无遗。西方各国的基本战略单位是师，更大的编制如军，集团军，方面军则是在动员之后由各师组成。然而，淮军中的固定编制最大单位仅是营，作战一般由各统领指挥数量不等的营参战。各统领之间是平等关系，互不统属，不是统领或由统领指定的亲信，部队就往往拒绝服从命令，甚至哗变。遇到大规模战事，出兵动辄达数十以至上百个营，而奉命节制诸军的统领却无法指挥他部，群龙无首。除了李鸿章，再找不出哪个能被淮军各部普遍接受的指挥官。与太平军和捻军作战时，李鸿章常常亲自指挥作战，这个问题并没有显得很严重。但是，当李鸿章位高权重，必须留居中央统领全局，而不能亲临督战的时候，问题就大了。

淮军统领直隶提督叶志超奉旨总统朝鲜前敌诸军。他很清楚其他各军不会听自己的，于是再三请求，让李鸿章的儿子李经方——一个毫无军事经验的外交官接替自己。这倒并不是叶志超一定要讨好李鸿章，而是他看到李经方身为李鸿章之子，或者能够使诸将服从其命，作为总统当尤胜于己。李鸿章最终还是没有同意他的请求，叶志超只得勉强从命。结果在平壤之战中，诸将皆不遵调度，平壤清军总共虽有三十五营之多，但叶志超能指挥得动的只有本部六营而已。再加上叶志超又不是一个称职的将领，如此作战，焉得不败？

甲午战争不同于鸦片战争，不是大刀长矛对抗坚船利炮的战争。清方不输在经济实力，不输在军事装备。普通士兵英勇爱国，日军往往要集中炮火和成倍的优势兵力，才能攻克一个阵地。根据日军的《清日战争实记》记载："大小炮弹连发如雨，炮声隆隆震天撼地，硝烟如云涌起，遮于面前。在如此激烈的炮击下，原以为敌兵会立即溃散。然而，我军前进一步，敌军亦前进一步，彼此步步相互接近。此时，除使炮击更加猛烈外，亦别无他顾。战争愈来愈激烈，乾坤似将为之崩裂。"日军损失惨重，中日的伤亡人数对比基本相当。日军拿下平壤外城时，当日战斗就战死一百八十九人，伤五百一十六人，清兵伤亡人数少于日军。日军所带的弹药、口粮都已用尽，在平壤城外冒雨露宿，处境极为艰难。叶志超却丧失了抵抗信心，传令放弃辎重，轻装持械，趁夜而退。当时，大雨倾盆，清兵冒雨蜂拥出城。清兵混乱中不分敌我，胡乱放枪开炮，误伤累累。经过整整一夜，清军全部退出平壤，在混乱中死伤人数达到二千多，远远超过了在战役中的损失。平壤战役后，清军全部退至鸭绿江边，日军完全控制了朝鲜。

接替叶志超总统诸军的宋庆也遇到了同样问题。他是毅军统领，属于湘军，连淮军嫡系都不是，诸将更加不服调遣。最终导致自平壤溃后，九连城之战，凤凰城之战，大连湾之战，旅顺之战，威海之战，淮军战无不溃，一败千里。

1894年9月16日丁汝昌率领北洋舰队运送陆军入朝返航，进入黄海时，与日本联合舰队相遇，一场近代以来最大的海战开始了。当战场不再是操演场时，

北洋舰队布阵陷入混乱。丁汝昌令各舰分段纵列，摆成掎角鱼贯阵。而到刘步蟾那里竟然变成了"一字雁行阵"。战斗时队形又变成"单行两翼雁行阵"。短时间内阵形如此变乱，说明了什么？即使如此勉强的阵形也没有维持多久，待日舰绕至背后时，清军阵列始乱，此后即不复能成型。

战争开始，北洋水师官兵在有效射距外慌忙开炮，定远舰刘步蟾指挥首先发炮，首炮非但未击中目标，反而震塌前部搭于主炮上的飞桥，丁汝昌和英员泰莱皆从桥上摔下受伤。从第一炮开始，北洋舰队就失去了总指挥。再勇敢的士兵，无人指挥，又有何用？激战中，日舰"比睿号"冒险从清方舰群中穿过，定远舰在四百米距离发射鱼雷，未中。日本武装商船"西京丸"经过定远舰时，定远向其发四炮，又有两炮未中。战场上只有由硬件和软件联合构成的实力，没有虚假和侥幸。黄海海战中，日舰火炮命中率高出北洋舰队九倍以上。

中日黄海海战的参战实力对比，基本是旗鼓相当，各有所长。清方参战军舰十艘共三万一千吨。日本水师参战十二艘军舰共三万八千吨。日方强在速射炮多，火力猛。中方各舰管带不少由留学生担任，熟悉船舶。北洋水师水兵也很勇敢，士气高，并不亚于日本水师。大家都知道致远号在管带邓世昌的带领下，弹尽舰伤之时勇撞"吉野"，不幸为鱼雷所中，全舰官兵二百五十二名壮烈战死。其实，在同一场海战中"经远"号负伤后，管带林永升临危不惧，操轮撞击日舰。不幸也中鱼雷沉没，全舰二百七十人除十六人获救外，全部牺牲。

平日腐败，战时必然要付出高昂代价。力图隐瞒，就要借助谎报军情。本因清方在有效射距外仓促开炮，震塌飞桥，奏报却成为"日船排炮将定远望台打坏，丁脚夹于铁木之中，身不能动"。北洋水师损失致远、经远、扬威、超勇、广甲等五舰，日舰一艘未沉。李鸿章却电军机处："我失四船，日沉三船。"

本已败，以为胜。北洋报沉的日舰，后来又出现在围攻威海的日舰行列中。直至全军覆灭那天，谎报军情未曾中止。1895年2月，左一鱼雷艇管带王平驾艇带头出逃，至烟台后先谎称丁汝昌令其率军冲出，再谎称威海已失。陆路援兵得讯，撤销对威海的增援。陆路撤援，成为威海防卫战失败的直接原因。

日军占领平壤后，直逼中国东北。日军从花园口登陆，占领旅顺，进逼威海卫。日本水师联合舰队从海上封锁威海卫，至此，北洋舰队陷入日军水陆两路包围之中。1895年2月5日，日军鱼雷艇偷袭，旗舰"定远"号遭重创，怕落入敌手，被迫炸沉。这艘用白银堆出来的铁甲舰就这样沉入大海。

北洋水师在威海围困战后期，部分人员不告而别。北洋医务人员，以文官不属于提督，临战先逃。洋员院长反而服务至最后。其次是有组织携船艇的大规模逃遁。1895 年 2 月 7 日，日舰总攻刘公岛。交战之中，北洋水师十艘鱼雷艇及两只小汽船在管带毛平、蔡廷干率领下结伙逃遁，结果"逃艇同时受我方各舰岸上之火炮及日军舰炮之轰击，一艇跨触横档而碎，余沿汀而窜，日舰追之。或弃艇登岸，或随艇搁浅，为日军所掳"。一支完整无损的鱼雷艇支队，在战争中毫无建树，就这样丢尽脸面地毁灭了。最后发展到集体投降。"刘公岛兵士水手聚党噪出，鸣枪过市，声言向提督觅生路"，众洋员皆请降。

援军无望，北洋水师军心已散，弥漫投降气氛。1895 年 2 月 12 日早晨 7 点，北洋舰队提督丁汝昌吞鸦片自杀。他在自尽前下令炸沉另一艘铁甲舰"镇远"号，而他的最后命令没有被执行。北洋将领知道，如果炸沉，势必激怒日军，投降后也会死，所以带着"镇远"号向日军投降。这支用李鸿章多年心血、用朝廷几千万两白银堆出来的远东第一舰队全军覆没。

日军占领威海后，扬言要攻入北京。朝廷乱了阵脚，与日军议和被再次提出。日本觉得战略目标已实现，也希望与中国谈判，要求清廷必须派个重臣去日本参加谈判。这样，朝廷想到的还是李鸿章。

据说战前李鸿章和小村寿太郎闲聊，谈妥用一百万两银子作赔款，结束"东事"，即中日朝鲜争端。由于翁同龢的帝党主战而放弃了这个方案。战后，主和的李鸿章感伤地说："小钱不花，要花大钱，我也没有办法。"

李鸿章到了日本，与日本首相伊藤博文谈判。果不出所料，伊藤博文提出种种无理要求，而且只能接受，否则就要攻入北京，完全没有外交谈判的例行。李鸿章随时将谈判进程与日本人的要求用电报发回清朝中央政府，在得到中央政府同意后，签订了丧权辱国的《马关条约》。

洋务派首领们当然求变，但没有认真想过，中国的轨制出了问题。1864 年李鸿章给总理衙门的信中说："中国文武轨制，事事远出西人之上，独兵器万不克不及及。"领了淮军后，他换成一副兵坏思维，眼里除了枪炮就是弹药。三十年后，到 1896 年，他在根基上仍是这类想法主张。中国的出息，是否有一条从轨制上变革的途径？他没有细心推敲过，也不作此想。

日本马关春帆楼《马关公约》签订后，日本"改革之父"伊藤博文和李鸿章闲聊，谈到中日两国在明治维新和同光新政后走上了两条不同的道路。伊藤说："日本之民不及华民易治，且有议院居间，处事甚为辣手。"言下之意是说，清国是独裁政体，权力集中，不像日本政体，有议会，回旋余地不大。李鸿章说："贵国之议院与中国之都察院等同。"在伊藤面前，李鸿章又一次暴露了他和都察院御史和言官的纠缠，流露出对现代政治的蒙昧。他仍把清流党否认他的洋务

预算看做私家恩仇，不觉得清代政权体制出了大问题。伊藤接着嘲笑中国政治后进，指出清代此次败北，正在于同光新政远不及日本那样有力度的政治革新，说："十年前曾劝大清撤去都察院，而中堂答以都察院之制起自汉时，由来已久，未易裁去。"伊藤博文洋洋自得于"脱亚入欧"的政治系统革新，李鸿章则仍想着湘淮军系统瓦解后的个人沮丧。两种神采，是两个分歧层面上显扬。

从 1864 年（同治三年）端掉太平天国，大清看来还能混下来，某些方面有些革新气象，史称"同光回复"。三十年间，进口洋枪洋炮，搞军器工场，成立广方言馆、同文馆，新设总理衙门，练成北洋、南洋水兵。而甲午海战被证实是只纸老虎。梁启超曾说："四十年来，中国大事，几无一不与李鸿章有相干。"都说湘淮甲士屡败屡战，最能打烂仗，李鸿章连连碰壁，完全萎靡了。

骂声像狂风暴雨向李鸿章袭来，李鸿章龟缩在贤良寺中，没脸见人。但是，俄国甩过来一个机会。俄国要修建一条联系远东与欧洲部分的铁路，西伯利亚大铁路的远东终点站是海参崴（符拉迪沃斯托克），如果沿着中国边境修建，要绕一个大圈，所以打算从中国东北穿过去。为了让大清朝廷同意，沙皇尼古拉二世邀请李鸿章出席加冕仪式。那时的李鸿章灰溜溜的，无权无势，收到俄方的邀请后，一个新的构想在脑海里渐渐形成，那就是联合俄国，共同对付日本。

李鸿章的联俄政策得到慈禧太后支持，让李鸿章以钦差大臣身份访俄。1896 年 4 月 30 日李鸿章到达彼得堡，受到热烈欢迎。有一则轶闻是他在参观博物馆时，顺手牵羊拿了一块祖母绿宝石。这则轶闻不是别人说的，而是俄国大文豪高尔基说的。在与尼古拉二世会谈后，6 月 3 日，李鸿章在《中俄密约》签字。他知道签字后果会是西伯利亚大铁路会从中国东北穿过。实际上，直到如今，中俄两国人民仍然在分享这条铁路带来的好处。

6 月 5 日，李鸿章离开沙皇俄国，前往德国。德国是李鸿章最佩服的国家，也是军事力量最强大的国家之一，北洋水师的"镇远"与"定远"号铁甲舰是从德国人手中购买的。中国大部分军火都是李鸿章从克虏伯购买的。

这个夏天，李鸿章先后去了荷兰、法国、英国，于夏末乘坐的"圣路易"号邮轮抵达纽约港，港中百多艘船舰汽笛长鸣，大街上人流如堵。《纽约时报》说，有五十万纽约人在第五大道和中央公园等处，夹道迎接李鸿章乘坐的四轮马车。李鸿章在纽约的高楼和鲜花人群中穿行。美国之所以对李鸿章这么热情，并非美国人好奇心重，没有见过大清辫子官，而是战略需要。那时与美国同属太平洋国家的日本正在崛起，在夏威夷群岛和菲律宾等问题上与美国剧烈争夺。美国急于拽上中国，一块收拾日本，因此破格以"副国王"规格接待李鸿章。

　　不知什么原因，李鸿章回京后，出城到圆明园废墟转了一圈。有人以"擅入圆明园游"的罪名，交礼部评断。礼部动议革离任位。慈禧太后则改成罚俸一年，禁绝抵销。据分析，清廷如此小题大做，是要在洋人面前杀他的威风。

　　在政界调皮了一生的李鸿章，在北京贤能寺居处，门庭疏落，不堪寥寂，叹出了心头烦闷了三十多年的长气。他愤激地说："我办了一生的事，练兵也，水兵也，都是纸糊的老虎，未尝能着实罢休经管，不外屈身涂饰，外强中干，不揭示，犹可应付暂且。如一间破屋，由裱糊匠东补西贴，竟然成一净室。即有小小风雨，打成几个洞，随时修缮，亦可枝梧纰漏。乃必欲爽手撕裂，又未豫备何种修缮资料，何种刷新体例，天然秘闻破露，不成清算，但裱糊匠又何术能负其责？"

　　李鸿章不是个诚恳的人，而垂暮之年的一声长叹是真实的。李鸿章也不是有学问会思索的人，但在北京贤能寺思索了失败原因。几十年里，他忙忙碌碌，没有时间思索，而在这时，可以回顾自己跌荡放诞的阅历。他的脑子仍然矫捷，而仍是那副"思拙于行"的天性，卷入太深，反而不及洞穿他的时代。

　　翁同龢与李鸿章有几十年的个人私家恩仇。有一本坐观白叟的《清代野记》，纪实"翁李之隙"，说姑苏人和李鸿章合不来自有掌故。那年淮军攻占苏州，在拆毁李秀成忠王府一座讴歌承平天堂的牌楼时，发现有翁同龢、潘祖荫、彭蕴章等人落款。李鸿章清查这几位江苏京官通匪案，发现是苏州乡绅冒名，但他已和这几位有势力的江苏京官结下怅恨。翁李抵触，发祥于此。

　　这层恩情仇怨中，翁同龢等看不惯李鸿章身份做派，实际上李鸿章倒是不计较与江苏人交朋友。他交上的一名在野的江苏朋友，对他的影响，不亚于他的老师曾国藩。这个江苏人就是冯桂芬。当年李鸿章领淮军到上海后，和冯桂芬"共事最久，知之最深"。李鸿章在《筹商海防折》里的名言是中国正阅历数千年未有之变局，正是冯桂芬在《校邠庐》中提出的概念。李鸿章的各种洋务，也与冯桂芬戚戚相关。1874年冯桂芬身后，李鸿章曾上疏请求在苏州立专祠眷念。

　　李鸿章是合肥人，虽是进士出生，官做得再大，也难掩"痞子气"。翁同龢是常熟人，苏州帮，有个状元出身，一门煊赫，和气尔雅，深文周纳藏玄机。这两种人搞不到一路，翁常熟不喜欢李合肥，私家天性分歧是很重要的一条。

　　李鸿章如何"痞"，可举一例。那年给同治天子办丧事，满人中堂灵桂的舆夫把肩舆停在大堂。李鸿章的舆夫说："此处为李中堂停舆处，尔系何人，敢停在这个地方？"对方说："我家也是中堂，而且满洲中堂位在你家中堂之上。"这边放出了狠话："若不是我家的中堂，你家中堂还能活到今天！"弦外之音是，

若不是湘军和淮军的作战，满洲人的天下早就完了。下人们把争端晋升到满汉相争的高度。家丁动粗了，李鸿章的表现也不雅致。两边的轿夫们将要打将起来时，李鸿章发话了，而且颇为"痞子腔"："让让他们，让让他们，不要惹动癫狗乱咬人，那可不是玩儿的。""癫狗"是谁？满洲大人嘛。

李鸿章在晦气时，把积怨都宣泄在翁同龢为首的清流党头上，个人恩仇把思索框住了，总是搜罗私家恩仇。甲午年，李鸿章主和，翁同龢主战，翁李抵触。憋囚在贤能寺，他并不打算辞去总理衙门职务，要与翁同龢耗下去。一天，袁世凯登门，为翁同龢说项，请李鸿章告退。李鸿章痛骂说："你奉告他，叫他休想。我一息尚存，决不无端告退。决不奏请开缺。"被困的李鸿章把"洋务勾当"失败的原因起因归结为翁同龢为首的清流党的言官、词臣们。他对身旁的人说："言官轨制，最足坏事。故前明之亡，即亡于言官。"

由于淮军在晚清政局突起，很多安徽籍将领被李鸿章领到各省督抚和知州、府、县位置。清末政坛上，出自湘系和淮系的官员与传统靠科举正路逐步爬上来的江浙帮适成文武对应、朝野呼应场面。湘淮系里也有很多江浙籍幕僚，如丹徒马建忠、无锡薛福成等；以翁同龢为首的江浙帮也有其他省分的士人，如南皮张之洞、丰润张佩伦等。同光时代官员的湘、皖、江、浙、直隶等地域分别显著，但也不绝对。只是当事人乐于从地望角度看问题。

李鸿章的思想方法有问题，往往把工作失败归结为朝廷政敌们滥施恩仇。他把湘、淮军督抚在各地举办的"洋务勾当"的艰难妨害，统统归结为朝内守旧势力捣乱。这是淮系人物的惯常说法，是他们集体的内部共鸣。

十九世纪末，中国大地上爆发了义和团运动，群众反洋教、杀教父、烧教堂的运动，运动迅速蔓延，朝廷振动。清廷为了利用义和团抗击洋人，所以采取了怀柔政策，招抚义和团，宣布义和团是合法组织。

久与洋人打交道的李鸿章知道，一场狂风暴雨即将到来。幕僚问为何中国人信佛教却如此反洋教，李鸿章一句话说出了其中缘由：佛教是中国人自己去取的，而现在的洋教是在枪炮与子弹下强行来到中国的；佛教以感化人传教，而洋教却以枪炮来传教，中国人能不反对它吗？

1900 年 5 月，八国联军侵华，于 8 月 14 日进入北京，帝都又遭涂炭。在义和团运动后的愁云惨雾中。李鸿章拖着七十九岁的老病之躯，四方奔波，八方哀告。1901 年 9 月 7 日签署《辛丑公约》，9 月 17 日把八国联军送出城，10 月 6 日把逃到西安的慈禧太后迎回宫，11 月 17 日罢休人寰。

李鸿章生逢清国最动荡年代，每次"出场"无不在国家存亡危急之时，承担的无不是人情中最难堪之事。诚想，那时除了李鸿章之外，还有哪个顶戴花翎脑后拖辫子的官员可以同洋人周旋。李鸿章做为大清外交家，在战败求和谈判中，除了把损失减到最小，别的无可奈何。每次谈判，他除了通过权衡两害取其轻，对其他无能为力。这是个普天下最尴尬的角色。

梁启超曾说："吾敬李鸿章之才，吾惜李鸿章之识，吾悲李鸿章之遇。"李鸿章究竟做了什么让他在去世后仍争议不断呢？李鸿章人死在辛丑，事业却早在甲午就死了。他的命运不过是遭遇三千年未有之变局不知道如何应对。甲午海战中，他的"强国魂"在黄海灰飞烟灭。余下几年，朝政一点转机都没有。清代自强无门，跌入深渊，无奈而战，战而不堪。这场四十年的大结果，全社会都要承担义务，把全体义务推到李鸿章一个人承担，骂他是"卖国贼"，确实不妥。

几位湘籍晚清名臣的身后事耐人寻味。曾国藩墓位于湖南长沙望城县平塘镇伏龙山，1949 年后发生过三次被毁被盗事件。胡林翼夫妻合葬墓在湖南益阳赫山，1958 年农村刮起瞎指挥等"五风"，灵柩被撬。李鸿章墓在合肥大兴集，1958 年遗骸被从棺木中取出，用绳子拴着，挂到拖拉机后面游街，直到尸骨散尽。左宗棠墓位于长沙县跳马乡白竹村，1975 年修战备公路时被炸。晚清名臣的墓葬全部被毁，究其原因，早先舆论认为，太平天国运动是中国民主革命的先声，晚清名臣曾经镇压太平天国运动，被称为封建专制制度的鹰犬爪牙。

有的事挺怪。太平天国领袖和镇压太平天国运动的晚清名臣们势不两立，而如今居然同时被人们颂扬，而且今人对晚清名臣的尊重程度超过洪秀全和他的战友们，这是怎么回事？只能解释为社会公正的觉醒。人们终于想明白了，这些封建时代的最高级别知识分子之所以那么做，仅是忠君，仅是拯救国家，进而实现强国。忠君这件事得两说着；而强国，正是多年来中国人的夙愿。